S ALIMENTOS

a dos alimentos

000kcal

Naturalmente presente ou adicionado

ínimo 30 minutos diários

ço e jantar, com lanches intermediários)

PIRÂMIDE DOS ALIMENTOS

Fundamentos básicos da nutrição

GUIAS DE

NUTRIÇÃO E ALIMENTAÇÃO

SONIA TUCUNDUVA PHILIPPI · COORDENADORA

PIRÂMIDE DOS ALIMENTOS

Fundamentos básicos da nutrição

3ª edição
revisada e atualizada

Sonia Tucunduva Philippi
ORGANIZADORA

Este livro contempla as regras do Acordo Ortográfico da Língua Portuguesa de 1990, que entrou em vigor no Brasil.

Editora gestora: Sônia Midori Fujiyoshi
Editoras: Ana Maria da Silva Hosaka, Anna Yue
Projeto gráfico: Acqua Estúdio Gráfico
Ilustrações: Flavia Mielnik
Editoração eletrônica: HiDesign Estúdio
Capa: Plinio Ricca

CIP-BRASIL. CATALOGAÇÃO NA PUBLICAÇÃO
SINDICATO NACIONAL DOS EDITORES DE LIVROS, RJ

P739
3. ed.

Pirâmide dos alimentos : fundamentos básicos da nutrição / organização Sonia Tucunduva Philippi. - 3. ed., rev. - Barueri [SP]: Manole, 2018.
: il. (Guias de nutrição e alimentação ; 1)

Inclui bibliografia e índice
anexos
ISBN 978-85-204-5418-3

1. Nutrição. 2. Alimentos. I. Philippi, Sonia Tucunduva. II. Série.

18-49335 CDD: 613.2
CDU: 613.2

Leandra Felix da Cruz - Bibliotecária - CRB-7/6135

1ª edição – 2008; reimpressão – 2012
2ª edição – 2014
3ª edição – 2018

Editora Manole Ltda.
Avenida Ceci, 672 – Tamboré
06460-120 – Barueri – SP – Brasil
Tel.: (11) 4196-6000
www.manole.com.br
info@manole.com.br

Impresso no Brasil | *Printed in Brazil*

Para Isadora,
menina em flor.

SOBRE OS AUTORES

ORGANIZADORA

Sonia Tucunduva Philippi

Docente e pesquisadora do Departamento de Nutrição da Faculdade de Saúde Pública da Universidade de São Paulo (USP). Professora-associada com mestrado e doutorado pela USP. Foi presidente da Associação Paulista de Nutrição (Apan), membro da diretoria da Associação Brasileira de Nutrição (Abran), do Conselho Consultivo da Sociedade Brasileira de Alimentação e Nutrição (Sban) e vice-presidente do Conselho Regional de Nutricionistas (CRN3) no período 2014-2017. Recebeu importantes prêmios na área da saúde e nutrição: Prêmio 100 Mais Influentes da Saúde – Revista *Healthcare Management* (maio 2015); Prêmio Saúde – Editora Abril (novembro 2014); Prêmio Dra. Eliete Salomon Tudisco do CRN3 – destaque profissional na área acadêmica (agosto 2014) e Homenagem LIDE Saúde Nutrição em 2016. Autora do software Web Virtual Nutri Plus. Coordenadora da Coleção Guias de Nutrição e Alimentação e autora dos livros *Nutrição e técnica dietética*, *Frutas: onde elas nascem?*, *Recomendações nutricionais – nos estágios de vida e nas doenças crônicas não transmissíveis* e *Tabela de composição de alimentos*, todos publicados pela Editora Manole.

REVISORA CIENTÍFICA

Rita de Cássia de Aquino

Docente do Mestrado Multidisciplinar em Ciências do Envelhecimento da Universidade São Judas, com Doutorado em Saúde Pública pela Faculdade de Saúde Pública da Universidade de São Paulo e Mestrado em Nutrição Humana Aplicada pela Universidade de São Paulo. Especialista em Saúde Pública pela Faculdade de Saúde Pública da Universidade de São Paulo. Docente nos Cursos de Nutrição na Universidade São Judas, Cruzeiro do Sul e Universidade Municipal de São Caetano.

COLABORADORES

Ana Carolina Almada Colucci

Nutricionista, mestre e doutora em Saúde Pública pela Faculdade de Saúde Pública da Universidade de São Paulo. Especialista em Padrões Gastronômicos pela Universidade Anhembi Morumbi. Docente do curso de Nutrição, do Centro de Ciências Biológicas e da Saúde, da Universidade Presbiteriana Mackenzie. Coordenadora do curso de Nutrição da Universidade Presbiteriana Mackenzie.

Ana Paula Borges Miziara

Nutricionista. Mestre em Nutrição Humana Aplicada pela Universidade de São Paulo. Docente titular do curso de Nutrição da Pontifícia Universidade Católica de Goiás.

Carla Cristina de Morais

Nutricionista. Mestre em Nutrição e Saúde pela Faculdade de Nutrição da Universidade Federal de Goiás (UFG). Doutoranda em Ciências da Saúde pela Faculdade de Medicina da UFG. Docente da Faculdades Objetivo.

Carolina Vieira de Mello Barros Pimentel

Nutricionista. Mestre e Doutora em Nutrição e Saúde Pública pela Universidade de São Paulo (USP). Especialista em Nutrição e Saúde Pública pela

Faculdade de Saúde Pública da USP. Docente do curso de Nutrição da Universidade Paulista.

Cristiane Cominetti

Nutricionista. Mestre e doutora em Ciência dos Alimentos pela Faculdade de Ciências Farmacêuticas, Departamento de Alimentos e Nutrição Experimental da Universidade de São Paulo. Professora adjunta da Faculdade de Nutrição da Universidade Federal de Goiás.

Eliana Bistriche Giuntini

Nutricionista. Mestre e doutora em Nutrição Humana Aplicada pela Universidade de São Paulo (USP), com pós-doutorado na Faculdade de Ciências Farmacêuticas da USP. Pesquisadora do Food Research Center (FoRC/Cepid/Fapesp).

Elizabete Wenzel de Menezes

Nutricionista. Mestre e doutora em Ciência dos Alimentos pela Faculdade de Ciências Farmacêuticas da Universidade de São Paulo (FCF/USP). Pesquisadora do Food Research Center (FoRC/CEPID/FAPESP). Coordenadora da Tabela Brasileira de Composição de Alimentos (TBCA). Professora Associada Aposentada da FCF/USP.

Elizabeth Mieko Egashira

Nutricionista. Mestre e doutora em Nutrição e Saúde Pública pela Faculdade de Saúde Pública da Universidade de São Paulo. Coordenadora do curso de Nutrição da Universidade São Judas Tadeu.

Greisse Viero da Silva Leal

Nutricionista. Mestre e doutora em Nutrição e Saúde Pública pela Faculdade de Saúde Pública da Universidade de São Paulo. Docente na Universidade Federal do Rio Grande do Sul.

Karin Louise Lenz Dunker

Nutricionista. Mestre e doutora em Nutrição Humana Aplicada pela Universidade de São Paulo. Pós-doutora em Psiquiatria e Psicologia Médica da

Universidade Federal de São Paulo (Unifesp). Nutricionista do Programa de Atenção aos Transtornos Alimentares da Unifesp. Coordenadora do Núcleo de Prevenção do Grupo de Estudos em Nutrição e Transtornos Alimentares. Docente do Instituto Nutrição Comportamental.

Karina Maria Olbrich dos Santos

Pesquisadora da Embrapa Agroindústria de Alimentos. Engenheira de Alimentos, com mestrado e doutorado em Ciência da Nutrição pela Universidade Estadual de Campinas.

Luís Antonio Baffile Leoni

Farmacêutico. Mestre em Ciência dos Alimentos pela Universidade Estadual de Campinas. Doutor em Educação Física pela Universidade São Judas Tadeu (USJT). Pró-reitor Acadêmico da USJT.

Margareth Lage Leite de Fornasari

Nutricionista. Especialista em Administração Hospitalar e de Sistemas de Saúde pelo Centro Universitário São Camilo. Doutora em Ciências da Saúde pela Faculdade de Ciências Médicas da Santa Casa de São Paulo. Responsável pelo Atendimento Dietoterápico Ambulatorial e Professora Adjunta das disciplinas Nutrição e Metabolismo e Dietoterapia do curso de Nutrição da Universidade São Judas Tadeu.

Mariana Agostinho de Pádua Lopes

Nutricionista pela Universidade de São Paulo (USP), especializada em Transtornos Alimentares pelo Programa de Transtornos Alimentares (AMBULIM) do Instituto de Psiquiatria do Hospital das Clínicas da Faculdade de Medicina da USP e doutoranda do programa de pós-graduação Nutrição em Saúde Pública da USP.

Maritsa Carla de Bortoli

Nutricionista. Mestre em Nutrição Humana Aplicada pela Universidade de São Paulo (USP) e doutora em Ciência dos Alimentos pela Faculdade de Ciências Farmacêuticas, Departamento de Alimentos e Nutrição Experimental da USP. Pesquisadora Científica do Instituto de Saúde, da Secretaria de Estado da Saúde de São Paulo.

Marle dos Santos Alvarenga

Nutricionista. Mestre e doutora em Nutrição Humana Aplicada pela Universidade de São Paulo (USP). Orientador credenciado do programa de pós-graduação em Nutrição em Saúde Pública da Faculdade de Saúde Pública (FSP) da USP. Supervisora da equipe de Nutrição do Ambulatório de Bulimia e Transtornos Alimentares (Ambulim) do Instituto de Psiquiatria do Hospital das Clínicas da Faculdade de Medicina da USP. Coordenadora do Grupo de Estudos em Nutrição e Transtornos Alimentares. Coordenador do Instituto Nutrição Comportamental.

Patrícia Moriel

Farmacêutica. Mestre e doutora em Farmácia na área de Análises Clínicas pela Universidade de São Paulo. Docente dos cursos de Farmácia e de Nutrição e coordenadora do curso de Farmácia da Universidade Cruzeiro do Sul. Professora colaboradora em cursos de especialização em Nutrição Clínica.

Regilda Saraiva dos Reis Moreira-Araújo

Nutricionista. Mestre em Tecnologia de Alimentos pela Universidade Federal do Ceará e doutora em Ciência dos Alimentos pela Faculdade de Ciências Farmacêuticas da Universidade de São Paulo (USP). Pós-doutora em Ciência de Alimentos pela Universidade Federal de Minas Gerais e em Nutrição em Saúde Pública pela Faculdade de Saúde Pública da USP. Professora Titular do Departamento de Nutrição da Universidade Federal do Piauí.

Rita de Cássia de Aquino

Docente do Mestrado Multidisciplinar em Ciências do Envelhecimento da Universidade São Judas, com Doutorado em Saúde Pública pela Faculdade de Saúde Pública da Universidade de São Paulo e Mestrado em Nutrição Humana Aplicada pela Universidade de São Paulo. Especialista em Saúde Pública pela Faculdade de Saúde Pública da Universidade de São Paulo.

Docente nos Cursos de Nutrição na Universidade São Judas, Cruzeiro do Sul e Universidade Municipal de São Caetano.

Silvia Maria Franciscatto Cozzolino

Nutricionista. Docente e pesquisadora da Faculdade de Ciências Farmacêuticas da Universidade de São Paulo (USP). Mestre, doutora, livre-docente e professora titular pela USP.

SUMÁRIO

APRESENTAÇÃO

A Coleção Guias de Nutrição e Alimentação apresenta a terceira edição do livro *Pirâmide dos Alimentos: fundamentos básicos da nutrição* totalmente revisada e atualizada. O objetivo anterior, de trazer uma proposta desafiadora com informações sob a ótica dos novos conhecimentos, sobre os alimentos e sua interface com a saúde, permaneceu e se ampliou. Reconhecendo e escutando as aspirações dos alunos de graduação, pós-graduação e profissionais ligados às áreas de Nutrição, Alimentação e Gastronomia, os livros da coleção têm sempre a preocupação de reconhecer em suas necessidades uma forma didática de transmitir os fundamentos básicos da ciência da Nutrição.

As edições do livro *Pirâmide dos Alimentos: fundamentos básicos da nutrição* contribuíram para a melhoria do acervo científico sobre alimentação e nutrição. A partir da perspectiva organizacional da pirâmide dos alimentos, os capítulos são colocados como tema central e desenvolvidos em todas as nuances do conhecimento científico, sob a ótica de cada autor.

Descreve os nutrientes de forma inovadora, segundo os grupos da Pirâmide dos Alimentos brasileira, reforçando a necessidade do conhecimento do alimento, da forma como deve ser selecionado e consumido, de sua composição e seu respectivo valor nutritivo na porção usual, do tamanho das porções, considerando-se os principais nutrientes presentes nos grupos alimentares, assim como os hábitos alimentares e a diversidade alimentar dos brasileiros.

A proposta de apresentar os nutrientes a partir dos grupos da Pirâmide dos Alimentos permite um melhor entendimento do papel e da importância que cada alimento tem para a composição de uma refeição, para o estado de saúde dos indivíduos, assim como nas possíveis carências associadas.

A relevância e a atualidade deste livro representam um desafio. Introduzir os alimentos, respeitando os grupos da pirâmide alimentar, ícone sedimentado na cultura popular e científica brasileira, constitui-se em um exercício de liberdade e de inovação na expressão do conhecimento.

A reunião de renomados especialistas e professores para compor o corpo de colaboradores para esta nova edição contituiu-se em tarefa ímpar. Foram 21 colaboradores de 13 instituições públicas e privadas de ensino e pesquisa. O trabalho de produzir esta edição foi uma experiência com as diferentes formas do pensar, pois a cada capítulo percebia-se a dedicação dos autores na superação das dificuldades para apresentação do seu melhor, baseado em suas vivências acadêmicas e trabalhos científicos.

O livro apresenta dez capítulos, sendo o primeiro sobre a Pirâmide Alimentar brasileira, seu histórico, sua metodologia, seus novos olhares com reflexões sobre o Guia Alimentar brasileiro. Os Anexos dos equivalentes calóricos dos alimentos por grupos da pirâmide contribuem para a avaliação e o diagnóstico do estado nutricional. Os Capítulos 2 a 8 trazem os grupos de alimentos da pirâmide com os conceitos formulados para alimentos-fonte de cada nutriente estudado, a constituição química dos macro e micronutrientes, além da classificação, da digestão e do metabolismo. Foram descritos em cada capítulo os alimentos-fonte, as melhores escolhas alimentares, o papel na alimentação e na epidemiologia das doenças crônicas não transmissíveis. O Capítulo 9 apresenta a água e os eletrólitos; e o Capítulo 10, as fibras alimentares com conceitos atualizados.

A produção de um livro e de cada edição é uma tarefa que demanda tempo e estudos para a nova apresentação. Temos certeza de que a contribuição de mais uma obra científica para a formação e o aperfeiçoamento dos leitores é de incomensurável importância e responsabilidade, na medida em que aqui foram reunidos colaboradores com conhecimentos e talentos tão vocacionados para a ciência da Nutrição.

Este livro traz o que há de mais inovador, atualizado e constitui-se em plêiade de temas da mais alta excelência na área de alimentação e nutrição. Como disse Mike Vance, pensador americano, "Criatividade é fazer o novo ao reordenar o velho".

Boa leitura!

PREFÁCIO

É com muita honra que aceito o convite para escrever o prefácio da nova edição do livro *Pirâmide dos Alimentos: fundamentos básicos da nutrição*, organizado pela Profa. Dra. Sonia Tucunduva Philippi. O livro teve e tem a proposta de estudar a alimentação e a nutrição a partir dos alimentos, inseridos em seus respectivos grupos de equivalência energética e nutricional apoiado pelo iconográfico da pirâmide alimentar.

O uso dos grupos de alimentos para a promoção de uma alimentação saudável é imprescindível no dia a dia. Os grupos e suas porções são utilizados nas escolhas alimentares pelo indivíduo e sua família o tempo todo, às vezes até inconscientemente. Aquele gostoso pão na chapa com o café com leite... no prato, arroz, feijão, carne, legumes e verduras, as frutas como sobremesa...

A pirâmide é uma forma ilustrativa de distribuir os grupos dos alimentos, e, no mundo todo, encontramos as mais diversas representações, como prato, arco-íris, pagode, panela... Não importa qual o desenho, e sim a possibilidade de reconhecer e valorizar todos os grupos e seus diversos representantes disponíveis no país e na região, respeitando os hábitos e costumes, sem esquecer do prazer que a comida pode proporcionar.

A pirâmide é um instrumento com objetivos nutricionais e educativos, baseado nos princípios da variedade, moderação e proporcionalidade, que pode ser utilizado para visualizar os grupos de alimentos e suas respectivas porções. E um ícone e seus grupos de alimentos devem ser, sempre que possível, pautados e alinhados, com o guia alimentar vigente no país.

O atual *Guia alimentar para a população brasileira* valoriza a culinária enquanto prática emancipatória e leva à reflexão da importância das dimensões sensoriais, cognitivas e simbólicas da alimentação. O desenvolvimento de habilidades culinárias é estimulado como prática fundamental para geração de autonomia e ampliação da possibilidade de escolhas para uma alimentação à base de alimentos *in natura*. Um dos princípios do *Guia alimentar para a população brasileira* é o reconhecimento de que guias devem ampliar a autonomia para escolhas que promovam uma alimentação saudável, e escolhas alimentares podem ser pautadas em grupos de alimentos. Esta obra científica também contempla todos esses aspectos desde sua primeira edição.

O nutricionista que se dedica ao aconselhamento dietético deve incentivar habilidades que facilitem o processo de empoderamento. Uma orientação bem planejada e individualizada deve permitir que o indivíduo seja agente de suas escolhas, consciente dos benefícios de hábitos saudáveis e, gradativamente, tenha uma alimentação com alimentos e preparações que permitam promover a saúde e reduzir o risco de doenças. A dieta DASH (*Dietary Approaches do Stop Hypertension*) e a Dieta do Mediterrâneo, pautadas em grupos de alimentos, são padrões alimentares reconhecidamente "protetores".

Assim, a continuidade dessa obra que valoriza os grupos de alimentos, atualizada sob a ótica do *Guia alimentar para a população brasileira*, deve ser recebida com aplausos e parabéns a todos os colaboradores de excelência que dela fazem parte. Trata-se de uma obra baseada em evidências científicas, que necessariamente deverá ser utilizada como referência, além de contribuir para a atualização de nutricionistas e profissionais da área da saúde e educação, bem como para a formação dos acadêmicos das áreas de alimentação e nutrição.

Profa. Dra. Rita de Cássia de Aquino, Msc e PhD

Docente no Mestrado em Ciências do Envelhecimento da Universidade São Judas. Professora da Disciplina de Dietoterapia nas Universidades São Judas, Cruzeiro do Sul e Municipal de São Caetano.

1

PIRÂMIDE ALIMENTAR BRASILEIRA: GUIA PARA ESCOLHA DE ALIMENTOS

Sonia Tucunduva Philippi

SUMÁRIO

INTRODUÇÃO

O *Guia alimentar para a população brasileira* (GAPB) publicado em 2014 (Brasil, 2014), trouxe uma série de reflexões importantes sobre a alimentação. Questões como regionalidade, resgate de culturas e práticas alimentares foram aprofundadas dando a dimensão da área geográfica brasileira e da diversidade alimentar. Nele, foram apresentados cinco princípios: a alimentação é mais que a ingestão de nutrientes; as recomendações sobre alimentação devem estar em sintonia com seu tempo; uma alimentação adequada e saudável deriva de um sistema alimentar social e ambientalmente sustentável; diferentes saberes geram o conhecimento para a formulação de guias; e os guias alimentares ampliam a autonomia nas escolhas alimentares (Philippi, 2017).

Também contemplou uma classificação sobre o grau de processamento dos alimentos e preparações sinalizando a necessidade de maior ou menor consumo destes alimentos. Essa classificação em função do grau de processamento dos alimentos gerou controvérsias, dada a limitação do consumo de alimentos do hábito da população brasileira (Gibney et al., 2017). As orientações sobre a necessidade de diminuição de sal, açúcar e óleo, assim como maior consumo de frutas, legumes e verduras, também foram consideradas, no entanto, o enfoque do GAPB 2014 foi mais voltado aos alimentos industrializados e consumidos fora e dentro dos domicílios.

Assim, a atual edição do livro *Pirâmide dos alimentos* buscou integrar os atuais conceitos do GAPB, com a imprescindível divisão dos alimentos para a viabilização de escolhas alimentares. Visando uma alimentação saudável e ressaltando que todo alimento é constituído de energia e nutrientes que em maior ou menor proporção definem o valor nutritivo, considerando-se também a forma de preparo culinário.

Um alimento consumido cru, por exemplo, no estado natural, pode ser mais nutritivo do que empanado e submetido à fritura de imersão.

As técnicas dietéticas (Philippi, 2014) utilizadas no preparo de um alimento também devem ser um indicativo no contexto de melhores escolhas alimentares que contribuem para a alimentação saudável.

No Brasil, a edição dos dois guias alimentares brasileiros (Brasil, 2005; 2014) não contemplou um iconográfico, a não ser no *Guia alimentar infantil* em 2006 com a adoção da Pirâmide Alimentar (Sociedade Brasileira e Ministério da Saúde). Mas o Guia de 2005 e o Guia infantil adotaram os grupos alimentares da Pirâmide Alimentar, assim como apresentaram as porções com respectivos peso em gramas e medidas usuais.

A Sociedade Brasileira de Pediatria também publicou o *Guia alimentar infantil* com o ícone da pirâmide, porções e grupos alimentares na infância (SBP, 2009)

PIRÂMIDE DOS ALIMENTOS E EVIDÊNCIAS CIENTÍFICAS: UMA COMPREENSÃO PARA CLASSIFICAÇÃO DOS ITENS ALIMENTARES

O conceito de alimentos e bebidas baseado na densidade de energia e nos nutrientes tem sido bastante discutido em diversos estudos de revisão sistemática e ensaios randomizados controlados em âmbito internacional, particularmente nos Estados Unidos, Canadá e Austrália (Austrália, 2013). Para compreender o conceito dos alimentos baseado na densidade energética desenvolvido ao longo do tempo, é importante entender o processo utilizado para fazer as recomendações dietéticas, a tradução dessas recomendações para os consumidores (por meio de ícones para ilustrar as recomendações), e avaliar a adesão às recomendações dietéticas (Philippi e Aquino, 2017).

Os itens alimentares classificados de acordo com a densidade de energia, e os nutrientes, são importantes indicadores para avaliar a qualidade da dieta em termos de conformidade às recomendações dietéticas (Philippi e Aquino, 2017).

Os grupos alimentares foram o ponto de partida para o desenvolvimento do sistema de orientação alimentar, ilustrado inicialmente por meio da roda dos alimentos, que mostrava na época o padrão para escolhas alimentares. Como primeiro passo no desenvolvimento do sistema de orientação alimentar, foram estabelecidas metas nutricionais baseadas na primeira edição das orientações dietéticas para a população brasileira e nas recomendações dietéticas (*Recommended Dietary Allowance* [RDA]), de 1980 (IOM 2001). A orientação dietética baseada nos alimentos foi utilizada em conjunto com o da primeira publicação da Pirâmide Alimentar (PA) para a população brasileira em 1999 (Philippi et al, 1999, Philippi, 2005). A PA foi adaptada à população brasileira baseada na primeira edição para a população dos Estados Unidos, em 1992, objetivando auxiliar educadores a adaptar e utilizar a pirâmide para grupos etários específicos.

A primeira edição da PA para a população brasileira forneceu três padrões de níveis de energia: 1.600, 2.200 e 2.800 quilocalorias (kcal)/dia. Foram desenvolvidos, para cada padrão da ingestão alimentar, os perfis de nutrientes e o número de porções (para cada um dos 8 grupos). Na determinação dos perfis de nutrientes para os 8 grupos de alimentos, foram incluídos apenas alimentos com as quantidades reduzidas em gordura e sem adição de açúcar. No desenvolvimento dos padrões baseados em energia para os oito grupos, a suposição foi de que alimentos dos grupos dos óleos e gorduras, açúcares e doces fossem colocados no ápice do ícone para menor consumo. A intenção foi mostrar aos consumidores como alcançar as necessidades nutricionais com máxima flexibilidade nas escolhas das fontes de gordura e açúcares. A diferença entre os níveis de energia e as necessidades individuais de energia foi utilizada para determinar a quantidade de gorduras e açúcares que poderia ser adicionada à dieta. Foram definidas diversas medidas usuais (por exemplo, colher de sopa, fatia, xícara) de todos os alimentos com as porções sugeridas. A adaptação e a avaliação desse sistema de orientação nutricional foi publicado e posteriormente revisado adaptando-se alimentos e preparações incluídas na PA (Philippi, 1999).

Após 6 anos, a Pirâmide Alimentar Brasileira foi adaptada trazendo uma nova releitura e um sistema de orientação alimentar. As razões para as modificações na PA foram devido às modificações na pirâmide alimentar americana i.e., o *Guia da Pirâmide Alimentar* de 1992 foi substituído pelo *MyPyramid* (a legislação dos rótulos de alimentos que passou a ser baseado na ingestão de 2.000 kcal/dia).

O Guia alimentar de 2005/2006 refletiu a ciência nutricional mais recente, na expectativa de aumentar a efetividade na motivação dos consumidores com a aplicação das mensagens. Os padrões alimentares da PA tinham a necessidade de atualização para refletir novos conteúdos dos nutrientes dos alimentos, padrões de consumo alimentar, e os padrões de nutrientes publicados entre 1997 e 2002, principalmente pelo

Instituto de Medicina (IOM) – as Ingestões Dietéticas de Referência (*Dietary Reference Intake* [DRI]), e a ciência emergente reportada pelo *Guia alimentar para a população brasileira* de 2005/2006 (Brasil, 2005). Apesar de as atualizações serem necessárias, é importante reconhecer que a PA e o Guia alimentar eram habituais para a maioria dos brasileiros. Evidências a partir de estudos qualitativos com adolescentes brasileiros de comunidades carentes demonstraram que estes apresentam adequado conhecimento nutricional, sendo que muitos indicam adequado conhecimento sobre os grupos de alimentos, bem como da PA. No entanto, a maioria reportou realizar escolhas alimentares inadequadas (i.e., preferências por alimentos ricos em gorduras, açúcares e sódio) (Leme, 2017).

Mesmo com o progresso do Ministério da Saúde na educação dos consumidores com o Guia alimentar 2005/2006, o ícone da Pirâmide dos Alimentos não foi adotado oficialmente, mas os grupos alimentares, as quantidades e as porções se mantiveram no documento oficial do Guia.

PIRÂMIDE ALIMENTAR BRASILEIRA – DIETA DE 2.000 KCAL

Em 2005, Philippi adaptou mais uma vez a PA e publicou uma Pirâmide de 2.000 kcal (Figura 1.1). Com a nova proposta de uma pirâmide alimentar americana (Dietary Guidelines for Americans, 2005), da legislação para rotulagem dos alimentos e do *Guia alimentar para a população brasileira* do Ministério da Saúde, foi observada a necessidade de uma nova adaptação, principalmente porque a informação nutricional em rotulagem foi baseada em uma dieta de 2.000 kcal.

O iconográfico da PA apresenta os oito grupos de alimentos e equivalentes em kcal e em porções (medidas usuais de consumo e gramas) com o objetivo de subsidiar conteúdos de orientação nutricional e planejamento dietético.

A lista dos oito grupos de alimentos e equivalentes está no Anexo 1 – Equivalentes calóricos (kcal) de porções dos grupos de alimentos – valores aproximados para pesos (g) e medidas usuais de consumo.

O Anexo 2 apresenta os equivalentes calóricos por grupos de alimentos da Pirâmide Infantil, de 6 a 23 meses de idade (Philippi, 2015).

PIRÂMIDE DOS ALIMENTOS

Guia para escolha dos alimentos
Dieta de 2.000 kcal

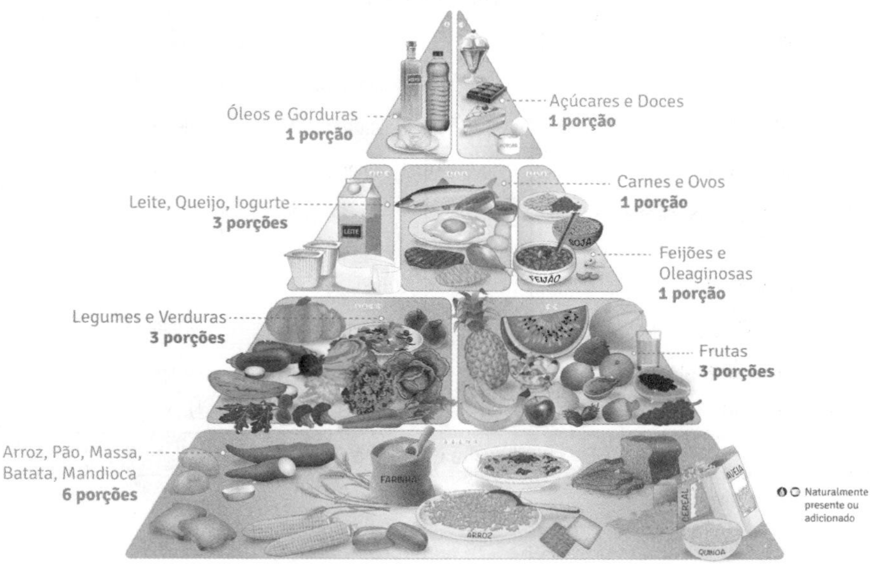

Pratique atividade física, no mínimo 30 minutos diários
Faça 6 refeições no dia (café da manhã, almoço e jantar, com lanches intermediários)

FIGURA 1.1 – Pirâmide Alimentar Brasileira.

O detalhamento e a exemplificação do planejamento dietético com 2.000 kcal encontra-se na Tabela 1.1

A dieta também foi dividida em seis refeições, e o valor energético total (VET), distribuído em café da manhã (25%), lanche da manhã (5%), almoço (35%), lanche da tarde (5%), jantar (25%) e lanche da noite (5%) (Tabela 1.2) com distribuição dos macronutrientes (proteínas, carboidratos e lipídios) em função do VET da dieta de 2.000 kcal (Tabela 1.3).

Como as frutas, legumes e verduras são do hábito alimentar e de fácil acesso para a população brasileira, foram estabelecidas três porções para o grupo das frutas e também três para o grupo dos legumes e verduras.

TABELA 1.1 – Dieta com 2.000 kcal distribuída em seis refeições, com equivalentes calóricos de cada grupo, as respectivas porções em medidas usuais e o peso em gramas para as substituições.

Alimento	Peso (g)	Medida usual	Nº de porções/grupo
		Café da manhã	
Café com leite			
Café	71	½ xícara de chá	–
Leite desnatado	136	1 xícara de chá	1/leite
Açúcar refinado	4,5	1 colher de chá	½/açúcares
Pão francês com muçarela e margarina			
Pão francês	50	1 unidade	1/arroz
Queijo muçarela	30	2 fatias	½/leite
Margarina *light* sem sal	10	½ colher de sopa	½/óleos
Mamão formosa	160	1 fatia	1/frutas
		Lanche da manhã	
Banana com aveia			
Banana-nanica	43	½ unidade	½/frutas
Aveia em flocos	15	2 colheres de sobremesa	½/arroz
		Almoço	
Arroz, feijão, bife e batata			
Arroz branco cozido	125	6 colheres de sopa	1 ½/arroz
Feijão cozido (50% grãos e 50% caldo)	125	6 colheres de sopa	1/feijões
Bife grelhado	80	1 unidade	1/carnes
Batata cozida	120	1 ½ unidade	1/arroz
Salada de alface, rúcula, tomate e pepino temperada com limão, azeite e quinoa			
Alface lisa picada	30	3 ½ folhas	¼/verd/leg
Rúcula	20	3 ½ folhas	¼/verd/leg

(continua)

TABELA 1.1 – Dieta com 2.000 kcal distribuída em seis refeições, com equivalentes calóricos de cada grupo, as respectivas porções em medidas usuais e o peso em gramas para as substituições. *(continuação)*

Alimento	Peso (g)	Medida usual	Nº de porções/grupo
Tomate	38	2 fatias	½/verd/leg
Pepino picado	58	2 colheres de sopa	½/verd/leg
Quinoa	5	1 colher de sobremesa	⅛/arroz
Limão	8	1 colher de sobremesa	–
Azeite de oliva	2,5	1 colher de chá	¼/óleos
Suco de laranja	187	½ copo de requeijão	1/frutas
Lanche da tarde			
Pão com queijo branco e geleia			
Pão de forma integral	42	2 fatias	1/arroz
Queijo branco	30	1 fatia	½/leite
Geleia de morango	15	1 colher de sobremesa	¼/açúcares
Jantar			
Macarrão com queijo			
Macarrão ao sugo	250	3 escumadeiras	1 ½/arroz
Queijo parmesão ralado	15	1 ½ colher de sopa	½/leite
Salada de vagem, cenoura e acelga temperada com limão e azeite			
Vagem cozida	33	1 ½ colher de sopa	¾/verd/leg
Cenoura ralada	18	½ colher de servir	½/verd/leg
Acelga picada	25	2 ½ colheres de sopa	¼/verd/leg
Limão	8	1 colher de sobremesa	–
Azeite de oliva	2,5	1 colher de chá	¼ óleos
Salada de fruta	63	¼ xícara de chá	½ frutas

(continua)

TABELA 1.1 – Dieta com 2.000 kcal distribuída em seis refeições, com equivalentes calóricos de cada grupo, as respectivas porções em medidas usuais e o peso em gramas para as substituições. *(continuação)*

Alimento	Peso (g)	Medida usual	Nº de porções/grupo
Lanche da noite			
Bolo simples	50	1 fatia	¼/arroz
			½/leite
			¼/açúcares

TABELA 1.2 – Distribuição energética (kcal e kJ) da dieta de 2.000 kcal.

Refeições	kcal	kJ	% VET
Café da manhã	445,5	1.862,3	23,1
Lanche da manhã	95,6	399,4	5,0
Almoço	644,8	2.695,1	33,4
Lanche da tarde	219,3	916,8	11,4
Jantar	363,7	1.520,4	18,8
Lanche da noite	58,9	664,2	8,2
Total	1.927,8	8.058,3	100

TABELA 1.3 – Distribuição dos macronutrientes (proteínas, carboidratos, lipídios) em função do VET da dieta de 2.000 kcal.

	Gramas	% VET
Proteínas	83,5	17
Carboidratos	285,6	59
Lipídios	51,6	24

A partir de 2013 uma nova proposta foi elaborada por Philippi, o redesenho da PA, que pode ser considerada um marco referencial e um ícone ilustrativo dos grupos de alimentos (Amancio e Philippi, 2016).

O iconográfico da PA dá o destaque e incentiva alimentos importantes na dieta do brasileiro como cereais integrais (quinoa, linhaça, chia), carnes magras, leite, iogurte, frutas regionais, verduras e legumes verde-escuro, formas de preparação culinárias como saladas, frutas regionais, sucos, maior presença de grelhados e do azeite.

Em 2012, houve a necessidade de uma releitura da PA de 2005. Isso incluiu conceitos de escolhas alimentares inteligentes, com a introdução do fracionamento das refeições ao longo do dia (i.e., café da manhã, almoço, jantar e lanches intermediários) e a prática diária de atividade física (p. ex., pelo menos 30 minutos/dia para adultos e idosos, e 60 minutos para crianças e adolescentes).

A releitura incluiu uma atualização técnica baseada em revisões sistemáticas e guias alimentares anteriores. Essa revisão incluiu a atualização dos padrões de ingestão dietética da PA 2005. A PA de 2012 apresentou padrões alimentares voltados para alimentação saudável e inclusão dos alimentos chamados funcionais (p. ex., ricos em ômega 3, fibras, vitaminas e minerais, quinoa, peixes ricos em ômega 3, pães e massas integrais).

O sistema resultou na identificação das quantidades de alimentos a partir de 8 grupos básicos com 2.000 kcal para a população adulta e idosa, para crianças e adolescentes e grupos específicos baseados na idade, sexo e nível de atividade física. O desenvolvimento do sistema da PA foi tópico de artigos com revisões de pares.

A educação do consumidor foi atualizada para incluir um novo iconográfico para representar o sistema de orientação alimentar e ferramentas individualizadas de educação e focadas em mensagens ao consumidor.

Com referência aos testes e comentários de consumidores e profissionais da saúde, o ícone da PA e a página da internet com ferramentas educativas foram revisadas e finalizadas.

A última revisão do sistema de orientação alimentar foi relançada em 2017, pela Sociedade Brasileira de Alimentação e Nutrição (Philippi e Aquino, 2017). A nova versão não apresentou modificações no formato, no entanto, foram inseridos novos conceitos de alimentos, assim como a ferramenta atual para traduzir as orientações em estratégias para melhora das escolhas alimentares.

Resumidamente, as recomendações de 2.000 kcal para adultos e idosos e os demais níveis energéticos para crianças e adolescentes, bem como o número de porções mantiveram-se, os 8 grupos básicos de alimentos foram subclassificados de acordo com a densidade energética e de nutrientes.

PIRÂMIDE ALIMENTAR BASEADA NA DENSIDADE ENERGÉTICA/ NUTRIENTES

As evidências sugerem a classificação dos alimentos de acordo com a densidade de energia e nutrientes (Tabela 1.4) (Nicklas, 2015; Philippi e Aquino, 2017).

Os alimentos de acordo com a densidade energética (Tabela 1.4) podem ser classificados como:

- Alimentos densoenergéticos reduzidos em nutrientes: apresentam aporte de energia elevado e no geral com redução de nutrientes essenciais como vitaminas e minerais.
- Alimentos denso em nutrientes reduzidos em energia: aqueles que apresentam aporte de vitaminas e minerais elevado, como os grupos das frutas e verduras e legumes, do leite e dos feijões.
- Densoenergético elevado em nutrientes: podem apresentar a quantidade de energia aumentada, como alimentos dos grupos do arroz, pão, massa, batata e mandioca, e das carnes.

As recomendações fornecidas pela PA brasileira visam à melhora da qualidade da dieta, assim como a abordagem e a ênfase na importância das refeições, das preparações culinárias, dos hábitos e comportamentos e dos estilos de vida.

O histórico sobre a PA brasileira e a apresentação de novas classificações possibilitam uma série de olhares para um mesmo problema: como orientar a população para escolhas alimentares mais saudáveis (Amâncio e Philippi, 2016) que possibilitem uma qualidade de vida sem doenças. O somatório de estudos e proposições que avancem nesse sentido serão sempre respeitadas, mas confirmando a necessidade de

TABELA 1.4 – Pirâmide alimentar baseada na densidade energética/nutrientes.

Níveis da pirâmide	Grupo		Classificação do alimento
1º	Arroz, pão, massa, batata e mandioca		Densoenergéticos, elevados em nutrientes
2º	Frutas, verduras e legumes		Denso em nutrientes, reduzidos em energia
3º	Leite, queijo e iogurte	Feijões	Denso em nutrientes, reduzidos em energia
3º	Carnes e ovos		Densoenergéticos, elevados em nutrientes
4º	Óleos e gorduras Açúcares e doces		Densoenergéticos, reduzidos em nutrientes

estudos populacionais e qualitativos que avaliem as reais condições da alimentação da população em todos os estágios de vida e vulnerabilidades biopsicossociais e ambientais.

A PA é um instrumento útil para o planejamento dietético, avaliação qualitativa da dieta e orientação alimentar individual e coletiva. Somando-se as recomendações do GAPB 2014 e adaptando-se às condições locais é possível ter um material extremamente útil com informações para intervenções nutricionais de qualquer natureza, integradas a um ambiente sustentável.

HISTÓRICO DA PIRÂMIDE ALIMENTAR BRASILEIRA: GUIA PARA ESCOLHA DOS ALIMENTOS

Atwater, em 1893, descrevia a necessidade de desenvolver guias alimentares para a orientação dos indivíduos, a fim de que eles mesmos selecionassem os alimentos para o consumo. Ao longo dos anos, foram propostos vários guias para diferentes grupos populacionais e com diferentes formatos de apresentação. Os guias devem ser frequentemente revisados e o conteúdo adaptado a partir de novas concepções sobre alimentos, como a atual necessidade em reduzir o consumo de gorduras e açúcares para as populações de todo o mundo.

Os guias alimentares são as diretrizes formuladas em políticas de alimentação e nutrição, visando promover a saúde e o melhor estado nutricional das populações de cada país. Devem respeitar os hábitos alimentares, a disponibilidade dos alimentos locais, com incentivo de medidas necessárias para atingir o pleno potencial de crescimento e desenvolvimento humano, por meio da alimentação adequada. Os guias alimentares são instrumentos que fornecem informações à população, visando à promoção da saúde e dos hábitos alimentares saudáveis. Devem ser representados por grupos de alimentos e são baseados principalmente na relação existente entre os alimentos e a saúde dos indivíduos (FAO/WHO, 1996).

Os ícones, isto é, as representações gráficas dos guias, podem contribuir para a melhor divulgação das orientações, transformando-se em facilitadores na transmissão do conteúdo científico e possibilitando melhor assimilação e adesão por parte da população.

Diversos ícones ilustram os guias alimentares dos países: o Canadá apresenta um arco-íris; a China, um pagode; a Guatemala, um pote de cerâmica; o Chile, a Alemanha, a Tailândia e os Estados Unidos, a pirâmide. Alguns países, como o México, adotam a roda dos alimentos e a Argentina, uma forma helicoidal, mas todas ilustram os grupos alimentares e alguns deles apresentam também outras mensagens sobre atividade física, ingestão de líquidos e hábitos de higiene.

Nos EUA, no final da década de 1980, após pesquisa para verificar qual forma gráfica era mais aceita pela população, constatou-se que a distribuição dos alimentos em forma de "roda", até então utilizada como ícone oficial, não surtia mais os resultados esperados. A roda apresentava os alimentos divididos conforme a "função" (construtores, reguladores e energéticos), sem representação hierárquica dos alimentos, possibilitando diferentes interpretações. A representação foi considerada ultrapassada porque, segundo os entrevistados, as informações já eram conhecidas (Welsh et al., 1992).

Outras formas de apresentação foram testadas, como blocos empilhados ou em círculos, os grupos de alimentos foram dispostos em prato, tigela, xícara e até em carrinho de supermercado. O ícone da pirâmide foi selecionado e mantém-se até hoje, apesar de ter passado por modificações em 2005.

A roda dos alimentos foi utilizada por muitos anos no Brasil e trazia a classificação dos alimentos considerando a função no organismo, como construtores (alimentos fontes de proteínas), energéticos (alimentos fontes de carboidratos e gorduras) e reguladores (alimentos fontes de vitaminas e minerais). Durante muitos anos, a representação no formato de roda foi utilizada para programas de educação e no atendimento nutricional.

Em 1974, foi publicado pelo Instituto de Saúde, da Secretaria de Saúde do Estado de São Paulo, um importante documento (Kalil e Philippi, 1974) em que se recomendava a adaptação da "roda de alimentos" dividida em seis grupos: dos leites, queijos, coalhadas, iogurtes; das carnes, ovos, leguminosas; das hortaliças; dos cereais; das frutas; e dos açúcares e gorduras, proporcionando maior flexibilidade para a dinâmica da orientação dietética individual e em grupo. De certa forma, antecipava-se a tendência de divisão em grupos alimentares.

No início da década de 1990, com a publicação do guia alimentar americano, surgiram os grupos alimentares, baseados na variedade de informações existentes e incluindo a relação entre os alimentos e a saúde dos indivíduos. Em 1992, a United States Department of Agriculture (USDA) adotou como ícone o formato de pirâmide.

Achterberg et al. (1994) descreveram a PA como um instrumento de orientação nutricional utilizado por profissionais com objetivo de promover mudanças de hábitos alimentares, visando à saúde global do indivíduo e à prevenção de doenças. A PA foi considerada uma representação gráfica que facilitava a visualização dos alimentos, assim como a escolha nas refeições do dia a dia (Welsh et al., 1992).

Considerando a repercussão favorável desta apresentação dos alimentos em grupos na pirâmide, foi desenvolvida por Philippi et al. (1999) uma adaptação da proposta americana para o Brasil. O ícone escolhido para representar as diretrizes brasileiras neste trabalho foi a pirâmide, por se entender que seria uma forma apropriada, além de estar validada nos EUA e no Chile.

COMO FOI PENSADA A METODOLOGIA DA PIRÂMIDE DOS ALIMENTOS PARA A POPULAÇÃO BRASILEIRA?

A PA adaptada à população brasileira (Philippi et al., 1999; Philippi, 2005) baseou-se inicialmente no planejamento de três dietas com diferentes valores energéticos: 1.600, 2.200 e 2.800 kcal.

Foram organizados oito grupos de alimentos adaptados para os hábitos alimentares brasileiros e para o estabelecimento do número de porções dos diferentes grupos, os alimentos foram organizados em medidas usuais para a população brasileira e o respectivo peso em gramas. Cada medida usual também foi estimada segundo o valor energético médio de cada porção do grupo alimentar. A medida usual de consumo (fatia, copo de requeijão, unidade) foi a terminologia adotada em complementação ou substituição às medidas caseiras (colher de sopa, xícara). A adoção de medida usual permite melhor entendimento da quantidade do alimento, uma vez que está presente na prática alimentar diária do indivíduo e na cultura do país.

As porções dos alimentos foram estimadas em função do VET da dieta e da energia de cada grupo alimentar, respeitando-se a forma de consumo usual do alimento. As qualificações pequena, média, grande, cheia e rasa, entre outras, foram excluídas, adotando-se os valores médios obtidos no Laboratório de Técnica Dietética da Faculdade de Saúde Pública da USP, e organizadas no banco de dados do *software* Virtual Nutri (Philippi et al., 1996).

Os alimentos foram distribuídos em seis refeições (café da manhã, lanche da manhã, almoço, lanche da tarde, jantar e lanche da noite), e foram selecionados os alimentos e as preparações mais habituais observadas em estudos brasileiros de consumo alimentar.

Para a apresentação de exemplos de dietas padronizadas, o VET foi distribuído no dia alimentar: café da manhã (25% do VET); lanche intermediário (5% do VET); almoço (35% do VET); lanche intermediário (5% do VET); jantar (25% do VET) e um último lanche noturno (5% do VET).

Os dados utilizados para o cálculo das três dietas padronizadas foram obtidos do banco de dados do *software* Virtual Nutri (Philippi et al.,

1996), que possui informações de alimentos *in natura*, de preparações com alimentos básicos da dieta realizadas no Laboratório de Técnica Dietética e de alimentos industrializados, cujos dados foram obtidos em serviços de atendimento ao consumidor (SAC) das empresas e nos rótulos das embalagens. As porções foram estabelecidas de acordo com o total de energia de cada grupo alimentar e em cada refeição, respeitando-se o mínimo e o máximo de porções da dieta.

Os grupos de alimentos, assim como as quantidades de cada um para os três níveis energéticos das dietas, foram distribuídos da seguinte forma na primeira versão de 1999, da PA Brasileira:

- Arroz, pão, massa, batata, mandioca – 5 a 9 porções (150 kcal/porção).
- Verduras e legumes – 4 a 5 porções (15 kcal/porção).
- Frutas – 3 a 5 porções (35 kcal/porção).
- Carnes e ovos – 1 a 2 porções (190 kcal/porção).
- Leite, queijo, iogurte – 3 porções (120 kcal/porção).
- Feijões – 1 porção (55 kcal/porção).
- Óleos e gorduras – 1 a 2 porções (73 kcal/porção).
- Açúcares e doces – 1 a 2 porções (110 kcal/porção).

GRUPOS ALIMENTARES E A PIRÂMIDE BRASILEIRA DE 1999

Na primeira publicação da Pirâmide Brasileira (Philippi, et al., 1999), os grupos alimentares receberam tradicionalmente as seguintes denominações: cereais, pães, tubérculos e raízes; hortaliças; frutas; leguminosas; leite e produtos lácteos; óleos e gorduras; açúcares e doces. Em vários estudos realizados para avaliar como as pessoas entendiam a PA, constatou-se que uma das dificuldades mais comuns era relacionada aos nomes dos grupos. Em função desses resultados, passaram a ser denominados diferentemente. O grupo dos cereais passou a ser denominado grupo do arroz, pão, massa, batata, mandioca. Apesar de a batata (feculento) e mandioca (raiz) não pertencerem ao grupo dos cereais, ficaram na base da pirâmide, junto aos cereais, por serem também fontes de carboidratos. O grupo das hortaliças passou a ser denominado verduras (folhosos ou folhudos) e legumes (não folhosos). O grupo dos leites e produtos lácteos recebeu a denominação leite, queijo e iogurte. O grupo das leguminosas, em razão de o nome ser muito semelhante aos legumes, recebeu a denominação grupo dos feijões, como representativo também das demais leguminosas: soja, grão-de-bico, lentilha. Atualmente, nesse grupo incluem-se também as oleaginosas: nozes e castanhas.

Comparativamente à pirâmide americana publicada em 1992, várias modificações foram realizadas, além das porções usuais e a inclusão de alimentos regionais. Foi adaptada a recomendação relativa à quantidade de porções nos diferentes níveis energéticos. Em virtude de frutas, legumes e verduras serem alimentos comuns na dieta e de fácil acesso para a população brasileira, as porções foram modificadas para valores maiores.

Na pirâmide americana, as carnes, os ovos e as leguminosas encontravam-se em um mesmo grupo. Em razão de as leguminosas serem comuns na alimentação básica do brasileiro, principalmente o feijão, achou-se conveniente colocá-las em um grupo à parte. Sabe-se que as leguminosas não possuem os mesmos valores nutritivos que carnes e ovos, não podendo ser substituídas sem o ajuste necessário no equilíbrio de aminoácidos, que é dado pelo consumo simultâneo do arroz com o feijão. O hábito de consumir diariamente arroz e feijão é benéfico e deve ser na proporção de duas partes de arroz para uma de feijão. As oleaginosas como nozes e castanhas, além da leguminosa amendoim, com alto valor energético, foram também incluídas nesse grupo, apesar do baixo consumo nas dietas habituais do brasileiro e de serem também fontes de gorduras, principalmente ácidos graxos monoinsaturados.

O leite mereceu atenção especial pelo fato de ser fonte de cálcio, nutriente importante em todas as fases da vida. Três porções diárias de leite fornecem, em média, 750 mg de cálcio que, juntamente a outras fontes não lácteas de cálcio, seriam suficientes para atender às necessidades de adultos. É preciso, no entanto, aumentar o consumo de alimentos que são fontes de cálcio para crianças, adolescentes, gestantes e nutrizes.

Os alimentos como óleos e gorduras, açúcares e doces devem ter o consumo moderado, uma vez que estão presentes na forma natural em vários alimentos ou podem ser adicionados em várias preparações. As legendas de óleos e açúcares (cubos e gotas) foram distribuídas por todos os níveis da pirâmide. Óleos e gorduras foram colocados separadamente dos açúcares e doces e tiveram as porções determinadas para facilitar a orientação sobre a quantidade a ser utilizada na dieta e as porções recomendadas para consumo. Dependendo do grupo populacional com o qual se trabalha, há necessidade de alertar para os riscos à saúde no consumo indiscriminado de alimentos como óleos, gorduras, açúcares e doces. É comum constatar-se preferências por frituras, além do óleo utilizado para refogar e temperar alimentos. Também se constata frequentemente preferência por sobremesas bem doces e bebidas com grande adição de açúcar.

Os alimentos *in natura* são facilmente identificados e classificados na PA, mas o mesmo não acontece com as preparações, uma vez que estão presentes mais de um tipo de alimento (ingredientes). Ao se utilizar uma preparação culinária do tipo "lasanha com molho quatro queijos", podem ser contabilizadas, por exemplo, uma porção do grupo do arroz, pão, massa, batata, mandioca (massa da lasanha) e uma porção do grupo do leite, queijo, iogurte (molho com leite e queijos).

No Brasil, houve a edição de dois guias alimentares em 2005 e 2014, sendo que não foi adotado um iconográfico, a não ser no *Guia alimentar infantil*, em 2006, com a adoção da PA (Sociedade Brasileira de Pediatria e Ministério da Saúde). Mas o Guia de 2005 e o Guia infantil apresentaram nos conteúdos os grupos alimentares com o estabelecimento das respectivas porções para adultos e população infantil.

O documento do primeiro guia apresentava diretrizes oficiais para a população acerca dos hábitos alimentares saudáveis e sobre as preocupações na área de política de segurança alimentar e nutricional, como na prevenção de agravos à saúde advindos da alimentação insuficiente ou inadequada.

Aquelas diretrizes oficiais brasileiras faziam parte da estratégia de implementação da Política Nacional de Alimentação e Nutrição, integrante da Política Nacional de Saúde (Brasil, 2005) e consolidou-se como elemento concreto da identidade brasileira para essa implementação das recomendações preconizadas pela Organização Mundial da Saúde (OMS), no âmbito da Estratégia Global para Alimentação Saudável, Atividade Física e Saúde (WHO, 2004). As recomendações específicas sobre dieta no documento da Estratégia Global eram:

- Manter o equilíbrio energético e o peso saudável.
- Limitar a ingestão energética procedente de gorduras; substituir as gorduras saturadas por insaturadas e eliminar as gorduras *trans* (gordura hidrogenada).
- Aumentar o consumo de frutas, legumes e verduras, cereais integrais e leguminosas (feijões).
- Limitar a ingestão de açúcar livre e sal.

Mas a proposta da estratégia global para modificar os padrões de alimentação e atividade física da população como estratégias sólidas e eficazes, e acompanhadas de um processo permanente de intervenção, monitoramento e avaliação do impacto das ações não apresentaram resultados. O que seria para assegurar progressos sustentáveis, conjugar esforços, recursos e atribuições de todos os indivíduos envolvidos no processo, com as diferentes áreas e esferas de governo, sociedades científicas, grupos de defesa do consumidor, movimentos populares, pesquisadores e o setor privado acabou fracassando quando foram avaliadas as altas prevalências das doenças crônicas não transmissíveis (DCNT), principalmente a obesidade.

PRINCÍPIOS DE UMA ALIMENTAÇÃO SAUDÁVEL

A alimentação saudável com a presença de todos os alimentos e os grupos alimentares conforme idealizado na primeira publicação em 1999, passou por várias transformações e novos enfoques. A busca pela qualidade de vida saudável, que tem início na infância, com o aleitamento materno e se perpetua até a vida adulta pressupõe políticas para promoção da saúde e prevenção das doenças (Philippi, 2014; Philippi, 2017).

Entende-se por qualidade de vida o que é bom, desejável, saudável e compensador nas áreas pessoal, social, afetiva e profissional. Para que o indivíduo tenha uma boa qualidade de vida, torna-se necessária a satisfação e a integração de todas as necessidades biológicas e psicossociais, considerando-se a saúde e as condições essenciais para a promoção da saúde e a prevenção da doença.

A busca do homem pela alimentação equilibrada é antiga, porém é recente a preocupação por uma alimentação segura e saudável, preparada com técnicas culinárias adequadas e integrada ao meio ambiente sustentável (Philippi, 2014; Philippi, 2017). Essa questão da "alimentação saudável" emerge mais fortemente com as altas prevalências das DCNT nas últimas duas décadas.

A alimentação saudável é entendida como aquela que faz bem, promove saúde e deve ser orientada e incentivada desde a infância até a idade adulta. No entanto, nem sempre depende apenas de opção individual. Baixa renda, exclusão social, escolaridade inadequada, preferências alimentares, sabor e falta ou má qualidade da informação disponível podem restringir a escolha, a adoção e a prática de uma alimentação saudável.

A alimentação saudável deve ser planejada com alimentos de todos os grupos alimentares, de procedência segura e conhecida, consumidos em refeições, respeitando-se as diferenças individuais, os fatores biopsicossociais, de forma a atingir as recomendações nutricionais e o prazer ao comer.

A prática ou o comportamento alimentar pode ser entendida como todas as formas de convívio com o alimento. Constitui um conjunto de ações realizadas que tem início no momento em que o indivíduo decide escolher qual alimento consumir em função da disponibilidade e do hábito alimentar. O modo de preparar e os utensílios utilizados para consumir o alimento, selecionados segundo a cultura local, assim como os horários e as refeições, também integram o conceito de comportamento alimentar.

As preferências e aversões contribuem para a aceitação do alimento, encerrando o processo com o alimento sendo comido sob o ponto de vista biológico. Mas as sensações ligadas ao prazer ou desprazer de comer podem permanecer nas memórias gustativa e olfativa, por exemplo, formando um acervo das preferências alimentares, com forte influência nas escolhas alimentares.

No caso de crianças, idosos e doentes, que não têm total autonomia no ato de se alimentar, e que são auxiliados ou apoiados pelos pais, professores, cuidadores, as escolhas alimentares se tornam mais complexas, pois estão delegadas a terceiros que podem possuir outros vieses alimentares.

Essa evolução no consumo dietético nem sempre ocorreu de forma homogênea, gerando uma série de consequências para o estado nutricional das populações, sem que esse conhecimento do comportamento alimentar fosse utilizado como indicador preditivo do risco de doenças nutricionais específicas. Por sua vez, a confirmação do diagnóstico pode gerar recomendações de modificação da prática alimentar. Comer é um ato social ligado ao simbólico e ao imaginário. As mudanças na atitude e no comportamento alimentar implicam superação, entendimento e aceitação das formas de convívio com o alimento desde a infância.

Os alimentos devem ser consumidos preferivelmente na forma natural, adequados qualitativa e quantitativamente, pertencentes ao hábito alimentar, preparados de forma a preservar os valores nutritivos, os aspectos sensoriais e seguros sob o ponto de vista higiênico-sanitário. As refeições devem ser feitas ao longo do dia em ambientes "calmos", pois devem satisfazer às necessidades nutricionais, emocionais e sociais para promoção da qualidade de vida saudável (Philippi et al., 1999).

As atitudes com relação aos alimentos variam de acordo com a diversidade geográfica e os hábitos regionais, o prestígio social, o local em que a refeição é preparada e consumida (dentro ou fora do domicílio), refletindo-se também no padrão e no tamanho das porções. De acordo com o conceito de segurança alimentar e nutricional, com base em práticas alimentares saudáveis, deve-se garantir todas as condições de acesso aos chamados alimentos básicos, com qualidade, em quantidade suficiente, de modo permanente e sem comprometer o acesso a outras necessidades essenciais que contribuam com uma existência digna em um contexto de desenvolvimento integral e saudável.

ALIMENTAÇÃO SAUDÁVEL: 10 MENSAGENS

1. Escolher uma dieta com diversos alimentos de todos os oito grupos da Pirâmide. Fazer 3 refeições ao dia e intercalar pequenos lanches entre elas.
2. Comer todos os dias verduras, legumes (3 porções) e frutas (3 porções). Dar preferência aos alimentos típicos da própria região.
3. Criar novos hábitos alimentares e mudar para hábitos saudáveis. As mudanças gradativas são as mais indicadas para serem incorporadas ao dia a dia.
4. O modo de preparo dos alimentos e as melhores técnicas dietéticas devem ser observadas para garantia da qualidade final e do sabor. Recomenda-se sempre que possível o uso de alimentos na forma natural, assim como preparações assadas, cozidas em água ou vapor e grelhadas. Evitar frituras.
5. Ler os rótulos dos alimentos para saber sobre o valor nutritivo e fazer escolhas alimentares inteligentes e mais saudáveis.
6. Ingerir menos açúcar, doce, sal e alimentos ricos em sódio. Comer mais, pelo menos duas vezes por semana, grãos integrais e peixe.
7. Dar preferência ao óleo vegetal, azeite, leite desnatado e carne magra. Evitar manteiga, molhos gordurosos, gordura hidrogenada e margarina.
8. Para bebida alcóolica, limitar para um drinque por dia se for mulher e dois drinques/dia, no máximo, se for homem.
9. Beber, no mínimo, 8 copos de água por dia.
10. Para manter o peso ou atingir o peso ideal considerar o estilo de vida: fazer, no mínimo, 30 minutos de atividade física todos os dias e planejar as refeições adequadamente.

A ESCOLHA DOS ALIMENTOS SAUDÁVEIS

Apesar de decorrida mais de uma década do Guia alimentar de 2005, as recomendações práticas, divididas em escolhas inteligentes e composição das refeições continuam atuais. No entanto, parece não terem sido suficientes para uma efetiva mudança de hábitos, atitudes e comportamentos alimentares com grave repercussão no peso e no sobrepeso da população.

ESCOLHAS ALIMENTARES INTELIGENTES OU MELHORES ESCOLHAS ALIMENTARES

- Valorizar os alimentos da região em que se mora. A cultura alimentar local deve ser resgatada e colocada em prática.
- Fazer refeições variadas, com diferentes tipos de alimentos saudáveis e disponíveis na própria comunidade.
- Consumir todos os dias alimentos como cereais integrais; frutas, legumes e verduras; leite, queijo e iogurte; carnes magras, aves ou peixes; feijões.
- Diminuir o consumo de alimentos fritos, doces e salgados.
- Preparar opções mais saudáveis, lendo os rótulos com as informações nutricionais dos alimentos. Observar a quantidade de gordura, açúcar e sódio presente no alimento.
- Alimentar as crianças somente com leite materno até a idade de 6 meses e depois complementar com outros alimentos. Manter, sempre que possível, o leite materno até os 2 anos ou mais.
- Procurar, nos serviços de saúde, orientações a respeito da maneira correta de introduzir alimentos complementares e refeições quando a criança completar 6 meses de vida.

REFEIÇÕES

- Faça as refeições em local apropriado, tranquilo e confortável. Encontre oportunidades para que a família se reúna na hora da refeição.
- Aproveitar o momento da refeição em família para ser a oportunidade da convivência social e familiar.
- Fazer ao menos três refeições principais por dia, sempre que possível em casa. Preparar pequenas refeições para levar ao trabalho e à escola, contribuindo para a saúde, com alimentos saudáveis.
- Colocar no prato, nas refeições principais, pelo menos dois terços dos alimentos de origem vegetal.
- Começar a refeição com uma boa quantidade de salada, com folhas verdes e variando os legumes. Utilizar pouco sal e temperar com molhos suaves de ervas frescas.

- Desligar a televisão na hora das refeições e comer na mesa, sentado, com as crianças e os idosos. Quando se come assistindo à televisão, ou fazendo alguma atividade no computador, celular, tablet, perde-se a noção da quantidade, não se mastiga suficientemente e, em geral, não há foco e atenção ao que se está comendo e na mastigação necessária.
- Evitar que as crianças "belisquem" fora dos horários e substituam as refeições por salgadinhos, doces ou biscoitos. As crianças devem ter autonomia limitada com relação à decisão de onde e o que comer. Devem ser monitoradas e participar, na medida da possibilidade e com segurança, da decisão e da elaboração das refeições, para o desenvolvimento de práticas alimentares saudáveis.
- Beber muita água entre as refeições. Em casa sempre ter água em locais de fácil acesso, principalmente para crianças e idosos. Levar água para beber quando sair de casa.
- Os melhores lanches, entre as refeições, são as frutas frescas e os sucos de frutas frescas. Não há necessidade de colocar açúcar.
- Escolher nos locais fora de casa, como nos restaurantes por quilo, legumes e verduras variados. Comer grãos em geral (cereais e feijões) e frutas. Evitar frituras e doces.
- Prefirir os alimentos frescos. Comprar, se possível, pelo menos duas vezes por semana alimentos frescos da época, pois além de mais nutritivos também são mais baratos.
- Prefirir os alimentos naturais. Aqueles alimentos ou bebidas coloridos ou aromatizados artificialmente não são boas escolhas por possuírem muito açúcar ou muita gordura.
- Cozinhar os alimentos no vapor ou em pouca água ou óleo, pois são os melhores métodos para preservar o valor nutritivo.
- Manter os alimentos adequadamente conservados em refrigeração, quando for o caso, e protegidos de insetos, poeira e animais domésticos.
- Lavar e esfregar as frutas, os legumes e as verduras. Higienizar bem inclusive aqueles que não são consumidos com casca.
- Não utilizar alimentos mofados, com bolor, que pareçam estragados, cheirem mal ou estejam com sabor estranho. Na dúvida, é melhor não consumir.

- Preferir cereais integrais e com menor quantidade de açúcar e gordura. Grande parte dos cereais destinados à refeição matinal é feita com milho refinado, trigo ou arroz, com quantidades variadas de açúcar adicional, sal e outros ingredientes e, muitas vezes, fortificados com vitaminas e minerais. Ler sempre o rótulo para conhecer o valor nutritivo.
- Evitar usar margarina, manteiga ou maionese em recheio de sanduíches e salgados. Para substituir, experimentar azeite ou óleo vegetal temperado com ervas, casca de limão ou alho.

Os hábitos alimentares dos brasileiros mudaram, contribuindo para o aumento da obesidade. A informação e a educação para escolhas alimentares mais equilibradas e inteligentes são essenciais no combate à obesidade. As refeições em família, com a presença de alimentos de todos os grupos da pirâmide alimentar devem ser incentivadas.

RECOMENDAÇÕES NUTRICIONAIS

Recomendações nutricionais são definidas tradicionalmente como a quantidade de energia e nutrientes que atendam às necessidades da maioria dos indivíduos de um grupo ou uma população (Philippi e Aquino, 2017). Do ponto de vista dietético, as recomendações nutricionais podem significar escolhas alimentares, ou seja, a seleção e o conjunto de alimentos que promovam a saúde. Sob o ponto de vista dietoterápico, as recomendações podem também significar a seleção e a combinação de alimentos com finalidades terapêuticas (Philippi e Aquino, 2017).

Uma alimentação adequada é aquela que atende às necessidades nutricionais do indivíduo. Para tanto, a dieta deve incluir alimentos e/ou preparações culinárias que disponibilizem energia e todos os nutrientes em quantidades e proporções equilibradas e suficientes. Os alimentos são a única fonte de energia e nutrientes, e devem ser recomendados para o atendimento às necessidades nutricionais.

As recomendações nutricionais são instrumentos importantes para o planejamento, prescrição e avaliação de dietas. São baseadas em várias evidências científicas como estudos populacionais de consumo, observações epidemiológicas, avaliações bioquímicas de restrição e saturação de nutrientes, e têm sido amplamente estudadas ao longo dos anos.

Conhecer e seguir as orientações é uma "escolha alimentar inteligente" e a adoção das orientações e diretrizes dos guias para uma vida saudável depende da mudança de atitude e comportamento dos indivíduos, que devem ser orientados adequadamente com relação às dietas.

As principais orientações podem ser resumidas em mensagens fáceis e rápidas para a população.

ALIMENTOS-FONTE

O valor nutritivo de um alimento pode ser atribuído pela quantidade de energia e pelos nutrientes contidos na composição. Tem-se, por exemplo, como valor nutritivo de uma laranja a vitamina C presente e/ou a quantidade de fibras alimentares. Para fins conceituais, este livro fará a referência ao alimento sempre em termos de valor nutritivo. Porém, ao se fazer referência ao indivíduo, será utilizada a terminologia nutricional, por exemplo, estado nutricional, avaliação nutricional.

Para determinar o valor nutritivo de um alimento é imprescindível associá-lo às fontes alimentares. Considerando-se os critérios estabelecidos pelo Food Department of Agriculture (Departamento de Agricultura dos EUA), que classificam os alimentos segundo o conteúdo presente do nutriente na porção usualmente consumida em relação às DRI (RDA ou AI), decidiu-se adotar para este livro os conceitos de alimento-fonte, boa-fonte e excelente-fonte para auxiliar na classificação dos alimentos presentes nos grupos da PA.

- Alimentos-fonte: são aqueles alimentos que contêm mais de 5% do valor da DRI em uma porção usual.
- Alimentos boa-fonte: são aqueles que contêm entre 10 e 20% do valor da DRI em uma porção usual.
- Alimentos excelente-fonte: são os que contêm mais de 20% do valor da DRI em uma porção usual.

A PIRÂMIDE, OS GRUPOS, OS ALIMENTOS-FONTE E OS NUTRIENTES

Os nutrientes estão apresentados de forma inovadora, segundo os grupos da PA, reforçando a necessidade do conhecimento do alimento, da forma como deve ser selecionado e consumido, da composição e do respectivo valor nutritivo na porção usual, considerando-se os principais nutrientes presentes nos grupos de alimentos (Tabela 1.5).

A proposta de apresentar os nutrientes a partir dos grupos da Pirâmide dos Alimentos permite um melhor entendimento do papel e da importância que cada alimento tem para a composição de uma refeição. Conceitos de alimentos-fonte e escolhas alimentares inteligentes permitirão aproximar a prática dietética aos princípios básicos da nutrição em busca de uma alimentação saudável.

TABELA 1.5 – Relação entre os grupos alimentares da Pirâmide dos Alimentos e os nutrientes considerados fonte.

Grupos dos alimentos	Nutrientes estudados
Arroz, pão, massa, batata e mandioca	Carboidratos e vitamina B1
Frutas, legumes e verduras	Vitamina C, folato, betacaroteno, potássio e magnésio
Leite, queijo e iogurte	Proteínas, vitaminas A, D, B2, cálcio
Carnes e ovos	Proteínas, vitaminas B6, B12, niacina, biotina, ferro, zinco e cobre
Feijões e oleaginosas	Proteínas, selênio, manganês e fósforo
Óleos e gorduras	Lipídios, vitaminas E e K
Açúcares e doces	Carboidratos (sacarose)
Água	Água, sódio, cloro, flúor e iodo

CONSIDERAÇÕES FINAIS

Decorridas quase duas décadas da primeira publicação, a PA brasileira faz parte dos desenhos que a população reconhece como guia alimentar pelo uso em vários materiais instrucionais desde o lançamento (Philippi, 1999). Revisões sistemáticas recentes destacam que o consumo alimentar, não necessariamente repercute apenas nas questões relacionadas aos aspectos nutricionais, mas também àqueles relacionados aos aspectos sociais, cognitivos e ambientais (Leme, 2015).

A seleção dos alimentos e a adoção de hábitos alimentares saudáveis, frente às questões de biossegurança, bioética alimentar e aspectos regulatórios passam a ser um desafio, não somente para a população que consome os alimentos, mas também para os profissionais que trabalham com tecnologia, desenvolvimento de novos produtos, políticas públicas e atendimento nutricional de indivíduos e comunidades.

A PA apresenta visibilidade, clareza e nomenclatura apropriada. Existe por parte da população identificação com as figuras dos alimentos, considerando os hábitos alimentares regionais e a diversidade cultural da população brasileira. Apresenta os alimentos, dos diferentes grupos, em porções com peso em gramas, na forma usual de consumo e respectivos equivalentes energéticos. A figura da PA brasileira está inserida em vários materiais instrucionais, em todos os níveis da população, sendo facilmente reconhecida. Apresenta fixação de conceitos importantes como variedade dos grupos alimentares e a quantificação do tamanho das porções dos alimentos, por medidas usuais e pelo peso em gramas, além dos equivalentes energéticos.

A PA brasileira e o Guia 2014, na nova abordagem, apresentam recortes sobre escolhas alimentares, que sob o ponto de vista da promoção da saúde podem acrescentar, sob a ótica do cenário epidemiológico nutricional do combate às DCNT, contribuições para a saúde da população e para a formulação de políticas públicas efetivas.

A ciência da nutrição, com os avanços do conhecimento, das pesquisas e um olhar socioantropológico, subsidia a melhor orientação sobre os melhores alimentos a serem consumidos, as melhores formas de consumo e as alternativas alimentares possíveis e sustentáveis. Uma dieta bem planejada, individualizada e com o adequado uso dos instrumentos educativos, como o iconográfico da PA, possibilita que o indivíduo seja agente das próprias escolhas, empoderado dos benefícios de uma alimentação saudável e que, gradativamente, incorpore práticas dietéticas que possibilitem a promoção da saúde, a prevenção de doenças e intervenções nutricionais mais adequadas.

REFERÊNCIAS

ACHTERBERG, C.; MACDONNELL, E.; BAGBY, R. How put the Food Guide Pyramid into practice. *J Am Diet Assoc,* Chicago, v. 94, p. 1030-1035, 1994.

AMANCIO, O. M.; PHILIPPI S. T. Guias alimentares. In: SILVA, S. C.; MURA, J. D. P. *Tratado de alimentação e nutrição e dietoterapia.* 3. ed. São Paulo: Payá, 2016.

ATWATER, W. O. *Food, nutritive value and Cost.* U.S. Dept. of Agriculture, Farmes Bulletin n. 23 Government Printing Office, Washington, D.C., 1893.

AUSTRÁLIA. National Health and Medical Research Council. Department of Health and Ageing. Eat for health. *Australian dietary guidelines*: providing the scientific evidence for healthier Australian diets. Canberra: National Health and Medical Research Council, 2013.

BRASIL. Ministério da Saúde. Organização Pan Americana da Saúde. Secretaria de Políticas de Saúde. *Guia alimentar para crianças menores de 2 anos*. Série A. Normas e Manuais Técnicos; n. 107. Brasília: Ministério da Saúde, 2002.

______. Ministério da Saúde. Secretaria de Atenção à Saúde. Coordenação-Geral da Política de Alimentação e Nutrição. *Guia alimentar para a população brasileira: Promovendo a alimentação saudável*. Brasília, 2005.

______. Ministério da Saúde. Secretaria de Atenção à Saúde. Departamento de Atenção Básica. Guia alimentar para a população brasileira. 2. ed. Brasília: Ministério da Saúde, 2014.

______. Ministério do Planejamento, Orçamento e Gestão. Instituto Brasileiro de Geografia e Estatística (Ibge). *Pesquisa de Orçamentos Familiares 2002-2003 – Análise da disponibilidade domiciliar de alimentos e do estado nutricional no Brasil*. Rio de Janeiro, 2004.

Dietary Guidelines for Americans 2005. Disponível em: <https://health.gov/dietaryguidelines/dga2005/document/>. Acesso em: abril de 2018.

[FAO/WHO] FOOD AND AGRICULTURE ORGANIZATION/WORLD HEALTH ORGANIZATION. *Preparation and use of food-based dietary guidelines*. Genebra, 1996.

GIBNEY, M. L. et al. Ultra processed foods in human health: a critical appraisal. *AJCN*, 2017.

[IOM] INSTITUTE OF MEDICINE. *Dietary reference intake: applications in dietary assessment*. Food and Nutrition Board. Washington, D.C.: National Academy Press, 2001.

KALIL, A. C.; PHILIPPI, S. T. Grupo de Alimentos. *Rev. Abia-Sapro.* v. 11, p. 38-44, 1974.

LEME, A. C.; LUBANS, D. R.; GUERRA, P. H.; DEWAR D.; TOASSA E. C.; PHILIPPI, S. T. Preventing obesity among Brazilian adolescent girls: six-month outcomes of the healthy habits, healthy girls - Brazil school-based randomized controlled trial. *Preventive Medicine*, p. 77-83, 2016.

LEME, A. C.; PHILIPPI, S. T. Food pyramid intake and nutrient profiles of Brazilian girls. *Nutrition and Food Science*, v. 47, n. 15, p. 710-720, 2017.

______. The healthy habits, healthy girls randomized controlled trial for girls: study design,protocol and baseline results. *Cadernos de Saúde Publica*, v. 31, n. 7, p. 1381-1394, 2015.

NATIONAL RESEARCH COUNCIL. *Recommended dietary allowances.* 10.ed. Washington, D.C.: National Academy Press, 1989.

NICKLAS, T. A.; O'NEIL, C. E. Development of the SoFAS (solid fats and added sugars) concept: the 2010 Dietary Guidelines for Americans. *Adv Nutr*, v. 6, n. 3, p. 368S-75S, 2015.

PHILIPPI, S. T. Brazilian Food Pyramid. *Nutr Today*, v. 40, n. 2, p. 79-83, 2005.

______. Educação nutricional e pirâmide alimentar. In: PHILIPPI JR., A.; PELICIONI, M. C. F. *Educação ambiental e sustentabilidade*. 2. ed. Barueri: Manole, 2014. p. 911-923.

______. Escolhas alimentares e o uso da pirâmide. In: WAITZBERG, D. *Nutrição oral, enteral e parenteral na prática clínica*. 5. ed. São Paulo: Atheneu, 2017. p. 743-753.

______. *Nutrição e técnica dietética*. 3.ed. Barueri: Manole, 2014.

______. *Recomendações nutricionais: nos estágios de vida e nas doenças crônicas não transmissíveis*. Barueri: Manole, 2017.

______. *Tabela de composição de alimentos*: suporte para decisão nutricional. 6. ed. Barueri: Manole, 2018.

______. Virtual Nutri Plus-web (software) versão web, São Paulo, 2008.

PHILIPPI, S. T.; AQUINO, R. C. (Orgs.) *Dietética*: princípios para o planejamento de uma alimentação saudável. Barueri: Manole, 2015. p. 256-263.

PHILIPPI, S. T.; AQUINO, R. C. *Recomendações nutricionais*: nos estagios de vida e nas doenças crônicas não transmissíveis. Barueri: Manole, 2017. Série SBAN.

PHILIPPI, S.T ; LEME, A.C. Dietary intake and meal frequency of Brazilian girls attending a school-based randomized controlled trial. *Nutrition and Food Science*, v. 45, 6f, 2015.

PHILIPPI, S. T. LEME, A. C. *Food pyramid intake and nutrient profile of Brazilian girls*, Department of Nutrition, School of Public Health, University of São Paulo, SP, 2017.

PHILIPPI, S. T.; SZARFARC, S. C.; LATTERZA, A. R. *Virtual Nutri* (programa de computador). Versão 1,0 para Windows. São Paulo: Departamento de Nutrição da Faculdade de Saúde Pública/USP, 1996.

PHILIPPI, S. T. et al. Pirâmide alimentar adaptada: guia para escolha dos alimentos. *Rev Nutr*, Campinas. v. 12, n. 1, p. 65-80, 1999.

Pyramid power is here to stay:behind the new food guide. *Journal of the American Dietetic Association*, v. 92, n. 8, p. 925, 1992.

SOCIEDADE BRASILEIRA DE PEDIATRIA. Departamento de Nutrologia. *Avaliação nutricional da criança e do adolescente*. Manual de orientação. São Paulo: Sociedade Brasileira de Pediatria, 2009.

WELSH, S.; DAVIS, C.; SHAW, A. Development of the food guide pyramid. *Nutr. Today*, Baltimore, v. 27, n. 12, 1992.

[WHO] WORLD HEALTH ORGANIZATION. *Diet, Nutrition and the Prevention of Chronic Diseases.* Retrieved from Geneva, 2003.

[WHO] WORLD HEALTH ORGANIZATION. *Global Strategy on Diet, Physical Activity and Health*. Genebra, 2004. World Health Assembly Resolution.

[WHO] WORLD HEALTH ORGANIZATION. *Population-based approaches to childhood obesity prevention*. Genebra, 2012.

[WHO/FAO] WORLD HEALTH ORGANIZATION/FOOD AND AGRICULTURE ORGANIZATION. *Diet, nutrition and the prevention of chronic diseases.* Genebra, 2003. Report of the joint WHO/FAO expert consultation. Technical Report Series, 916.

2

GRUPO DO ARROZ, PÃO, MASSA, BATATA, MANDIOCA

Nutrientes descritos no capítulo

Carboidratos e vitamina B1

Elizabeth Mieko Egashira
Ana Paula Borges Miziara
Luís Antonio Baffile Leoni
Margareth Lage Leite de Fornasari

▶ SUMÁRIO

INTRODUÇÃO

O grupo da base da Pirâmide é constituído por cereais, tubérculos e raízes. Em função dos nomes dos principais alimentos que o compõem, é denominado grupo do arroz, pão, massa, batata e mandioca. Os alimentos desse grupo fazem parte do hábito alimentar brasileiro e exercem papel significativo na alimentação.

Os cereais, tubérculos e raízes foram reunidos por possuírem como nutriente predominante na constituição o carboidrato, que é a principal fonte de energia alimentar no mundo. A participação no percentual energético da dieta pode variar de 40 a 80%, dependendo do local e da cultura do país. No Brasil, a média do consumo dos carboidratos no valor energético total da dieta (VET) segundo a Pesquisa de Orçamentos Familiares 2008-2009, apresentava-se dentro das recomendações contidas no *Guia alimentar para a população brasileira* (Brasil, 2006), que estabelece a participação de 55 a 75%.

O carboidrato é a principal reserva de energia dos vegetais, além de garantir a integridade das estruturas ou células na forma de algumas fibras alimentares. Os vegetais, por meio de um processo denominado fotossíntese, realizam, na presença de luz, a conversão do gás carbônico e da água em carboidratos e oxigênio.

$$\underset{\text{gás carbônico}}{x\,CO_2} + \underset{\text{água}}{y\,H_2O} \xrightarrow{\text{clorofila / luz}} \underset{\text{carboidrato}}{C\,x(H_2O)\,y} + \underset{\text{oxigênio}}{x\,O_2}$$

FIGURA 2.1 – Equação básica da fotossíntese.

A fotossíntese é responsável pela produção do oxigênio necessário à sobrevivência de diversas espécies, inclusive do ser humano. O principal elemento desse processo é a clorofila. A quantidade e o tipo de carboidrato produzido na fotossíntese dependerão do vegetal e da oferta de gás carbônico e água no ambiente. Alguns vegetais como arroz, batata e mandioca especializaram-se em produzir carboidrato na forma de amido, enquanto outros o fazem em grandes proporções de sacarose, como no caso da beterraba e da cana-de-açúcar. A produção da glicose pela fotossíntese poderia ser assim resumida:

$$6\ CO_2 + 6\ H_2O + \text{luz solar} \rightarrow C_6H_{12}O_6 + 6\ O_2$$

6 moléculas de dióxido de carbono + 6 moléculas de água + luz solar = 1 molécula de glicose + 6 de oxigênio

CONSTITUIÇÃO QUÍMICA DOS CARBOIDRATOS

Carboidratos, hidratos de carbono ou glicídios são as diferentes denominações encontradas na literatura para se referir a essa classe de macromoléculas amplamente distribuída na natureza; no entanto, a nomenclatura mais aceita e utilizada pela comunidade científica é carboidrato. Sucintamente, os carboidratos podem ser definidos como poli-hidroxialdeídos, poli-hidroxicetonas, poli-hidroxiálcoois e poli-hidroxiácidos, além dos derivados simples e polímeros desses compostos unidos por ligações hemicetálicas mais conhecidas como ligações glicosídicas.

CLASSIFICAÇÃO DOS CARBOIDRATOS

Os carboidratos foram por muito tempo classificados em simples e complexos, segundo o tamanho da cadeia carbônica. Os simples incluíam os mono e dissacarídeos e os complexos, oligo e polissacarídeos. A classificação também estava relacionada à velocidade de digestão e à disponibilidade de glicose na corrente sanguínea: acreditava-se que alimentos fontes de carboidratos simples seriam sempre mais rapidamente absorvidos e digeridos. No entanto, essa terminologia está caindo em desuso, uma vez que não apenas o tamanho e a estrutura da molécula influenciam no tempo de digestão e no aumento da glicemia. Há alimentos fontes de carboidratos complexos com resposta glicêmica mais rápida do que os alimentos fontes de carboidratos simples.

De acordo com a Food and Agriculture Organization/World Health Organization (FAO/WHO, 1998), os carboidratos devem ser classificados de acordo com o grau de polimerização (GP), isto é, segundo o número de ligações glicosídicas presentes na molécula. São divididos em três grupos principais: açúcares, oligossacarídeos e polissacarídeos. Cada um deles também é dividido em subgrupos por meio de características semelhantes existentes entre os diversos componentes.

Açúcares: são incluídos neste grupo os carboidratos que possuem graus de polimerização um e dois. Monossacarídeos, dissacarídeos e polióis são as subdivisões existentes entre os açúcares.

Monossacarídeos: são os que não podem ser hidrolisados a compostos mais simples, ou seja, não podem ser hidrolisados a açúcares menores. Exemplos: glicose, frutose e galactose.

Dissacarídeos: são polímeros compostos por dois monossacarídeos unidos por uma ligação glicosídica. Exemplos: sacarose, lactose e maltose.

Polióis: são açúcares derivados de álcoois. Exemplos: sorbitol e manitol.

Oligossacarídeos: são os carboidratos que possuem grau de polimerização de três a nove. Malto-oligossacarídeos e outros oligossacarídeos são as subdivisões desse grupo.

Malto-oligossacarídeos: são os compostos por unidades de glicose, geralmente obtidos da hidrólise do amido. Como exemplo principal tem-se a maltodextrina.

Outros oligossacarídeos: são aqueles cujas unidades elementares variam bastante. Alguns exemplos são a rafinose, estaquiose, fruto-oligossacarídeos (FOS) e galacto-oligossacarídeos (GOS).

Polissacarídeos: são os carboidratos que possuem grau de polimerização acima de nove. São polímeros compostos por no mínimo dez monossacarídeos unidos por ligações glicosídicas. Amido e polissacarídeos não amido são as subdivisões desse grupo.

Amido: é constituído por uma mistura de dois polissacarídeos chamados amilose (polissacarídeo linear) e amilopectina (polissacarídeo ramificado), em proporções que variam entre os amidos procedentes de diferentes espécies vegetais e com o grau de maturação da planta.

Polissacarídeos não amido: incluem-se nesse subgrupo os polissacarídeos com função estrutural encontrados em diversos vegetais. Como exemplos têm-se: celulose, hemicelulose, pectina e hidrocoloides.

O conceito de açúcares segundo a FAO/OMS (2007):

Termo	Descrição	Fontes
Açúcares	Compreendem os mono e dissacarídeos	Glicose, frutose, galactose; sacarose, lactose e maltose
Açúcar livre	Mono e dissacarídeos adicionados pelo fabricante ou no preparo + açúcares naturalmente presentes	Glicose, frutose, galactose; sacarose, lactose e maltose Mel, xaropes e sucos de frutas
Açúcar adicionado	Açúcares e xaropes adicionados durante o processamento de alimentos	Açúcar refinado, mascavo, xarope de milho, xarope de malte, melado, frutose líquida, mel, dextrose anidra e cristalina
Açúcar invertido	Açúcar aquecido ou exposto à ação de ácidos fracos	Produção de xarope, suco de limão e outras frutas, vinagre

PRINCIPAIS MONOSSACARÍDEOS DE IMPORTÂNCIA EM NUTRIÇÃO

Quimicamente, os monossacarídeos podem ser divididos em aldoses e cetoses, sendo que as primeiras são os açúcares derivados de aldeídos e denominadas poli-hidroxialdeídos. Já as cetoses derivadas de cetonas são as poli-hidroxicetonas.

Glicose: é o monossacarídeo de maior importância para o ser humano. Está presente nas frutas, no mel, em xaropes de milho, raízes e tubérculos. Possui grau de doçura inferior à sacarose e superior à lactose. Principal fonte de energia para o ser humano, é armazenada no fígado e nos músculos na forma de glicogênio. É encontrada normalmente na corrente sanguínea. Nos vegetais, pode ocorrer na forma livre ou fazendo parte de polímeros como o amido ou a celulose.

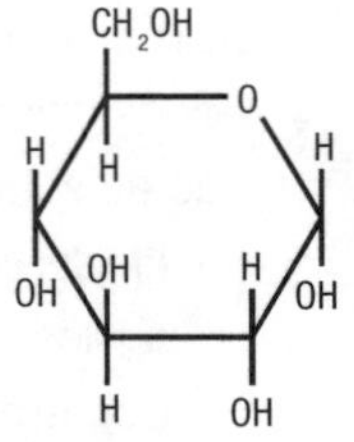

CH_2OH, O, H, H, H, OH, OH, H, OH, H, OH

Glicose

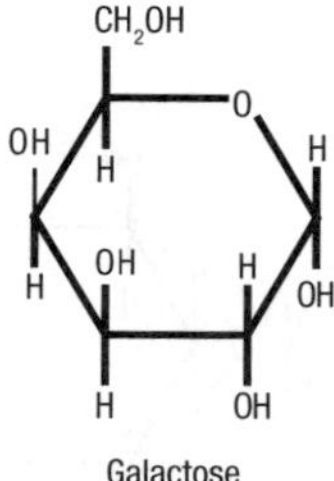

Galactose

Galactose: é um dos monossacarídeos presentes na estrutura da lactose (o açúcar do leite). Em geral, não é encontrada livre na natureza e comumente é obtida pela hidrólise química ou enzimática da lactose. Por fazer parte da constituição do tecido nervoso, também é conhecida como cerebrose.

Frutose: é a única cetose encontrada na natureza. Junto da glicose, a frutose faz parte da sacarose. É encontrada na forma livre em frutas e no mel. Também pode ser obtida por hidrólise da sacarose. Tem grau de doçura superior à sacarose, a frutose é cerca de 30% mais doce, representando o açúcar mais doce entre os utilizados pelo ser humano.

Frutose

PRINCIPAIS DISSACARÍDEOS DE IMPORTÂNCIA EM NUTRIÇÃO

Os dissacarídeos podem ser divididos em redutores e não redutores. Os redutores possuem somente um grupo hemicetálico envolvido na ligação glicosídica e reduzem a solução de Fehling (de Cu^{+2} a Cu^{+1} em soluções alcalinas) e as soluções amoniacais de prata de Ag^{+1} para Ag^{0} (solução de Tollens). Dos principais dissacarídeos, a maltose e a lactose são consideradas açúcares redutores.

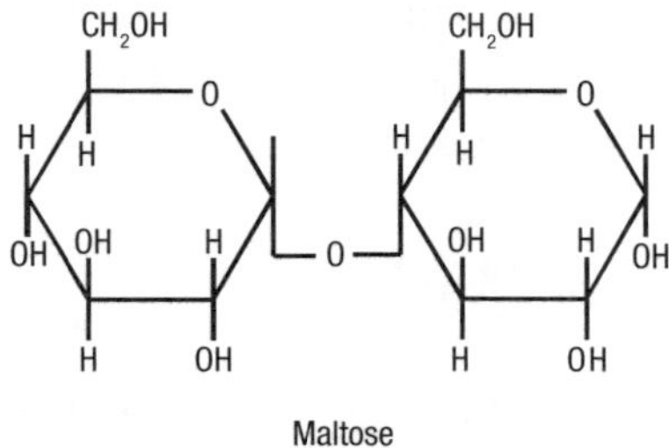

Maltose

Maltose: é composta por duas moléculas de glicose unidas por ligação alfa 1-4 glicosídica. Como não é encontrada livre na natureza, pode ser obtida pela hidrólise ácida do amido, pela ação da enzima diastase no grão germinado de cevada ou pela digestão do amido por ação das amilases. No intestino, a maltose é hidrolisada pela enzima maltase (alfaglicosidase), liberando duas unidades de glicose.

Lactose: é composta por uma unidade de glicose e uma de galactose, unidas por ligação alfa 1-4 glicosídica. É encontrada comumente no leite, por isso é chamada açúcar do leite. O leite de vaca contém cerca de 4 a 6% de lactose e o leite humano pode conter 5 a 8%. Possui 16% da doçura da sacarose. É menos solúvel que os outros dissacarídeos, resultando em ação laxativa.

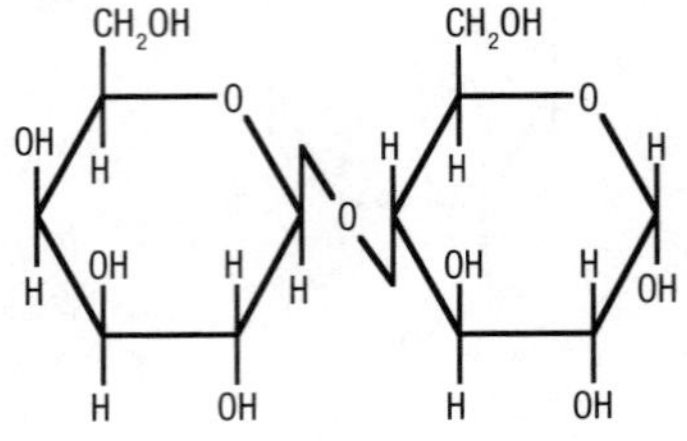

Lactose

Os açúcares não redutores são os que possuem os dois grupos hemicetálicos envolvidos na ligação glicosídica. Esses açúcares não reagem com a solução de Fehling, nem com soluções amoniacais de prata (solução de Tollens). O dissacarídeo não redutor mais importante é a sacarose.

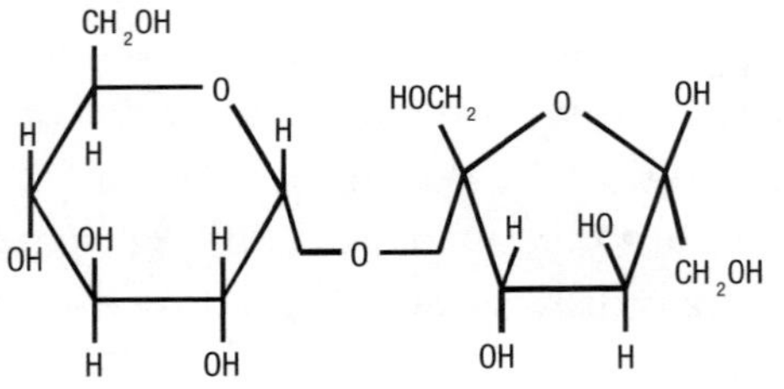

Sacarose

Sacarose: é constituída por uma unidade de glicose e uma de frutose, unidas por ligação beta 1-2 glicosídica. A cana-de-açúcar é a principal fonte de sacarose, mas também pode ser obtida da beterraba ou de algumas frutas, como a uva. É a forma de açúcar mais comum e acessível da dieta habitual. É facilmente hidrolisada por enzimas como a invertase ou alfaglicosidase.

PRINCIPAIS POLIÓIS DE IMPORTÂNCIA EM NUTRIÇÃO

Manitol: é um açúcar de álcool que possui metade da energia fornecida pela glicose e pode ser utilizado como edulcorante em alguns alimentos. Em tecnologia de alimentos, também é empregado como agente secante em azeitonas, aspargos, batatas-doces e cenouras.

Sorbitol: é um açúcar de álcool encontrado naturalmente em frutas como pera, maçã e ameixa. É utilizado na calda de compotas de frutas com teor reduzido de açúcares.

PRINCIPAIS OLIGOSSACARÍDEOS DE IMPORTÂNCIA EM NUTRIÇÃO

Maltodextrinas: são oligossacarídeos compostos por unidades de glicose e obtidos enzimaticamente pela ação de amilases ou quimicamente a partir da hidrólise do amido em tempo, temperatura e pH controlados. A maltodextrina está contida em extratos de amido hidrolisados, em conjunto com moléculas de glicose e maltose. São mais hidrossolúveis que o amido e formam soluções menos viscosas. Alguns alimentos industrializados processados apresentam na formulação combinações de amido e maltodextrina cuja função é regular a viscosidade do produto final.

Rafinose e estaquiose: a rafinose é um trissacarídeo e a estaquiose, um tetrassacarídeo encontrado principalmente nas leguminosas. Não são hidrolisadas podendo provocar fermentação no intestino grosso.

Fruto-oligossacarídeos (FOS): são oligossacarídeos que contêm um número variado de moléculas de glicose associados à frutose. Geralmente apresentam ligações do tipo beta, as quais não são digeridas pelo organismo humano. Diversos fruto-oligossacarídeos têm sido empregados como aditivo em alimentos com objetivos variados: dar consistência a produtos lácteos; umectar bolos e produtos de confeitaria; baixar o ponto de congelamento de sobremesas geladas; conferir crocância a biscoitos com teores reduzidos de gorduras e associado a edulcorantes. Os FOS estão presentes em alimentos como alcachofra, chicória, aspargos, cebola, cevada, centeio e batata yacon, sendo o principal composto dos alimentos a inulina.

São resistentes à digestão e utilizados como alimento prebiótico pelas bactérias no cólon, intensificam o crescimento da microbiota especialmente das bifidobactérias reduzindo, dessa forma, a ocorrência de microrganismos patogênicos.

Galacto-oligossacarídeos (GOS): são produzidos a partir da lactose por atividade de transgalactosilação da enzima beta-D-galactosídeo. É formada a partir de substrato rico em lactose, como o leite e o soro do leite. A lactose é catalisada e convertida em GOS, resultando em baixo teor de lactose em produtos para pessoas intolerantes, formação de substâncias que favorecem o crescimento da microbiota intestinal, aumento do poder de dulçor, efeito protetor contra infecções no sistema digestório entre outras atividades estudadas na atualidade (Martins e Burket, 2009).

PRINCIPAIS POLISSACARÍDEOS DE IMPORTÂNCIA EM NUTRIÇÃO

Os polissacarídeos podem ter funções variadas na natureza que vão desde a reserva de energia à estruturação de células vegetais ou carapaças de animais. Alguns polissacarídeos possuem a propriedade de reter água e em situações específicas podem formar gel ou uma solução viscosa com aplicação na indústria de alimentos.

O amido é o principal polissacarídeo de origem vegetal e o glicogênio é o equivalente em animais. Ambos possuem estruturas semelhantes, mas o glicogênio é mais ramificado que o amido.

Amido: é uma importante reserva energética para os vegetais e, por ser facilmente digerido pelo ser humano, também representa importante fonte de energia na alimentação. O amido é formado pela combinação de dois polissacarídeos denominados amilose e amilopectina. O amido presente em um alimento pode diferir de outros em função da quantidade de amilose e amilopectina em cada tipo de amido.

Amilose: é o polissacarídeo linear presente no amido. É formado por cerca de 200 a 10 mil moléculas de glicose unidas por ligações alfa 1-4 glicosídicas. A porção de amilose pode assumir, no espaço, uma estrutura helicoidal na qual se acomodam facilmente átomos de iodo formando um complexo com coloração azul. Essa reação é utilizada para determinar a quantidade de amilose e verificar a presença de amido em alimentos. O amido com maior teor de amilose, na presença de iodo, cora-se mais facilmente do que aquele pobre em amilose. Quanto maior o teor de amilose, de um amido, maior será a viscosidade. Ao comparar o teor de amilose do milho (28%) ao teor encontrado na batata (23%) pode-se comprovar a maior viscosidade de um mingau de milho em relação a um purê de batata. O amido do trigo apresenta um teor de amilose de 26%; o do arroz, 17%; e o da mandioca, 8%.

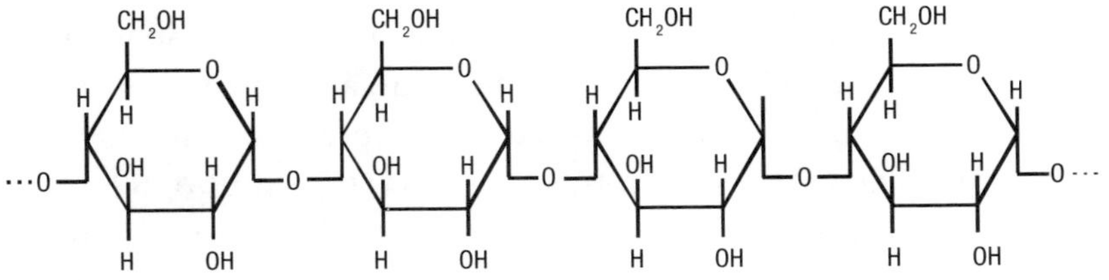

Amilose

Amilopectina: é conhecida como a fração ramificada do amido. É formada por 20 a 25 unidades de glicose unidas por ligações alfa-1-4 glicosídicas. Essas cadeias são unidas entre si por ligações alfa-1-6 glicosídicas.

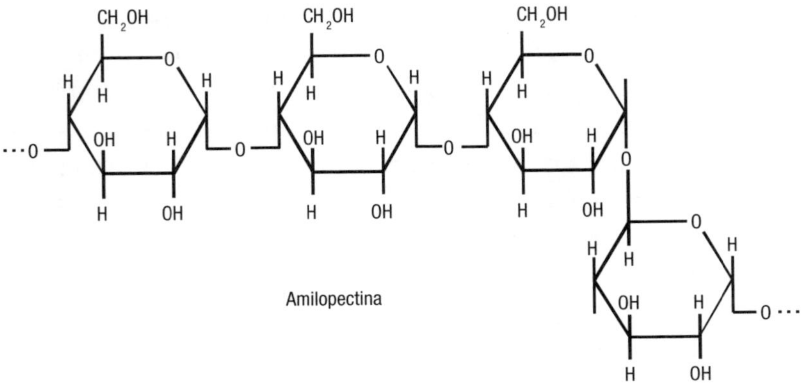

Amilopectina

O amido fica distribuído no vegetal na forma de grânulos e, ao microscópio, é possível identificar a origem conforme o formato. A análise microscópica dos grânulos de amido é utilizada na investigação de fraudes e na caracterização de farinhas.

Uma das propriedades mais importantes do amido é o processo de gelatinização, também definido por alguns autores como geleificação. Quando aquecido, o amido incorpora muitas moléculas de água, chegando a aumentar o volume em 2.000%. Nesse processo, toda a água livre fica incorporada ao amido, e a viscosidade e a transparência da solução aumentam gradualmente até determinado limite, com o aumento da temperatura. Nesse ponto, a temperatura pode ser reduzida, e um gel é formado. Para cada tipo de amido, tem-se uma temperatura ideal, a qual deve ser utilizada para garantir melhor qualidade do gel formado. O arroz, por exemplo, apresenta um intervalo de temperatura de 68 a 78 °C, o trigo, 58 a 64 °C, o milho, 62 a 72 °C, a batata, 59 a 68 °C e a mandioca, 56 a 70 °C. Após o resfriamento do gel, as moléculas de amilose tendem a se aproximar e criam zonas micelares cristalinas, expulsando algumas moléculas de água ligadas à amilose e formando fortes pontes de hidrogênio. Esse processo é conhecido como retrogradação do amido e, na maioria das vezes, é inconveniente, pois pode modificar a digestão do amido ou alterar a textura do gel formado.

Amidos modificados: necessidades industriais de amidos com propriedades especiais levaram à produção de amidos modificados por meio de métodos químicos ou enzimáticos. Alguns amidos, ao serem modificados, adquirem a propriedade de não serem absorvidos pelo intestino de indivíduos saudáveis. Tais amidos são denominados amidos resistentes, que são, na verdade, frações de amido submetido às modificações químicas ou a reações de retrogradação controlada. Alguns amidos são modificados com o propósito de melhorar a qualidade do gel formado e podem ser obtidos pela modificação genética no vegetal, visando a alterar as proporções de amilose e amilopectina no grânulo. Amidos com alto teor de amilose requerem maiores temperaturas para a geleificação e são mais resistentes à retrogradação. Amidos com alto teor de amilopectina têm a capacidade de formação de gel reduzida e são aplicados em formulações específicas. As modificações no amido podem render amidos hidrolisados (dextrinizados), amidos resistentes a altas temperaturas, entre outros. A aplicação que tem tido grande interesse tecnológico e nutricional é o emprego de amidos modificados como substituintes de gorduras (*fat replacers*), nos quais o novo polímero apresenta textura, palatabilidade, estabilidade e resistência térmica semelhantes aos lipídios. Tais substitutos de gordura têm o objetivo de reduzir a utilização de lipídios em alimentos direcionados a populações específicas, sem alterar as propriedades do alimento (sabor, textura, crocância, entre outros).

Amido resistente (AR): é a porção do amido não digerível mesmo após à exposição enzimática. Podem ser fermentados por bactérias no cólon resultando em ácidos graxos de cadeia curta (AGCC), ácido acético, butírico e propiônico, que representam substrato energético para o intestino. Estima-se que o AR represente cerca de 2 a 5% do amido total ingerido na dieta ocidental. É considerado um prebiótico.

Classificação dos tipos de AR, fontes alimentares e fatores que afetam a resistência à digestão no cólon.

Tipo de AR	Descrição	Fontes alimentares	Resistência reduzida
AR1	Amido fisicamente inacessível	Partes vegetais mal moídas, como grãos, sementes e legumes	Moagem e mastigação
AR2	Grânulos de amido resistente não gelatinizados e hidrolisados por alfa-amilases	Batata crua, banana verde, milho	Alimentos cozidos ou processados
AR3	Amido retrogradado	Batata cozida, pão, flocos de milho, produtos alimentares com prolongado efeito de calor	Condições do processamento
AR4	Amido resistente produzido por modificações químicas	Alimentos compostos por AR (bolos, pães)	

Polissacarídeos não amido: os polissacarídeos denominados não amido são polímeros com finalidades estruturais para a célula vegetal: celulose, hemicelulose, pectina e hidrocoloides. Serão detalhados no Capítulo 10, "Fibras alimentares".

DIGESTÃO E ABSORÇÃO DOS CARBOIDRATOS

A digestão do amido inicia-se na boca pela ação da enzima denominada alfa-amilase salivar. Após a ação desta enzima, o amido será convertido em fragmentos menores de amilose e amilopectina e alta concentração de maltose e maltodextrina. A continuidade do trabalho da alfa-amilase salivar será realizada no intestino delgado, pela alfa-amilase pancreática. Nesse ponto, o teor de fragmentos de amilose e amilopectina livres é bem menor, e o teor de maltose e maltodextrina é aumentado.

As moléculas de maltose e maltodextrina no intestino delgado sofrerão ação de enzimas denominadas hidrolases, posicionadas na borda em escova do intestino. No caso da maltose e da maltodextrina, a hidrolase envolvida é a alfaglicosidase, que liberará moléculas de glicose para serem absorvidas no intestino.

Os dissacarídeos presentes na dieta iniciarão a digestão pelas hidrolases específicas: a sacarose será convertida em uma molécula de glicose e frutose por ação da sacarase (também conhecida como invertase); a lactose será convertida em uma molécula de galactose e glicose pela ação da lactase. A lactase é uma enzima produzida em altas concentrações por bebês e, à medida que o indivíduo cresce, a concentração no intestino diminui.

INTOLERÂNCIA À LACTOSE

A intolerância à lactose é causada pela deficiência da enzima lactase e pode afetar pessoas em todos os estágios da vida. A lactose é produzida quase exclusivamente nas glândulas mamárias da maioria dos animais lactantes e, após o desmame, o trato gastrintestinal de mamíferos adultos reduz substancialmente a produção da enzima lactase, fazendo com que a atividade se limite a 10% do valor neonatal. No entanto, a redução na atividade enzimática não deve ser confundida com um estado patológico. Essa condição é muito prevalente na população adulta mundial, especialmente entre os negros, asiáticos e sul-americanos. Pequenas quantidades de lactose do leite podem ser muito toleradas pela maioria dos adultos (cerca de 12 g em 250 mL de leite), além de produtos com teores reduzidos de lactose como queijo e iogurte, mesmo por aqueles que não digerem bem a lactose. O consumo de leite em quantidades moderadas e fracionadas ao longo do dia tem sido encorajado em todo mundo, uma vez que é uma importante fonte de proteína, cálcio e riboflavina. Em crianças, a intolerância à lactose é tipicamente secundária a uma infecção do intestino delgado ou pela destruição das células da mucosa intestinal. Como a lactase é produzida na ponta das microvilosidades intestinais, frequentemente é a primeira enzima perdida nas doenças intestinais e o leite deve ser reintroduzido o mais rapidamente possível.

As hidrolases posicionam-se nas microvilosidades da borda em escova, próximo aos transportadores específicos envolvidos na absorção dos monossacarídeos.

Uma vez digeridos, os monossacarídeos (geralmente glicose, galactose e frutose) deverão ser absorvidos por processos distintos. A glicose e a galactose são absorvidas por um processo ativo (com gasto de ATP) com o auxílio de um transportador sódio-dependente denominado SLGT1. A frutose é absorvida por transporte facilitado pelo GLUT5. A absorção da frutose é melhor quando fornecida em conjunto com outros monossacarídeos; se fornecida isoladamente, sua absorção é minimizada.

É importante destacar que as hexoses são transportadas por cinco transportadores proteicos principais denominados GLUT, que são numerados de 1 a 5 pela ordem de descoberta por clonagem molecular.

Após o processo de digestão e absorção, os monossacarídeos estarão livres para circular na corrente sanguínea. A glicose circulante, mediante a ação da insulina, será remetida para o interior das células. No fígado e nos músculos, a glicose será armazenada na forma de glicogênio formado pela glicogênese. A galactose e a frutose circulantes serão incorporadas à via glicolítica e convertidas em glicose.

Diferentemente dos monossacarídeos e dissacarídeos, os polióis, como o sorbitol e manitol, serão pouco absorvidos pelo sistema digestório, o que justifica o uso dessas substâncias como edulcorantes em alimentos. Porém poderão servir de substrato a microrganismos fermentadores no intestino e no colón, e seus metabólitos poderão causar flatulência ou diarreia, dependendo da quantidade ingerida.

A digestão da sacarose e da maltose é rápida, e os monossacarídeos liberados serão prontamente absorvidos, causando resposta glicêmica rápida. Entre os oligossacarídeos, a maltodextrina disponibilizará rapidamente glicose livre para ser absorvida, mas o mesmo não ocorre com a rafinose e o estaquiose, que serão fermentados por microrganismos no intestino.

Dependendo do tipo de amido presente no alimento, do grau de compactação no grão e do grau de interação com lipídios, poderá ocorrer uma digestão completa ou não. Amidos retrogradados tendem a ser menos digeríveis do que amidos somente hidratados ou amidos gelatinizados.

Os diferentes tipos de amido terão diferentes perfis de digestão, portanto, é possível que algumas moléculas de amido sejam totalmente convertidas em açúcares absorvíveis, e outras nem tanto. Tal consideração levou alguns pesquisadores a desenvolver o conceito de índice glicêmico, útil para avaliar o potencial no aumento da glicemia de alimentos fonte de carboidratos.

Índice glicêmico (IG) e carga glicêmica (CG)

Os efeitos sobre a concentração da glicose no sangue após a digestão de alimentos contendo carboidratos são variados, resultando em rápida ou lenta resposta glicêmica.

O IG é uma classificação proposta para quantificar a glicose sanguínea após a ingestão de um alimento com carboidratos. Expressa o aumento da glicemia após duas horas da ingestão de um alimento-teste, com 50 g de carboidrato "disponível", em relação à mesma quantidade de carboidrato de um alimento de referência (pão branco ou glicose).

Quando o alimento-referência é o pão, os que apresentam IG menor ou igual a 75 são considerados de baixo IG e os com IG maior ou igual a 95, de alto. Quando o padrão for a glicose, que é o mais usado: IG < 55 é considerado baixo; entre 56 a 69 médio IG e maior que 70 alto (WHO/FAO, 2003). Quando a glicose é utilizada como controle, esses valores devem ser multiplicados por 0,7 (Lajolo e Menezes, 2006).

Alimentos de alto IG são rapidamente digeridos e absorvidos com maior efeito na glicemia. Certos tipos de amido, como os presentes na batata, no pão branco e em cereais matinais (flocos de milho) provocam alterações glicêmicas maiores e mais rápidas do que o açúcar. A importância do estudo do IG dos alimentos está relacionada aos possíveis efeitos terapêuticos de dietas com baixo IG para indivíduos portadores de doenças crônicas não transmissíveis (DCNT), principalmente obesidade, diabete melito (DM) e dislipidemia, apesar de dados e indicações ainda controversos em diversas áreas.

Alguns fatores interferem no aproveitamento dos carboidratos e podem provocar diferentes respostas glicêmicas, aumentar ou diminuir o tempo de digestão e influenciar no IG dos alimentos: estrutura e tipo de amido presente (alguns tipos de grânulos de amidos são mais resistentes à degradação pela alfa-amilase pancreática); processamento e/ou armazenamento do alimento (o primeiro pode facilitar ou dificultar a digestão do amido); tamanho da partícula (grãos intactos e partículas grandes dificultam a digestão do amido); presença de proteína e gordura (diminuem o tempo de esvaziamento gástrico) e quantidade de fibra alimentar (as fibras retardam a digestão do amido).

O IG de um alimento é determinado pela avaliação de várias pesquisas e disponibilizado em tabelas, desde os trabalhos iniciais de Jenkins et al. (1981) e os mais atuais de Foster-Powel et al. (2002).

O IG de uma refeição mista pode ser determinado da seguinte forma:

1. Multiplicar o conteúdo de carboidrato de cada alimento consumido (por porção) pelo IG respectivo.
2. Somar o produto obtido de todos os alimentos consumidos e dividir pela quantidade total de carboidrato.

A CG tem o objetivo de relacionar o IG com a forma como o alimento é ingerido e pode ser calculada pelo produto do IG do alimento e a quantidade de carboidrato disponível presente na porção consumida, divididos por 100. A CG de uma dieta mista é calculada pelo somatório da CG individual dos alimentos que a compõem. A classificação da CG do alimento e da dieta, utilizando a glicose como alimento-referência, pode ser observada na Tabela 2.1.

$$\text{CG do alimento} = \frac{(\text{IG x carboidrato disponível na porção})}{100}$$

TABELA 2.1 – Classificação da CG do alimento e da dieta, utilizando a glicose como alimento-referência.

Classificação	CG do alimento	CG da dieta
Baixa	Menor ou igual a 10	Menor ou igual a 80
Alta	Maior ou igual a 20	Maior ou igual a 120

Fonte: Sugirs (2004), apud Lajolo e Menezes (2006).

Estudos realizados com indivíduos obesos, portadores de DM e dislipidemia têm evidenciado possíveis efeitos fisiológicos e terapêuticos de dietas de baixo IG. O último informe da OMS/FAO (WHO/FAO, 2003) sobre a prevenção de DCNT evidencia estudos em que os alimentos de baixo IG estão associados ao melhor controle da glicemia para portadores de diabete e à proteção contra a obesidade.

Na Tabela 2.2 estão relacionados o IG e a CG dos principais alimentos-fonte de carboidratos.

TABELA 2.2 – Valores de IG e CG de alimentos contendo carboidratos.

Alimento	IG		CG			
	Glicose (= 100)	Pão (= 100)	Tamanho da porção		Carboidrato por porção (g)	CG por porção
			Medida usual	(g)		
Arroz branco cozido (tipo não especificado, média de 12 estudos)	64 ± 7	91 ± 9	3 colheres de servir	150	36	23
Arroz integral cozido (*Orysa sativa*)	55 ± 5	79 ± 6	2 colheres de servir	150	33	18

(continua)

TABELA 2.2 – Valores de IG e CG de alimentos contendo carboidratos. *(continuação)*

Alimento	IG		CG			
	Glicose (= 100)	Pão (= 100)	Tamanho da porção		Carboidrato por porção (g)	CG por porção
			Medida usual	(g)		
Batata cozida (Austrália) por 35 minutos	101 + 15	144 + 22	1 unidade grande	150	17	17
Batata assada (sem gordura: média de 4 estudos)	85 + 12	121 + 16	1 1/3 xícara de chá	150	30	26
Batata frita (congelada)	75	107 + 6	3 colheres de servir	150	29	22
Mandioca cozida (com sal)	46	65 + 12	3 colheres de sopa	100	27	12
Pão francês (farinha de trigo branca: média de 6 estudos)	70 + 0	101 + 0	½ unidade	30	14	10
Pão integral (branco, rico em fibras: média de 2 estudos)	68 + 1	97 + 1	1 fatia	30	13	9
Biscoito *cream cracker* (Brasil)	65 + 11	93	4 unidades	25	17	11
Biscoito *cookies* (Gran'Dia banana, aveia e mel: Brasil)	28 + 5	40	6 unidades	30	23	6
Pizza de queijo	60	86 + 5	1 fatia média	100	27	16
Macarrão espaguete (cozido: média de 7 estudos)	42 +3	60 + 4	3 colheres de servir	180	47	20

Fonte: Foster-Powel et al. (2002).

A utilização do IG para avaliar os efeitos dos alimentos sobre a resposta glicêmica é contestada por alguns pesquisadores que propõem uma redefinição do IG com a finalidade de facilitar a seleção de alimentos no controle da glicemia pós-prandial. Uma dificuldade de ordem prática é que a determinação do IG se baseia em porções de alimentos que contenham a mesma quantidade de carboidrato disponível, ou seja, no planejamento alimentar, as substituições ou comparações devem observar as quantidades de alimentos que forneçam quantidades iguais de carboidratos disponíveis.

A proposta de Monro (2003) para o cálculo do IG é utilizar o alimento e não o nutriente (carboidrato disponível) e expressar os carboidratos como equivalentes da glicose glicêmica. Assim, a CG passaria a ser expressa como equivalentes de glicose sanguínea por porção consumida.

METABOLISMO DOS CARBOIDRATOS

Os carboidratos são utilizados como fonte energética pelas células, principalmente na forma de glicose. O excesso pode ser convertido em glicogênio ou ácidos graxos, e também utilizado para a síntese de aminoácidos.

O controle glicêmico é mediado por uma série de hormônios. O hormônio inicialmente solicitado é a insulina. Após uma refeição, o pâncreas libera insulina para propiciar a ativação dos receptores celulares de captação e também estimular a glicogênese e a lipogênese. Durante o jejum, o pâncreas libera o glucagon para promover a glicogenólise, tanto em nível hepático como muscular. Outros hormônios relacionados ao metabolismo de carboidratos são a epinefrina e a tiroxina. A epinefrina, em situações de estresse, estimula a glicogenólise e o aumento da glicemia, e os hormônios glicocorticoides aumentam a gliconeogênese e inibem a utilização de glicose nos tecidos extra-hepáticos.

Metabolismo energético

A energia para o corpo humano é produzida a partir de um composto denominado trifosfato de adenosina ou simplesmente ATP. Na presença de oxigênio (via aeróbica), a produção de ATP ocorre por meio de uma série complexa de reações enzimáticas, detalhadamente descritas em textos sobre bioquímica.

A partir da glicose ocorrem separações de átomos de hidrogênio, até que o processo de fosforilação oxidativa forme ATP e ácido pirúvico. O piruvato é convertido em acetilcoenzima A (CoA), que entra na mitocôndria e passa para o ciclo de Krebs, gerando mais ATP, e continua, liberando hidrogênio, que será oxidado na cadeia respiratória.

Efeito do carboidrato sobre a regulação energética

A estabilidade do peso e da composição corporal requer que, ao longo do tempo, o consumo energético seja equivalente ao gasto energético, ou seja, que os consumos de carboidrato, proteína e lipídios sejam iguais à oxidação.

A manutenção do peso corpóreo é primariamente determinada pelo consumo e pela utilização de carboidrato e gordura. A proteína contribui com uma fração pequena e relativamente constante no consumo energético total. Além disso, o organismo mantém espontaneamente uma quantidade relativamente constante de proteína pelo ajuste na oxidação dos aminoácidos em relação ao consumo.

A autorregulação dos estoques de carboidratos e proteínas no organismo humano ocorre de maneira eficiente, enquanto, no armazenamento de lipídios, o mecanismo de regulação é pouco eficiente.

Em virtude da natureza hidrofílica dos carboidratos, 1 g de glicogênio está associado a 3 g de água, o que determina limites na quantidade de energia que pode, convenientemente, ser armazenada sob a forma de glicogênio. O estoque total de glicogênio no organismo de um indivíduo adulto é estimado em 200 a 500 g, dependendo do tamanho e da quantidade de carboidrato consumido, e varia substancialmente durante o dia em função do consumo e do gasto. Uma depleção significativa de glicogênio pode ameaçar a capacidade de o fígado assegurar concentrações adequadas de glicose circulante (liberação de 5 g ou mais de glicose/hora ou cerca de 100 mg/minuto) para repor a glicose removida do sistema nervoso.

Como o afluxo dos nutrientes do intestino ocorre através do sistema porta, as reservas de glicogênio no fígado (capacidade máxima de 120 g) são inicialmente providas por somente uma fração dos carboidratos provenientes da dieta, e quantidades substanciais de glicose são armazenadas no tecido muscular (3 a 4 vezes maior que no fígado). Acredita-se que após uma refeição, um quarto a um terço dos carboidratos sejam convertidos em glicogênio no fígado e um terço à metade no músculo, enquanto o restante sofre oxidação no período pós-prandial.

Conversão de carboidratos em gordura

A conversão de carboidratos em gordura permite aos animais fazer reservas, mesmo que a alimentação contenha muito pouca gordura. No entanto, no ser humano adulto, a lipogênese de novo, ou seja, a obtenção de gordura a partir de carboidratos, exerce um papel insignificante.

Quando uma quantidade muito grande de carboidrato é consumida, primariamente ocorre a conversão de glicose absorvida em glicogênio. As reservas do estoque de glicogênio aumentam consideravelmente, de 4 a 6 g/kg do peso corpóreo para mais de 8 a 10 g/kg. A expansão dos estoques de glicogênio leva ao uso quase exclusivo da glicose como fonte de energia, reduzindo temporariamente o acúmulo de glicogênio. Esse processo requer consumo de grande quantidade de carboidratos por mais de dois ou três dias. Estudos indicam que é mais difícil aumentar o estoque energético a partir do consumo excessivo de carboidratos, sugerindo que o tamanho da reserva de carboidratos seja muito regulado. No ser humano, a lipogênese de novo somente ocorre após o consumo de quantidade excessiva de carboidrato e depois do preenchimento dos estoques de glicogênio no organismo. O excesso de carboidrato ingerido tende a ser oxidado, e a energia é liberada como calor (termogênese), enquanto a gordura é preferencialmente estocada no tecido adiposo. Dessa forma, justifica-se a importância do carboidrato como principal fonte de energia para o ser humano.

O custo para o armazenamento é menor para a gordura (4%) do que para o carboidrato (12% para glicogênese e 23% para a lipogênese de novo). Isso explica por que o organismo tende a acumular gordura e oxidar carboidratos.

ALIMENTOS-FONTE

As principais fontes de carboidratos na alimentação do brasileiro são os cereais (arroz, trigo e milho), os tubérculos (principalmente a batata) e as raízes (principalmente a mandioca), utilizados e preparados de diversas formas (Tabelas 2.3 e 2.4). Além dessas fontes, também os cereais como a aveia, o centeio e a cevada dão sua contribuição.

TABELA 2.3 – Cereais e preparações mais consumidas na dieta brasileira.

Cereal	Variedade	Principais preparações mais consumidas
Trigo	Farinha de trigo	Pães, bolos, biscoitos, massas, pizza, panqueca
	Semolina	Pães, massas
	Farinha integral	Pães, massas, bolos
	Trigo laminado	Quibe, salada
Arroz	Polido, integral e parboilizado	Cozido com temperos, com vegetais
Milho	Milho fresco e em conserva	Pamonha, curau, sorvete, farofa, torta, salgados
	Farinha de milho, fubá, sêmola	Cuscuz, polenta, bolos, broa, pães
	Amido de milho	Mingau, cremes, biscoitos
	Glicose	Caldas, molhos, doces
	Milho para pipoca, canjica, cereal pré-cozido e óleo vegetal	Usos variados
Aveia	Flocos, flocos finos, farinha	Mingau, sopas, com frutas, com bebidas, tortas salgadas e doces, biscoitos, pães, bolos
Centeio	Farinha	Pães
Cevada	Malte	Cerveja, mingau, uísque

TABELA 2.4 – Tubérculos e raízes mais consumidos na dieta brasileira.

	Variedade	Principais preparações mais consumidas
Batata	Batata	Frita, cozida, coxinha, purê
	Fécula de batata	Bolos, biscoitos, espessante
Mandioca	Mandioca	Frita, cozida, coxinha, purê
	Farinha de mandioca	Com feijão, pirão, farofa
	Polvilho	Pão de queijo, tapioca, biscoitos

Em geral, os cereais possuem de 65 a 75% de carboidratos, 6 a 12% de proteínas e 1 a 5% de lipídios. A maioria dos carboidratos está presente como amido, porém os cereais também fornecem açúcares e fibras alimentares e podem ser refinados ou consumidos na forma integral.

Cereais integrais

De acordo com a Agência Nacional de Vigilância Sanitária (Anvisa), Resolução n. 12, de 24 de julho de 1978, cereais são "as sementes ou grãos comestíveis das gramíneas, tais como: arroz, trigo, centeio, aveia". Integrais são os alimentos cuja estrutura não foi alterada e, portanto, manteve-se a integridade dos nutrientes, sem perda de valores qualitativos e quantitativos. Assim, os cereais integrais são mais nutritivos do que os refinados, na medida em que contêm maiores quantidades de fibras, vitaminas e minerais, nutrientes retidos nas estruturas removidas com a refinação.

Os derivados de cereais integrais são os produtos obtidos a partir de partes comestíveis de cereais, podendo ser submetidos a processos de maceração, moagem, extração, tratamento térmico e/ou outros processos tecnológicos considerados seguros para produção de alimentos, com a extração máxima de 95% do cereal limpo.

Os cereais integrais são importantes fontes de carboidratos, fibras alimentares, proteínas e vitaminas (como tiamina, riboflavina e niacina) e minerais, principalmente o ferro.

Entre os principais cereais integrais estão o arroz integral e o trigo integral, com destaque para os derivados: farinha de trigo integral, pão integral, massa alimentícia integral, biscoito integral e cereal matinal integral e farelo de trigo.

O grão de arroz é constituído de casca, película, germe e endosperma. As vitaminas e os minerais estão concentrados na película e no germe. O processo de refinação, para a produção do arroz branco convencional, remove essas estruturas do grão, restando apenas o endosperma, que contém basicamente amido. Segundo a Instrução Normativa n. 7, de 1999, o beneficiamento do arroz deve ser feito de modo a mantê-lo integral (preservando as vitaminas e fibras) ou então parboilizado (processo que devolve para o interior dos grãos parte das vitaminas perdidas com a retirada da casca).

O trigo é um dos cereais mais utilizados e cultivados em todo o mundo. O grão de trigo integral é representado pelo grão completo. É composto principalmente de amido e glúten. A partir do trigo integral obtém-se a farinha de trigo integral e, de acordo com a Anvisa, Resolução n. 12, de 24 de julho de 1978, "farinha integral é o produto obtido a partir do cereal limpo com a extração máxima de 95% e com teor máximo de cinza de 1,75%". A farinha de trigo integral é o produto obtido pela moagem, exclusivamente, do grão de trigo *Triticum vulgaris.* Contém alto teor de fibras e pode substituir a farinha branca no preparo de bolos, pães, macarrão, bolinhos, cremes, biscoitos e tortas, tornando a receita mais nutritiva.

Segundo a Anvisa, Resolução n. 90, de 18 de outubro de 2000, os produtos integrais são obrigatoriamente preparados com farinhas de trigo e trigo integral e/ou fibra de trigo e/ou farelo de trigo. A quantidade de fibras pode diferir entre um produto integral e refinado (Tabela 2.5).

Os açúcares constituem o segundo grupo a contribuir com os carboidratos na dieta e serão estudados no capítulo *Açúcares e Doces*. As raízes e os tubérculos, terceira fonte de carboidrato na dieta, contêm de 15 a 30% de carboidratos, 1 a 2% de proteínas e menos de 0,5% de gordura. Os principais alimentos que contribuem neste grupo para a dieta brasileira são batata e mandioca.

Na Tabela 2.6, observa-se a quantidade de carboidrato por porção recomendada de alimentos-fonte habitualmente consumidos.

TABELA 2.5 – Comparação do conteúdo de fibras de alimentos-fonte de carboidratos.

Alimentos	Medida usual	Peso (g)	Calorias		Carboidrato total (g)	Carboidrato disponível (g)	Fibra total (g)	Fibra insolúvel (g)	Fibra solúvel (g)	Amido resistente (g)
			kcal	kJ						
Arroz branco cozido (*Oryza sativa* L.)	4 colheres de sopa	125,0	152,2	636,8	29,4	28,2	1,21	0,87	0,29	0,82
Arroz integral cozido (*Oryza sativa* L.)	4 colheres de sopa	140,0	107,0	447,7	29,8	27,7	2,1	1,78	0,32	0,88
Pão francês	1 unidade	50,0	143,9	602,1	31,6	30,0	1,6	0,95	0,65	0,67
Pão de forma integral	2 fatias	60,0	168,7	705,8	30,9	28,6	2,3	ND	ND	0,74

ND: informação não disponível.

Fonte: USP (1998).

TABELA 2.6 – Alimentos-fonte de carboidratos, segundo medida usual, calorias, quantidade de carboidratos, proteínas, lipídios e número de porções equivalentes ao grupo.

Alimentos	Medida usual	Peso (g)	Calorias		Carboidrato (g)	Proteína (g)	Lipídio (g)	Nº porções do grupo
			kcal	kJ				
Arroz branco cozido*	4 colheres de sopa	125,0	208,75	872,58	40,375	2,875	3,625	1
Arroz integral cozido**	4 colheres de sopa	140,0	107,00	447,70	20,40	2,10	1,90	¾
Batata cozida**	1 ½ unidade	175,0	155,40	650,20	35,20	3,30	0,20	1
Batata frita*	1 ⅓ colher de servir	58,0	162,40	679,50	20,90	2,50	7,70	1
Macarrão cozido*	3 ½ colheres de sopa	105,0	116,55	487,18	24,15	3,57	0,42	1
Mandioca cozida*	3 colheres de sopa	96,0	115,00	481,20	27,70	0,60	0,20	¾
Pão francês*	1 unidade	50,0	134,50	562,21	28,7	4,65	1	1
Pão integral*	2 fatias	60,0	168,70	705,80	34,50	5,60	0,90	1

* IBGE (1996).

** Philippi (2002).

CEREAIS: NOVOS SABORES NA ALIMENTAÇÃO BRASILEIRA

Amaranto: originário das Américas do Sul e Central, presente nas dietas de civilizações pré-colombianas, dentre os Maias, Incas e Astecas, além de ser considerado um alimento sagrado utilizado em rituais religiosos. No período colonial, o consumo e o cultivo do amaranto foram proibidos pelos espanhóis. Recentemente o amaranto foi adaptado ao solo brasileiro pela Embrapa-Cerrados, recebendo a denominação *Amaranthus cruentus L.*, variedade BRS-Alegria. Considerado um pseudocereal (tem amido, mas não é um cereal), possui altos níveis de lisina e metionina, sendo esses aminoácidos considerados limitantes em cereais e leguminosas, respectivamente. Contém 60% de amido, 15% de proteína, 13% de fibra alimentar, 8% de lipídios, destaca-se por apresentar maiores teores de vitaminas e minerais aos observados na maioria dos grãos de cereais.

O amaranto em diversos estudos apresentou efeito hipocolesterolêmico possivelmente pela presença de esqualeno, que é apontado por reduzir lipídios pela inibição da HMG-CoA redutase (Mendonça, 2006). O esqualeno é um composto similar à estrutura do betacaroteno, e é um metabólito intermediário na síntese de colesterol (Rodas e Bressani, 2009). O óleo da semente de amaranto contém cerca de 6% de esqualeno. Pode ser usado por indivíduos celíacos, pois não contém glúten (Kalinova e Dadakova, 2009). Pode ser consumido na forma expandida, cozido, tostado ou em flocos, como também na composição de receitas com pães, tortilhas, crepes, bolos, tortas e mingaus.

Quinoa: nome científico *Chenopodium quinoa*, é proveniente dos Andes onde é cultivada pelos descendentes dos incas. Considerada um pseudocereal, é encontrada na natureza na cor bege, vermelha, roxa e preta. Precisa ser lavada antes de ser cozida para remoção das saponinas que conferem sabor amargo. Fonte de proteínas, fibras, ferro, magnésio, fósforo, zinco, manganês e vitamina B1. Proteína de alto valor biológico, isenta de glúten e fonte de antioxidantes.

Trigo-sarraceno: também chamado de trigo-mouro ou trigo-preto. Nome científico *Fagopyrum esculentum*; originário da China, há 5.000 anos espalhou-se pela Ásia, chegando à América do Norte no século XVII. Não possui parentesco com o trigo comum, é considerado um pseudocereal (Department of Agriculture and Rural Development, 2017). A farinha originária do trigo-sarraceno não possui glúten sendo recomendada para pessoas com intolerância ou alergia ao glúten (Silva, 2002). É fonte de proteína e rutina. A rutina, um bioflavonoide de cor amarelo-claro da classe dos flavonóis, encontrada também na cebola, na uva e na maçã, tem sido estudada pela ação antioxidante e anticancerígena. É fonte de proteínas e aminoácidos essenciais especialmente a lisina, a treonina e o triptofano, fibras, fósforo, magnésio, zinco, vitaminas B1, B3 e B6.

TABELA 2.7 – Comparação dos perfis de aminoácidos essenciais da quinoa e outros cereais com o escore de aminoácidos recomendado pela FAO entre os 3 e 10 anos de idade (g/100 de proteína).

Aminoácido	FAO*	Quinoa	Milho	Arroz	Trigo
Isoleucina	3,0	4,9	4,0	4,1	4,2
Leucina	6,1	6,6	12,5	8,2	6,8
Lisina	4,8	6,0	2,9	3,8	2,6
Metionina	2,3	5,3	4,0	3,6	3,7
Fenilalanina	4,1	6,9	8,6	10,5	8,2
Treonina	2,5	3,7	3,8	3,8	2,8
Triptofano	0,66	0,9	0,7	1,1	1,2
Valina	4,0	4,5	5,0	6,1	4,4

* Padrão de pontuação dos aminoácidos para crianças entre 3 e 10 anos de idade.
Fonte: adaptada de FAO (2013). *Dietary protein quality evaluation in human nutrition*, Report of an FAO Expert Consultation, Roma.

BEBIDAS À BASE DE CEREAIS

Uma nova tendência na alimentação tem sido a utilização de bebidas à base de vegetais, especialmente com os cereais e cereais integrais como principal ingrediente. Essas bebidas oferecem a possibilidade de diversificação na forma do consumo do cereal e alternativa importante para pessoas com intolerância ao glúten e/ou à lactose, mas não são substitutas do leite de vaca.

PAPEL DO GRUPO NA ALIMENTAÇÃO E RECOMENDAÇÕES ATUAIS

O papel fundamental dos carboidratos (açúcares e amido) é o de fornecer energia (4 kcal/g) para as células do organismo, particularmente para o cérebro, único órgão dependente exclusivamente de carboidratos.

As recomendações de carboidratos podem variar conforme o órgão responsável pela publicação. As DRI (*Dietary Reference Intakes*) para macronutrientes, publicadas pelo Food and Nutrition Board (IOM, 2002), estabeleceram valores relacionados à glicose, obtidos por medianas de ingestão observadas em populações saudáveis.

A EAR (*Estimated Average Requirement*) para carboidratos (considerando uma dieta suficiente em energia) foi baseada em uma quantidade de carboidrato disponível que atendesse às necessidades de glicose do cérebro. Essa quantidade deve ser suficiente para suprir as necessidades, não precisando de glicose adicional proveniente de proteína e triacilglicerol. O RDA (*Recommended Dietary Allowance*) para carboidrato foi determinado com base na variação da utilização da glicose pelo cérebro (coeficiente de variação de 15%).

Os valores de EAR e RDA são iguais a partir de 1 ano de idade, ou seja, 100 a 130 g, respectivamente. Essa quantidade é facilmente ultrapassada pelo consumo habitual de alimentos fontes de carboidratos pela população brasileira (Tabela 2.8).

As DRI estabeleceram também as AMDR (*Acceptable Macronutrient Distribution Ranges*). A AMDR deve ser avaliada como a porcentagem na participação "aceitável" no VET de uma dieta normocalórica. A AMDR de carboidratos estabelecida para indivíduos adultos é de 45 a 65% do VET e baseia-se em evidências de que o consumo de dieta com baixo conteúdo de gordura e maior em carboidrato indica redução para o risco de doenças cardiovasculares.

TABELA 2.8 – Recomendações de carboidrato segundo as DRI.

Estágio de vida	EAR (g)	RDA (g)	AI* (g)
0 a 6 meses	ND	ND	60
7 a 12 meses	ND	ND	95
1 a 3 anos	100	130	ND
4 a 8 anos	100	130	ND
9 a 13 anos	100	130	ND
14 a 18 anos	100	130	ND
19 a 30 anos	100	130	ND
31 a 50 anos	100	130	ND
51 a 70 anos	100	130	ND
> 70 anos	100	130	ND
Gestação			
14 a 18 anos	135	175	ND
19 a 30 anos	135	175	ND
31 a 50 anos	135	175	ND
Lactação			
14 a 18 anos	160	210	ND
19 a 30 anos	160	210	ND
31 a 50 anos	160	210	ND

* *Adequate Intake.*
ND: não determinado.
Fonte: IOM (2002).

Em 2003, a OMS publicou o *Technical Report Series n. 916: Diet, nutrition and the prevention of chronic diseases* (WHO/FAO, 2003), estabelecendo recomendações dietéticas para a prevenção de DCNT, baseadas na força de evidências científicas observadas em múltiplos estudos randomizados e controlados. Nesse documento, foi estabelecido que a participação dos carboidratos no VET de uma dieta normocalórica deve ser entre 55 e 75% e que os açúcares adicionados não ultrapassem 10% do VET.

Considerando-se que as recomendações da OMS (WHO/FAO, 2003) estão mais próximas da realidade brasileira, no planejamento de uma dieta de 2.000 kcal, os carboidratos disponíveis pelo grupo do arroz, pão, massa, batata e mandioca e pelo grupo dos açúcares e doces deverão contribuir diariamente com 225 a 325 g.

PAPEL DO GRUPO NA EPIDEMIOLOGIA DAS DCNT

Considerando que as práticas de alimentação e nutrição são fatores de risco potencialmente modificáveis na prevenção de doenças crônicas não transmissíveis, o documento publicado pela OMS (WHO/FAO, 2003), que estabelece recomendações dietéticas para a prevenção de tais doenças, classificou os estudos disponíveis (experimentais e observacionais) de acordo com as análises das evidências em: convincente, provável, possível e insuficiente.

CLASSIFICAÇÃO DO NÍVEL DE EVIDÊNCIAS

Evidência convincente: baseada em estudos epidemiológicos que demonstram associações convincentes entre exposição e doença, com nenhuma ou pouca evidência contrária. Inclui número substancial de estudos (estudos observacionais prospectivos e ensaios clínicos randomizados), com tamanho suficiente, duração e qualidade mostrando efeitos convincentes. A associação deve ser biologicamente plausível.

Evidência provável: baseada em estudos que demonstram associações razoavelmente consistentes entre exposição e doença, para as quais ainda há limitações ou alguma evidência em contrário que impeçam um julgamento mais definitivo. As limitações na evidência podem ser: duração insuficiente do ensaio ou do estudo, número insuficiente de estudos ou ensaios disponíveis, tamanho da amostra inadequado ou seguimento incompleto.

Evidência possível: baseada principalmente em resultados de estudos caso-controle ou estudos transversais. Mais ensaios são necessários para confirmar as associações, que também devem ser biologicamente plausíveis.

Evidência insuficiente: baseada em resultados de poucos estudos em que a associação entre exposição e doença é sugerida, mas insuficientemente estabelecida. Não há ou são limitadas as evidências originadas de ensaios clínicos randomizados. São necessárias pesquisas com melhor delineamento para confirmar as associações em estudo.

Com relação ao papel dos carboidratos na epidemiologia da obesidade, é importante ressaltar que o consumo excessivo de energia em relação ao gasto exigido pode promover o acúmulo de gordura corporal, independentemente da composição da dieta.

Muitos atribuem à retirada do glúten da alimentação uma atitude relacionada à dieta saudável, mas não há evidência científica que associe a restrição do glúten à perda de peso.

O consumo de três ou mais porções de grãos integrais por dia está associado a valores mais baixos de índice de massa corpórea (IMC), adiposidade abdominal e ganho de peso. Em geral, observa-se redução de uma unidade no IMC entre pessoas que tem consumo maior de cereais integrais (Jonnalagadda, 2011).

O documento da OMS (WHO/FAO, 2003) considera que uma dieta rica em fibras alimentares protege contra o ganho de peso e a obesidade. Essa associação, considerada convincente, baseia-se em um número substancial de estudos epidemiológicos e que, portanto, deve ser biologicamente plausível.

A associação entre alimentos de baixo IG, ganho de peso e obesidade é considerada possível porque se baseia somente em estudos não epidemiológicos (clínicos e investigações laboratoriais).

Alimentos de baixo IG, independentemente do conteúdo de fibras alimentares, estão associados também com a redução da resposta glicêmica após a ingestão e o controle da glicemia em portadores de DM. A associação, considerada possível, necessita de mais estudos para que seja considerada biologicamente plausível. Os efeitos dos grãos integrais no DM2 podem estar relacionados à estrutura dos grãos inteiros e nutrientes presentes, como antioxidantes, magnésio e fibras insolúveis e solúveis.

Com relação às doenças cardiovasculares, os fatores genéticos e comportamentais são apontados como os principais determinantes. O consumo de gordura saturada está diretamente associado ao risco cardiovascular. Por outro lado, as evidências também são convincentes quanto ao efeito protetor das substâncias antioxidantes. Portanto, o aumento no consumo de carboidratos pode promover a redução no consumo de gordura saturada e o aumento no consumo de frutas e vegetais (fontes de carboidratos e substâncias antioxidantes).

Cereais integrais em uma série de estudos prospectivos têm demonstrado também efeito protetor contra doenças coronarianas. O consumo de três porções de grãos integrais por dia, no estudo *Atherosclerosis Risk in Communities* com 11.940 indivíduos que foram acompanhados por 11 anos, revelou risco 28% menor de doença arterial coronariana, e também menor risco de insuficiência cardíaca (Nettleton, 2008).

Estudos prospectivos de coorte demostraram que as fibras alimentares, dentre essas as originárias dos cereais integrais, estão associadas à redução do risco de câncer colorretal (Kushi, 2012).

ESCOLHAS ALIMENTARES INTELIGENTES

O carboidrato, fonte econômica e abundante de energia para o ser humano, desde os primórdios da agricultura até muito recentemente, representava a maior parte da energia consumida por diferentes populações.

No Brasil, pesquisas disponíveis (Pesquisa de Orçamento Familiar [POF]) permitem estimar indicadores aproximados de consumo alimentar, e não o consumo efetivo de alimentos *per capita*, por não considerar a fração consumida, os desperdícios e as refeições realizadas fora do domicílio.

Considerando o Estudo Nacional de Despesa Familiar (Endef) (1974/75) e as POF (1987/88; 1995/96 e 2002/03), observa-se diminuição na participação relativa de carboidratos totais (cerca de 9%), atingindo valores considerados mínimos para carboidratos totais (55,9%) e menos que 45% para os polissacarídeos (43,3%), segundo as recomendações da OMS (WHO/FAO, 2003).

Analisando por grupos de alimentos, observa-se a redução de 5% no consumo de cereais e derivados no período de 1974 a 2003. Dois alimentos tradicionalmente consumidos pela população sofreram decréscimo significativo: arroz (23%) e pão francês (13%). Por outro lado, houve aumento expressivo e preocupante no consumo de biscoitos (400%), ricos em gorduras *trans*, açúcar e sal, condições estas de risco para a saúde. Outra redução não desejável de consumo ocorreu com os tubérculos, raízes e derivados (32%).

Segundo a POF 2008-2009, as maiores médias de consumo diário *per capita* ocorreram para o feijão (182,9 g/dia) e arroz (160,3 g/dia).

O consumo médio *per capita* mostra variações entre as grandes regiões do país. O arroz é mais consumido na região centro-oeste, a batata-inglesa se destaca nas regiões sudeste e sul e a farinha de mandioca (46,2 g/dia) na região norte. Comparando com extratos de renda, observa-se que o consumo da batata-doce é o dobro, enquanto a farinha de mandioca é dez vezes maior na menor classe de renda (1° quartil) em relação à maior classe (4° quartil de renda).

Quando se analisa a contribuição percentual de carboidratos com a renda familiar *per capita*, observa-se nítida redução no consumo de carboidratos totais com a evolução da renda. Na pesquisa realizada em 2002/2003 (POF), nas famílias de até meio salário mínimo *per capita*, o percentual de carboidratos totais era de 64,5%, e naquelas com mais de cinco salários mínimos, o percentual cai para 52%.

As atuais recomendações enfatizam a importância do papel de cereais, raízes e tubérculos na alimentação e encorajam o consumo de alimentos integrais, para garantir o aporte energético dentro dos limites recomendados para uma dieta saudável (55 a 75% do VET da dieta), além de veicularem outros nutrientes importantes como vitaminas, minerais, proteínas e fibras alimentares.

Alimentos como arroz, pães e massas, tubérculos e raízes como batata-inglesa, batata-doce, batata-baroa (mandioquinha), mandioca, cará ou inhame devem ser os principais componentes da maioria das refeições e a mais importante fonte de energia. Para atingir a necessidade de 2.000 kcal para um indivíduo adulto, recomenda-se o consumo de seis porções diárias desses alimentos.

Dar preferência às formas integrais dos alimentos é garantir a manutenção do teor de vitaminas, minerais, ácidos graxos essenciais e fibras do produto original. O grau de processamento a que o alimento é submetido pode reduzir a quantidade de nutrientes, como no caso do arroz branco polido, o pão branco, a farinha e as massas comuns refinadas.

O pão integral pode apresentar diferentes teores de farinha de trigo integral, dependendo do fabricante, o que resulta em teores variáveis de fibras no produto final. Recomenda-se a leitura cuidadosa do rótulo quanto ao teor de fibras.

Para evitar perdas de vitaminas e minerais, os tubérculos e as raízes devem ser cozidos com casca, previamente higienizada, ou aproveitar a água de cocção quando cozidos sem a casca.

Os alimentos que compõem este grupo podem ser consumidos na forma natural, ou como farinhas, e são inúmeros os exemplos da culinária brasileira para o uso em preparações salgadas e doces. Devem-se evitar, entretanto, preparações que absorvam muita gordura, como as frituras (batata e mandioca fritas) e que utilizem excesso de gordura como ingrediente, como nas massas folhadas, *croissant* e recheios, molhos ou coberturas com muita gordura (bolos, tortas, pizzas).

O *Guia alimentar para a população brasileira*, publicado em 2014 pelo Ministério da Saúde (Brasil, 2014), definiu que a alimentação diz respeito à ingestão de nutrientes, mas também aos alimentos que contenham e forneçam os nutrientes, como são combinados e preparados, características do modo de comer e também às dimensões culturais e sociais das práticas alimentares.

O novo Guia alimentar estabelece quatro categorias de alimentos, definidas de acordo com o tipo de processamento utilizado na produção: (i) alimentos *in natura* ou minimamente processados, predominantemente de origem vegetal, adquiridos para consumo sem que tenham sofrido qualquer alteração após deixarem a natureza, já os alimentos minimamente processados são os alimentos *in natura*, que antes da aquisição foram submetidos a alterações mínimas; (ii) produtos extraídos de alimentos *in natura* ou diretamente da natureza e utilizados para temperar e cozinhar alimentos e produzir preparações culinárias, são exemplos óleos, gorduras, açúcar e sal; (iii) alimentos processados são fabricados pela indústria com a adição de sal ou açúcar ou outra substância de uso culinário a alimentos *in natura* para aumentar a durabilidade e mais agradáveis ao paladar, são derivados de alimentos reconhecidos como versões dos alimentos originais; e (iv) alimentos ultraprocessados são formulações industriais feitas totalmente ou na maioria por substâncias extraídas de alimentos (açúcar, amido etc.), derivadas de constituintes de alimentos (amido modificado) ou sintetizadas em laboratório com base em matérias orgânicas (corantes, aromatizantes, aditivos, entre outros).

Assim, o Guia alimentar estabelece como regra de ouro: dar preferência sempre a alimentos *in natura* ou minimamente processados e preparações culinárias a alimentos ultraprocessados. O Guia estabelece considerações e informações gerais sobre os grupos alimentares, além de informações de como compor a refeição baseada em exemplos típicos da alimentação do brasileiro.

Para sintetizar, as recomendações do guia pertinentes ao grupo do arroz, pão, massas, batata e mandioca ou grupo dos cereais, raízes e tubérculos, são reproduzidas as orientações relacionadas ao conteúdo "Colocando as diretrizes em prática".

GUIA ALIMENTAR PARA A POPULAÇÃO BRASILEIRA

Padrões de alimentação estão mudando rapidamente na maioria dos países e em grande intensidade no Brasil. As principais mudanças envolvem a substituição de alimentos *in natura* ou minimamente processados de origem vegetal (arroz, feijão, mandioca, batata, legumes e verduras) e preparações culinárias à base desses alimentos por produtos industrializados prontos para o consumo. O desequilíbrio na oferta de nutrientes e a ingestão excessiva de calorias são as consequências destas alterações no padrão alimentar.

O *Guia alimentar para a população brasileira* de 2014 enfatiza a utilização de alimentos *in natura* ou minimamente processados como a base ideal para uma alimentação nutricionalmente balanceada, saborosa, culturalmente apropriada e promotora de um sistema alimentar social e ambientalmente sustentável. A grande variedade de alimentos de origem vegetal inclui alimentos de todos os tipos – grãos, raízes, tubérculos, farinhas, legumes, verduras, frutas, castanhas, leite, ovos e carne – e variedade dentro de cada tipo – feijão, arroz, milho, batata, mandioca, tomate, abóbora, laranja, banana, frango, peixe etc.

Com relação ao grupo de pão, massa, tubérculos e raízes, o Guia traz as seguintes ponderações:

- Pães processados: elaborados com ingredientes iguais aos utilizados na preparação de pães caseiros. Devem ser consumidos em pequenas quantidades e como parte de refeições em que predominem alimentos *in natura* ou minimamente processados.
- Pães ultraprocessados: além dos ingredientes usuais (farinha de trigo, água, sal e leveduras) incluem gordura vegetal hidrogenada, açúcar, amido, soro de leite, emulsificantes e outros aditivos. Devem ser evitados.

- Macarrão minimamente processado: preparação feita com farinha de trigo e água (com ou sem adição de ovos).
- Macarrão ultraprocessado: macarrão instantâneo.
- Arroz, milho, trigo e todos os cereais são fontes importantes de carboidratos, fibras, vitaminas, principalmente do complexo B e minerais. Combinados ao feijão ou outra leguminosa, os cereais constituem fonte de proteína de excelente qualidade.
- Cereais polidos excessivamente, como o arroz branco e os grãos de trigo usados na confecção da maioria das farinhas de trigo, apresentam menor quantidade de fibras e micronutrientes. Versões menos processadas como arroz integral e farinha de trigo integral devem ser recomendadas.
- O arroz parboilizado é também boa opção pelo conteúdo nutricional estar mais próximo do arroz integral e por ter propriedades sensoriais (aroma, sabor, textura) mais próximas do arroz branco.
- Raízes e tubérculos: são consumidos pelos brasileiros no almoço e no jantar (batata, batata-doce, mandioca) sendo fontes de carboidratos e fibras, minerais e vitaminas, como o potássio e as vitaminas A e C; a mandioca é também muito utilizada na forma de farinhas para acompanhar peixes, para elaborar pirão, cuscuz e farofas. Preferir a farofa caseira àquela processada que pode conter excesso de condimentos, sal e glutamato monossódico. A fécula extraída da mandioca é usada para o preparo da tapioca e também no pão de queijo.

Os alimentos que compõem o grupo do arroz, pão, massa, batata, mandioca são importantes fontes de várias vitaminas e minerais, destacando-se a vitamina B1 ou tiamina.

VITAMINA B1 (TIAMINA)

Considerações gerais

A vitamina B1, comumente presente nos alimentos do grupo do arroz, pão, massa, batata, mandioca, quimicamente é conhecida como tiamina e, no organismo, é utilizada na forma de tiamina pirofosfato (TPP), que é a forma coenzímica dessa vitamina (Figura 2.2).

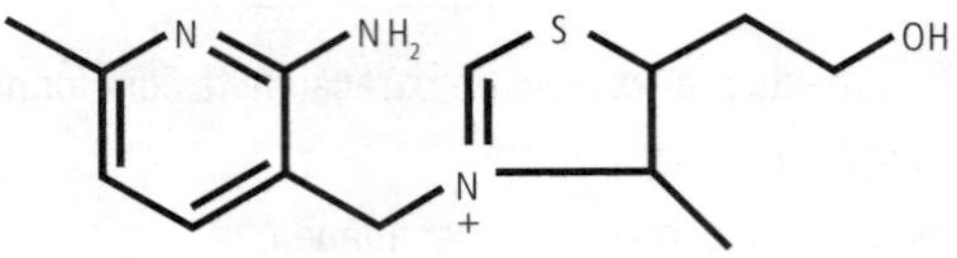

FIGURA 2.2 – Estrutura da tiamina.

A tiamina está relacionada ao metabolismo de carboidratos, pois importantes enzimas do catabolismo de carboidratos utilizam a TPP como coenzima. O complexo enzimático piruvato desidrogenase, responsável pela conversão de piruvato em acetil-CoA e presente na via glicolítica, é dependente da coenzima TPP. Outro complexo enzimático dependente de TPP é o alfa-cetoglutarato desidrogenase, presente no ciclo de Krebs e responsável pela conversão de alfa-cetoglutarato em succinil-CoA. Ambos os processos estão diretamente relacionados à metabolização de carboidratos e acredita-se que a deficiência de tiamina condicione o organismo a inibir seletivamente o metabolismo de carboidratos, causando acúmulo de piruvato. Assim, as células passam a ser afetadas pela falta de energia disponível. A TPP também está relacionada à transmissão de impulsos nervosos, pois um metabólito da TPP está presente nas membranas dos nervos periféricos.

As perdas de tiamina pelo cozimento são variáveis, dependendo do tempo de cocção, pH, temperatura, quantidade de água utilizada e descartada, e se a água é clorada ou não. Somente soluções ácidas de tiamina são estáveis ao calor. Em pH 3,5, pode ser aquecida até 120 °C mas é facilmente destruída pelo calor em meio neutro ou alcalino. O cozimento em micro-ondas tem efeito similar ao convencional e o congelamento quase não altera o teor nos alimentos.

Alguns alimentos apresentam características próprias que podem alterar a biodisponibilidade da tiamina. Peixes de água doce e crustáceos crus apresentam uma enzima denominada tiaminase, que destrói 50% da tiamina. O chá preto e o café também contêm fatores antitiamina, provavelmente o tanino.

A industrialização e os métodos de conservação também podem reduzir o teor de tiamina dos alimentos. Ela é destruída pelo dióxido de enxofre, um aditivo empregado para retardar reações de escurecimento, e os nitritos a inativam em produtos curados, podendo ocorrer redução de até 20%. Conservas de frutas e hortaliças, quando armazenadas por período superior a um ano, terão entre 15 e 25% de perdas de tiamina. Durante o processo de manufatura do pão, cerca de 20% da tiamina é perdida.

De modo geral, recomenda-se que a água de cocção dos alimentos seja reutilizada para que haja o aproveitamento total da tiamina e de todas as vitaminas hidrossolúveis presentes no alimento preparado.

Recomendações atuais

As atuais recomendações nutricionais norte-americanas e canadenses (IOM, 1998) estabelecem as DRI para vitaminas e minerais. A recomendação atual de tiamina para homens adultos é de 1,2 mg/dia e para mulheres adultas é de 1,1 mg/dia. O documento das DRI destaca alguns fatores que podem afetar as recomendações de tiamina:

- Biodisponibilidade: dados disponíveis sobre a biodisponibilidade de tiamina em seres humanos são extremamente limitados. Nenhum ajuste para disponibilidade foi julgado necessário para estimar a EAR.
- Consumo energético: embora não haja dados experimentais disponíveis, a função bioquímica da tiamina como pirofosfato tiamina no metabolismo do carboidrato sugere pequeno ajuste (10%) para estimar a recomendação de tiamina. Esse ajuste é reflexo de diferenças na utilização de energia e no tamanho corpóreo entre homens e mulheres. O aumento de 10% também foi usado para cobrir a elevação das necessidades energéticas durante a gravidez, e pequeno aumento para cobrir o custo da produção de leite durante a lactação.
- Atividade física: em condições normais, a atividade física parece não influenciar as recomendações de tiamina. Nas condições especiais em que haja esforço físico intenso (algumas ocupações profissionais ou treinamento intenso), quantidades adicionais de tiamina podem ser necessárias.

As recomendações das DRI variam segundo o estágio de vida:

- 0 a 6 meses: o consumo de leite materno exclusivo durante os primeiros seis meses reflete a recomendação de tiamina (AI [*adequate intake*]).
- 7 a 12 meses: considerou-se a quantidade média consumida de leite

materno e alimentos usualmente introduzidos nesta faixa etária.

- 1 a 18 anos: não existe informação a respeito do EAR entre 1 e 18 anos. Na ausência de informações, o EAR e o RDA têm sido extrapolados de valores determinados para indivíduos adultos, utilizando uma equação matemática que considera o peso (da criança e do adulto) e um fator de crescimento para este estágio de vida.
- 19 a 50 anos: para um indivíduo adulto, o EAR corresponde ao valor estimado para manutenção das necessidades. Vários estudos de consumo alimentar (experimentais e observacionais) com seres humanos e animais e marcadores bioquímicos foram utilizados para estimar o EAR.
- 51 anos e mais: embora alguns estudos sugiram que as recomendações devam ser maiores para indivíduos mais idosos quando comparados aos mais jovens, uma vez que ocorre concomitantemente redução na utilização energética, na falta de mais informações, admite-se que as recomendações sejam iguais aos estágios de vida mais jovens.
- Gravidez: considera-se o aumento de 30% baseado no crescimento fetal e materno e pequena elevação na utilização energética. Isso resulta na adição de 0,3 mg/dia.
- Lactação: assume-se que 0,16 mg de tiamina seja transferida para o leite materno (produção diária de 0,78 L). Considera-se também o custo energético para produção do leite materno (0,1 mg de tiamina). Isso resulta em adição aproximada de 1,2 mg por dia de tiamina.

Estágios iniciais de deficiência de tiamina podem ser acompanhados por sintomas não específicos, tais como anorexia, perda de peso, apatia, comprometimento da memória recente, confusão mental e irritabilidade, fraqueza muscular e alterações cardíacas.

A deficiência de tiamina denominada beribéri, decorrente de consumo alimentar insuficiente, é conhecida desde a Antiguidade. Nesse quadro, pode ocorrer edema (beribéri úmido) ou perda de massa muscular (beribéri seco).

Mais recentemente, especialmente em países desenvolvidos, a deficiência de tiamina está relacionada a lesões do sistema nervoso central na síndrome de Wernicke-Korsakoff, decorrente de alcoolismo crônico ou abuso de narcóticos.

Os registros de casos clínicos relacionados à ingestão excessiva de vitamina B1 são praticamente inexistentes, porém, doses superiores a 50 mg diários devem ser evitadas.

Alimentos-fonte de vitamina B1

Segundo os critérios adotados neste livro, os alimentos considerados excelentes fontes de tiamina são aqueles que contenham mais de 20% da recomendação em uma porção; e boa fonte, os alimentos que contenham menos de 20% e mais de 10% em uma porção. Considerando o valor máximo de recomendação de tiamina (RDA = 1,2 mg), alimentos que contenham mais de 0,24 mg por porção são excelentes fontes, e aqueles que apresentam valores entre 0,12 e 0,23 mg são boas fontes.

Alimentos e preparações pertencentes ao grupo do arroz, pão, massa, batata e mandioca são considerados, de maneira geral, boas fontes de tiamina (0,12 a 0,23 mg/dia) (Tabela 2.9).

TABELA 2.9 – Conteúdo de tiamina em alimentos considerados fonte, em medida usual.

Alimento	Tamanho da porção		Quantidade de tiamina por porção
	Medida usual	(g)	(mg)
Pão francês	1 unidade	50	0,20
Quinoa em grãos	1 xícara de chá	148	0,16
Aveia em flocos	2 colheres de sopa	30	0,17
Farinha láctea	4 colheres de sopa	48	0,69
Carne bovina cozida	1 fatia	100	0,12
Fígado bovino	1 bife frito	100	0,21
Carne de porco: costela assada	1 unidade	115	0,82
Produto leitoso de soja*	1 copo de requeijão	278	0,45

* Philippi (2002).

Fonte: Nepa/Unicamp (2006).

As carnes, de forma geral, também são fontes de tiamina, principalmente a suína. Uma porção de carne de porco contém mais de 20% da recomendação diária de tiamina, portanto seria uma excelente fonte. No entanto, não se recomenda o consumo frequente pelo conteúdo elevado de gordura saturada. O consumo de leite de soja, fonte de tiamina, deveria ser estimulado também pela presença de outras substâncias benéficas ao organismo humano.

De forma geral, uma alimentação saudável e variada, composta por todos os grupos alimentares em quantidades suficientes para atender às necessidades energéticas do indivíduo, terá quantidade adequada de tiamina.

REFERÊNCIAS

BOBBIO, F. O.; BOBBIO, P. A. *Química do processamento de alimentos*. São Paulo: Varela, 2001.

______. *Introdução à química de alimentos*. São Paulo: Varela, 2003.

BRASIL. Ministério da Saúde. Agência Nacional de Vigilância Sanitária (Anvisa). Resolução n. 12, de 1978. Aprova normas técnicas especiais, do Estado de São Paulo, revistas pela CNNPA, relativas a alimentos (e bebidas), para efeito em todo território brasileiro. *Diário Oficial da União*, Brasília, 24 de julho de 1978.

______. Ministério da Saúde. Agência Nacional de Vigilância Sanitária (Anvisa). Instrução normativa n. 7. Normas para a produção de produtos orgânicos vegetais e animais. *Diário Oficial da União*, Brasília, 1999.

______. Ministério da Saúde. Agência Nacional de Vigilância Sanitária (Anvisa). Resolução n. 90. Aprova o Regulamento Técnico para Fixação de Identidade e Qualidade de Pão. *Diário Oficial da União*, Brasília, 18 de outubro de 2000.

______. Ministério da Saúde. Agência Nacional de Vigilância Sanitária (Anvisa). Resolução n. 93. Dispõe sobre o Regulamento Técnico para Fixação de Identidade e Qualidade de Massa Alimentícia. *Diário Oficial da União*, Brasília, 1º de novembro de 2000.

______. Ministério da Saúde. Agência Nacional de Vigilância Sanitária (Anvisa). Resolução n. 263. Aprova o regulamento técnico para produtos de cereais, amidos, farinhas e farelos. *Diário Oficial da União*, Brasília, 23 de setembro de 2005.

______. *Guia alimentar para a população brasileira*. Brasília, 2005.

______. *Guia alimentar para a população brasileira*. Brasília, 2014.

______. Ministério da Saúde. Secretaria de Atenção à Saúde. Coordenação-Geral da Política de Alimentação e Nutrição. *Guia Alimentar para a população brasileira*: promovendo a alimentação saudável. Brasília, 2006.

DEPARTMENT OF AGRICULTURE AND RURAL DEVELOPMENT. Alberta, Canadá: julho de 2001. Revised on March 16, 2017. Disponível em: <http://www1.agric.gov.ab.ca/$department/deptdocs.nsf/all/agdex103>. Acesso em: abril de 2018.

[FAO/WHO] FOOD AND AGRICULTURE ORGANIZATION/WORLD HEALTH ORGANIZATION. Carbohydrates in human nutrition. Report of a Joint FAO/WHO expert consultation. *Food and Nutrition*, Roma, paper 66, 1998.

______. Scientific Update on carbohydrates in human nutrition: conclusions. *European Journ of Clin Nutr*, v. 61, p. 132, 2007.

______. Quinua 2013 año internacional: valor nutricional. Disponível em: <http://www.fao.org/quinoa-2013/what-is-quinoa/nutritional-value/es/>. Acesso em: abril de 2018.

FOSTER-POWEL, K.; HOLT, S. H. A.; BRAND-MILLER, J. C. International table of glycemic index and glycemic load values. *Am. J. Clin. Nut.*, Bethesda, n. 76, p. 5-56, 2002.

[IBGE] INSTITUTO BRASILEIRO DE GEOGRAFIA E ESTATÍSTICA. Tabela de composição de alimentos. *Estudo Nacional da Despesa Familiar*. 4. ed. Rio de Janeiro: IBGE, 1996.

______. Consumo alimentar; antropometria. Rio de Janeiro, 1977. (Estudo Nacional da Despesa Familiar – ENDEF, v. Dados preliminares, Regiões I, II, III, IV e V, t.l).

______. Pesquisa de Orçamento Familiar – POF 1987/88. Rio de Janeiro, 1991. v. 8. Fundação Instituto de Pesquisas Econômicas (FIPE). Pesquisas de orçamentos familiares. 1981/82. São Paulo, 1982.

______. Pesquisa de Orçamento Familiar. POF 1995/96. Disponível em: <www.ibge.gov.br/home/estatistica/populacao/condicaodevida/pof/>. Acesso em: abril de 2018.

______. Pesquisa de Orçamento Familiar – POF 2002-2003. Disponível em: <www.ibge.gov.br/home/estatistica/populacao/condicaodevida/pof/2002/default_.shtm>. Acesso em: abril de 2018.

______. Pesquisa de Orçamento Familiar – POF 2008-2009. Disponível em: <https://biblioteca.ibge.gov.br/visualizacao/livros/liv50063.pdf>. Acesso em: abril de 2018.

[IOM] INSTITUTE OF MEDICINE. *Dietary Reference Intake for thiamin, riboflavin, niacin, vitamin B6, folate, vitamin B12, pantothenic acid, biotin, and choline.* Washington, D.C.: National Academy Press, 1998.

______. *Dietary Reference Intakes for energy, carbohydrate, fiber, fat, fatty acids, cholesterol, protein, and amino acids.* Washington, D.C.: National Academy Press, 2002.

JENKINS, D. J. A. et al. Glycemic index of food: a physiological basis for carbohydrates exchange. *Am. J. Clin. Nutr.*, Bethesda, n. 34, p. 362-366, 1981.

JONNALAGADDA, S. S. et al. Putting the whole grain puzzle together: health benefits associated with whole grains. In: *Summary of American Society for Nutrition 2010*, Satellite Symposium. American Society for Nutrition, 2011; 1011S-1022S

KALINOVA, J.; DADAKOVA, E. Rutin and total quercetin content in amaranth (Amaranthus spp.). *Plant Foods for Human Nutrition*, v. 1, p. 68-74, 2009.

KUSHI, L. H. et al. American Cancer Society Guidelines on nutrition and physical activity for cancer prevention: reducing the risk of cancer with healthy food choices and physical activity. *CA Cancer J Clin.*, n. 62, v. 1, 2012, p. 30-67.

LAJOLO, F. M.; MENEZES, E. W. *Carbohidratos en alimentos regionales iberoamericanos*. São Paulo: Edusp, 2006.

LEHNINGER, A. L.; NELSON, D. L.; COX, M. M. *Princípios de bioquímica*. São Paulo, Sarvier, 2002.

MARTINS, A. R.; BURKET, C. A. V. Galacto-oligossacarídeos (GOS) e seus efeitos prebióticos e bifidogênicos. *Brazilian Journal of Food Technology*, Campinas, v. 12, n. 3, p. 230-240, 2009.

MENDONÇA, S. *Efeito hipocolesterolemizante da proteína de amaranto* (Amaranthus cruentus BRS-Alegria) *em hamsters*. [s.l.] Tese – Faculdade de Saúde Pública, Universidade de São Paulo, São Paulo, 2006.

MONRO, J. Redefining the glycemic index for dietary management of postprandial glycemia. *J. Nutr.*, Filadélfia, n. 133, p. 4526-4528, 2003.

[NEPA/UNICAMP] NÚCLEO DE ESTUDOS E PESQUISAS EM ALIMENTAÇÃO/ UNIVERSIDADE ESTADUAL DE CAMPINAS. *Tabela brasileira de composição dos alimentos (Taco)*. Versão II. 2. ed. Campinas, 2006.

NETTLETON, J. A. et al. Incident heart failure is associated with lower whole-grain intake and greater high-fat dairy and egg intake in the Atherosclerosis Risk in Communities (ARIC) study. *J Am Diet Assoc.*, v. 108, p. 1881-1887, 2008.

PHILIPPI, S. T. *Tabela de composição de alimentos*: suporte para a decisão nutricional. Barueri: Manole, 2013.

______. *Nutrição e técnica dietética*. 2. ed. Barueri: Manole, 2005.

PHILIPPI, S. T. et al. Pirâmide alimentar adaptada: guia para escolha dos alimentos. *Rev. Nutr.*, Campinas, v. 12, n. 1, p. 65-80, 1999.

PHILIPPI, S. T.; SZARFARC, S. C.; LATTERZA, A. R. *Virtual Nutri* (programa de computador). Versão 1.0 para Windows. São Paulo, Departamento de Nutrição da Faculdade de Saúde Pública/USP, 1996.

RODAS, B.; BRESSANI, R. Contenido de aceite, ácidos grasos y escualeno en variedades crudas y procesadas de grano de amaranto. *Archivos Latinoamericanos de Nutrición*, v. 59, n. 1, p. 82-87, 9AD, 2009.

SALINAS, R. D. *Alimentos e nutrição: introdução a bromatologia*. 3. ed. Porto Alegre: Artmed, 2002.

SILVA, D. B.; et al. Avaliação de genótipos de mourisco na região do Cerrado. *Boletim de Pesquisa e Desenvolvimento*. Embrapa Recursos Genéticos e Biotecnologia, 2002.

STRYER, L. *Bioquímica*. 4. ed. Rio de Janeiro: Guanabara Koogan, 1996.

[USP] UNIVERSIDADE DE SÃO PAULO. Faculdade de Ciências Farmacêuticas. Departamento de Alimentos e Nutrição Experimental/Brasilfoods, 1998. Tabela brasileira de composição de alimentos. Versão 4.1. Disponível em: <http://www.fcf.usp.br/tbca/>. Acesso em: abril de 2018.

[WHO/FAO] WORLD HEALTH ORGANIZATION/FOOD AND AGRICULTURE ORGANIZATION. *Diet, nutrition and the prevention of chronic diseases*. Report of the joint WHO/FAO expert consultation. Technical Report Series, 916. Genebra, 2003.

______. *Dietary protein quality evaluation in human nutrition*. Report of an FAO/WHO/UNU Expert Consultation. FAO Food and Nutrition Paper, 92. Genebra: WHO, 2013.

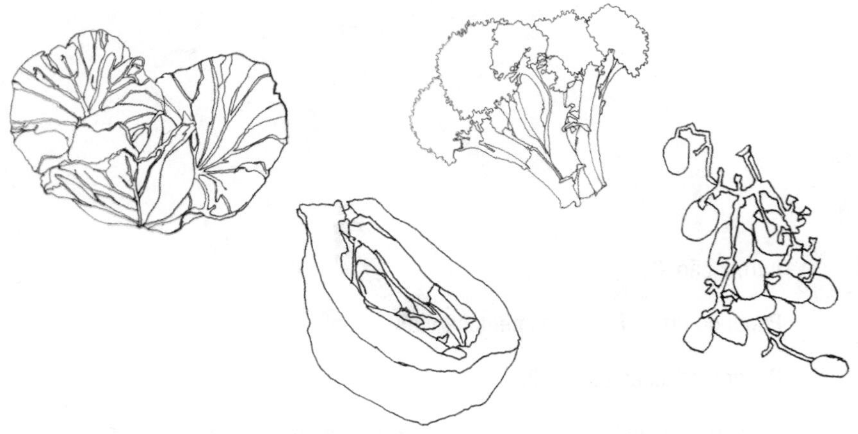

GRUPO DAS FRUTAS, LEGUMES E VERDURAS

Nutrientes descritos no capítulo

Compostos bioativos, vitamina C, folato, betacaroteno, potássio e magnésio

Sonia Tucunduva Philippi
Regilda Saraiva dos Reis Moreira-Araújo

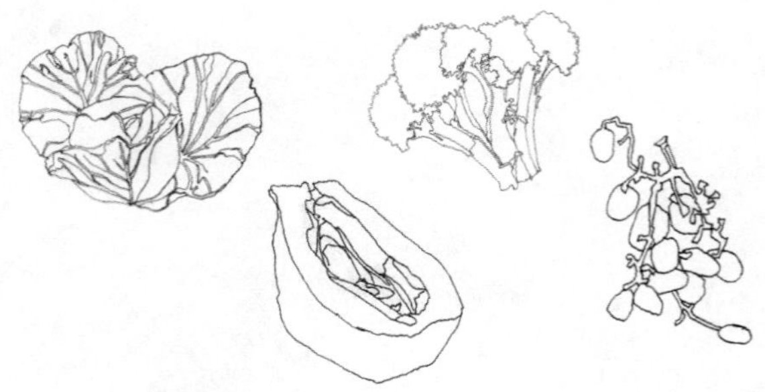

▶ SUMÁRIO

INTRODUÇÃO

Os dois grupos da Pirâmide dos Alimentos que têm recebido grandes estímulos para o consumo são as frutas e os legumes e verduras (FLV). São alimentos importantes para a promoção da saúde e fazem parte das recomendações diárias para uma dieta saudável. O grupo das frutas, principalmente, foi ampliado com a inclusão do teor de macronutrientes (g/100 g do fruto) e valor energético total (VET), das chamadas frutas exóticas, que são as frutas consumidas pela população nas regiões norte e nordeste do Brasil.

Denomina-se fruta a parte polposa que rodeia a semente das plantas. Possui um aroma característico, é rica em suco, normalmente de sabor doce e pode, na maioria das vezes, ser consumida crua. As frutas, de acordo com suas características, são classificadas em extra, de primeira, segunda e terceira:

- **Extra:** fruta de elevada qualidade, sem defeitos, bem desenvolvida e madura. Apresenta tamanho, cor e forma uniforme. Os pedúnculos e as polpas devem estar intactos, e a casca, sem manchas e defeitos.
- **De primeira:** fruta de boa qualidade, sem muitos defeitos. Apresenta tamanho, cor e forma uniformes e no máximo são tolerados pequenos defeitos. Deve estar bem desenvolvida e madura, pode apresentar pequenas manchas na casca, desde que não prejudiquem a aparência geral. A polpa deve estar intacta e firme e o pedúnculo pode estar ligeiramente danificado.
- **De segunda:** fruta de boa qualidade, pode apresentar ligeiros defeitos na cor, no desenvolvimento e na forma, os quais não devem prejudicar as características e a aparência da fruta. A casca não pode estar danificada, porém pequenos defeitos ou manchas são tolerados. A polpa deve estar intacta. São permitidas rachaduras nas frutas, desde que estejam cicatrizadas.
- **De terceira:** esta classe, destinada para fins industriais, é constituída por frutas que não foram incluídas nas classes anteriores, mas que preservam as características. Não é exigida a uniformidade de tamanho, cor, grau de maturação e formato. São aceitas frutas com rachaduras cicatrizadas, pequenos defeitos e manchas na casca.

As hortaliças, que englobam as verduras e os legumes, são plantas ou partes de plantas que servem para o consumo humano, como folhas, flores, frutos, caules, sementes, tubérculos e raízes. Hortaliça é uma denominação genérica para legumes e verduras, que são alimentos oriundos de horta. Passou-se a utilizar como grupo legumes e verduras em vez de hortaliças.

Utiliza-se a denominação "verduras" quando as partes comestíveis do vegetal são as folhas, as flores, os botões ou as hastes, como espinafre, acelga, alface, agrião, brócolis. A denominação "legumes" é utilizada quando as partes comestíveis são os frutos, as sementes ou as partes que se desenvolvem na terra, como abobrinha, berinjela, cenoura e tomate. De acordo com a parte comestível da planta, as hortaliças podem ser classificadas em:

- **Folhas:** acelga, agrião, aipo, alface, almeirão, couve, espinafre, repolho, rúcula.
- **Flores:** alcachofra, brócolis, couve-flor.
- **Frutos:** abóbora, abobrinha, berinjela, chuchu, jiló, pepino, pimentão, quiabo, tomate, maxixe.
- **Bulbos:** alho, cebola, alho-poró.
- **Caules:** aipo, aspargo, palmito.
- **Sementes:** ervilha, milho verde, vagem.
- **Raízes e tubérculos:** beterraba, cenoura, mandioca, mandioquinha, rabanete, batata, cará, inhame, batata-doce.

Os dois grupos, FLV, contêm alimentos-fonte de vitaminas, minerais e fibras e devem estar presentes em todas as refeições diariamente, pois contribuem para diminuir o risco de doenças crônicas não transmissíveis (DCNT). Como o estresse oxidativo tem papel significativo no processo da maioria das doenças e no envelhecimento, os prováveis benefícios das frutas, dos legumes e verduras são atribuídos à capacidade antioxidante dos componentes e à ação das fibras alimentares.

Ao longo da década de 2000-2010, o setor e os produtos hortícolas cresceram mais de 11% ao ano em nível mundial, quase 20% na África e 17% na Ásia, entretanto, a Europa continua a ser o maior exportador. O Brasil registrou, em 2010, uma produção de mais de 11 mil toneladas de produtos hortícolas, representando um percentual de crescimento de 4,5% nos anos de 2000-2010 (FAO, 2013).

Dados obtidos em estudos epidemiológicos apontam que a baixa ingestão destes alimentos é responsável por 1,7 milhão de óbitos e 16 milhões de morbidades ocorridas anualmente em todo o mundo (WHO, 2011).

Além de fornecerem componentes importantes para desempenhar funções básicas do organismo, como ácido ascórbico, betacaroteno, ácido fólico e minerais, as hortaliças são fontes de compostos bioativos que estão diretamente associados à prevenção de doenças (Faller e Fialho, 2009; Slavin e Lloyd, 2012).

Apesar dos benefícios para a saúde, o consumo de hortaliças tem sido ainda muito limitado, correspondendo, no Brasil, a cerca de um quarto das recomendações nutricionais. Na Pesquisa de Orçamentos Familiares (POF), realizada em 2008-2009, evidenciou-se apenas 26% de adequação do consumo de hortaliças (IBGE, 2010).

De acordo com a Pesquisa de Vigilância de Fatores de Risco e Proteção para Doenças Crônicas por Inquérito Telefônico (Vigitel), a frequência de consumo recomendado de frutas, legumes e verduras, em 2014 pela população brasileira, foi de 29,4%, é menor entre homens (23,9%) do que entre mulheres (33,8%), sendo que as menores frequências entre o sexo masculino ocorreram em Manaus (13,6%), Salvador (17,9%) e Teresina (18,2%) e, entre o sexo feminino, em Belém (22,9%), Fortaleza (24,5%) e Manaus (25,6%) (Brasil, 2015).

No entanto, na Vigitel em 2017 (Brasil, 2017), em que se considerou regular o consumo de frutas e hortaliças quando tanto frutas quanto hortaliças eram consumidos em cinco ou mais dias da semana, a frequência de adultos que consomem regularmente frutas e hortaliças variou entre 24,9%, em Belém, e 49,8%, no Distrito Federal. As maiores frequências foram encontradas, entre homens, no Distrito Federal (46,6%), João Pessoa (39,0%) e Natal (37,7%) e, entre mulheres, em Curitiba (54,2%), Belo Horizonte (53,3%) e no Distrito Federal (52,6%). As menores frequências do consumo regular de frutas e hortaliças entre o sexo masculino ocorreram em Rio Branco (19,0%), Macapá (19,7%) e Belém (20,8%) e, entre o sexo feminino, em Belém (28,3%), São Luís

(29,7%) e Rio Branco (30,3%). Mostrando uma mudança no conjunto da população adulta estudada, com frequência de consumo regular de frutas e hortaliças de 35,2%, sendo menor para homens (28,8%) do que para mulheres (40,7%). Em ambos os sexos, o consumo regular de frutas e hortaliças tendeu a aumentar com a idade e com a escolaridade.

PAPEL DO GRUPO FLV NA ALIMENTAÇÃO

As FLV devem estar presentes diariamente na dieta, pois contribuem para a proteção e a manutenção da saúde e para diminuir o risco de doenças crônicas não transmissíveis. Podem ser considerados alimentos de baixa densidade energética, fornecem água, vitaminas, minerais e fibras. Também possuem pequenas quantidades de proteínas e lipídios e as quantidades de carboidratos são variáveis (Tabela 3.1), sendo maiores e mais significativas nas raízes e nos tubérculos, que compõem outro grupo alimentar (grupo do arroz, pão, massa, batata e mandioca).

TABELA 3.1 – Composição dos alimentos do grupo de FLV, segundo medida usual, calorias, quantidade de carboidratos, proteínas, lipídios e número de porções equivalentes aos grupos da Pirâmide dos Alimentos.

Alimento	Medida usual	Peso (g)	Calorias		Carboidrato (g)	Proteína (g)	Lipídio (g)	Nº de porções dos grupos
			kcal	kJ				
Frutas								
Abacaxi	1 fatia	130	63,70	266,26	16,12	0,51	0,56	1
Banana	1 unidade	86	79,12	330,72	20,12	0,89	0,41	1
Goiaba	½ unidade	95	48,45	202,52	11,31	0,78	0,57	1
Laranja	1 unidade	137	64,39	269,15	16,17	1,29	0,16	1
Maçã	1 unidade	130	76,70	320,60	19,89	0,25	0,47	1
Mamão papaia	½ unidade	141,50	55,30	231,15	13,92	0,86	0,20	1
Melão	2 fatias	230	57,50	240,35	14,26	1,15	0,23	1
Morango	10 unidades	240	72,00	300,96	16,87	1,46	0,89	1
Verduras								
Acelga crua (picada)	9 colheres de sopa	90	17,10	71,47	3,38	1,63	0,18	1
Agrião	22 ramos	132	14,52	60,69	1,72	3,05	0,13	1
Alface	15 folhas	120	15,60	65,21	2,52	1,22	0,23	1

(continua)

TABELA 3.1 – Composição dos alimentos do grupo de FLV, segundo medida usual, calorias, quantidade de carboidratos, proteínas, lipídios e número de porções equivalentes aos grupos da Pirâmide dos Alimentos. *(continuação)*

Alimento	Medida usual	Peso (g)	Calorias		Carboidrato (g)	Proteína (g)	Lipídio (g)	Nº de porções dos grupos
			kcal	kJ				
Almeirão	5 folhas	60	13,80	57,68	2,83	1,03	0,18	1
Brócolis cozido	4 ½ colheres de sopa	60	16,80	70,22	3,04	1,79	0,21	1
Escarola	15 folhas	84	14,28	59,69	2,82	1,06	0,17	1
Espinafre cozido	2 ½ colheres de sopa	67	15,41	64,41	2,52	2,00	0,17	1
Mostarda	6 folhas	60	15,60	65,21	2,95	1,63	0,12	1
Legumes								
Abobrinha cozida	3 colheres de sopa	81	16,20	67,71	3,50	0,74	0,25	1
Berinjela cozida	2 colheres de sopa	60	16,80	70,22	3,99	0,50	0,14	1
Beterraba crua (ralada)	2 colheres de sopa	42	18,06	75,49	4,02	0,68	0,07	1
Cenoura crua (picada)	1 colher de servir	38	16,34	68,30	3,84	0,40	0,07	1
Chuchu cozido	2 ½ colheres de sopa	57	16,68	57,18	2,91	0,35	0,27	1
Quiabo	2 colheres de sopa	52	16,64	69,55	3,75	0,98	0,09	1
Tomate comum	4 fatias	80	16,80	70,22	3,72	0,68	0,26	1

Fonte: Philippi et al. (1996).

TABELA 3.2 – Teor de macronutrientes (g/100 g) e valor energético total (VET), de frutas e verduras.

Frutas/verduras	Lipídios (g)	Proteínas (g)	Carboidratos (g)	VET (kcal)
Banana*	0,28 ± 0,01	1,46 ± 0,01	21,06	92,6
Mamão*	0,26 ± 0,01	3,59 ± 0,04	4,99	36,66
Maçã*	0,07 ± 0,02	2,94 ± 0,15	9,26	49,43
Alface-crespa**	0,42 ± 0,14	0,80 ± 0,00	1,95 ± 0,09	14,78
Alface-americana**	0,34 ± 0,03	0,50 ± 0,00	2,02 ± 0,02	13,14
Alface-roxa**	0,55 ± 0,04	0,63 ± 0,00	1,61 ± 0,05	13,91
Repolho-verde**	0,41 ± 0,14	0,25 ± 0,01	5,34 ± 0,06	26,05
Repolho-roxo**	0,43 ± 0,02	0,12 ± 0,01	6,30 ± 0,01	33,87
Alecrim***	0,97 ± 0,46	1,98 ± 0,94	30,01	–
Manjericão***	4,46 ± 0,24	2,25 ± 0,32	5	–
Hortelã-pimenta***	1,50	0,32	17,68	–

* Barradas (2016).
** Sousa (2016).
*** Dias et al. (2017).

É importante dar preferência aos produtos regionais, verificar a sazonalidade, ou seja, o período de safra, e incluir diariamente esses grupos de alimentos, atentando para a variedade, a qualidade e o estado de conservação. Os alimentos da época são mais saborosos, de menor custo e com maior disponibilidade.

COMPOSTOS BIOATIVOS DE FRUTAS, LEGUMES E VERDURAS

O grupo das FLV é fonte de compostos bioativos, tais como compostos fenólicos, vitaminas, carotenoides e minerais, que contribuem para o potencial preventivo (KUSKOSKI et al., 2005; MAHATTANATAWEE et al., 2006). Os compostos bioativos ou fitoquímicos são constituintes presentes em pequenas quantidades nos alimentos e podem conferir diversos benefícios à saúde do ser humano. Podem ser classificadas de diferentes formas e a principal delas é quanto as naturezas química e molecular. Os principais compostos bioativos de frutas, legumes e verduras são os polifenóis ou compostos fenólicos, glicosinolatos e carotenoides (Tabela 3.3). Nos vegetais, os polifenóis exercem funções diversas, principalmente contra microrganismos e insetos, além de serem responsáveis pela pigmentação e por algumas características sensoriais dos alimentos. No ser humano, os efeitos biológicos mais conhecidos são as atividades antioxidantes, além de seu potencial como agente antibiótico, antialergênico e anti-inflamatório. Os polifenóis mais comuns na dieta são os flavonoides, cujos principais alimentos-fonte são frutas, leguminosas, legumes, verduras, cereais, chás, café, cacau, soja e vinho.

Os principais carotenoides conhecidos possuem atividade pró-vitamina A. No entanto, podem exercer outras atividades biológicas e o que possui maior atividade antioxidante é o licopeno, presente no tomate. Entre os glicosinolatos está a família das crucíferas, que inclui brócolis, couve-de-bruxelas, repolho, couve-flor, couve, folhas de mostarda, rabanete, nabo e são excelentes fontes de isotiocianatos e indóis. São substâncias químicas que podem oferecer propriedades quimiopreventivas, contribuindo para a redução do risco de alguns tipos de câncer. As atividades antioxidantes e de proteção de órgãos vitais são dois dos mecanismos de atuação de vários compostos bioativos, como flavonoides (isoflavonas da soja, catequinas dos chás verde e preto), antocianinas (feijão, morango, amora, cereja, casca de uvas e vinho tinto) e carotenoides, como o licopeno (tomate, melancia, goiaba e pitanga).

TABELA 3.3 – Compostos bioativos em frutas e verduras.

Frutas/verduras	Vitamina C* (mg/100 g)	Flavonoides (mg/100 g)	Fenólicos totais (mg/100 g)	Antocianinas (mg/100 g)	Licopeno (mcg/100 g)	Betacaroteno (mcg/100 g)
Banana*	2,70 ± 0,43	44,28 ± 4,57	36,47 ± 6,04	0,000259 ± 0,0002	ND	ND
Mamão*	59,40 ± 12,21	25,05 ± 9,38	303,48 ± 27,02	–	50,0 ± 0,00	180,0 ± 0,02
Maçã*	5,23 ± 0,04	30,91 ± 1,21	35,70 ± 2,93	–	120,0 ± 0,00	160,0 ± 0,00
Alface-crespa**	–	3,97 ± 0,00	275,25 ± 8,44	0,84 ± 0,05	–	–
Alface-americana**	–	126,63 ± 8,28	333,68 ± 9,74	2,97 ± 0,00	–	–
Alface-roxa**	–	360,75 ± 1,17	808,53 ± 9,73	6,65 ± 0,00	–	–
Repolho-verde**	–	242,47 ± 3,44	350,20 ± 0,00	1,60 ± 0,01	–	–
Repolho-roxo**	–	672,39 ± 10,97	1.006,55 ± 6,78	26,40 ± 0,54	–	–
Alecrim***	–	1.331,94	670,56	–	–	–
Manjericão***	–	1.054,17	652,46	–	–	–
Hortelã-pimenta***	5.880	26.615,00	12.329,00	–	–	–

* Barradas (2016).
** Sousa (2016).
*** Dias et al. (2017).

RECOMENDAÇÕES ATUAIS

A Organização Mundial da Saúde (OMS) (WHO, 2011) recomenda para prevenção de doenças crônicas o consumo diário de, no mínimo, 400 g de vegetais. Uma pesquisa realizada a partir de dados de 95 estudos por Aune et al. (2017) sobre os hábitos alimentares de 2 milhões de pessoas no Reino Unido mostrou, por exemplo, que a incidência de câncer é menor em pessoas que consomem hortaliças verde e amarelas, como espinafre e pimentão, e os crucíferos, como couve e repolho. E que pessoas que consomem maçãs, peras, frutas cítricas, rúcula, dentre outras têm menor chance de desenvolver doenças cardíacas ou acidente vascular cerebral (AVC).

Na comparação com uma dieta sem frutas e hortaliças, o estudo de Aune et al (2017) mostrou que a ingestão de 200 g de frutas e hortaliças reduz o risco de doenças cardiovasculares em 13% e 800 g, 28%; reduz o risco de câncer em 4%, e 800 g, 13%; reduz o risco de morte prematura em 15%, e 800 g, 31%. Os pesquisadores afirmaram que a ingestão de cinco porções (1 porção = 80 g) de frutas e hortaliças é benéfica à saúde, conforme recomendado pela OMS.

Segundo a Pirâmide Alimentar Brasileira, a recomendação para uma dieta de 2.000 kcal é de três porções/dia do grupo das frutas (70 kcal/porção) e do grupo dos legumes e verduras (15 kcal/porção). O número de porções pode variar segundo o valor energético total da dieta de 3 a 5 porções/dia para frutas e de 4 a 5 porções/dia para verduras.

As orientações do *Guia alimentar para a população brasileira* (Brasil, 2006) estabeleceu diretrizes com o objetivo de incentivar práticas alimentares saudáveis. As recomendações relacionadas ao consumo de frutas, legumes e verduras que poderiam ser ressaltadas considerando a importância do consumo dos alimentos deste grupo alimentar são:

- Comer diariamente pelo menos três porções de legumes e verduras como parte das refeições e três porções ou mais de frutas nas sobremesas e lanches.
- Valorizar os produtos da própria região e variar o tipo de frutas, legumes e verduras consumidos na semana. Comprar os alimentos da estação e estar atento para a qualidade e o estado de conservação.
- Para alcançar o número de porções recomendadas de frutas e legumes e verduras, é necessário que esses alimentos estejam presentes em todas as refeições e lanches realizados no decorrer do dia.
- Consumir saladas com variedade de tipos de verduras no almoço e no jantar; outros vegetais em preparos assados ou cozidos durante as refeições principais; frutas como sobremesa e nos lanches e sucos de fruta fresca sem açúcar.
- Utilizar frutas em preparações salgadas como carnes, peixes, molhos e saladas.
- Consumir legumes e verduras todos os dias acompanhando arroz ou cozidos no feijão.
- Cuidar da adequada higienização desses produtos em casa, bem como da conservação. Mesmo aqueles que são consumidos cozidos ou sem casca devem ser bem lavados antes da preparação.
- As refeições ficam mais nutritivas e atraentes quando são utilizados legumes e verduras de diferentes cores, além de aumentar a quantidade de diferentes vitaminas, minerais e de fibras.
- Sempre que possível, consumir frutas, legumes e verduras com casca ou retirar o mínimo possível; em grande parte dos alimentos, a maior quantidade de vitaminas e minerais encontra-se na casca.
- Ao cozinhar frutas, legumes e verduras, fazê-lo no menor tempo possível e usar pouca quantidade de água. Algumas vitaminas se perdem com o calor e se diluem na água. O sabor e a textura também ficarão melhores.
- Cozinhar esses alimentos no vapor, objetivando a preservação dos nutrientes, como as vitaminas hidrossolúveis, e sempre utilizar a panela tampada para que o tempo de cocção seja o menor possível.

- A água de cocção dos vegetais pode ser utilizada na preparação de outros alimentos, como arroz, ensopados, molhos, desta forma as vitaminas e os minerais diluídos são reaproveitados.
- Não utilizar bicarbonato de sódio para deixar os vegetais mais verdes. Esse composto destrói algumas vitaminas.
- Usar tomate, pimentão e cebola frescos, cozidos ou como molhos.
- Redescobrir o valor e o sabor das sopas. Um prato grande de sopa de vegetais, com caldo bem grosso, pode ser considerado uma refeição, desde que complementada por salada e fruta.
- Conhecer novos sabores; experimentar frutas, legumes e verduras brasileiras de cada época do ano e fazer novas receitas com esses alimentos.
- Comer frutas frescas no café da manhã, nas refeições principais, como sobremesa, ou nos lanches, entre as principais refeições.
- Sempre que possível, dar frutas frescas às crianças para levar para a escola. Para variar, também podem ser usadas frutas secas, como banana, abacaxi e outras disponíveis. Preferir aquelas que foram feitas sem açúcar. Procurar essa informação na lista de ingredientes no rótulo dos alimentos.
- Sucos de fruta feitos para beber na hora são os melhores. A polpa congelada perde alguns nutrientes, mas é uma opção melhor do que sucos artificiais ou refrigerantes.
- Sempre que possível, oferecer pela manhã suco natural de frutas variadas para as pessoas da família e não adicionar açúcar. Se precisar acrescentar um líquido, prefirir suco de laranja ou água de coco.
- Quem tem um quintal ou mesmo um pequeno espaço físico para colocar vasos, pode fazer uma horta, plantar ervas (manjericão, orégano, salsa, cebolinha, coentro) ou frutas, legumes, verduras para o consumo. Além dos benefícios alimentares, pode ser uma fonte de lazer e movimento.

O *Guia alimentar para a população brasileira* (Brasil, 2014) estabelece dez passos para uma alimentação adequada e saudável. O passo 2 relaciona recomendações para fazer de alimentos *in natura* ou minimamente processados a base da alimentação, em que constem frutas, verduras e hortaliças, os quais foram divididos em grupos. O quarto grupo é o dos legumes e verduras e o quinto grupo é o das frutas. Sobre os referidos grupos o Guia destaca que:

Grupo dos legumes e verduras

- São alimentos muito saudáveis. São excelentes fontes de várias vitaminas e minerais e, portanto, muito importantes para a prevenção de deficiências de micronutrientes.
- São fontes de fibras, fornecem, de modo geral, muitos nutrientes em quantidade relativamente pequena de calorias, características que as tornam ideais para a prevenção do consumo excessivo de calorias e da obesidade e das doenças crônicas associadas a esta condição, como o diabete e doenças do coração.
- Possuem vários antioxidantes, o que justifica a proteção que conferem contra alguns tipos de câncer.
- Apresentam excepcionais propriedades nutricionais e ampla versatilidade culinária, sendo uma excelente alternativa para reduzir o consumo excessivo de carnes vermelhas no Brasil.

Grupo das frutas

- Podem ser consumidas frescas ou secas (desidratadas), como parte das refeições principais ou como pequenas refeições. Nas refeições principais, são componentes importantes do café da manhã e, no almoço e no jantar, podem ser usadas em saladas ou como sobremesas.
- São alimentos muito saudáveis.
- São excelentes fontes de fibras, vitaminas e minerais e de vários compostos que contribuem para a prevenção de muitas doenças.
- Sucos naturais da fruta nem sempre proporcionam os mesmos benefícios da fruta inteira. Fibras e muitos nutrientes podem ser perdidos durante o preparo e o poder de saciedade é sempre menor que o da fruta inteira. Por isso, o melhor mesmo é consumi-las inteiras, seja nas refeições principais, seja em pequenas refeições.

Recomendações gerais para os dois grupos

- Frutas, legumes e verduras não devem ser consumidos caso tenham partes estragadas, mofadas ou com coloração ou textura alterada.

- Boa parte das frutas, legumes e verduras é comercializada em quase todos os meses em todas as regiões do País. No entanto, tipos e variedades produzidos localmente e no período de safra, quando a produção é máxima, apresentam menor preço, além de maior qualidade e mais sabor.
- Frutas, legumes e verduras orgânicos e de base agroecológica são particularmente saborosos, além de protegerem o meio ambiente e a saúde, devendo ser incentivado o consumo.

BIODISPONIBILIDADE DOS NUTRIENTES EM FRUTAS, LEGUMES E VERDURAS

É indiscutível a ação benéfica que o consumo regular de frutas e hortaliças proporciona à saúde do homem. As frutas e hortaliças são excelentes fontes de vitaminas, minerais, macronutrientes e outros compostos não nutrientes conhecidos como compostos bioativos ou fitoquímicos (Cardoso et al., 2011).

Outro fator que favoreceu a crescente demanda por alimentos saudáveis foi a maior conscientização acerca dos benefícios de frutas e hortaliças, tanto para a saúde quanto para a preservação do ecossistema (Oliveira, 2012; Mooz e Silva, 2014).

A melhor biodisponibilidade das vitaminas e minerais encontra-se nas frutas, nos legumes e verduras. No entanto, FLV também são considerados fontes de outras substâncias que podem inibir a absorção de vitaminas e minerais, tais como fitatos e oxalatos.

As frutas são muito ricas em ácidos, geralmente sem valor nutritivo. O conteúdo varia de um tipo a outro e, em um mesmo vegetal, segundo o grau de desenvolvimento ou maturação. Em geral, a quantidade de ácidos diminui à medida que a maturação avança e, paralelamente, aumenta o conteúdo de açúcares. Os quatro tipos de ácidos responsáveis pelo sabor são o málico, o cítrico, o tartárico e o oxálico. Este último está presente em muitos vegetais e pode formar sais solúveis com o cálcio e o magnésio, diminuindo a biodisponibilidade desses nutrientes.

Tem sido muito discutido na literatura o uso de suplementos alimentares, mas, de forma geral, é consenso que para aproveitar melhor as vitaminas e os minerais das FLV, além dos compostos bioativos disponíveis, deva ocorrer o consumo dos alimentos *in natura* ou minimamente processados.

PAPEL DE FRUTAS, LEGUMES E VERDURAS NA EPIDEMIOLOGIA DAS DCNT

A OMS estima em cerca de 36 milhões as mortes anuais por DCNT, cujas taxas são muito mais elevadas nos países de baixa e média rendas (WHO, 2011).

Dados da OMS revelam que as DCNT são responsáveis por 63% (36 milhões) da mortalidade. Há uma projeção para o aumento da mortalidade por DCNT em 15% em todo o mundo entre os anos de 2010 e 2020, que corresponderá a 44 milhões de mortes (WHO, 2010).

No Brasil, o quadro das DCNT apresenta elevada magnitude correspondendo a 72% da mortalidade total no país em 2007, apesar de ter-se verificado, nas últimas décadas, a redução de cerca de 20% nas taxas de mortalidade por DCNT, particularmente pelas doenças cardiocirculatórias e respiratórias crônicas (MS, 2011; Malta, Morais Neto, Silva Junior, 2011; Schmidt et al. 2009).

Quase metade das mortes por doenças crônicas é atribuída a doenças cardiovasculares, cuja presença é elevada e a primeira causa de mortes em todos os países desenvolvidos, e um dos mais importantes problemas de saúde nos países em desenvolvimento (Rangel-Huerta et al., 2015). Obesidade e diabete melito também mostram tendências preocupantes, não somente porque afetam grande parte da população, mas também porque começaram a atingir as pessoas mais precocemente (WHO/FAO, 2002). Segundo a International Diabetes Federation (2012) houve aumento na incidência da doença nos países europeus e EUA nas faixas etárias mais avançadas. Nas Américas Central e do Sul, em 2012, havia 26,4 milhões de casos e a estimativa é de se atingir 40 milhões em 2030, e nos países em desenvolvimento houve aumento em todas as faixas etárias.

Frutas e outros vegetais contêm substâncias antioxidantes distintas, cujas atividades têm sido bem comprovadas nos últimos anos. A presença de compostos fenólicos, tais como flavonoides, ácidos fenólicos, antocianinas, além dos já conhecidos; vitaminas E e C e carotenoides contribuem para os efeitos benéficos destes alimentos. Somando-se a isso, estudos têm demonstrado que polifenóis naturais possuem efeitos significativos na redução do câncer, e evidências epidemiológicas demonstram correlação inversa entre doenças cardiovasculares e consumo de alimentos-fonte de substâncias fenólicas, possivelmente pelas propriedades antioxidantes (Broinizi et al., 2007).

O consumo inadequado de FLV é um dos cinco principais fatores associados à carga total de doenças segundo a OMS (WHO, 2006). A Estratégia Global para Alimentação Saudável, Atividade Física e Saúde foi elaborada pela OMS, preconizando a implementação de recomendações em diferentes ambientes para promover um estilo de vida saudável na população. Entre as recomendações, encontram-se as de aumentar o consumo de FLV, cereais integrais e leguminosas (feijões), limitar a ingestão de açúcar livre, limitar a ingestão energética procedente de gorduras, substituir as gorduras saturadas por insaturadas e eliminar as gorduras *trans* (hidrogenadas).

Estudos comprovam que as modificações na dieta têm fortes efeitos, positivos e negativos, na saúde durante toda a vida. O mais importante é que as modificações dietéticas possam não somente influenciar o estado de saúde presente como também determinar se um indivíduo desenvolverá ou não alguma doença, como câncer, doenças cardiovasculares e diabete, em momento posterior (WHO/FAO, 2003; Malta e Silva Jr., 2013).

Há grande interesse na associação entre consumo de FLV e a saúde humana. Em razão de o estresse oxidativo ter um papel significativo no processo da maioria das doenças no envelhecimento, os prováveis benefícios das FLV são atribuídos à potencial capacidade antioxidante.

A ingestão de FLV está associada à redução do risco de mortalidade por doenças cardiovasculares e cânceres (Aune et al., 2017). Hyson (2002) apontou que o efeito protetor do consumo de FLV pode se estender além da capacidade antioxidante. O consumo desses alimentos pode diminuir os riscos de morte relacionados a doenças coronarianas e AVC por meio da modificação da atividade plaquetária, concentração de homocisteína, pressão sanguínea, substituição de ácidos graxos na dieta, bem como a redução da ingestão de gordura saturada (Steffen et al., 2003). Além disso, o consumo elevado de FLV reduz o risco de câncer (John et al., 2002; Takachi et al. 2017). Dados provenientes de estudos epidemiológicos têm indicado que dietas ricas em FLV reduzem o risco de câncer no aparelho digestório e podem estar associadas ao risco diminuído de outros tipos, incluindo o de mama (Gandini et al., 2000; Takachi et al. 2017). O consumo de hortaliças pode reduzir o risco de câncer de mama por inúmeros mecanismos, especialmente por vegetais que são fontes de carotenoides, vitaminas A, E e C, minerais como selênio e componentes como isoflavonas e ligninas. Os glucosinatos, encontrados em vegetais crucíferos, tais como couve e repolho, podem ser importantes anticarcinogênicos (Ambrosone et al., 2004; Gonçalves, Lajolo, Genovese, 2010).

As metas de ingestão de nutrientes representam a média de ingestão que se julga necessária para manter a saúde da população. A meta de ingestão de FLV preconizada pela OMS é de 400 g/dia (WHO/FAO, 2003). No entanto, em diversos levantamentos, a ingestão de FLV está abaixo do recomendado (Aune et al., 2017). Steffen et al. (2003) verificaram que a média de ingestão desses alimentos entre adultos norte-americanos era de 3,4 porções ao dia, e que somente 23% dos adultos consumiam a quantidade recomendada. Na Irlanda, o consumo médio de FLV foi de 140 g/dia (O'brien et al., 2003). No Reino Unido, apenas 40% da população atinge a meta preconizada pela OMS (John et al., 2002).

Estudos sobre frutas, legumes e verduras específicas, como maçã, pera, frutas cítricas, suco de laranja, frutas ricas em betacaroteno, FLV ricos em vitamina C e tomate mostraram associação inversa com doenças cardiovasculares e câncer (Oude et al., 2010; Oude, 2011; Matheson, King, Everett 2012; Hjartaker et al., 2015; Goetz et al., 2016; Larsson, Wolk, 2016; Aune et al., 2016).

O consumo de FLV também é influenciado por fatores sociodemográficos, como idade, sexo, etnia, educação, renda e tabagismo. Em estudo realizado nos Estados Unidos, a ingestão de FLV era maior entre aqueles que possuíam maior escolaridade, maior renda e que não eram fumantes (Subar et al., 1995; WHO, 2011). Na Austrália, Turrell et al. (2003) verificaram que a renda familiar é o melhor indicador da escolha alimentar, principalmente entre as famílias de menor renda. A ingestão desses alimentos é maior entre mulheres do que entre homens. Em estudo realizado com adultos no Reino Unido, verificou-se que as mulheres consomem significativamente mais FLV do que os homens, com o total de 3,5 porções ao dia comparado a 2,5 porções para os homens (Baker e Wardle, 2003).

Outro fator determinante do consumo de FLV é a idade. Subar et al. (1995) verificaram que mulheres ingerem mais FLV do que os homens em todas as idades e essa diferença aumenta com a idade para brancos e hispânicos. Adolescentes consomem menos hortaliças e em menor variedade do que adultos. A associação estatisticamente significativa entre idade e consumo de FLV também foi verificada em outros estudos (Thompson et al., 1999; McClelland et al., 1998).

No Brasil, o Ministério da Saúde vem desenvolvendo ações para a prevenção e controle das DCNT e incentivando o consumo de FLV. No entanto, o consumo de FLV no Brasil ainda é baixo. Pesquisas existentes sobre o consumo – obtidas por meio de POF 2008-2009, realizada pelo Instituto Brasileiro de Geografia e Estatística (IBGE) em parceria com o MS em 55.970 domicílios brasileiros – revelou que 90% dos avaliados apresentaram consumo de frutas em quantidades menores do que é recomendado pelo MS, que é de cinco porções diariamente. A pesquisa revelou outro dado preocupante, haja vista que dos 260 indivíduos avaliados, 21,9% relataram não consumir frutas diariamente, fato que contribui para a vulnerabilidade dos indivíduos no que se refere ao acometimento por DCNT, como é o caso das DCV (IBGE, 2010).

Levy-Costa et al. (2005), em estudo sobre a distribuição e a evolução da disponibilidade domiciliar de alimentos no Brasil entre os anos de 1974 e 2003, verificaram que FLV correspondem a apenas 2,3% das calorias totais da dieta, aproximadamente um terço do recomendado (400 g diárias ou cerca de 6 a 7% das calorias totais de uma dieta de 2.300 kcal). Para orientar e encorajar a implementação de políticas públicas para o aumento do consumo de FLV, é preciso conhecer a frequência de consumo da população e determinantes.

Em 2009, estimou-se que o comércio mundial de frutas frescas estava apto a ganhar cerca de 20 bilhões de dólares a cada ano, e o Brasil tem grande importância neste mercado específico, uma vez que o país é o terceiro maior produtor de frutas tropicais em todo o mundo (Maia et al., 2009). O Brasil possui ainda, grande número de espécies frutíferas nativas e exóticas subexploradas, que são de interesse potencial na agroindústria e uma possível futura fonte de renda para a população local. Muitos frutos já foram submetidos a diversos estudos em todo o mundo, referentes aos valores nutricionais e, principalmente em relação à avaliação da atividade antioxidante (Hassimotto, Genovese, Lajolo, 2005; Kuskoski et al., 2005; Roesler et al., 2006; Silva et al., 2007).

O único estudo realizado com abrangência nacional no Brasil que coletou informações sobre o consumo do grupo em questão foi a Pesquisa Mundial de Saúde (PMS), realizada pela OMS em parceria com a Fundação Oswaldo Cruz, em 2003. Com base nas informações coletadas, Jaime e Monteiro (2005) estimaram a frequência e a distribuição do consumo de FLV na população brasileira, verificando que menos da metade dos indivíduos no Brasil consome frutas diariamente e menos de um terço da população relata o consumo diário de hortaliças.

É importante conhecer os determinantes do consumo de FLV na população para que sejam elaboradas políticas públicas de incentivo ao consumo desses alimentos, promovendo um estilo de vida mais saudável por meio da alimentação.

ESCOLHAS ALIMENTARES INTELIGENTES

Utilizar diariamente frutas, legumes e verduras é a escolha mais inteligente que se deve adotar para promover uma alimentação saudável. O consumo inadequado desses alimentos é um dos cinco principais fatores associados à carga total de doenças segundo a OMS (WHO/FAO, 2003). A Estratégia Global para Alimentação Saudável, Atividade Física e Saúde foi elaborada pela OMS preconizando a implementação de recomendações em diferentes ambientes para promover um estilo de vida saudável para a população. Entre as recomendações, encontra-se o aumento do consumo de FLV, sendo que a meta de ingestão preconizada é de 400 g/dia ou mais.

BIODIVERSIDADE BRASILEIRA – FRUTOS EXÓTICOS

O Brasil possui cerca de 30% das espécies de plantas e animais conhecidas no mundo, que estão distribuídas em diferentes ecossistemas. É o país detentor da maior diversidade biológica do planeta. A região dos cerrados, com 204 milhões de hectares – aproximadamente 25% do território nacional – apresenta grande diversificação faunística e florística em diferentes fisionomias vegetais. Considerando o desenvolvimento de pesquisas e tecnologias que viabilizaram a utilização em bases econômicas, a região dos cerrados é um dos mais importantes polos de produção de alimentos do país (Ávidos, 2003).

Com essa enorme biodiversidade criou-se, na região do cerrado, uma tradição de usos, em diferentes formas, dos recursos vegetais. Das espécies com potencial de utilização agrícola, na região do cerrado, destacam-se as frutíferas. São algumas dezenas de espécies de diferentes famílias que produzem frutos comestíveis, com formas variadas, cores atrativas e sabores característicos. Esses frutos são consumidos pelas populações locais e constituem, ainda, importante fonte de alimentos para animais silvestres (pássaros, roedores, tatus, canídeos etc.) e mesmo para o gado (Chaves, 2003).

As fruteiras nativas ocupam lugar de destaque no ecossistema do cerrado e os frutos são comercializados com grande aceitação popular. Esses frutos apresentam sabores *sui generis* e podem ser consumidos *in natura* ou na forma de sucos, licores, sorvetes ou geleias. Existem mais de 58 espécies de frutas nativas dos cerrados conhecidas e utilizadas pela população (Ávidos, 2003).

Na Tabela 3.4, constam os teores de macronutrientes e VET e na Tabela 3.5 os teores de compostos bioativos de frutas exóticas.

A seguir, serão detalhados alguns aspectos referentes às vitaminas e aos minerais, cujas importantes fontes são as FLV, destacando-se a vitamina C, o folato, o betacaroteno e os minerais magnésio e potássio.

Vitamina C

É uma importante vitamina hidrossolúvel, também conhecida como ácido ascórbico, facilmente oxidável em solução, em especial sob a exposição ao calor. A vitamina C possui uma variedade de funções vitais e um dos papéis mais significativos está associado à hidroxilação do colágeno, proteína responsável por fornecer resistência aos ossos, dentes, tendões, ligamentos e paredes dos vasos sanguíneos. Além disso, tem papel importante na síntese de neurotransmissores, participa da conversão de colesterol em ácidos biliares, está presente em outras reações de hidroxilação e permite a absorção de ferro, reduzindo a forma férrica em ferrosa. A vitamina C caracteriza-se como um potente e efetivo antioxidante que, mesmo em pequenas quantidades, pode proteger moléculas do organismo de danos oxidativos.

TABELA 3.4 – Teor de macronutrientes (g/100 g do fruto) e valor energético total (VET), de frutas exóticas.

Frutos	Lipídios (g)	Proteínas (g)	Carboidratos (g)	VET (kcal)
Cagaita*	0,3 ± 0,1	2,5 ± 0,2	5,9 ± 1,7	36,6 ± 7,2
Chichá*	23,7 ± 3,8	13,8 ± 3,1	50,9 ± 9,8	472,1 ± 22,9
Cajuí*	0,3 ± 0,0	1,1 ± 0,1	15,7 ± 4,9	69,9 ± 9,8
Carnaúba*	1,18 ± 0,15	6,70 ± 0,24	42,79	208,58
Jatobá*	1,36 ± 0,2	1,7 ± 0,3	79,8 ± 17,3	337,87 ± 6,4
Macaúba*	16,6 ± 3,2	0,6 ± 0,1	36,4 ± 5,2	296,9 ± 12,9
Bureré*	0,3 ± 0,1	2,2 ± 0,1	23,8 ± 5,2	106,9 ± 12,9
Maracujá do cerrado*	0,3 ± 0,1	2,1 ± 0,2	10,8 ± 2,2	54,4 ± 9,3
Mangaba*	1,3 ± 0,3	1,4 ± 0,2	13,4 ± 2,8	71,4 ± 18,5
Marmelada de cachorro*	0,3 ± 0,1	0,8 ± 0,1	27,2 ± 6,1	115,2 ± 18,1
Puçá-preto*	0,3 ± 0,1	2,3 ± 0,4	19,3 ± 3,8	89,4 ± 9,1
Tuturubá*	0,9 ± 0,1	0,5 ± 0,1	33,9 ± 6,9	146,5 ± 23,4

Fonte: Moreira-Araújo (2013).

TABELA 3.5 – Compostos bioativos em frutas exóticas.

Frutas	Vitamina C* (mg/100 g)	Fenólicos totais (mg GAE/100 g)	Flavonoides (mg/100 g)	Antocianinas (mg/100 g)	Licopeno (mcg/100 g)	Betacaroteno (mcg/100 g)
Cagaita*	126,3 ± 45,8	27,42 ± 0,00	9,51 ± 0,4	0,38 ± 0,8	ND**	201,23 ± 25,1
Chichá*	89,3 ± 9,8	85,37 ± 7,77	2,81 ± 0,6	0,88 ± 0,4	119,78 ± 9,78	ND**
Cajuí	500,0 ± 89,7	51,15 ± 0,00	3,12 ± 0,7	0,22 ± 0,7	ND**	136,13 ± 18,3
Castanhola**	–	3071,49 ± 0,27	–	–	–	–
Jatobá*	330,4 ± 61,5	34,10 ± 2,13	19,64 ± 1,5	2,12 ± 0,7	9,96 ± 1,23	110,68 ± 11,9
Macaúba*	185,1 ± 14,8	60,85 ± 11,15	4,56 ± 0,3	0,57 ± 0,9	ND**	132,65 ± 17,2
Bureré*	86,5 ± 11,8	40,79 ± 5,59	18,79 ± 1,2	1,12 ± 0,3	ND**	361,91 ± 19,4
Maracujá do cerrado*	93,6 ± 16,9	16,27 ± 3,55	10,12 ± 0,9	0,44 ± 0,5	ND**	12,85 ± 1,9
Mangaba*	474,1 ± 78,3	40,79 ± 0,00	9,31 ± 0,3	0,43 ± 0,4	ND**	43,64 ± 8,2
Marmelada de cachorro*	119,4 ± 45,8	36,33 ± 4,79	27,18 ± 4,2	4,30 ± 0,12	–	–
Murici***	58,6 ± 1,74	468,9 ± 27,30	–	2,04 ± 0,08	1,31 ± 0,01	22,83 ± 5,8
Puçá-preto*	205,9 ± 58,7	45,25 ± 4,87	11,57 ± 0,5	0,61 ± 0,4	–	–
Tuturubá*	558,8 ± 98,5	47,48 ± 3,77	7,21 ± 0,6	1,37 ± 0,5	ND**	138,76 ± 8,8
Jenipapo****	27,01 ± 2,84	857,10 ± 0,05	–	4,60 ± 0,96	–	161,46 ± 18,1

* Rocha et al. (2013).

** Marques et al. (2012).

*** Moreira-Araújo (2013).

**** Porto et al. (2014).

O ácido ascórbico é facilmente absorvido a partir do intestino delgado por processo ativo, dependente de sódio, e também por difusão. Em baixas concentrações, a vitamina C é absorvida de forma rápida e eficiente, apresentando, assim, maior biodisponibilidade. A excreção urinária sob a forma intacta ou em de-hidroascorbato e dioxogulonato é o seu destino final.

A vitamina C é encontrada quase exclusivamente em alimentos de origem vegetal, destacando-se as frutas cítricas, as verduras cruas e o tomate (Tabela 3.6). Vários fatores afetam a concentração de vitamina C presente nos alimentos, como a estação do ano, o transporte, o estágio de maturação, o tempo de armazenamento e a cocção.

Os sinais de deficiência de vitamina C em indivíduos bem nutridos desenvolvem-se após 4 a 6 meses de baixa ingestão (valores inferiores a 10 mg/dia) ou quando as concentrações plasmáticas e dos tecidos diminuem consideravelmente. Os sintomas mais comuns são

TABELA 3.6 – Conteúdo de vitamina C em alimentos considerados fonte, segundo medida usual.

Alimento	Quantidade em 100 g (mg)	Medida usual	Quantidade (mg)
Acerola	1.677	10 unidades (70 g)	1.174
Abacaxi	15	1 fatia (130 g)	20
Laranja	15	1 unidade (220 g)	116
Limão (suco)	46	1 unidade (63 g)	29
Melancia	46	2 fatias (300 g)	87
Morango	29	10 unidades (240 g)	136
Mamão papaia	57	½ unidade (142 g)	88
Kiwi	62	1 unidade (76 g)	75
Suco de laranja	98	1 copo tipo requeijão (250 mL)	125
Brócolis cozido (picado)	50	3 colheres de sopa (40 g)	30
Couve-flor cozida (picada)	44	1 colher de servir (46 g)	20
Tomate	19	4 fatias (76 g)	15

Fonte: Philippi (2002).

equimoses e petéquias. O escorbuto é a principal doença associada à deficiência de vitamina C, raramente encontrado em países desenvolvidos. Porém é uma situação clínica comum de indivíduos alcoólatras e pode ocorrer naqueles que consomem baixas quantidades de FLV, idosos com dieta restrita e bebês alimentados exclusivamente com leite materno. Em razão do fato de a vitamina C ser um suplemento comumente utilizado, pode ocorrer ingestão excessiva, cujo sintoma mais comum é a diarreia osmótica.

Uma ingestão regular e adequada de ácido ascórbico é enfatizada em virtude da capacidade de armazenamento dessa vitamina no organismo e em decorrência da constante utilização. Os valores específicos para os diferentes estágios de vida e gênero encontram-se na Tabela 3.7. As necessidades de vitamina C são maiores em períodos de gestação, lactação, doenças inflamatórias crônicas e agudas, após cirurgias e pacientes com queimaduras graves.

Folato

É uma vitamina hidrossolúvel, também conhecida pelo nome de folacina. Atua na formação de produtos intermediários do metabolismo, que por sua vez estão envolvidos na formação celular. Está presente na síntese de DNA e RNA, na formação e na maturação de hemácias e leucócitos e serve como carreador de carbono isolado na formação do grupo heme. Formador de coenzimas (di-hidrofolato e tetra-hidrofolato), auxilia na conversão da vitamina B12 para uma das formas de coenzima. Cerca de 80% do folato presente na dieta encontra-se sob a forma de poliglutamatos, que são absorvidos no intestino delgado. Grande parte do folato proveniente da alimentação sofre metilação e redução dentro da célula da mucosa intestinal, sendo o 5-metil-tetra-hidrofolato o folato que entra na circulação portal. Há pouca perda na urina e a maioria do folato plasmático encontra-se ligado à proteína, que o protege da filtração glomerular. A perda fecal também é pequena, uma vez que a absorção de metil-tetra-hidrofolato no jejuno é muito eficiente.

É encontrado principalmente em verduras com folhas verde-escuras (espinafre, aspargo e brócolis) e também em vísceras, leguminosas (ervilhas, feijão e lentilha), laranja e gema de ovo (Tabela 3.8).

A principal consequência metabólica da deficiência de folato é a alteração do metabolismo do DNA, que resulta em alterações na morfologia nuclear das células, nas hemácias, nos leucócitos e nas células epiteliais do estômago, do intestino, da vagina e do cérvix uterino. A deficiência de folato pode ser a hipovitaminose mais comum em humanos. Essa deficiência resulta em anemia megaloblástica e outras doenças sanguíneas, elevados níveis séricos de homocisteína, glossites e distúrbios gastrointestinais. A deficiência tem sido muito estudada em relação à hiper-homocisteinemia, uma vez que é essencial à metilação da homocisteína. A elevação da homocisteína tem sido considerada um dos mais importantes fatores de risco independente no desenvolvimento de doenças cardiovasculares, pois promove aterosclerose por aumento do estresse oxidativo e danos na função endotelial.

TABELA 3.7 – Recomendações das DRI (*Dietary Reference Intakes*) para vitamina C.

Estágio de vida	Idade	Homens (mg/dia)	Mulheres (mg/dia)
1º ano de vida	0 a 6 meses	40 (AI)	40 (AI)
1º ano de vida	7 a 12 meses	50 (AI)	50 (AI)
Pré-escolar	1 a 3 anos	15	15
Escolar	4 a 8 anos	25	25
Escolar	9 a 13 anos	45	45
Adolescente	14 a 18 anos	75	65
Adulto	≥ 19 anos	90	75
Fumante	≥ 19 anos	125	110
Gravidez	≥ 18 anos	–	80
Gravidez	≥ 19 anos	–	85
Lactação	≥ 18 anos	–	115
Lactação	≥ 19 anos	–	120

Fonte: IOM (2000).

TABELA 3.8 – Conteúdo de folato em alimentos considerados fonte (100 g e medida usual).

Alimento	Quantidade em 100 g (mcg)	Medida usual	Quantidade (mcg)
Fígado de galinha (cru)	590	1 unidade (30 g)	177
Fígado de boi (cozido)	212	1 unidade (100 g)	211
Ovo cozido	47	1 unidade (45 g)	21
Lentilha cozida	181	3 colheres de sopa (54 g)	98
Feijão cozido	20	1 concha (100 g)	21
Espinafre cozido (picado)	146	2 colheres de sopa (50 g)	39
Brócolis cozido (picado)	50	3 colheres de sopa (40 g)	20
Folhas de mostarda cozida	73	2 colheres de sopa (50 g)	37
Laranja	30	1 unidade (180 g)	54

Fonte: Philippi (2002).

O ENRIQUECIMENTO DE FARINHAS COM ÁCIDO FÓLICO

O enriquecimento de alimentos com ácido fólico tem se tornado uma prática comum no mundo todo. Nos Estados Unidos, tornou-se obrigatória em 1996 e, no Brasil, a Agência Nacional de Vigilância Sanitária (Anvisa), por meio da Resolução nº 344, de 13 de dezembro de 2002 (Brasil, 2002), instituiu a obrigatoriedade do enriquecimento de farinhas de trigo e milho (também fubá e flocos de milho) com ácido fólico (150 mcg a cada 100 g de farinha), além do ferro (4,2 mg a cada 100 g de farinha). No entanto, a Resolução excluiu do regulamento a farinha de trigo integral em virtude das limitações de processamento tecnológico. A Resolução considerou as recomendações da OMS e da Organização Panamericana da Saúde (OPAS) de fortificação de produtos alimentícios com ácido fólico para a redução de doenças do tubo neural e mielomeningocele. Na rotulagem dos produtos, devem-se observar as seguintes expressões: farinha de trigo fortificada, enriquecida ou rica com ácido fólico e ferro. É importante considerar que 1 mcg de folato alimentar equivale a 0,6 mcg de ácido fólico de alimento fortificado ou suplemento.

As recomendações nutricionais para o folato segundo as DRI (IOM, 1998) variam conforme o estágio de vida e gênero (Tabela 3.9). A manutenção de níveis normais de homocisteína é considerada um indicador da adequada ingestão de folato. Durante o período gestacional, o aumento da ingestão de folato tem um papel protetor na prevenção de espinha bífida e outros defeitos do tubo neural associados à sua baixa ingestão. Atualmente recomenda-se a suplementação de ácido fólico no início da gestação.

Betacaroteno

Os carotenoides são compostos lipossolúveis amplamente distribuídos na natureza e sintetizados por vegetais. São pigmentos que, de modo geral, apresentam cor intensa que varia do amarelo ao vermelho. Quimicamente, são hidrocarbonetos ou álcoois classificados como terpenoides, apresentando estrutura linear altamente insaturada, constituindo um sistema extensivo de duplas ligações conjugadas, que é responsável pela cor e funções biológicas (Rodrigues-Amaya, 1997). São divididos em dois grupos: hidrocarbonetos, composto de carotenos (alfa, beta, gamacaroteno) e derivados oxigenados (xantofilas).

TABELA 3.9 – Recomendações das DRI para folato.

Grupos	Estágio de vida	Homens (mg/dia)	Mulheres (mg/dia)
1º ano de vida	0 a 6 meses	65 (AI)	65 (AI)
1º ano de vida	7 a 12 meses	80 (AI)	80 (AI)
Pré-escolar	1 a 3 anos	150	150
Escolar	4 a 8 anos	200	200
Escolar	9 a 13 anos	300	300
Adolescente	14 a 18 anos	400	400
Adulto	≥ 19 anos	400	400
Gravidez	Todas as idades	–	600
Lactação	Todas as idades	–	500

Fonte: IOM (2002).

Mais de 600 carotenoides já foram isolados, e alguns podem ser convertidos enzimaticamente em retinol no organismo e são designados pró-vitamina A ou precursor de vitamina A. O betacaroteno é o carotenoide mais importante como precursor de vitamina A por ser o mais bioativo e abundante nos alimentos. Outras formas que podem ser convertidas são alfacaroteno, gamacaroteno, alfacriptoxantina e betacriptoxantina. Outro carotenoide que tem sido amplamente estudado, mas que não tem atividade pró-vitamina A, é o licopeno. O licopeno é um carotenoide de cor vermelha com potencial antioxidante, encontrado principalmente no tomate, na melancia, na beterraba e no pimentão. De modo geral, os carotenoides apresentam atividade antioxidante, agindo na desativação de radicais livres que podem danificar os lipídios das membranas celulares, bem como o material genético de células, importante na proteção contra o câncer.

Os carotenoides encontram-se em abundância nos alimentos. Grande parte dos carotenoides é proveniente de alimentos de origem vegetal (frutas, legumes e verduras), embora também possam ser encontrados em alimentos de origem animal, como ovos, leite, queijos, vísceras e alimentos processados (adicionados com o objetivo de dar cor aos alimentos). São estáveis na célula vegetal, mas, se isolados, são sensíveis à luz, ao calor e aos ácidos. Vários fatores podem afetar a biodisponibilidade dos carotenoides dos alimentos, tais como a cocção e a frequência com que são consumidos. Em geral, a cocção facilita a liberação dos carotenoides, principalmente nas verduras, em que estão junto aos cloroplastos. Porém, o excesso de aquecimento pode causar perdas importantes, principalmente com o uso de forno de micro-ondas. Com relação à frequência, é recomendável o fracionamento dos alimentos-fonte para a manutenção da concentração sérica. Outro fator importante de biodisponibilidade de carotenoides é a combinação de substâncias alimentares. A presença de lipídios e proteínas na dieta pode contribuir com a absorção intestinal e alguns tipos de fibras podem ocasionar redução.

As principais fontes de carotenoides são os legumes e as frutas vermelhas e amarelas e as verduras verdes. As melhores fontes de betacaroteno são abóboras e cenouras e as verduras como brócolis, almeirão e couve-manteiga (Tabela 3.10).

TABELA 3.10 – Conteúdo de vitamina A em alimentos considerados fonte (100 g e medida usual).

Grupo	QT em 100 g (mcg)	Medida usual	Vitamina A (mcg)
Frutas			
Goiaba[1]	118	½ unidade (69 g)	112
Melão[2]	37	2 fatias (200 g)	85
Mamão papaia (polpa)[1]	120	½ unidade (180 g)	169
Manga *bourbon*[1]	140	1 unidade (110 g)	154
Melancia[2]	116	2 fatias (220 g)	343
Legumes			
Abóbora (cozida)[1]	500	2 colheres de sopa (70 g)	1.390
Cenoura (cozida)[1]	401	1 unidade (85 g)	337
Tomate (cru)[1]	75	1 unidade (109 g)	82
Pimentão vermelho[1]	83	2 colheres de sopa (60 g)	40
Verduras			
Acelga (crua)[1]	220	9 folhas (90 g)	136
Almeirão (cru)[1]	570	6 folhas (120 g)	68
Brócolis (cozido)[1]	1.028	4 ½ colheres de sopa (60 g)	1.100
Espinafre (cozido)[1]	181	2 ½ colheres de sopa (67 g)	371
Couve-manteiga (cozida)[1]	470	1 colher de servir (42 g)	714
Repolho (cozido)[1]	161	5 colheres de sopa (75 g)	121
Salsa (crua)[1]	780	1 ½ colher de chá (7,5 g)	59
Outros			
Azeite de dendê[1]	9.400	1 colher de sopa (12 g)	1.128

[1] USP (1998).
[2] Philippi (2002).

Os animais não sintetizam a vitamina A ou precursores, mas a obtêm dos vegetais (na forma de precursores) ou de outros animais e armazenam essa vitamina em depósitos de gordura e no fígado. Alimentos de origem animal são, em especial, fontes de vitamina A e os de origem vegetal, fonte de carotenoides. Fígado, óleo de fígado de peixes, ovos, leite integral, manteiga e queijo são considerados boas fontes de retinol. Por serem pigmentos, os carotenoides têm sido utilizados como corantes naturais pela indústria de alimentos, em produtos como margarina, sucos, queijo e produtos de panificação.

As recomendações de vitamina A são expressas em microgramas (mcg) de retinol ou em equivalentes de retinol/*retinol equivalent* (ER/RE) e os carotenoides devem ser convertidos. As RDA de 1989 e atuais recomendações da FAO/WHO (RNI) utilizam os seguintes fatores de conversão:

1 equivalente de retinol (1 RE) = 1/6 mcg de trans-betacaroteno
1 equivalente de retinol (1 RE) = 1/12 mcg de retinol de cis-betacaroteno
1 equivalente de retinol (1 RE) = 1/12 mcg de outros trans-carotenoides
1 equivalente de retinol (1 RE) = 1/24 mcg de outros cis-carotenoides

As DRI para vitamina A utilizam-se de novos fatores de conversão e modificaram a unidade RE para RAE (*retinol activity equivalents*). Considerando-se que as informações de carotenoides com atividade de pró-vitamina A foram superestimadas no passado, as atuais conversões de carotenoides para retinol foram divididas pela metade:

1 equivalente de atividade de retinol (1 RAE) = 1/12 mcg de trans-betacaroteno
1 equivalente de atividade de retinol (1 RAE) = 1/24 mcg de retinol de cis-betacaroteno
1 equivalente de atividade de retinol (1 RAE) = 1/24 mcg de outros trans-carotenoides
1 equivalente de atividade retinol (1 RAE) = 1/48 mcg de outros cis-carotenoides

Para homens adultos, as recomendações da RDA/89 eram de 1.000 mcg de retinol e das DRI, de 700 mcg de retinol, enquanto as RNI estabelecem 600 mcg de retinol/dia. Os carotenoides não causam hipervitaminose A, principalmente porque a absorção diminui conforme a disponibilidade aumenta e a conversão em vitamina A não é suficientemente rápida para induzir toxicidade. Os estudos para as recomendações exclusivamente de carotenoides não foram conclusivos, nem as DRI estabelecidas (IOM, 2000).

Existem vários fatores que dificultam a informação sobre carotenoides em alimentos. As tabelas de composição dos alimentos nem sempre disponibilizam dados completos. Os dados brasileiros, em relação ao valor de vitamina A dos alimentos, podem ser consultados na Tabela Brasileira de Composição de Alimentos (USP, 1998).

Potássio

É o mais importante mineral presente em FLV. É um cátion de maior concentração intracelular, mantido dentro da célula pelo potencial de membrana, dependente de ATP. Assim como o sódio e o cloro, o potássio é também um eletrólito responsável pela manutenção do equilíbrio hidroeletrolítico e pelo impulso nervoso, pela contração muscular e pelo funcionamento cardíaco. Um limitado número de enzimas necessita de potássio, como a piruvatoquinase, indispensável no metabolismo de carboidratos. O potássio é prontamente absorvido e a excreção é feita por urina, fezes e também suor. Em virtude de ser amplamente encontrado na natureza, não somente nas FVL, como também em carnes e no grupo do leite, a deficiência (hipocalemia) é rara, mas pode ocorrer em decorrência de perdas associadas a vômitos e diarreia, sem a devida reposição. Por outro lado, a hipercalemia ocorre principalmente na presença de nefropatias e na incapacidade de excreção. Segundo Cuppari et al. (2005), um alimento considerado "rico" em potássio contém, por porção, mais de 5,1 mEq ou 195 mg.

O potássio presente em alimentos de origem vegetal e *in natura* tem o teor reduzido no cozimento (em torno de 60%). As DRI estabeleceram AI para adultos de 4.700 mg/dia e o documento enfatiza o papel do potássio no aumento da excreção de sódio, prevenindo a hipertensão arterial sistêmica. As campanhas mundiais de incentivo ao consumo de FVL apontam o importante papel do potássio na prevenção de DCNT.

Magnésio

Assim como o potássio, é também um importante cátion de localização intracelular e indispensável em mais de 100 reações enzimáticas dependentes de ATP. É importante também no metabolismo de outros minerais como cálcio, ferro, zinco e no transporte do próprio potássio. O magnésio compõe a estrutura óssea e participa da transmissão neuromuscular. O magnésio está amplamente distribuído nos alimentos, mas as principais fontes alimentares são as verduras (espinafre e acelga), já que faz parte da clorofila dos vegetais (Tabela 3.11). Algumas sementes (girassol e abóbora) e oleaginosas (amêndoa e castanha-do-brasil) são importantes fontes. Alguns legumes (alcachofra, beterraba e quiabo) e cereais integrais também contêm quantidades importantes desse mineral. Segundo Mafra e Cozzolino (2005), fitatos, fibras, álcool ou excesso de fosfato de cálcio podem influenciar a biodisponibilidade do magnésio, pois diminuem a absorção. A deficiência de magnésio pode acarretar irritabilidade muscular, arritmias cardíacas e tetania em razão de ser sua função a de estabilizar a estrutura de ATP nos músculos e a falta poder provocar relaxamento muscular. Geralmente está associada a síndromes de má-absorção ou ao aumento da excreção renal. A deficiência pode ter papel importante no desenvolvimento de doenças cardiovasculares como hipertensão e aterosclerose, uma vez que a deficiência pode causar vasoconstrição. Em relação às recomendações atuais, as DRI estabeleceram EAR, AI e UL (Tabela 3.11). Para adultos, as recomendações para homens são de 420 mg/dia e o UL está associado exclusivamente ao uso de suplementos (320 mg/dia), pois pode ocorrer toxicidade associada ao uso de medicamentos que contêm magnésio, em geral antiácidos, e o aumento moderado no plasma pode causar grave hipotensão e bradicardia.

TABELA 3.11 – Recomendações nutricionais (*Dietary Reference Intakes* [DRI]) para magnésio.

Grupos	Estágio de vida	Homens (mg/dia)	Mulheres (mg/dia)
1° ano de vida	0 a 6 meses	30 (AI)	30 (AI)
1° ano de vida	7 a 12 meses	75 (AI)	75 (AI)
Pré-escolar	1 a 3 anos	80	80
Escolar	4 a 8 anos	130	130
Escolar	9 a 13 anos	240	240
Adolescente	14 a 18 anos	410	360
Adulto	19 a 30 anos	400	310
	31 a 50 anos	420	320
	51 a 70 anos	420	320
	> 70 anos	420	320
Gravidez	≤ 18 anos	–	400
	19 a 30 anos	–	350
	31 a 50 anos	–	360
Lactação	≤ 18 anos	–	360
	19 a 30 anos	–	310
	31 a 50 anos	–	320

Fonte: IOM (1997).

TABELA 3.12 – Conteúdo de potássio e magnésio em alimentos considerados fonte (100 g e medida usual).

Grupo	QT em 100 g		Medida usual	QT medida usual	
	K (mg)	Mg (mg)		K (mg)	Mg (mg)
Frutas					
Abacate	206	18	4 colheres de sopa (45 g)	117	8
Banana-prata	358	26	1 unidade (75 g)	267	19
Banana-nanica	376	28	1 unidade (120 g)	451	34
Goiaba	220	7	½ unidade (69 g)	152	5
Kiwi	269	11	2 unidades (154 g)	414	17

(continua)

TABELA 3.12 – Conteúdo de potássio e magnésio em alimentos considerados fonte (100 g e medida usual). *(continuação)*

Grupo	QT em 100 g		Medida usual	QT medida usual	
	K (mg)	Mg (mg)		K (mg)	Mg (mg)
Maracujá	338	28	1 xícara de chá (188 g)	635	53
Melão	216	6	2 fatias (200 g)	432	12
Mamão papaia	222	17	½ unidade (180 g)	400	31
Laranja-baía	174	9	1 unidade (144 g)	250	13
Mexerica	119	8	1 unidade (160 g)	190	13
Legumes					
Abóbora	351	9	2 colheres de sopa (70 g)	246	6
Alcachofra*	354	60	½ unidade (70 g)	248	42
Batata	302	15	1 ½ unidade (202 g)	610	30
Berinjela	205	13	3 colheres de sopa (90 g)	185	12
Beterraba	375	24	3 fatias (43 g)	161	10
Tomate	222	11	1 unidade (109 g)	242	12
Quiabo*	322	57	2 colheres de sopa (52 g)	167	30
Verduras					
Acelga (crua)	379	81	9 colheres de sopa (90 g)	341	73
Almeirão (cru)	369	21	5 folhas (60 g)	221	13
Brócolis	322	30	5 colheres de sopa (60 g)	143	18
Espinafre (cru)	336	82	2 ½ colheres de sopa (67 g)	225	55
Couve-manteiga (crua)	405	35	2 colheres de servir (84 g)	340	30
Salsa (crua)	711	698	1 colher de sopa (8 g)	57	56
Outros					
Arroz integral	176	89	6 colheres de sopa (198 g)	348	176
Amêndoa*	732	296	9 unidades (18 g)	132	53
Castanha-do-brasil*	600	225	2 unidades (10 g)	60	22
Chocolate	355	57	1 barra (60 g)	212	34

* Philippi (2002); Nepa/Unicamp (2006).

REFERÊNCIAS

AMBROSONE, C. B.; MCCANN, S. E.; FREUDENHEIM, J. L. et al. Breast Cancer Risk in Premenopausal women is inversely associated with consumption of broccoli, a source of isothiocyanates, but is not modified by GST genotype. *J. Nutr.*, Bethesda, v. 134, 2012, p. 479-493.

AUNE D.; CHAN D. S.; VIEIRA A. R. et al. Fruits, vegetables and breast cancer risk: a systematic review and meta-analysis of prospective studies. *Breast Cancer Res Treat*, v.134, 2012, p.479-493.

AUNE, D; KEUM, N; GIOVANNUCCI, E. et al. Nut consumption and risk of cardiovascular disease, total cancer, all-cause and cause-specific mortality: a systematic review and dose-response meta-analysis of prospective studies. *BMC Med*, v. 14, p. 207, 2016.

AUNE, D. et al. Fruit and vegetable intake and the risk of cardiovascular disease, total cancer and all cause mortality – a systematic review and dose response meta--analisys of prospective studies. *International Journal of Epidemiology*, v. 46, n. 3, p. 1029-1056, 2017.

ÁVIDOS, M. F. D.; FERREIRA, L.T. *Frutas do cerrado*. Brasília: EMBRAPA Informação Tecnológica, 2003.

BAKER, A. H.; WARDLE, J. Sex differences in fruit and vegetable intake in older adults. *Appetite*. Londres, v. 40, n. 3, p. 269-75, 2003.

BARRADAS, A. M. *Características nutritivas e funcionais de frutas cultivadas no sistema convencional e orgânico*. 2016. 70 f. Dissertação (Mestrado em Alimentos e Nutrição) – Universidade Federal do Piauí/Centro de Ciências da Saúde.

BRASIL. Ministério da Saúde. [Anvisa] Agência Nacional de Vigilância Sanitária. Resolução n. 344, de 13 de dezembro de 2002. Aprova o Regulamento Técnico para Fortificação das Farinhas de Trigo e das Farinhas de Milho com Ferro e Ácido Fólico. *Diário Oficial da União*, Brasília, 244, de 18 de dezembro de 2002.

______. Ministério da Saúde. Vigitel Brasil 2014. Saúde Suplementar: Vigilância de Fatores de Risco e Proteção para Doenças Crônicas por Inquérito Telefônico. Brasília: Ministério da Saúde, 2015.

______.Ministério da Saúde. Vigitel Brasil 2016. Saúde Suplementar: Vigilância de Fatores de Risco e Proteção para Doenças Crônicas por Inquérito Telefônico. Brasília: Ministério da Saúde, 2017.

______. Ministério da Saúde. *Guia alimentar para a população brasileira*. Brasília: Ministério da Saúde, 2006.

______. Ministério da Saúde. Secretaria de Atenção à Saúde. Coordenação Geral da Política de Alimentação. *Guia alimentar para a população brasileira*. Brasília: Ministério da Saúde, 2014.

BROINIZI, P. R. B. et al. Avaliação da atividade antioxidante dos compostos fenólicos naturalmente presentes em subprodutos do pseudofruto de caju (*Anacardium occidentale L.*). *Ciência e Tecnologia de Alimentos*, Campinas, v. 27, n. 4, p. 902-908, 2007.

CARDOSO, P. C. et al. Vitamin C and Carotenoids in organic and conventional fruits grown in Brazil. *Food Chemistry*, v. 126, n. 2, p. 411-416, 2011.

CHAVES, L. J. Melhoramento e conservação de espécies frutíferas do cerrado. Disponível em: <http://www.sbmp.org.br>. Acesso em: abril de 2018.

CUPPARI, L. et al. Doenças renais. In: CUPPARI, L. (Ed.). *Nutrição clínica no adulto*. 2. ed. Barueri: Manole, 2005.

DIAS, A. J. N. et al. Teor de compostos fenólicos e atividade antioxidante de alecrim (*Rosmarinus officinalis* L.) e manjericão (*Ocimum basilicum* L.) orgânicos. *Relatório Técnico*, 2017. 20 f.

FALLER, A. L. K.; FIALHO, E. Disponibilidade de polifenóis em frutas e hortaliças consumidas no Brasil. *Revista de Saúde Pública*, v. 43, n. 2, p. 211-218, 2009.

[FAO] FOOD AND AGRICULTURE ORGANIZATION OF THE UNITED NATIONS. FAO Statistical Yearbook 2013: World Food and Agriculture. Disponível em: <http://www.fao.org/docrep/018/ i3107e/i3107e.PDF>. Acesso em: abril de 2018.

GANDINI, S. et al. Meta-analysis of studies on breast cancer risk and diet: the role of fruit and vegetable consumption and the intake of associated micronutrients. *Eur. J. Cancer.*, v. 36, p. 636-646, 2000.

GOETZ, M.E. et al. Dietary flavonoid intake and incident coronary heart disease: the REasons for Geographic and Racial Differences in Stroke (REGARDS) study. *American Journal of Clinical Nutrition*, v.104, p. 1236-1244, 2016.

GONÇALVES, A. E. S. S.; LAJOLO, F. M.; GENOVESE, M. I. Chemical composition and antioxidant/antidiabetic potential of Brazilian native fruits and commercial frozen pulps. *Journal of Agricultural and Food Chemistry*, v. 58, p. 4666-4674, 2010.

HASSIMOTTO, N. M. A.; GENOVESE, M. I.; LAJOLO, F. M. Antioxidant activity of dietary fruits, vegetables, and commercial frozen fruit pulps. *Journal of Agricultural and Food Chemistry*, v. 53, n. 8, p. 2928-2935, 2005.

HJARTAKER, A. et al. Consumption of berries, fruits and vegetables and mortality among 10,000 Norwegian men followed for four decades. *European Journal of Nutrition*, v. 54, p. 599-608, 2015.

HORST, M. A.; LAJOLO, F. M. Biodisponibilidade de compostos bioativos de alimentos. In: COZZOLINO, S. M. F. *Biodisponibilidade de nutrientes*. Barueri: Manole, 2005.

HYSON, D. The health benefits of fruits and vegetables: a scientific overview for health professionals. Wilmington, DE. *Produce for Better Health Foundation*, 2002. Disponível em: <http://www.5aday.org/news/graphics/research_doc2002. pdf>.

[IBGE] INSTITUTO BRASILEIRO DE GEOGRAFIA E ESTATÍSTICA. *Pesquisa de Orçamento Familiar* (POF) 2008-2009: Antropometria e estado nutricional de crianças, adolescentes e adultos no Brasil. Rio de Janeiro: IBGE; 2010.

[IOM] INSTITUTE OF MEDICINE. *Dietary reference intakes for calcium, phosphorus, magnesium, vitamin D and fluoride*. Washington: National Academy Press, 1997.

______. *Dietary reference intake for thiamin, riboflavin, niacin, vitamin B6, folate, vitamin B12, pantothenic acid, biotin, and choline*. Washington: National Academy Press, 1998.

______. *Food and Nutrition Board*. Dietary reference intakes: proposed definition and plan for review of dietary antioxidants and related compounds. Washington: National Academy Press, 1998.

______. *Dietary reference intakes for: vitamin C, vitamin E, selenium and carotenoids*. Washington: National Academy Press, 2000.

______. *Dietary reference intakes for: vitamin A, vitamin K, arsenic, boron, chromium, copper, iodine, iron, manganese, molybdenum, nickel, silicon, vanadium and zinc*. Washington: National Academy Press, 2002.

JAIME, P. C.; MONTEIRO, C. A. Fruit and vegetable intake by Brazilian adults 2003. *Cad. Saúde Pública*. Rio de Janeiro, v. 21, p. S19-S24, 2005.

JOHN, J. H.; ZIEBLAND, S.; YUDKIN, P. et al. Effects of fruit and vegetable consumption on plasma antioxidant concentratios and blood pressure: a randomised controlled trial. *The Lancet*, Londres, v. 359, n. 8, p. 1969-1974, 2002.

KUSKOSKI, E. M. et al. Aplicación de diversos métodos químicos para determinar actividad antioxidante en pulpa de frutos. *Ciência e Tecnologia de Alimentos*, v. 25, n. 4, p. 726-732, 2005.

LARSSON, S. C.; WOLK, A. Potato consumption and risk of cardiovascular disease: 2 prospective cohort studies. *American Journal of Clinical Nutrition*, v. 104, p. 1245-1252, 2016.

LEVY-COSTA, R. B.; SCHIERI, R.; PONTES, N. S. et al. Disponibilidade domiciliar de alimentos no Brasil: distribuição e evolução (1974-2003). *Rev. Saúde Pública*. São Paulo, v. 39, n. 4, p. 530-540, 2005.

MAFRA, D.; COZZOLINO, S. M. F. Vitamina A. In: COZZOLINO S. M. F. *Biodisponibilidade de nutrientes*. Barueri: Manole, 2005.

MAHATTANATAWEE, K. et al. Total antioxidant activity and fiber content of select Florida-grown tropical fruits. *Journal of Agricultural and Food Chemistry*, v. 54, n. 19, p. 7355-7363, 2006.

MAIA, G. A. et al. *Processamento de frutas tropicais*. Fortaleza: Edições UFC, 2009.

MALTA, D. C.; MORAIS NETO, O. L.; SILVA JUNIOR, J. B. Apresentação do plano de ações estratégicas para o enfrentamento das doenças crônicas não transmissíveis no Brasil, 2011 a 2022. *Epidemiologia e Serviços de Saúde*, v. 20, n. 4, p. 425-438, 2011.

MALTA, D. C.; SILVA Jr., J. B. Brazilian strategic action plan to combat chronic non--communicable diseases and the global targets set to confront these diseases by 2025: a review. *Epidemiologia de Serviços de Saúde*, v. 22, n.1, p. 151-164, 2013.

MARQUES, M. R. et al. An in vitro analysis of the total phenolic content, antioxidant power, physical, physicochemical, and chemical composition of Terminalia Catappa Linn fruits. *Ciência e Tecnologia de Alimentos*, v. 32, n.1, p. 209-213. 2012.

MATHESON, E. M; KING; D. E, EVERETT, C. J. Healthy lifestyle habits and mortality in overweight and obese individuals. *Journal American Board Fam Med*, v. 25, p. 9-15, 2012.

MCCLELLAND, J. W. et al. Fruit and vegetable consumption of rural African Americans: baseline survey results of the Black Churches united for Better Health 5 a Day Project. *Nutr Cancer*. Hillsdale, v. 30, n. 2, p. 148-157, 1998.

MINISTÉRIO DA SAÚDE. Secretaria de Vigilância em Saúde. Departamento de Análise de Situação de Saúde. *Plano de Ações Estratégicas para o Enfrentamento das Doenças Crônicas Não Transmissíveis* (DCNT) no Brasil 2011-2022. Brasília: Ministério da Saúde; 2011. Disponível em <http://bvsms.saude.gov.br/bvs/publicacoes/plano_acoes_enfrent_dcnt_2011.pdf>. Acesso em: abril de 2018.

MOOZ, E. D.; SILVA, M. V. Organic food in the national and international scenarios. *Nutrire: Revista da Sociedade Brasileira de Alimentação e Nutrição*, v. 39, n. 1, p. 99-112, 2014.

MOREIRA-ARAÚJO, R. S. R. Conteúdo de fenólicos totais, antocianinas, taninos e poder antioxidante em variedades de feijão caupi (*Vigna unguiculata* l. Walp), antes e após o processamento e sua correlação. *Relatório Técnico – CNPq*, 2013. 61f.

[NEPA/UNICAMP] NÚCLEO DE ESTUDOS E PESQUISAS EM ALIMENTAÇÃO/UNIVERSIDADE ESTADUAL DE CAMPINAS. *Tabela brasileira de composição dos alimentos* (Taco). Versão II, 2. ed. Campinas, 2006.

O'BRIEN, M. et al. The importance of composite foods for estimates of vegetable and fruit intakes. *Public Health Nutr*. Cambridge, v. 6, n. 7, p. 711-726, 2003.

OLIVEIRA, A. B. *Metabolismo antioxidante e qualidade durante a maturação de frutos tropicais produzidos pelos sistemas de produção orgânico e convencional*. 2012. 117 f. Tese (Doutorado em Bioquímica) – Universidade Federal do Ceará, Centro de Ciências, Fortaleza.

OUDE, G. L. M. et al. Raw and processed fruit and vegetable consumption and 10-year coronary heart disease incidence in a population-based cohort study in the Netherlands. *PLoS One*, v. 5, p. 13609-13616, 2010.

OUDE, G. L. M. et al. Colours of fruit and vegetables and 10-year incidence of CHD. *British Journal of Nutrition*, v. 106, p. 1562-1569, 2011.

PHILIPPI, S. T. *Tabela de composição de alimentos*: suporte para a decisão nutricional. Brasília: Coronário, 2002.

______. *Nutrição e técnica dietética*. 2. ed. Barueri: Manole, 2005.

PHILIPPI, S. T.; SZARFARC, S. C.; LATTERZA, A. R. Virtual Nutri (programa de computador). Versão 1.0 para Windows. São Paulo, Departamento de Nutrição da Faculdade de Saúde Pública/USP, 1996.

PORTO, R. G. C. L. et al. Chemical composition and antioxidant activity of *Genipa Americana L.* (Jenipapo) of the Brazilian Cerrado. *Journal of Agriculture and Environmental Sciences*, v. 3, n. 4, p. 51-61, 2014.

RANGEL-HUERTA, O. D. et al. A systematic review of the efficacy of bioactive compounds in cardiovascular disease: phenolic compounds. *Nutrients*, v. 7, p. 5177-5216, 2015.

ROCHA, M. S. et al. Caracterização físico-química e atividade antioxidante (*in vitro*) de frutos do cerrado piauiense. *Revista Brasileira de Fruticultura*, v. 35, n. 4, p. 933-941, 2013.

RODRIGUEZ-AMAYA, D. B. *Carotenoids and food preparation*: the retention of provitamin A carotenoids in prepared, processed, and stored foods. Arlington: Usaid/OMNI Project, 1997.

ROESLER, R. et al. Evaluation of the antioxidant properties of the brazilian cerrado fruit *Annona crassiflora (araticum)*. *Journal of Food Science*, v. 71, n. 2, p. C102-C107, 2006.

SCHMIDT, M. I.; DUNCAN, B. B.; HOFFMANN, J. F. et al. Prevalence of diabetes and hypertension based on self-reported morbidity survey, Brazil, 2006. *Revista de Saúde Pública*, v. 43, Suppl. 2, p. S74-82, 2009.

SILVA, L. V.; COZZOLINO, S. M. F. Vitamina C (ácido ascórbico). In: COZZOLINO, S. M. F. *Biodisponibilidade de nutrientes*. Barueri: Manole, 2005.

SILVA, E. M. et al. Antioxidant activities and polyphenolic contents of fifteen selected plant species from the Amazonian region. *Food Chemistry*, v. 101, n. 3, p. 1012-1018, 2007.

SLAVIN, J. L.; LLOYD, B. Health benefits of fruits and vegetables. *Advance in Nutrition*, v. 3, p. 506-516, 2012.

SOUSA, P. V. S. *Conteúdo de compostos fenólicos, atividade antioxidante e minerais em hortaliças convencionais e orgânicas*. 2017. 91f. Dissertação (Mestrado em Alimentos e Nutrição). Universidade Federal do Piauí/Centro de Ciências da Saúde, 2017.

STEFFEN, L. M. et al. Association of whole-grain, refined-grain, and fruit and vegetable consumption with risks of all-cause mortality and incident coronary artery disease and ischemic stroke: the Atherosclerosis Risk in Communities (ARIC) Study. *Am J Clin Nutr.*, Bethesda, v. 78, p. 83-90, 2003.

SUBAR, A. F. et al. Fruit and vegetable intake in the United States: the baseline survey of the Five a Day for Better Health Program. *Am. J. Health Promot*, Lawrence, v. 9, n. 5, p. 352-360, 1995.

TAKACHI et al. Fruit and vegetable intake and the risk of overall cancer in Japanese: a pooled analysis of population-based cohort studies. *Journal of Epidemiology*, v. 27, p. 152-162, 2017.

THOMPSON, B. et al. Baseline fruit and vegetable intake among adults in seven 5 a day study centers located in diverse geographic areas. *J Am Diet Assoc*, Chicago, v. 99, n. 10, p. 1241-1248, 1999.

TURRELL, G. et al. Measuring socio-economic position in dietary research: is choice of socio-economic indicator important? *Public Health Nutrition*, Cambridge, v. 6, n. 2, p. 191-200, 2003.

[USP] UNIVERSIDADE DE SÃO PAULO. Faculdade de Ciências Farmacêuticas. Departamento de Alimentos e Nutrição Experimental/Brasilfoods, 1998. Tabela Brasileira de Composição de Alimentos (TBCA). Versão 4.1. Disponível em: <http://www.fcf.usp.br/tbca/>. Acesso em: 20 de abril de 2018.

[WHO] World Health Organization. *Global status report on non communicable diseases 2010*. Genebra: World Health Organization; 2011.

______. *Global status report on noncommunicable diseases 2010*. Description of the global burden of NCDs, their risk factors and determinants. Genebra: World Health Organization; 2010.

______. *The World Health Report 2002*: reducing risks, promoting healthy life. Genebra: World Health Organization; 2002.

[WHO/FAO] WORLD HEALTH ORGANIZATION/FOOD AND AGRICULTURE ORGANIZATION. *Diet, nutrition and the prevention of chronic diseases*. Report of the joint WHO/FAO expert consultation. Technical Report Series, 916. Genebra: World Health Organization; 2003.

4

GRUPO DO LEITE, QUEIJO E IOGURTE

Nutrientes descritos no capítulo
Proteínas e aminoácidos, cálcio, fósforo, vitaminas A, D e B2

Karin Louise Lenz Dunker
Marle dos Santos Alvarenga
Patrícia Moriel
Mariana Agostinho de Pádua Lopes

▶ SUMÁRIO

INTRODUÇÃO

O leite e os demais produtos lácteos, como queijo e iogurte, constituem um grupo da Pirâmide dos Alimentos que está no mesmo nível das carnes, ovos, feijões e oleaginosas. Os alimentos que compõem o grupo são formados principalmente por proteínas de alto valor biológico e nutrientes essenciais como cálcio, fósforo, vitaminas A, D, B2 e biotina.

O leite é o produto da secreção da glândula mamária dos mamíferos, e constitui o único alimento na primeira fase de vida. É caracterizado por ser uma solução coloidal de proteínas em emulsão com gorduras e uma solução de vitaminas e minerais, peptídeos e outros componentes.

O queijo é obtido por separação parcial do soro de leite (integral, parcial ou totalmente desnatado) ou de soros lácteos, coagulados pela ação física do coalho, de enzimas específicas, de ácidos orgânicos, sozinhos ou combinados, todos de qualidade adequada para o uso alimentar, com ou sem adição de substâncias alimentícias e/ou condimentos e aditivos alimentares. Dessa coagulação, obtêm-se uma massa e um soro; na parte coagulada permanecem as caseínas precipitadas (caseinato de cálcio) e as gorduras com vitaminas lipossolúveis; e no soro, as proteínas solúveis, as vitaminas hidrossolúveis, água, lactose e minerais.

O iogurte é obtido a partir do acréscimo de fermentos lácteos ao leite, como o *Lactobacillus bulgaricus* e *Streptococcus thermophilus*, os quais agem na lactose e na proteína do leite, produzindo um coalho fino e suave, com sabor ligeiramente ácido pela formação de ácido láctico a partir da lactose.

CONSTITUIÇÃO QUÍMICA

Aminoácidos

As proteínas são compostas por aminoácidos. A estrutura química dos aminoácidos é constituída de um átomo central de carbono, chamado carbono alfa e ligados a este carbono central existem um ácido carboxílico, uma amina, um átomo de hidrogênio e um grupamento radical (R), este último é também chamado cadeia lateral e é responsável pela diferenciação entre os aminoácidos. A cadeia lateral varia estruturalmente no tamanho, na polaridade, na carga elétrica e influencia na solubilidade dos diferentes aminoácidos em água. A fórmula estrutural dos aminoácidos está apresentada na Figura 4.1 (a prolina, um aminoácido cíclico, é uma exceção).

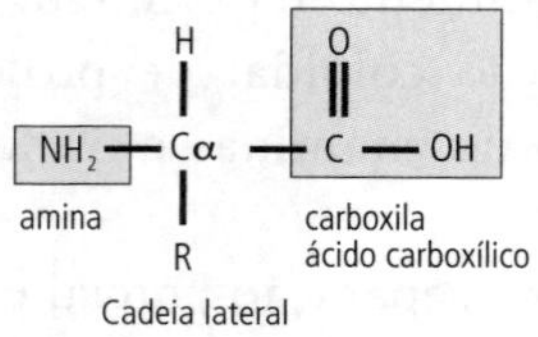

H
O
NH_2 — Cα — C — OH
amina
carboxila
R
ácido carboxílico
Cadeia lateral

FIGURA 4.1 – Representação da fórmula geral dos aminoácidos.

Os aminoácidos apresentam-se na forma de íons dipolares (*zwitterion*) em soluções aquosas de pH neutro. Nessa forma, a amina é protonada (-NH3$^+$) e o ácido carboxílico é desprotonado (-COO$^-$) (Figura 4.2).

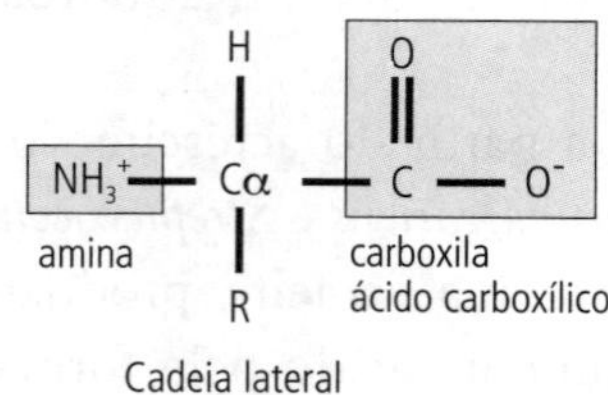

FIGURA 4.2 – Representação da forma dipolar dos aminoácidos.

As substâncias que possuem formas dipolares, isto é, que são capazes tanto de doar (atuando como um ácido) como receber prótons (atuando como uma base), são conhecidas como substâncias anfóteras. Esta característica demonstra a propriedade ácido-base dos aminoácidos. A partir de cada aminoácido, em razão da propriedade anfótera, pode-se ter uma curva de titulação por adição ou remoção de prótons ao meio em que o aminoácido estiver dissolvido.

A propriedade ácido-base dos aminoácidos é importante para a função biológica e para as propriedades de aminoácidos e proteínas. Muitas vezes existe a necessidade da caracterização, separação, identificação, purificação e quantificação dos aminoácidos e proteínas, e muitos destes métodos utilizam a propriedade ácido-base.

Os aminoácidos são quirais em razão do arranjo dos orbitais ao redor do carbono alfa. Os quatro grupos podem adquirir dois diferentes arranjos espaciais, sendo imagens especulares (imagem no espelho) um do outro (com exceção da glicina, pois seu grupo R é um átomo de hidrogênio). Esses dois diferentes arranjos espaciais são enantiômeros (classe dos estereoisômeros).

As duas formas quirais são chamadas isômero L e isômero D. A atribuição D ou L foi baseada na forma do monossacarídeo gliceraldeído (aldotriose). As designações L são referentes a levógero (rotação da luz polarizada para esquerda) e D, dextrógero (rotação da luz polarizada para direita). No entanto, sabe-se que nem todos os L-aminoácidos fazem a rotação da luz polarizada para a esquerda, não tendo, portanto, relação desta nomenclatura com o sentido da luz. Os D-aminoácidos e os L-aminoácidos, estruturalmente, são aqueles que possuem o grupo amina dos lados direito e esquerdo, respectivamente, quando se alinham os carbonos dos aminoácidos verticalmente, sempre numerando os carbonos e iniciando com o carbono do grupo carboxila (Figura 4.3). As proteínas só possuem na estrutura L-aminoácidos.

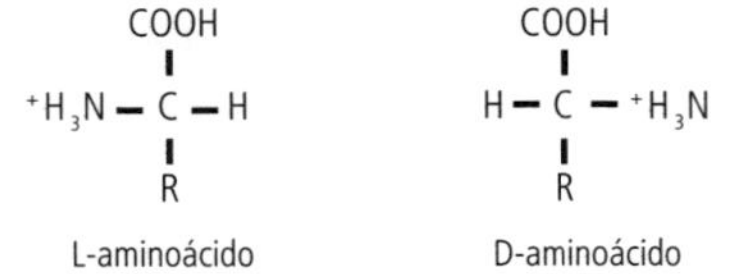

COOH | $^{+}H_3N$ – C – H | R

L-aminoácido

COOH | H – C – $^{+}H_3N$ | R

D-aminoácido

FIGURA 4.3 – Os isômeros D e L de aminoácidos.

Os 20 aminoácidos mais frequentemente encontrados em proteínas são denominados aminoácidos-padrão e têm sido representados por abreviação de uma ou três letras (Tabela 4.1).

TABELA 4.1 – Abreviação dos aminoácidos.

Aminoácido	Abreviação 3 letras	Abreviação 1 letra
Glicina	Gly	G
Alanina	Ala	A
Valina	Val	V
Leucina	Leu	L
Isoleucina	Ile	I
Metionina	Met	M
Fenilalanina	Phe	F
Tirosina	Tyr	Y
Triptofano	Trp	W
Serina	Ser	S
Prolina	Pro	P
Treonina	Thr	T
Cisteína	Cys	C
Asparagina	Asn	N
Glutamina	Gln	Q
Lisina	Lys	K
Histidina	His	H
Arginina	Arg	R
Ácido aspártico	Asp	D
Ácido glutâmico	Glu	E

Os aminoácidos, dependendo do grupo R, são classificados em cinco classes baseadas na polaridade do grupo R e na presença de um grupo ácido ou básico na cadeia lateral.

Aminoácidos com grupo R apolar (alifáticos): os radicais destes aminoácidos são neutros, apolares e hidrofóbicos. Estabilizam a estrutura das proteínas por interações hidrofóbicas. Os aminoácidos deste grupo são: alanina, leucina, isoleucina, glicina, metionina e valina. Leucina, isoleucina e valina são também conhecidos como aminoácidos de cadeia ramificada.

Aminoácidos com grupo R apolar (aromáticos): são aminoácidos que possuem o grupo R contendo anéis aromáticos. São relativamente apolares e hidrofóbicos. Estabilizam a estrutura das proteínas por interações hidrofóbicas. Os aminoácidos deste grupo são: fenilalanina, tirosina e triptofano. A tirosina também pode formar pontes de hidrogênio devido à hidroxila terminal.

Aminoácidos com grupo R polar eletricamente neutro: a cadeia lateral destes aminoácidos é polar. Estes aminoácidos são mais hidrofílicos e podem formar pontes de hidrogênio com a água e a cadeia lateral é eletricamente neutra e próxima do pH 7,0. Os aminoácidos deste grupo são: serina, treonina, cisteína, prolina, asparagina e glutamina.

Aminoácidos com grupo R polar eletricamente positivo (básico): são aminoácidos básicos, com pH próximo a 7,0 e em todos eles a cadeia lateral é eletricamente positiva. Os aminoácidos deste grupo são: histidina, lisina e arginina.

Aminoácidos com grupo R polar eletricamente negativo (ácido): são aminoácidos que possuem na cadeia lateral um segundo grupo carboxila e são eletricamente negativos, com pH próximo a 7,0. Fazem parte deste grupo o aspartato (ácido aspártico) e o glutamato (ácido glutâmico).

A Figura 4.4 mostra a fórmula estrutural química dos 20 aminoácidos-padrão na classificação, segundo a cadeia lateral.

Existem outros aminoácidos como 4-hidroxiprolina, derivado da prolina e 5-hidroxilisina, derivado da lisina, presentes em proteínas do tecido conjuntivo, como o colágeno, e o 6-N-metil-lisina, presente na miosina (proteína do músculo).

Os aminoácidos também podem ser classificados em essenciais e não essenciais (Tabela 4.2). Os aminoácidos essenciais são aqueles não sintetizados pelo organismo ou que são sintetizados em quantidades insuficientes e devem ser obtidos pela dieta. Os aminoácidos não essenciais são igualmente importantes, porém o organismo humano é capaz de sintetizá-los. Às vezes, os aminoácidos não essenciais tornam-se essenciais em determinadas condições (p. ex., condições metabólicas especiais, fase de desenvolvimento, trauma). Nesse caso, são chamados aminoácidos condicionalmente essenciais, por exemplo: arginina, glutamina, taurina, serina, cisteína, histidina, prolina, glicina e tirosina.

Apolar alifático

Cyclic

Glicina Alanina Prolina

Cadeia ramificada

Valina Leucina Isoleucina

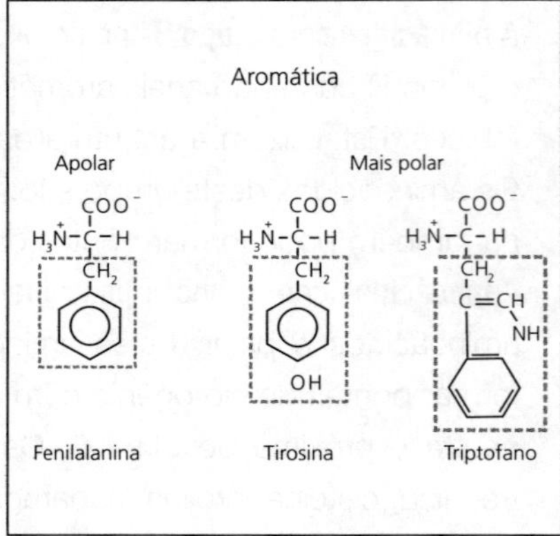

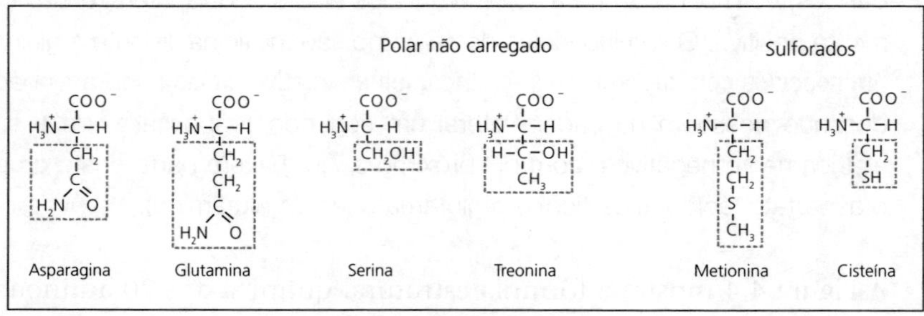

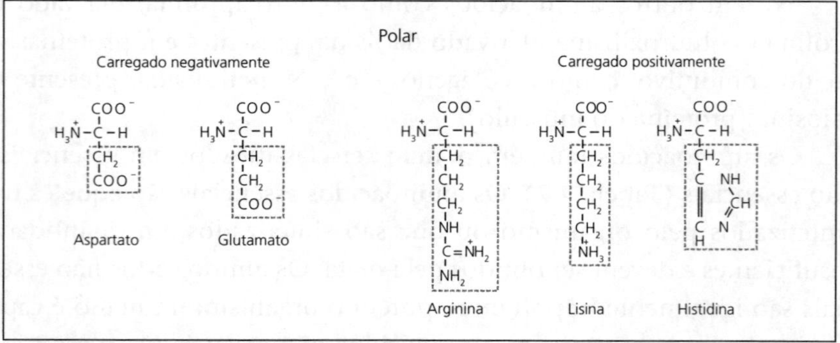

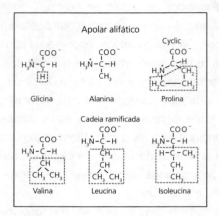

FIGURA 4.4 – Fórmula química estrutural dos 20 aminoácidos-padrão na classificação segundo a cadeia lateral. A figura demonstra as fórmulas estruturais que predominam em pH 7,0.

TABELA 4.2 – Aminoácidos essenciais e não essenciais.

Essenciais	Não essenciais
Fenilalanina	Glicina
Triptofano	Alanina
Valina	Prolina
Leucina	Tirosina
Isoleucina	Serina
Metionina	Cisteína
Treonina	Ácido aspártico
Lisina	Ácido glutâmico
Histidina	Asparagina
	Glutamina
	Arginina

Além de participarem da síntese proteica, quase todos os aminoácidos têm funções específicas no organismo. A Tabela 4.3 resume a função específica de alguns aminoácidos.

TABELA 4.3 – Funções específicas de alguns aminoácidos no organismo.

Aminoácido	Função
Triptofano	Precursor da niacina e do neurotransmissor serotonina
Metionina	Doador de grupos metílicos nas reações biológicas (p. ex., formação de colina e carnitina), precursor da cisteína e de outros compostos que contenham enxofre
Tirosina	Precursor das catecolaminas (p. ex., adrenalina), melanina e hormônios da tireoide
Fenilalanina	Precursor da tirosina
Arginina	Participação no ciclo da ureia e na síntese de creatina; precursor do óxido nítrico
Glicina	Conversão de produtos tóxicos em produtos não tóxicos; formação dos ácidos biliares e anel porfirínico da hemoglobina

(continua)

TABELA 4.3 – Funções específicas de alguns aminoácidos no organismo. *(continuação)*

Aminoácido	Função
Histidina	Síntese de histamina
Ácido glutâmico	Precursor do ácido gama-aminobutírico e da glutamina
Lisina	Síntese de carnitina
Taurina	Síntese de sais biliares; antioxidante; regulação osmótica; promoção do transporte do cálcio e da ligação do cálcio às membranas; estabilização do potencial de membrana

Peptídeos

Os aminoácidos podem se unir covalentemente por ligação peptídica formando peptídeos. A ligação peptídica é formada entre o grupo carboxila de um aminoácido com o grupo amina do próximo, com perda de uma molécula de água, obtendo assim os resíduos de aminoácidos ligados. Ao formar uma ligação peptídica entre dois aminoácidos, obtém-se um dipeptídeo (Figura 4.5). Quando dois a cem aminoácidos estão ligados por ligações peptídicas, são chamados oligopeptídeos ou simplesmente peptídeos. Quando muitos aminoácidos, normalmente mais de 100, estão ligados por ligações peptídicas, são chamados polipeptídeos e são comumente referidos como proteínas.

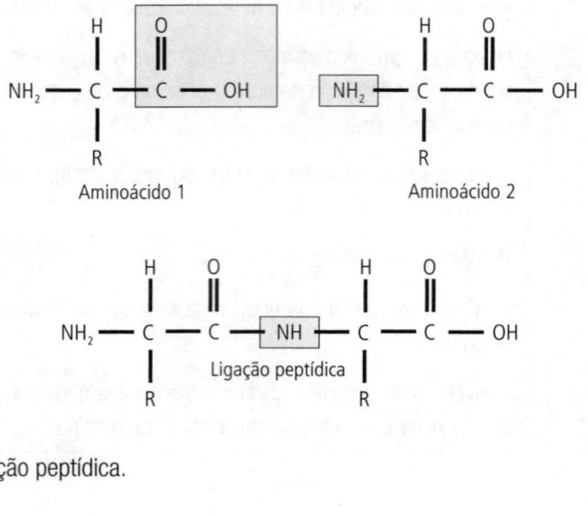

$NH_2-CH(R)-C(=O)-OH$ (Aminoácido 1) + $NH_2-CH(R)-C(=O)-OH$ (Aminoácido 2)

$NH_2-CH(R)-C(=O)-NH-CH(R)-C(=O)-OH$ (Ligação peptídica: $C(=O)-NH$)

FIGURA 4.5 – Ligação peptídica.

Os peptídeos com pequenas cadeias de aminoácidos também apresentam importantes efeitos biológicos. São exemplos a oxitocina (com nove resíduos de aminoácidos), hormônio que induz o trabalho de parto de gestantes por controlar as contrações do músculo uterino, além de estimular o fluxo de leite; a insulina, hormônio pancreático hipoglicemiante, com duas cadeias de aminoácidos (uma de 30 e outra de 21 resíduos de aminoácidos); e o glucagon (29 resíduos de aminoácidos), hormônio pancreático com ação oposta à insulina.

Proteínas

As proteínas são macromoléculas formadas pela ligação peptídica entre os aminoácidos e desempenham diversas funções no organismo. Entre elas, podem-se citar: proteínas estruturais (colágeno, elastina, queratina), proteínas motoras (actina, miosina), hormônios, proteínas do sistema imune (anticorpos, peptídeos de superfície celular), proteínas de transporte (albumina, hemoglobina), nucleoproteínas (proteínas associadas ao DNA), enzimas e proteínas de membrana. Por ser um polímero, cada proteína apresenta um arranjo espacial característico.

As proteínas, segundo a complexidade, apresentam quatro níveis estruturais.

Estrutura primária

A estrutura primária é a sequência dos aminoácidos unidos por ligação peptídica. A caracterização da sequência dos aminoácidos de uma proteína é importante uma vez que definem a sua estrutura tridimensional e as propriedades funcionais e físico-químicas. A estrutura primária da proteína resulta em uma longa cadeia de aminoácidos com uma extremidade amino-terminal e uma carboxi-terminal.

A estrutura primária de uma proteína é destruída por hidrólise química ou enzimática das ligações peptídicas, com liberação de peptídeos menores e aminoácidos livres.

Estrutura secundária

A estrutura secundária é formada por cadeias primárias (polipeptídicas) que podem se dobrar em estruturas regulares. É formada pelo arranjo espacial de aminoácidos próximos entre si na sua sequência primária. É o último nível de organização das proteínas fibrosas estruturalmente mais simples. Ocorre devido à possibilidade de rotação das ligações entre os carbonos alfa dos aminoácidos e os grupamentos amina e carboxila.

São estruturas longas que se enrolam, formando uma estrutura helicoidal ou paralela. Existem dois tipos principais de arranjo secundário regular: alfa-hélice e folha-beta:

- Alfa-hélice: é a forma mais comum de estrutura secundária regular. Caracteriza-se por uma hélice em espiral, formada por 3,6 resíduos de aminoácidos por cada volta. As cadeias laterais (R) dos aminoácidos distribuem-se para fora da hélice, evitando o impedimento estérico, e a principal força de estabilização da alfa-hélice é a ponte de hidrogênio, realizada entre um aminoácido e o terceiro depois deste.
- Folha-beta: ao contrário da alfa-hélice, a folha-beta envolve dois ou mais segmentos polipeptídicos da mesma molécula ou de moléculas diferentes, arranjados em paralelo. Os segmentos em folha-beta adquirem um aspecto de folha de papel dobrada em pregas. As pontes de hidrogênio, mais uma vez, são a força de estabilização principal desta estrutura.

Estrutura terciária

A estrutura terciária é dada pelo arranjo espacial de aminoácidos distantes entre si na sequência polipeptídica. É a forma tridimensional, na qual a proteína encurva-se e dobra-se. Ocorre nas proteínas globulares (enzimas), mais complexas estrutural e funcionalmente. A estrutura terciária de uma proteína é determinada e estabilizada por fatores primários como:

- Presença de resíduos de prolina: interrompem estruturas secundárias regulares, causando dobras na molécula.
- Ocorrência de impedimento estérico: cadeias laterais muito grandes que precisam se "acomodar" no espaço.
- Presença de pontes dissulfeto: ligações covalentes entre radicais sulfidrila de resíduos de cisteína, formando um resíduo de cistina.
- Presença de pontes de hidrogênio.

- Presença de interações hidrofóbicas: tendência de os aminoácidos com radical "R" apolar acomodarem-se no interior de uma estrutura dobrada, evitando o contato com a água.
- Ocorrência de interações eletrostáticas: forças de atração entre aminoácidos com radicais "R" carregados com cargas opostas.

Estrutura quaternária

A estrutura quaternária é formada pela associação de mais de uma cadeia polipeptídica. Um exemplo é a hemoglobina, um tetrâmero formado por quatro cadeias polipeptídicas.

As proteínas podem também ser classificadas em proteínas fibrosas e globulares. As fibrosas são cadeias polipeptídicas organizadas na forma de fibras e possuem basicamente um tipo de estrutura secundária. São adaptadas a exercer a função estrutural, como a alfa-queratina, o colágeno e a fibroína. As proteínas globulares, na forma nativa, dobram-se sobre si mesmas para produzir formas mais ou menos esféricas, como a maioria das enzimas e proteínas de regulação.

As proteínas, de acordo com a composição, são classificadas em simples e conjugadas. As simples são aquelas que, por hidrólise, liberam apenas aminoácidos; e as proteínas conjugadas, aminoácidos e um radical não peptídico, denominado grupo prostético. Por exemplo, metaloproteínas, hemeproteínas, lipoproteínas, glicoproteínas etc.

As proteínas são também classificadas segundo a solubilidade (Tabela 4.4).

As proteínas podem sofrer desnaturação, isto é, mudança na forma espacial sem romper, contudo, a ligação peptídica. A desnaturação pode alterar as estruturas secundária, terciária e quaternária de uma proteína sem modificar a estrutura primária e ocorrem em razão do rompimento das pontes de hidrogênio, pontes dissulfeto e outras interações entre os aminoácidos. As proteínas podem ser desnaturadas por altas pressões e temperaturas, alguns tratamentos mecânicos graves (batimento), alteração de pH, solventes orgânicos, detergentes e ureia. A desnaturação pode reduzir a solubilidade das proteínas, levar à perda da atividade biológica, aumentar a viscosidade e a digestibilidade, sendo que o aumento pode ser importante nutricionalmente se a desnaturação for branda, sem perda de valor nutricional. A desnaturação pode ser reversível ou irreversível e depende do grau inicial de desnaturação e do tipo de agente desnaturante.

TABELA 4.4 – Classificação de proteínas segundo a solubilidade.

Proteína	Características
Albumina	• Solúveis em água e em soluções 50% saturadas de $(NH_4)_2SO_4$ • Exemplos: ovalbumina (ovo), lactoalbumina (leite)
Globulina	• Insolúveis em água e em soluções 50% saturadas de $(NH_4)_2SO_4$ • Solúveis em soluções de sais neutros • Exemplos: miosina (músculo), legumina (ervilha)
Glutelina	• Insolúveis em água e solventes neutros • Solúveis em soluções diluídas de ácidos ou bases • Exemplo: glutenina (trigo)
Prolamina	• Insolúveis em água e etanol absoluto • Solúvel em etanol 50 a 80% • Exemplos: gliadina (trigo e centeio), zeína (milho), hordeína (cevada)
Escleroproteína	• Alto grau de insolubilidade • Solúveis em ácido acético • Estrutura fibrosa • Exemplos: queratina (tecido epitelial), colágeno (tecido conectivo)

Tipos de proteínas do leite

As proteínas do leite são misturas complexas de vários componentes, com diferenças qualitativas e quantitativas, dependendo da espécie dos mamíferos. O leite constitui uma das principais fontes de proteínas na alimentação de animais jovens e humanos de todas as idades. As principais proteínas encontradas no leite são as caseínas, distribuídas em micelas (partículas coloidais com cerca de 100 mm de diâmetro) e as proteínas do soro, que se apresentam em solução.

A concentração entre as diferentes proteínas varia entre as espécies de mamíferos. A concentração de proteína no leite bovino é quatro vezes maior do que a do leite humano (Tabela 4.5). A relação caseína:proteínas do soro é de 80:20 (%) no leite bovino, de 20:80 (%) no leite humano no início da lactação e de 82,2:15,8 (%) no leite de cabra.

TABELA 4.5 – Principais proteínas encontradas no leite materno e de vaca e as concentrações percentuais (%).

Proteínas (g/L)	Leite de vaca	Leite materno
Total de proteínas	33	10-12
Total de caseínas	26	5-6
Alfa S1	10	ND
Alfa S2	2,6	ND
Beta	9,3	ND
Kappa	3,3	ND
Proteínas do soro	6,3	5-6
Alfa-lactalbumina	1,2	2,8
Beta-lactoglobulina	3,2	Desprezível
Soro albumina (bsa)	0,4	0,6
Imunoglobulinas	0,7	1,0
Lactoferrina	0,1	0,2
Lisozima	Desprezível	0,4

ND: não determinado.

A concentração proteica também varia segundo o tempo de lactação. Logo após o parto, o colostro (primeira secreção das glândulas mamárias) varia muito quanto à composição proteica, diminuindo nas primeiras 72 horas. No leite humano, o conteúdo da caseína nos primeiros dias de lactação é muito pequeno e a concentração das proteínas do soro é alta. Há o aumento da síntese das caseínas pelas glândulas mamárias, aumentando o conteúdo, e a diminuição na concentração das proteínas do soro, provavelmente pelo aumento do volume do leite. As proteínas do soro no colostro são importantes por transferir a imunidade passiva (imunoglobulinas) e promover o desenvolvimento e a maturação dos tecidos epiteliais do sistema gastrointestinal.

Existem quatro tipos de caseína presentes no leite de vaca: alfa-S1--caseína, alfa-S2-caseína, beta-caseína e kappa-caseína. A caseína no leite materno é constituída principalmente por beta-caseína (50%) e por kappa-caseína (20 a 27%). A caseína também pode ter na estrutura fósforo, cálcio e outros cátions.

As caseínas são proteínas conjugadas com grupos fosfatos (resíduos de serina e treonina esterificados com grupos fosfatos), podendo ser chamadas de fosfopeptídeos. Esses grupos fosfatos são importantes na estrutura da micela da caseína e também são capazes de formar complexos com o cálcio (Ca^{2+}). Durante a digestão, são formados fosfopeptídeos, deixando o cálcio mais solúvel, facilitando a absorção e aumentando a biodisponibilidade do cálcio do leite.

As caseínas podem ser separadas das proteínas do soro por meio de três processos: precipitação ácida (pH 4,6; 20 °C), formando soro ácido e caseína isoelétrica; separação física das micelas de caseína por microfiltração; e coagulação pela ação da enzima quimosina – pepsina (coalho comercial), no processamento industrial de fabricação de queijos.

As proteínas do soro são proteínas globulares, mais solúveis em água do que as caseínas, e podem sofrer desnaturação térmica. As principais proteínas do soro são as beta-lactoglobulina, alfa-lactalbumina, soroalbumina, imunoglobulinas, lactoferrina e lisozima.

A concentração total das proteínas do soro é equivalente nas diferentes espécies de mamíferos. Porém existem diferenças, por exemplo, a beta-lactoglobulina, proteína do soro do leite de vaca presente em maior quantidade, é ausente no leite materno. Em contrapartida, a lactoferrina é a proteína presente em maior quantidade no soro do leite materno e em pequenas quantidades no leite de vaca. A principal imunoglobulina no leite materno é a IgA, e no leite de vaca, a IgG.

Têm sido atribuídas várias propriedades fisiológicas e funcionais às proteínas do soro, como atividade imunomoduladora, antimicrobiana, efeitos benéficos ao sistema cardiovascular, importância na absorção de alguns nutrientes, influência no crescimento celular, entre outras.

As proteínas do soro têm alta digestibilidade, promovem esvaziamento gástrico mais rápido e têm rápida absorção no intestino delgado. A alta concentração de cisteína no soro do leite, maior que na caseína e na proteína da soja, contribui para a síntese de glutationa, que é um antioxidante. Além da síntese de glutationa, o alto teor de cisteína contribui para a manutenção da microbiota normal, uma vez que é o substrato preferencial das bifidobactérias.

A cisteína ainda é relacionada à atividade imunológica, uma vez que é o principal componente da proteína intestinal rica em cisteína (PIPR), a qual regula a função de citocinas envolvidas na resposta dos linfócitos *helper*, além de ser necessária para o efeito imunorregulador do zinco.

Os leites também apresentam características físicas e sensoriais específicas. É um líquido que contém 86% de água, e uma emulsão com 12 a 15% de sólidos (lactose, proteínas, gorduras, vitaminas e minerais), com aspecto homogêneo, sem impurezas e que, após repouso, forma uma camada de gordura na superfície. A gordura do leite possui glóbulos de baixa densidade, que tendem a subir formando um depósito na superfície chamado camada de nata ou creme de leite, que pode ser separado batendo-se ou centrifugando. Apresenta cor branca devido à presença de caseína e fosfato de cálcio e cor amarela da manteiga devido à concentração de vitamina A.

O sabor do leite cru modifica-se pela fervura. O aquecimento causa a coagulação de algumas proteínas como a globulina e o lactato de albumina, que se aderem ao fundo da panela.

Qualidade da proteína da dieta

A qualidade da proteína consumida é muito importante, uma vez que os alimentos deficientes em um ou mais aminoácidos essenciais podem prejudicar o processo da síntese proteica e, consequentemente, não satisfazer às necessidades do ser humano, prejudicando a promoção do crescimento e do desenvolvimento de crianças e a manutenção da saúde no adulto.

Os métodos para avaliar a qualidade de uma proteína compreendem determinações do valor nutritivo por meio de análises químicas da composição aminoacídica, métodos bioquímicos e biológicos.

Os estudos iniciais sobre a qualidade da proteína da dieta recomendavam o estudo do perfil de aminoácidos e a avaliação poderia ser determinada pelo aminoácido essencial presente em menor concentração, quando comparada às necessidades humanas, e o aminoácido limitante permitia um cálculo denominado escore de proteína.

O método químico atual utiliza o cômputo de aminoácidos para identificar e quantificar os fatores limitantes das proteínas, e fornece resultados paralelos aos dos ensaios biológicos com proteínas de origem animal. No caso das proteínas vegetais, o cômputo é útil somente quando corrigido pela digestibilidade das proteínas. A equação do cômputo de aminoácidos que possibilita a determinação da qualidade da proteína é a seguinte:

$$\text{Cômputo de aminoácidos} = \frac{\text{mg de aminoácidos/grama de proteína testada}}{\text{mg do mesmo aminoácido/grama de proteína de referência}}$$

Proteínas como a albumina e a caseína são consideradas proteínas de referência e de boa qualidade, pois apresentam aminoácidos essenciais em quantidades correspondentes às necessidades do ser humano. O valor do cômputo químico é de 100% e, portanto, podem ser utilizadas como proteínas de referência (Tabela 4.6).

A partir do cálculo do cômputo de cada aminoácido do alimento, é possível determinar aquele que se apresenta em menor quantidade, chamado aminoácido limitante. A deficiência de um ou mais aminoácidos essenciais prejudica o valor nutricional desta proteína.

Um exemplo é a concentração de lisina, que é muito menor nos vegetais do que nos alimentos de origem animal, portanto é frequentemente considerado o aminoácido limitante, seguido pelos sulfoaminoácidos (metionina e cistina) e por triptofano e treonina.

TABELA 4.6 – Padrões aminoacídicos (mg de aminoácido/g de proteína).

Aminoácido (mg/g de proteína)	Ovo de galinha	Leite de vaca	Leite materno	Carne bovina
Isoleucina	54	47	46	48
Leucina	86	95	93	81
Lisina	70	78	66	89
Metionina + cistina	57	33	42	40
Fenilalanina + tirosina	93	102	72	80
Treonina	47	44	43	46
Triptofano	17	14	17	12
Valina	66	64	55	50

Fonte: WHO (1985).

Quanto mais baixa for a qualidade da proteína, maior a quantidade necessária para suprir as necessidades mínimas de aminoácidos e proteínas totais. Uma dieta de proteínas vegetais requer mais proteínas do que uma dieta mista.

É possível melhorar a qualidade de proteínas vegetais a partir de misturas de grupos alimentares complementares. Assim, para melhorar a qualidade da dieta de cereais (aminoácido limitante lisina), recomenda-se a mistura com leguminosas (aminoácido limitante metionina). A mistura arroz e feijão, muito comum no Brasil, oferece proteínas de alta qualidade.

A composição dos aminoácidos de leite, queijo e iogurte é muito similar à recomendação (Tabela 4.7). As proteínas do soro apresentam quase todos os aminoácidos essenciais acima das recomendações (apenas fenilalanina e tirosina não estão acima).

O método biológico utilizado para avaliação do valor nutritivo de uma proteína baseia-se na resposta do organismo à ingestão de uma proteína em estudo, ou seja, a quantidade de nitrogênio da proteína ingerida que é retida no organismo. A partir dessa avaliação determina-se o valor biológico da proteína.

TABELA 4.7 – Perfil de aminoácidos essenciais (mg/100 g de alimento) incluindo histidina e arginina, de alimentos do grupo do leite, queijo e iogurte.

Alimentos	Proteína (g)	Isoleucina (mg)	Lisina (mg)	Leucina (mg)	Metionina (mg)	Fenilalanina (mg)	Valina (mg)	Triptofano (mg)	Treonina (mg)	Hisitidina (mg)	Arginina (mg)
Leite tipo B	3,2	165	140	265	75	147	192	75	143	75	75
Leite desnatado	3,4	187	287	375	83	167	217	40	89	84	96
Leite em pó integral	26,3	1.592	2.087	2.578	660	1.271	1.762	371	1.188	714	953
Leite de cabra	3,6	207	290	314	80	155	240	44	163	89	119
Iogurte natural	3,5	189	311	350	102	189	287	20	142	86	104
Iogurte desnatado	5,2	286	417	529	155	286	434	30	216	130	158
Requeijão cremoso	12,5	734	1.010	1.284	376	673	773	139	554	415	570
Queijo muçarela	22,2	1.135	965	1.826	515	1.011	1.322	515	983	515	515
Queijo prato	24,5	1.519	2.037	2.344	641	1.289	1.635	315	871	859	925
Queijo provolone	25,6	1.091	2.646	2.297	686	1.287	1.640	345	982	1.115	1.022
Queijo tipo parmesão	35,8	1.894	3.306	3.453	958	1.922	2.454	482	1.317	1.384	1.317
Ricota	11,3	589	1.338	1.221	281	556	692	125	517	459	632

Fonte: Nutrition Data (2006).

As proteínas de alto valor biológico são aquelas nas quais praticamente todo o nitrogênio é retido, como as proteínas de origem animal (carnes, ovos, leite, queijo e iogurte). As proteínas de origem vegetal são consideradas de baixo valor biológico, pois não há aproveitamento completo do nitrogênio em função da ausência ou reduzida quantidade de alguns aminoácidos essenciais na composição.

Para avaliar a qualidade de uma proteína, é necessária, além do cálculo do cômputo aminoacídico, a avaliação da digestibilidade.

A recomendação de ingestão de 0,75 g de proteína/kg de peso corpóreo, estimada como o nível seguro para adultos, refere-se a proteínas com composições de aminoácidos que forneçam quantidades adequadas de aminoácidos essenciais e que tenham um grau alto de digestibilidade, como é o caso das proteínas de origem animal (ovos, leite e carnes). Para aplicar as ingestões de proteína seguras recomendadas para dietas contendo outras fontes proteicas, é necessário considerar os padrões de aminoácidos essenciais fornecidos pela dieta mista e a digestibilidade.

A digestibilidade (D) avalia o aproveitamento biológico de uma proteína, ou seja, a porcentagem do nitrogênio total ingerido que o organismo absorve, e é calculada pela equação a seguir:

$$D = \frac{\text{Nitrogênio (N) absorvido x 100}}{\text{Nitrogênio (N) ingerido}}$$

O nitrogênio absorvido é determinado pela diferença entre o nitrogênio ingerido e o excretado nas fezes. No entanto, é importante considerar que nas fezes também é encontrado nitrogênio proveniente da descamação do tubo digestório e da flora intestinal. Portanto, deve-se considerar essa perda inevitável, e calcular o nitrogênio fecal eliminado sob condições experimentais de indivíduos submetidos a uma dieta sem proteínas, chegando-se à digestibilidade verdadeira (DV).

$$D = \frac{\text{N ingerido} - (\text{N total das fezes} - \text{N fezes dieta sem proteínas}) \text{ x 100}}{\text{N ingerido}}$$

Diferenças na digestibilidade podem originar-se de variações intrínsecas na natureza da proteína alimentar (natureza da parede celular), de reações químicas que alteram a liberação de aminoácidos das proteínas por processos enzimáticos e da presença de outros fatores que modificam a digestão, como a presença de fibras e polifenóis, incluindo o tanino, que aumentam a excreção de nitrogênio nas fezes.

Os valores de digestibilidade de alguns alimentos e dietas são apresentados na Tabela 4.8. No entanto, se não houver a disponibilidade de uma dieta em particular, o valor pode ser estimado pelo uso de valores para alimentos individuais e calculando-se a média, pesada de acordo com a proporção de proteína suprida por esses alimentos (Tabela 4.9). Outra indicação é o uso de correção de 85% para dietas à base de cereais integrais e verduras, e de 95% para as dietas baseadas em cereais refinados.

TABELA 4.8 – Valores para digestibilidade de proteína no homem.

Fonte de proteínas	Digestibilidade (em relação à proteína de referência)
Ovo, leite, queijo, carnes, pescado (referência)	100
Milho	89
Arroz polido	93
Trigo integral	90
Trigo refinado	101
Farinha de aveia	90
Farinha de soja	90
Feijão	82
Ervilhas	93
Milho + feijão	82
Milho + feijão + leite	88
Dieta mista brasileira	82

Fonte: WHO (1985).

TABELA 4.9 – Estimativa da digestibilidade da proteína de uma dieta mista, baseada em alimentos proteicos, que contenham arroz, milho, feijão, leite e carne.

Alimento	Fração de proteína da dieta total	Digestibilidade relativa à proteína de referência
Arroz	0,40	93
Milho	0,10	89
Feijão	0,35	82
Leite	0,10	100
Carne	0,05	100

Fonte: WHO (1985).

A digestibilidade das proteínas do leite é de aproximadamente 95%. As proteínas do soro do leite são altamente digeríveis e rapidamente absorvidas pelo organismo.

Digestibilidade de proteína total da dieta: arroz (0,4 x 93) + milho (0,1 x 89) + feijão (0,35 x 82) + leite (0,1 x 100) + carne (0,05 x 100) = 90%

A determinação da digestibilidade da proteína e do cômputo aminoacídico é necessária para obter um nível seguro de ingestão de proteínas da dieta (recomendação) e deve ser calculada conforme a seguinte equação:

$$\text{Recomendação proteica} = \text{dose inócua} \times \frac{100}{D} \times \frac{100}{CA}$$

Dose inócua: quantidade de proteína recomendada para estágio de vida; D: digestibilidade; CA: cômputo aminoacídico.

O cômputo aminoacídico de algumas dietas para crianças pré-escolares (Tabela 4.10) é utilizado para o cálculo da recomendação proteica. No caso de adultos, deve-se considerar um cômputo de 100% em função das necessidades proteicas serem bem menores e facilmente atingidas por uma dieta mista.

TABELA 4.10 – Cômputo de aminoácidos de algumas dietas.

Dieta	Pré-escolar				Escolar			
	Lis	Met + Cis	Tre	Tri	Lis	Met + Cis	Tre	Tri
Vegetariana								
À base de trigo	76	100	91	100	100	100	100	100
À base de arroz	81	100	100	73	100	100	100	100
Mista de cereais	84	100	97	91	100	100	100	100
Arroz e hortaliças	64	100	94	55	84	100	89	67
Brasileira								
Arroz, feijão, milho	97	100	100	100	100	100	100	100
Arroz, feijão, trigo	91	100	100	100	100	100	100	100
Milho, trigo e leite	97	100	100	100	100	100	100	100

Fonte: WHO (1985).

A seguir são dados exemplos de cálculo da recomendação proteica baseado na digestibilidade e no cômputo de aminoácidos:

Pré-escolares (dieta brasileira/arroz, feijão, trigo)

$$\text{Recomendação proteica} = \text{dose inócua} \times \frac{100}{D} \times \frac{100}{CA}$$

Dose inócua = 1,1 g/kg

$$\text{Recomendação} = 1{,}1 \times \frac{100}{82} \times \frac{100}{91} = 1{,}45 \text{ g/kg/dia}$$

Adulto (dieta brasileira/arroz, feijão, trigo)

Dose inócua = 0,8 g/kg (RDA*) ou 0,75 g/kg (FAO/WHO)

$$\text{Recomendação} = 0{,}8 \times \frac{100}{82} \times \frac{100}{100} = 0{,}97 \text{ g/kg/dia}$$

* *Recommended Dietary Allowance*: valor ideal recomendado.

A qualidade da proteína também pode ser avaliada pelo teste biológico de utilização de nitrogênio, isto é, medindo-se a quantidade de proteína realmente utilizada pelo organismo. Um dos mais frequentemente utilizados é a determinação de utilização de proteína líquida (*Net Protein Utilization* [NPU ou UPL]). Essa medida indica a proporção de nitrogênio ingerido retido no organismo sob condições específicas.

A quantidade de nitrogênio retida no organismo em relação ao nitrogênio ingerido pode ser calculada em ensaios biológicos pela seguinte equação:

$$NPU = (Nt - Nap) / NI$$

Nt: nitrogênio final da carcaça do animal que foi alimentado com a proteína em avaliação; Nap: nitrogênio do animal que recebeu no mesmo período dieta isocalórica, isenta de proteína; NI: nitrogênio ingerido.

Como é muito difícil determinar o nitrogênio nas carcaças, foram estabelecidas relações entre nitrogênio da carcaça e água corporal total e adaptadas em estudos metabólicos com humanos.

O cálculo é baseado na quantidade de calorias (kcal) que a proteína fornece ao organismo. Portanto, quando a relação proteína/calorias ou ainda a porcentagem de proteínas em relação ao valor energético total ([VET] P%) da dieta aumenta, significa que grande parte das proteínas será utilizada para fornecer energia, diminuindo a eficiência de utilização biológica da proteína para fins de síntese proteica. A NPU mais adequada é aquela em que a porcentagem de proteínas (P%) aproxima-se do valor de 10%.

Para estimar o NPU da dieta deve-se multiplicar a quantidade de proteína de cada alimento pelos seguintes fatores, de acordo com a origem dos alimentos:

Proteína de origem animal: 0,7
Proteína de leguminosas: 0,6
Proteína de cereais: 0,5

A soma total das proteínas de uma refeição ou de uma dieta, ajustada pelos fatores de utilização, é usada para calcular o percentual proteico-calórico (NDpCal%). O NDpCal% indica a porcentagem das calorias totais fornecida sob forma de proteína totalmente utilizável:

NDpCal% = NPU/100 x P%

No Brasil, este indicador vem sendo utilizado no Programa de Alimentação do Trabalhador (PAT). Na Portaria n. 66, de 25 de agosto de 2006, § 3, IV, foi estabelecido que o NDpCal% das refeições deve ser de no mínimo 6% e máximo 10%. Um baixo NDpCal% significa que a dieta pode conter alto teor de proteínas de origem vegetal, portanto de baixa disponibilidade, ou que a dieta contém um teor baixo de proteínas totais.

A digestibilidade aparenta ser o fator mais importante para determinar a capacidade das fontes proteicas numa dieta mista habitual. Uma correção de digestibilidade é suficiente para predizer ingestões de proteínas seguras para adultos. Para crianças, correções baseadas no cômputo de aminoácidos e na digestibilidade são mais apropriadas para determinar ingestões seguras de proteínas.

CLASSIFICAÇÃO

Leite

O leite é o produto da secreção da glândula mamária dos mamíferos, e é caracterizado por ser uma solução coloidal de proteínas em emulsão com gorduras e uma solução de vitaminas e minerais, peptídeos e outros componentes. Por ser um alimento-fonte de vários nutrientes, é muito suscetível à ação de microrganismos. Ao ser ordenhado, o leite contém certa quantidade de microrganismos, normalmente encontrados no animal; após a retirada, entretanto, pode receber vários outros do meio ambiente.

A quantidade de microrganismos presentes no leite serve como base para a classificação. Em função dessa contaminação, o leite precisa ser submetido, na indústria, à elevação de temperatura para eliminar os agentes causadores de doenças, garantindo também a conservação.

O leite pasteurizado passa por um processo de aquecimento rápido (15 a 20 segundos à temperatura de 72 a 76 °C), com resfriamento também rápido de 2 a 5 °C, causando a destruição da flora microbiana patogênica, sem tirar as características próprias do produto.

Os leites pasteurizados normalmente apresentam-se em sacos ou garrafas plásticas e encontram-se nas prateleiras refrigeradas. Podem ser classificados em A, B e C, de acordo com a qualidade. O leite tipo A é pasteurizado imediatamente após a ordenha mecânica em indústria que fica na própria fazenda, com rigor de higiene no processamento. É considerado integral, pois mantém a quantidade original de gordura, e apresenta um número máximo de microrganismos de 2.000/mL de leite e ausência de coliformes fecais.

O tipo B também é integral, e deve ser transportado em até 6 horas após a ordenha para que ocorra a pasteurização. O número máximo de microrganismos é de 40.000/mL de leite e 1/mL de leite de coliformes fecais.

O tipo C é obtido por meio de ordenha manual. O número total máximo de bactérias é de 150.000/mL e 2/mL de coliformes fecais. É parcialmente desengordurado, sendo que a gordura extraída é utilizada na fabricação de manteiga, creme de leite e requeijão.

O leite tipo longa vida é aquele submetido ao tratamento UHT (*Ultra High Temperature*). Nesse tratamento, o produto é homogeneizado e submetido à temperatura de 130 a 150 °C, por cerca de 2 a 4 segundos, e depois é resfriado à temperatura inferior a 32 °C e envasado em embalagens estéreis do tipo Tetra Pack hermeticamente fechadas. Esse tipo de leite pode ter na composição estabilizantes químicos, como citrato, monofosfato e trifosfato de sódio, separados ou em combinação.

Existem no mercado vários tipos de leite longa vida, desde o integral, adicionado de vitaminas e minerais, como ferro e cálcio, aos semidesnatados e desnatados (Tabela 4.11).

TABELA 4.11 – Tipos de leite longa vida.

Fonte de proteínas	Característica principal
Leite integral	Contém no mínimo 3% de gordura
Leite semidesnatado	Contém de 0,6 a 2,9% de gordura
Leite desnatado	Contém no máximo 0,5% de gordura
Leite com vitaminas	Enriquecidos com vitaminas A, D, B6, B12, C, E, ácido fólico e nicotinamida
Leite com ferro	Quantidade de ferro pode variar de 0,8 a 3 mg por 100 mL
Leite com cálcio	Enriquecido com cálcio
Leite com ômega	1 litro contém 400 a 500 mg de ômega 3 e 6
Leite com baixo teor de lactose	Adição de beta-galactosidase microbiana, levando à quebra da lactose em galactose e glicose
Leite com fibras	Acréscimo de inulina ao leite
Leite homogeneizado	Gordura do leite é uniformemente distribuída, evitando a formação da nata e a separação da gordura

Fonte: ABLV (2006).

Os leites desidratados são tratados termicamente, com retirada parcial ou total de água, com ou sem adição de açúcar. Apresentam-se na forma de leite em pó, evaporado e condensado.

O leite em pó é obtido pela retirada total da água por processos industriais, com a pulverização do leite e secagem em corrente de ar quente. Pode apresentar-se nas formas integral, desnatado e modificado, especial para alimentação infantil, que são adaptados nutricionalmente quanto às proteínas, às vitaminas e aos minerais, principalmente ao ferro.

No leite evaporado, ocorre a redução de 50% da água a vácuo e não é acrescentado açúcar; enquanto no leite condensado, 60% da água é removida e acrescentam-se 40 a 45% de açúcar, sendo depois resfriado e pasteurizado. O leite condensado integral contém cerca de 8% de gordura e o *light*, não mais que 0,5%.

EMBALAGEM LONGA VIDA

A embalagem longa vida, ou Tetra Pak, é feita de três materiais básicos: papel (garante estrutura à embalagem), polietileno (protege contra umidade externa, oferece aderência entre as camadas e impede o contato do alimento com o alumínio) e alumínio (evita a entrada de ar e luz, perda de aroma e contaminações). A embalagem apresenta maiores níveis de segurança, higiene e retenção de nutrientes; proteção do sabor dos alimentos; tempo maior de conservação sem refrigeração ou conservantes (seis meses) antes de aberto; e leveza.

Em resposta a uma mensagem denunciando a suposta repasteurização do leite longa vida, a empresa Tetra Pak esclareceu que a numeração no fundo das embalagens é relativa a uma marcação da Tetra Pak, chamada número de ordem de produção. A cada pedido de embalagem feito por uma empresa produtora de leite é gerado um número sequencial, que serve para o rastreamento da produção. O número que aparece acima deste no fundo da embalagem (1, 2, 3...) é impresso no momento da produção e refere-se ao posicionamento na bobina. As embalagens de leite são produzidas em grandes bobinas e, dessa forma, são enviadas aos clientes produtores de leite. Os produtores recebem as bobinas que são colocadas nas máquinas de envase, as quais formam a embalagem (caixinha). Antes do envase, os alimentos passam por um tratamento térmico conhecido como ultrapasteurização (ou UHT), a fim de que sejam eliminados os microrganismos que eventualmente estejam neles presentes. Os microrganismos são os principais responsáveis pela deterioração do produto. É impossível a reutilização da embalagem ou que o produto retorne depois de vencido para nova ultrapasteurização.

NOVOS TIPOS DE "LEITE"

Apesar de amplamente conhecidos pelo aspecto semelhante ao leite de vaca, "leite de linhaça", "leite de arroz", "leite de soja", "leite de aveia", "leite de coco" e "leite de amêndoas" não são bebidas regulamentadas como leite. De acordo com o Ministério da Agricultura e Pecuária, entende-se por leite o produto oriundo da ordenha completa e ininterrupta, em condições de higiene, de vacas sadias, bem alimentadas e descansadas. O leite de outros animais deve denominar-se segundo a espécie de que proceda, por exemplo, leite de cabra. Como se pode ver na Tabela 4.12, o leite de soja assemelha-se bastante com relação ao conteúdo de proteína, gorduras e cálcio do leite de vaca, porém, não é resultado de composição natural e sim de fórmula fortificada com micronutrientes como cálcio e minerais. Sendo assim, as propriedades nutricionais dessas bebidas (novos tipos de "leite") diferem-se das propriedades de leites e derivados e não devem ser utilizadas como alimentos substitutos deste grupo alimentar.

Fonte: Ministério da Agricultura (2011).

TABELA 4.12 – Comparação da composição nutricional dos "novos tipos de leite" com o leite de vaca.

Composição nutricional	Leite longa vida semidesnatado	Leite de soja	Leite de amêndoas	Leite de arroz
Porção	1 copo (200 mL) (%VD)	1 copo (200 mL) (%VD)	1 copo (200 mL) (%VD)	
Valor energético	90 kcal (5%)	69 kcal (3,3%)	65 kcal (3,3%)	107 kcal (5%)
Carboidratos	10 g (3%)	4,9 g (2%)	1 g (0,35%)	20 g (7%)
Proteína	6 g (8%)	5,2 g (7%)	3 g (4%)	0 g (0%)
Gorduras totais	3 g (5%)	3,1 g (6%)	5 g (9%)	3 g (5%)
Gorduras saturadas	2 g (9%)	0,4 g (2%)	0,4 g (1,8%)	0,4 (1,8%)
Gorduras trans	0 g (–)	0 g (–)	0 g (–)	0 g (–)
Fibra alimentar	0 g (0%)	1,9 g (8%)	1 g (4%)	1 g (4%)
Sódio	130 mg (5%)	166 mg (7%)	40 mg (1,7%)	80 mg (3%)
Colesterol	12 mg (–)	0 mg (–)	0 mg (–)	0 mg (–)
Cálcio	240 mg (24%)	240 mg (24%)	35 mg (3,5%)	240 mg (24%)

Queijo

O queijo é obtido por separação parcial do soro de leite (integral, parcial ou totalmente desnatado) ou de soros lácteos, coagulados pela ação física do coalho, de enzimas específicas, ácidos orgânicos, sozinhos ou combinados, todos de qualidade adequada para o uso alimentar, com ou sem adição de substâncias alimentícias e/ou condimentos e aditivos alimentares. Dessa coagulação, obtém-se uma massa e um soro; na parte coagulada, permanecem as caseínas precipitadas (caseinato de cálcio) e as gorduras com vitaminas lipossolúveis; e, no soro, as proteínas solúveis, as vitaminas hidrossolúveis, a água, a lactose e os minerais. A ricota é obtida de forma diferente, sendo o resultado da precipitação das proteínas do soro do leite.

Os queijos diferenciam-se de acordo com o tipo de leite utilizado (integral ou desnatado), animal de origem (vaca, cabra, búfala), tempo de maturação e quantidade de gordura presente. No entanto, podem ser classificados segundo a porcentagem de água presente em: massa dura (35%), massa semidura (36 a 45,9%), massa mole (46 a 54,9%) e massa muito mole (mais de 55%). As principais diferenças de composição de alguns queijos são apresentadas na Tabela 4.13.

TABELA 4.13 – Composição centesimal dos queijos, segundo tipo e consistência.

Tipo	Consistência	Proteína	Gordura total
Minas frescal	Muito mole	18,0	19,0
Cottage	Muito mole	14,5	4,0
Ricota	Muito mole	11,3	13,0
Requeijão	Muito mole	12,4	25,0
Muçarela	Mole	19,4	21,6
Prato	Mole	25,0	27,8
Gorgonzola	Mole	21,5	30,6
Gruyère	Semiduro	29,8	32,3
Gouda	Semiduro	24,9	27,4
Parmesão	Duro	35,8	25,8
Provolone	Duro	25,6	26,6

Fonte: Philippi (2002).

IOGURTE

Os iogurtes podem ser classificados em tradicional, batido e líquido. O iogurte tradicional apresenta uma consistência firme, e pode ser comercializado na forma natural (sem adição de açúcar e sabores), na forma aromatizada (normalmente com adição de açúcar, sabores, aromas e corantes) ou tipo *sunday* (uma camada de polpa de fruta ou mel no fundo da embalagem, ficando o iogurte sobre esta). No iogurte batido, o leite é colocado em um tanque (com ou sem adição de açúcar, aromatizantes, sabores, corantes) e depois de completa a fermentação, o iogurte é batido e posteriormente embalado. Por fim, há o iogurte líquido que, por apresentar menor tempo de fermentação, possui esta consistência e pode ser consumido de forma natural ou adicionado de açúcar, aromatizantes, sabores e corantes.

Outra forma comercialmente disponibilizada é a bebida láctea. Não é um iogurte, mas um produto obtido a partir do leite no qual é adicionado soro resultante da fabricação de queijo. É um produto que não equivale nutricionalmente ao leite e ao iogurte, pois apresenta, principalmente, quantidades menores de proteínas.

IOGURTES PROBIÓTICOS

Probióticos são microrganismos vivos capazes de promover o equilíbrio da flora intestinal, exercendo efeitos benéficos para a saúde do homem. As bactérias consideradas probióticas são as ácido lácticas, sendo que as mais utilizadas são algumas que pertencem ao grupo dos lactobacilos (p. ex., *Lactobacillus* [LC1], *L. acidophilus NCFM*, *L. casei shirota*) e do grupo das bifidobactérias (p. ex., *B. bifidum*, *B. breve*, *B. infantis*, *B. lactis*, *B. animalis*, *B. longum* e *B. thermophilum*). Em condições normais, inúmeras espécies de bactérias estão presentes no intestino, e exercem influência considerável sobre várias reações bioquímicas do hospedeiro. Quando estão em equilíbrio, impedem que microrganismos potencialmente patogênicos atuem. O íleo terminal e o cólon são, respectivamente, os locais de preferência para colonização intestinal dos lactobacilos e bifidobactérias. Portanto, o consumo de culturas bacterianas probióticas estimula a multiplicação de bactérias benéficas, em detrimento à proliferação de bactérias potencialmente prejudiciais, reforçando os mecanismos naturais de defesa do hospedeiro. Os benefícios à saúde do hospedeiro atribuídos à ingestão de culturas probióticas que mais se destacam são: controle da microbiota intestinal; estabilização da microbiota intestinal após o uso de antibióticos; promoção da resistência gastrointestinal à colonização por patógenos; diminuição da população de patógenos por meio da produção de ácidos acético e láctico, de bacteriocinas e de outros compostos antimicrobianos; promoção da digestão da lactose em indivíduos intolerantes à lactose; estimulação do sistema imune; alívio da constipação; aumento da absorção de minerais e produção de vitaminas. Embora ainda não comprovado, outro efeito atribuído a essas culturas é a diminuição do risco de câncer de cólon. São sugeridos também a diminuição das concentrações plasmáticas de colesterol, efeitos anti-hipertensivos, redução da atividade ulcerativa de *Helicobacter pylori*, controle da colite induzida por rotavírus e por *Clostridium difficile*, prevenção de infecções urogenitais, além de efeitos inibitórios sobre a mutagenicidade. Para garantir um efeito contínuo, os probióticos devem ser ingeridos diariamente, em doses de 100 g de produto alimentício contendo acima de 10^6 unidades formadoras de colônias (ufc) de microrganismos probióticos. A seleção das bactérias probióticas para uso humano deve atender alguns critérios: estabilidade diante de ácido e bile, ter capacidade de aderir à mucosa intestinal e colonizar o trato gastrointestinal humano, ser capaz de produzir compostos antimicrobianos e ser metabolicamente ativo no intestino, ser segura para uso humano, não ter histórico patogênico e não estar associada a doenças como endocardite, não ter genes determinantes da resistência aos antibióticos, e por fim ter comprovação da eficácia por meio de ensaios com humanos. Além dos critérios citados, as culturas probióticas devem apresentar boa multiplicação no leite, promover propriedades sensoriais adequadas no produto, ser estáveis e viáveis durante o armazenamento, e apropriadas para a produção industrial em larga escala, resistindo a condições de processamento como a liofilização ou a secagem.

Digestão, absorção e metabolismo

As proteínas não sofrem modificações químicas na cavidade oral. Porém a mastigação pode promover a quebra em partículas menores. A chegada da proteína ao estômago estimula a mucosa gástrica a secretar o hormônio gastrina, o qual, por sua vez, estimula a secreção de ácido clorídrico pelas células parietais e de pepsinogênio pelas células principais das glândulas gástricas. O suco gástrico ácido (pH 1,0-2,5) é um agente desnaturante de proteínas globulares e torna as ligações internas dos peptídeos mais acessíveis à hidrólise enzimática. O pepsinogênio, precursor inativo (zimogênio), é convertido à pepsina ativa pela alteração do pH. No estômago, a pepsina hidrolisa as proteínas ingeridas nas ligações aminoterminais do peptídeo, clivando longas correntes do polipeptídeo em uma mistura de peptídeos menores. Entretanto, essa fase da digestão no estômago representa apenas 10 a 20% da digestão total das proteínas.

A próxima fase da digestão ocorre no duodeno e no jejuno. Como o conteúdo ácido do estômago passa para o intestino delgado, o pH baixo provoca a secreção do hormônio secretina no sangue. A secretina estimula o pâncreas a secretar bicarbonato no intestino delgado para neutralizar o ácido clorídrico gástrico, o que aumenta subitamente o pH para cerca de 7,0. A chegada dos peptídeos ao duodeno libera o hormônio colecistoquinina no sangue, que estimula a secreção de várias enzimas pancreáticas com atividade ótima em pH 7 a 8. O tripsinogênio, o quimotripsinogênio e as pró-carboxipeptidases A e B, que são as formas inativas da tripsina, da quimotripsina e das carboxipeptidases A e B, são sintetizados e secretados pelas células exócrinas do pâncreas. O tripsinogênio é convertido para a forma ativa, a tripsina, pela enteropeptidase, uma enzima proteolítica secretada por células intestinais. A tripsina ativa também o quimotripsinogênio, as pró-carboxipeptidases e a pró-elastase.

A síntese das enzimas como precursores inativos protege as células exócrinas do ataque proteolítico destrutivo. O pâncreas protege-se da autodigestão secretando uma proteína específica, chamada inibidor pancreático da tripsina, que impede eficientemente a produção prematura de enzimas proteolíticas ativas dentro das células pancreáticas. A tripsina e a quimotripsina hidrolisam os peptídeos formados da digestão pela pepsina no estômago. Esse estágio da digestão da proteína é realizado muito eficientemente, em virtude das especificidades por diferentes aminoácidos da pepsina (aminoácidos aromáticos e leucina), tripsina (lisina e arginina), elastase (aminoácidos alifáticos neutros) e quimotripsina (aminoácidos aromáticos). A degradação dos peptídeos pequenos no intestino delgado é finalizada então por outras peptidases intestinais. Essas incluem as carboxipeptidases A e B, que removem os resíduos carboxiterminais sucessivos dos peptídeos, e uma aminopeptidase que hidrolisa resíduos aminoterminais sucessivos dos peptídeos pequenos.

As aminopeptidases e as dipeptidases são produzidas nas microvilosidades da mucosa intestinal (borda em escova) e completam a digestão dos peptídeos a aminoácidos formando aminoácidos livres, di e tripeptídeos que são absorvidos, principalmente, no jejuno proximal. As membranas em borda de escova e basolateral são atravessadas por aminoácidos e ditripeptídeos mediante mecanismos passivos ou ativos. Os aminoácidos livres usam tanto o sistema passivo (difusão simples ou facilitada) como o sistema ativo (cotransportadores de Na^+ e H^+), enquanto os ditripeptídeos utilizam mais o sistema ativo (H^+). A principal regulação desse transporte transmembrana é a concentração dos aminoácidos e ditripeptídeos ao nível da membrana. Os ditripeptídeos são mais eficientemente absorvidos e resultam em maior retenção nitrogenada. Os peptídeos não absorvidos são fermentados pelas bactérias, resultando em ácidos graxos de cadeia curta, ácidos carboxílicos, compostos fenólicos e amônia.

Durante os primeiros meses de vida, a permeabilidade do intestino às proteínas e/ou peptídeos intactos está aumentada, podendo ser absorvidas pequenas quantidades destes. A absorção de peptídeos e/ou proteínas intactas está relacionada à imaturidade de adaptação e aperfeiçoamento das barreiras da parede intestinal.

Normalmente, as proteínas não são absorvidas sem o processo da digestão, porém algumas proteínas e/ou polipeptídeos podem ser absorvidos pela mucosa intestinal na forma intacta, sob condições fisiológicas normais, provavelmente por endocitose. Algumas condições patológicas também podem aumentar a permeabilidade da mucosa intestinal às proteínas íntegras, permitindo a absorção (p. ex., desnutrição, diarreias, alergias alimentares etc.). A absorção de proteínas e polipeptídeos, na forma íntegra, pode causar estímulo antigênico e levar à alergia alimentar (Heyman e Desjeux, 1992).

Após a absorção intestinal, os aminoácidos são transportados diretamente pelo sistema porta para o fígado, importante modulador da concentração dos aminoácidos liberados no sangue.

A Figura 4.6 resume o metabolismo das proteínas na maioria dos mamíferos após digestão e transporte.

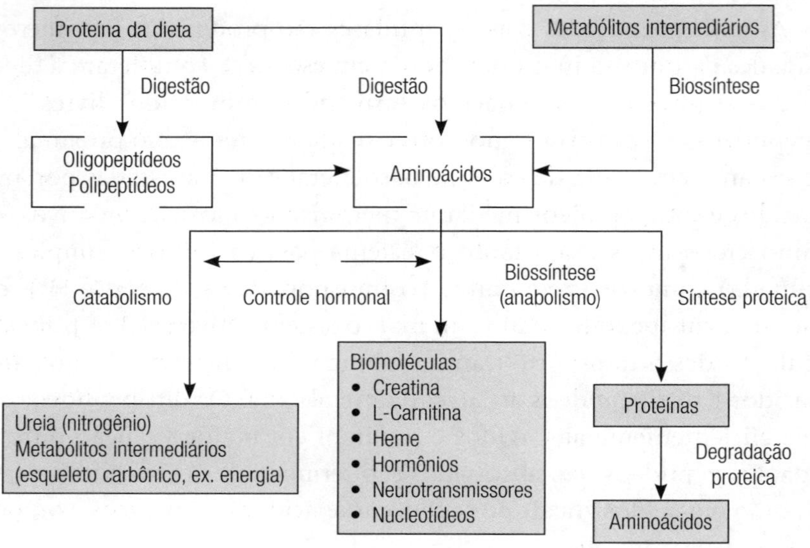

FIGURA 4.6 – Resumo geral do metabolismo proteico.

ALERGENICIDADE

A alergia ao leite de vaca é uma desordem complexa e tem sido definida como uma reação adversa mediada por mecanismos imunológicos ativados por uma ou mais proteínas do leite. A alergia ao leite de vaca pode ser dividida em dois diferentes mecanismos imunológicos: mediado por IgE, mais comum em crianças, e reações não mediadas por IgE (mediadas por outras imunoglobulinas, imunocomplexos e outras células do sistema imune, como os linfócitos T), mais comum em adultos.

Quando as reações não são mediadas por mecanismos imunológicos, elas são classificadas em intolerância ao leite de vaca. A formação de anticorpos específicos antiproteínas do leite (IgA, IgM e IgG) é uma resposta fisiológica normal demonstrada em crianças e adultos, apontando que as proteínas do leite são antigênicas/imunogênicas para os humanos. Muitas proteínas do leite têm uma resposta alergênica e muitas dessas proteínas contêm múltiplos epítopos alergênicos (local do antígeno reconhecido pelo anticorpo). A resposta imune humoral envolve a formação das IgA, IgM, IgG e pequenas quantidades de IgE, porém, quando existe a formação de grandes quantidades de IgE é preditivo da presença do desenvolvimento tardio de doença alérgica, conhecida como alergia mediada por IgE. As proteínas do leite mais envolvidas na alergia são as caseínas, a beta-lactoglobulina e a alfa-lactoalbumina. Estima-se que cerca de 1,5 a 3,5% das crianças com menos de 2 anos apresentem alergia às proteínas do leite. Nos adultos, a alergia pode ser considerada rara e pode manifestar-se pela primeira vez em qualquer idade, porém a prevalência vem aumentando de 6% para 15 a 20%.

A maior incidência da alergia ao leite de vaca em crianças com menos idade está relacionada à imaturidade de adaptação e aperfeiçoamento das barreiras da parede intestinal. Durante os primeiros meses de vida, a permeabilidade do intestino às proteínas e/ou aos peptídeos alergênicos intactos está aumentada, podendo assim ser absorvidas pequenas quantidades desses alimentos e provocar alergia. A sensibilização e a alergia ao leite dependem de fatores genéticos (predisposição genética), natureza e dose do antígeno, exposição da mãe durante a gestação, transmissão de antígenos pelo leite materno e frequência da administração.

Alguns trabalhos relatam que a resposta imune, síntese de IgE, já começa a ser estimulada no feto, uma vez que as proteínas do leite podem atravessar a placenta fazendo então a sua sensibilização. Após o nascimento, mesmo crianças que tomam somente leite materno, existe a exposição a proteínas do leite de vaca, uma vez que essas proteínas têm sido detectadas no leite materno das mães que se alimentam de leite e derivados.

Nas proteínas do leite de vaca existem mais de 30 sítios alergênicos. A alergenicidade das proteínas do leite pode ser alterada por processos tecnológicos e/ou digestão. A hidrólise enzimática das ligações peptídicas altera, assim, a sequência dos epítopos. A pasteurização por aquecimento rápido (15 a 20 segundos à temperatura de 72 a 76°C) não causa alteração na antigenicidade/alergenicidade e a pasteurização lenta (121°C por 20 minutos) pode reduzir a alergenicidade.

As reações clínicas são as mais diversas, principalmente reações gastrointestinais (vômitos, diarreias, náusea, cólica, síndrome de alergia oral – reações mediadas por IgE –, colite, enterocolite, gastroenterite eosinofílica, enteropatia transiente – reações não mediadas por IgE). Também podem ocasionar sintomas por IgE – dermatite atópica

– não mediada por IgE, sistêmicos como reações cutâneas – dermatite atópica, urticária, angioedema – mediadas e reações no trato respiratório (rinoconjuntivite, asma – mediadas por IgE –, otite média e hemosiderose pulmonar – não mediadas por IgE). Os sintomas podem surgir imediatamente ou até várias horas ou dias após a ingestão do alimento. O diagnóstico deverá ser baseado no histórico clínico, antecedentes familiares e pessoais de atopia, histórico alimentar, fatores facilitadores, detecção de IgE específica para o alergênico [teste de pele: Prick teste; teste no soro: Rast, CAP-system-FEIA (fluorenzimoimunométrico)]. Outros testes podem ser usados, como o *patch test* – detecção de outras imunoglobulinas específicas para a alergia e teste de hipersensibilidade celular. Também tem sido utilizado para o diagnóstico dietas de exclusão e testes de provocação oral. O tratamento pode ser variado dependendo do caso. Se a alergia se manifestar com leite materno, sob supervisão médica, deve-se orientar a mãe a retirar o leite e todos os derivados (queijos, iogurte etc.) da alimentação. Outra possibilidade é a substituição do leite de vaca por leite de cabra, pois tem alguns sítios alergênicos diferentes do leite da vaca, as chances de diminuição da alergia são pequenas; leite de soja, porém a soja também tem sítios alergênicos podendo causar reação; fórmulas de leite de vaca parcialmente hidrolisadas; fórmulas de leite de vaca extensivamente hidrolisadas; e fórmulas compostas de aminoácidos, estas últimas são hipoalergênicas.

INTOLERÂNCIA À LACTOSE

Quando as reações ao leite de vaca não são mediadas por mecanismos imunológicos, elas são classificadas como intolerância ao leite de vaca, especificamente à enzima lactose. A intolerância à lactose consiste na hidrólise incompleta da lactose decorrente da deficiência da enzima lactase no intestino, e pode ter causas primárias, como diminuição espontânea dos níveis de produção da enzima no final da infância e na fase adulta, ou causas secundárias como doenças intestinais: gastroenterite viral, doença de Crohn, doença celíaca etc. Os principais sintomas são desconforto abdominal, gases e diarreia após ingestão de alimentos com lactose.

Atualmente, vive-se um modismo de dietas sem lactose, também conhecidas como *lactose free*, *lac free* com possíveis benefícios à saúde. É preciso cuidado ao considerar tais alegações. A relação entre uma dieta sem lactose e o controle de peso não é verdadeira, uma vez que a dieta com lactose tem efeito protetor no desenvolvimento de sobrepeso e obesidade ao interferir no consumo alimentar por meio de mecanismos regulatórios de fome e saciedade.

Da mesma maneira, a afirmação de que a presença de lactose e outras duas proteínas (betalactoglobulina e caseína) provoque inflamação não tem evidências científicas, e os efeitos até então observados são neutros ou inversos nos níveis de biomarcadores inflamatórios circulantes.

Outro mito consiste no desconforto gástrico e excesso de gases causados pela dieta com lactose – na verdade esses sintomas só estão presentes nos intolerantes ou alérgicos ao leite de vaca. O Dietary Guidelines (EUA) de 2010 recomenda o consumo de pequenas porções de derivados do leite para os intolerantes, como iogurtes e queijos, sendo uma porção por dia tolerável, e já garante 30% da recomendação de cálcio. Dessa forma, não se orienta a exclusão total de leites e derivados da alimentação de pessoas sem diagnóstico de intolerância.

ALIMENTOS-FONTE

Ao falar sobre alimento-fonte, é preciso considerar não apenas a quantidade total do nutriente disponível no alimento, mas também o acesso a este (por razões culturais, regionais, financeiras e outras) e a possibilidade de ingestão do alimento em quantidade suficiente para fornecer o nutriente de acordo com as recomendações.

Leite, queijo e iogurte são considerados fontes de proteína, junto de outros alimentos como as carnes, os ovos, as leguminosas e as oleaginosas.

As melhores fontes dietéticas de cálcio também são leite, queijo e iogurte, e sem eles é difícil atender às recomendações quando comparado a outros alimentos também considerados fontes deste nutriente, como vegetais verde-escuros, sardinhas, mariscos, ostras e gergelim com casca (Tabela 4.14).

Tanto a vitamina A pré-formada (retinol), como a vitamina D, por serem vitaminas lipossolúveis, são encontradas em alimentos que contenham gordura na composição. Entre as principais fontes estão o fígado e os óleos de fígado de peixe, o ovo, o leite integral e o desnatado fortificado.

TABELA 4.14 – Porcentagem – alimentos-fonte de proteínas do grupo do leite, queijo e iogurte, segundo medida usual, quilocalorias, quantidade de carboidratos, proteínas, lipídios e número de porções equivalentes ao grupo da Pirâmide dos Alimentos.

Alimentos	Medida usual	Peso (g)	Calorias		Carboidrato (g)	Proteína (g)	Lipídio (g)	Nº porções do grupo
			kcal	kJ				
Leite								
Leite tipo B ou integral longa vida*	1 xícara de chá	182	111,7	467,3	8,5	6,0	6,0	1
Leite semidesnatado*	1 copo de requeijão	270	129,6	542,2	13,8	9,5	4,0	1
Leite desnatado*	1 copo de requeijão	270	97,2	406,7	14,3	9,7	0,3	¾
Leite em pó integral*	2 colheres de sopa	26	128,9	539,3	10,0	6,8	6,9	1
Leite em pó desnatado*	3 colheres de sopa	34	121,7	509,2	17,4	11,9	0,2	1
Leite de cabra**	1 xícara de chá	182	120,1	505,9	9,5	5,6	6,9	1
Leite condensado*	2 colheres de sopa	40	130,4	545,6	22,1	3,0	3,4	1
Iogurte								
Iogurte natural**	¾ copo de requeijão	210	107,1	451,5	4,0	8,6	6,3	1
Iogurte natural desnatado**	1 copo de requeijão	270	110,7	469,8	15,7	10,3	0,8	1
Iogurte de frutas**	½ copo de requeijão	135	94,5	392,9	13,1	3,6	3,1	¾

(continua)

TABELA 4.14 – Porcentagem – alimentos-fonte de proteínas do grupo do leite, queijo e iogurte, segundo medida usual, quilocalorias, quantidade de carboidratos, proteínas, lipídios e número de porções equivalentes ao grupo da Pirâmide dos Alimentos. *(continuação)*

Alimentos	Medida usual	Peso (g)	Calorias		Carboidrato (g)	Proteína (g)	Lipídio (g)	Nº porções do grupo
			kcal	kJ				
Queijos								
Requeijão cremoso**	1 ½ colher de sopa	45	115,6	10,0	1,1	4,3	10,5	1
Queijo tipo minas**	1 ½ fatia	50	132,0	483,3	1,6	8,7	10,1	1
Queijo muçarela*	3 fatias	45	126,5	553,0	1,0	8,7	9,7	1
Queijo prato*	1 ½ fatia	30	107,1	448,1	0,4	7,5	8,3	1
Queijo provolone*	1 fatia	35	122,9	514,2	0,8	9,0	9,3	1
Queijo parmesão**	3 colheres de sopa	30	135,9	568,5	0,5	10,7	10,1	1
Queijo pasteurizado**	2 unidades	40	121,2	507,2	2,3	3,8	10,9	1
Ricota**	2 fatias	100	140,0	585,0	3,8	12,6	8,1	1

* Philippi (2002).

** Nepa/Unicamp (2006).

As principais fontes da vitamina B2 também são leite, queijo e iogurte, além das vísceras, vegetais de folha verde-escuro, ovos e cereais enriquecidos. Uma vez que a recomendação da Pirâmide de Alimentos do grupo do leite, queijo e iogurte é de três porções por dia, sendo que cada uma deve conter cerca de 120 kcal, a escolha adequada da quantidade dos alimentos-fonte é muito importante na composição de uma dieta saudável. Na Tabela 4.14, pode-se observar o papel do grupo como fonte de proteínas, segundo medidas usuais da Pirâmide dos Alimentos.

PAPEL DO GRUPO NA ALIMENTAÇÃO

O novo *Guia alimentar para a população brasileira*, lançado em 2014, classifica os alimentos de acordo com o grau de processamento em naturais e minimamente processados como leite de vaca, coalhadas e iogurtes naturais; processados, como queijos, a ultraprocessados como bebidas lácteas e iogurtes açucarados. O primeiro passo, dentre os dez selecionados pelo Guia para uma alimentação adequada e saudável, consiste em fazer de alimentos *in natura* ou minimamente processados a base da alimentação. Esses são vistos como a base ideal para uma alimentação nutricionalmente balanceada, saborosa, culturalmente apropriada e promotora de um sistema alimentar social e ambientalmente sustentável.

GUIA ALIMENTAR PARA A POPULAÇÃO BRASILEIRA

Leite e iogurtes naturais são ricos em proteínas, minerais, especialmente cálcio, e vitaminas, principalmente a vitamina A. Na versão integral, esses alimentos são ricos em gorduras, sobretudo as gorduras saturadas que estão associadas a um maior risco de desenvolver doenças crônicas. As formas desnatadas (sem gordura) e semidesnatada (com menos gordura) são consideradas mais adequadas para o consumo por adultos.

Assim como os leites, os queijos são fonte de proteínas, cálcio e vitamina A. Contudo, diferentemente do leite, os queijos são alimentos com alta densidade energética, resultante da quantidade de gordura do próprio leite e da perda de água decorrente do processamento, e com alta concentração de sódio devido à adição de sal. Sendo um alimento processado, os queijos devem ser consumidos em pequena quantidade e como parte ou acompanhamento de preparações culinárias.

As bebidas lácteas e iogurtes adoçados são alimentos processados e adicionados de corantes e saborizantes e, por isso, devem ser evitados.

Com relação ao consumo deste grupo pela população brasileira tem-se que o leite de vaca é frequentemente consumido na primeira refeição do dia, seja puro, com frutas ou com café. É ingrediente culinário de cremes, tortas e bolos e outras preparações doces ou salgadas. Embora ainda reduzido, o consumo de iogurtes naturais, alimentos resultantes da fermentação do leite é crescente no País, possuem alto teor de nutrientes e grande poder de saciedade, além de serem práticos para transportar e consumir. Já os queijos são consumidos, especialmente, como parte de preparações culinárias feitas como base em alimentos minimamente processados, como na macarronada com molho de tomate ou na polenta feita com farinha de milho.

Os documentos técnicos que se referem à prevenção de doenças crônicas não transmissíveis (DCNT) recomendam, na maioria, o menor consumo de leite integral e manteiga, e alguns destes recomendam também menor consumo de queijos com maior conteúdo de gordura. Assim, o novo *Guia alimentar para a população brasileira*, de acordo com recomendações internacionais, orienta para a redução do consumo de gorduras, especialmente as saturadas, e para a preferência por alimentos do grupo do leite, queijo e iogurte de baixo teor de gordura.

O *Dietary Guidelines for Americans* recomenda três xícaras de leite para uma dieta de 2.000 kcal ou o equivalente em iogurte, recomendando que as escolhas de leite e produtos lácteos sejam livres de gordura (0% gordura) ou reduzidos em gordura (desnatado ou *light*).

O *Guia alimentar para a população brasileira* recomenda, para o grupo de alimentos de origem animal, a média de 500 kcal/dia, o que deve incluir, no mínimo, três porções do grupo do leite, queijo e iogurte (120 kcal/porção e cerca de 360 kcal totais).

RECOMENDAÇÕES ATUAIS

Com relação às recomendações de proteínas, existe uma quantidade basal, abaixo da qual se estima ser impossível conservar a boa saúde e ter um desenvolvimento normal, e uma quantidade adicional como margem de segurança.

As necessidades de proteínas e aminoácidos são determinadas pelos processos de síntese de proteína e manutenção do conteúdo de proteína nas células e nos órgãos, bem como das taxas de renovação e do metabolismo dos aminoácidos, incluindo síntese, degradação, interconversões, transformações, oxidação e formação de outros compostos contendo nitrogênio. Esses processos são influenciados por fatores genéticos, estágio de vida, atividade física, necessidades energéticas, presença de doença e necessidades especiais do sistema imune.

A massa proteica corporal é um fator que influenciará a necessidade diária total de proteína. Assim, adultos de diferentes tamanhos, mesmo que com idade, composição corporal, gênero e estado fisiológico semelhantes, necessitam de quantidades diferentes de proteína. Fatores que alteram as necessidades proteicas são: o efeito do crescimento, de gravidez e lactação, da idade, do exercício, de doenças, infecções e cirurgias.

O nitrogênio corporal aumenta rapidamente desde o nascimento até a maturidade, atingindo o máximo por volta da terceira década de vida, depois diminui gradualmente, sendo mais rápido para homens. A necessidade de proteínas dos adultos é considerada o aporte nutricional contínuo suficiente para atingir a manutenção do nitrogênio corporal.

As recomendações utilizadas para proteínas são ainda baseadas no *Relato técnico* da FAO n. 724 (WHO, 1985). A ingestão segura de proteína de boa qualidade e altamente digerível foi estabelecida em, no mínimo, 0,75 g/kg/dia para adultos e idosos de ambos os sexos. Para crianças e adolescentes, os valores são estimados segundo o peso corporal (Tabelas 4.15 e 4.16). As recomendações americanas e canadenses (DRI) de proteínas (Tabela 4.17) mantiveram as recomendações desse relato. É aguardada uma nova publicação da FAO.

As DRI estabeleceram também as *Acceptable Macronutriente Distribution Ranges* (AMDR). A AMDR deve ser avaliada como a porcentagem da participação "aceitável" no VET de uma dieta normocalórica. A AMDR de proteínas estabelecida para indivíduos adultos, segundo as DRI, foi de 10 a 35% do VET. Em 2003, a OMS publicou o *Technical Report Series n. 916* (WHO/FAO, 2003), estabelecendo recomendações dietéticas para a prevenção de DCNT, baseadas na força de evidências científicas observadas em múltiplos estudos randomizados e controlados. Nesse documento, foi estabelecido que a participação das proteínas no valor energético de uma dieta deve ser entre 10 e 15%.

TABELA 4.15 – Nível seguro de ingestão proteica para bebês e crianças até 10 anos.

Estágio de vida	Total (mg de nitrogênio/dia)	Total (g de proteínas/kg/dia)
0,25 a 0,5	220	1,86
0,5 a 0,75	220	1,65
0,75 a 1	184	1,48
1 a 1,5	160	1,26
1,5 a 2	150	1,17
2 a 3	146	1,13
3 a 4	141	1,09
4 a 5	137	1,06
5 a 6	132	1,02
6 a 7	131	1,01
7 a 8	130	1,01
8 a 9	129	1,01
9 a 10	128	0,99

Fonte: WHO (1985).

TABELA 4.16 – Nível seguro de ingestão proteica para adolescentes de 10 a 18 anos.

Estágio de vida	Meninas (g de proteínas/kg/dia)	Meninos (g de proteínas/kg/dia)
10 a 11	1,00	0,99
11 a 12	0,98	0,98
12 a 13	0,96	1,00
13 a 14	0,94	0,97
14 a 15	0,90	0,96
15 a 16	0,87	0,92
16 a 17	0,83	0,90
17 a 18	0,80	0,86

Fonte: WHO (1985).

TABELA 4.17 – Recomendações de ingestão proteica segundo as DRI.

Estágio de vida	RDA (g) Homens	RDA (g) Mulheres
0 a 6 meses	9,1*	9,1*
6 a 12 meses	13,5	13,5
1 a 3 anos	13	13
4 a 8 anos	19	19
9 a 13 anos	34	34
14 a 18 anos	52	46
19 a 30 anos	56	46
31 a 50 anos	56	46
51 a 70 anos	56	46
≥ 70 anos	56	46

(continua)

TABELA 4.17 – Recomendações de ingestão proteica segundo as DRI. *(continuação)*

Estágio de vida	RDA (g) Homens	RDA (g) Mulheres
Gestação		
14 a 18 anos	–	71
19 a 30 anos	–	71
31 a 50 anos	–	71
Lactação		
14 a 18 anos	–	71
19 a 30 anos	–	71
31 a 50 anos	–	71

* AI: *Adequate Intake*.
Fonte: IOM (2002).

Considerando-se que as recomendações da OMS (WHO/FAO, 2003) estão mais próximas da realidade brasileira, no planejamento de uma dieta de 2.000 kcal, as proteínas deverão contribuir diariamente com 50 a 75 g. Para adultos, essas quantidades podem ficar acima das recomendações e uma dieta com as quantidades recomendadas pela Pirâmide dos Alimentos dos grupos do leite, queijo e iogurte, carnes e ovos, além de feijões e oleaginosas, atende muito facilmente a essas quantidades.

As recomendações nutricionais segundo as DRI para os nutrientes encontrados em quantidade importante no grupo do leite, queijo e iogurte (cálcio, fósforo, vitaminas A, D, B2 e biotina) estão demonstradas na Tabela 4.18.

TABELA 4.18 – Recomendações dos principais nutrientes dos alimentos do grupo do leite, queijo e iogurte, segundo as DRI.

Estágio de vida	Cálcio (mg/dia)		Vitamina A (mcg/dia)			Vitamina D (mcg/dia)		Vitamina B2 (mg/dia)	
	AI	UL	EAR	RDA	UL	AI	UL	EAR	RDA
Lactentes									
0 a 6 meses	210	ND	ND	ND	600	5	25	ND	0,3
7 a 12 meses	270	ND	ND	ND	600	5	25	ND	0,4
Crianças									
1 a 3 anos	500	2,5	ND	300	600	5	50	ND	0,5
4 a 8 anos	800	2,5	ND	400	900	5	50	ND	0,6
Homens									
19 a 30 anos	1.000	2.500	625	900	3.000	5	50	1,1	1,3
31 a 50 anos	1.000	2.500	625	900	3.000	5	50	1,1	1,3
51 a 70 anos	1.200	2.500	625	900	3.000	10	10	1,1	1,3
≥ 71 anos	1.200	2.500	625	900	3.000	15	15	1,1	1,3
Mulheres									
19 a 30 anos	1.000	2.500	500	700	3.000	5	50	0,9	1,1
31 a 50 anos	1.000	2.500	500	700	3.000	5	50	0,9	1,1
51 a 70 anos	1.200	2.500	500	700	3.000	10	50	0,9	1,1
≥ 71 anos	1.200	2.500	500	700	3.000	15	50	0,9	1,1
Gestantes									
19 a 30 anos	1.000	2.500	550	770	3.000	5	50	1,2	1,4
31 a 50 anos	1.000	2.500	550	770	3.000	5	50	1,2	1,4
Lactantes									
19 a 30 anos	1.000	2.500	900	1.300	3.000	5	50	1,3	1,6
31 a 50 anos	1.000	2.500	900	1.300	3.000	5	50	1,3	1,6

ND: não disponível.
Fonte: IOM (1997).

PAPEL DO GRUPO NA EPIDEMIOLOGIA DAS DCNT

O papel do grupo do leite, queijo e iogurte na prevenção de algumas doenças crônicas tem sido frequentemente apresentado na literatura. Em 2003, a OMS publicou o *Technical Report Series n. 916: Diet, nutrition and the prevention of chronic diseases* (WHO/FAO, 2003), estabelecendo recomendações dietéticas para a prevenção de DNCT. A publicação estabeleceu a relação de evidências sobre o papel do grupo na epidemiologia de DCNT como obesidade, hipertensão arterial, câncer de cólon e osteoporose.

Obesidade

Sabe-se que o excesso de adiposidade é fator de risco para diversas doenças crônicas, inclusive as ósseas, como a osteoporose no baixo peso, a sarcopenia na obesidade e a osteoartrite no excesso de peso. A maioria das evidências obtidas em ensaios clínicos com adultos sobre o efeito do consumo de lácteos e da ingestão de cálcio não suporta benefício para perda de peso com ou sem a restrição de calorias. Não há evidência, também, sobre o efeito da suplementação de cálcio para crianças saudáveis sobre o peso, a altura, a gordura corporal e a massa magra. Portanto, a literatura não apoia a suplementação de cálcio como intervenção de saúde pública para redução de peso ou gordura corporal de crianças (Lanou e Barnard, 2008; Winzenberg et al., 2007; Bultink et al., 2013).

Mozaffarian et al. (2011) analisaram três coortes distintas com 120.877 mulheres e homens que não apresentavam doenças crônicas e obesidade no início do estudo e os acompanharam de 1986 a 2006, de 1991 a 2003 e de 1986 a 2006, com objetivo de relacionar mudanças no estilo de vida e alterações no peso corporal. Dentro de cada período de quatro anos os participantes ganharam a média de 1,51 kg. Os resultados mostram associações neutras entre o consumo da maioria de lácteos ao ganho de peso, sendo esta inversamente associada ao consumo de iogurte e leite. O estudo também não observou diferenças significantes entre o consumo de leite desnatado ou semidesnatado e o consumo de leite integral com a alteração do peso corporal.

Já os estudos de metanálise concluíram que apesar de os lácteos quando incluídos em uma dieta com restrição de calorias resultarem em redução de peso, massa gorda e circunferência de cintura, e em aumento de massa magra; um consumo aumentado desse grupo em um cenário sem restrição calórica não leva à alteração de peso e composição corporal significativa (Abargouei et al., 2012; Chen et al., 2012).

A evidência a partir de estudos de coorte para um efeito protetor do consumo de produtos lácteos sobre o risco de ganho de peso e obesidade é sugestiva, mas não consistente, tornando as conclusões difíceis. O cálcio, em estudos epidemiológicos, é associado negativamente com medidas de adiposidade e efeitos protetores potenciais para indivíduos com sobrepeso e obesidade, em particular aqueles com baixa ingestão habitual do nutriente (700 mg/dia). E o efeito maior do cálcio proveniente de leites e derivados quando comparado ao suplementado é indicativo, considerando a participação de outros nutrientes do leite. O mecanismo sugerido é o cálcio como um componente bioativo sobre o metabolismo de lipídios, adipócitos, lipogênese e lipólise, oxidação e absorção de gorduras. Além da lactose e de proteínas, principalmente as do soro, sobre a regulação da ingestão de alimentos e do apetite. Dessa forma, pode-se concluir que os dados epidemiológicos sustentam a noção do benefício do consumo do grupo de leites e derivados para manutenção de peso (Louie et al., 2011; Dougkas et al., 2011).

Além disso, o consumo de lácteos está sendo associado à diminuição da prevalência de alterações metabólicas, mesmo o consumo das versões integrais é inversamente associado ao risco de obesidade (McGregor e Poppitt, 2013).

O documento elaborado pelo The Belgian Bone Club e a The European Society for Clinical and Economic Aspects of Osteoporosis, Osteoarthritis and Musculoskeletal Diseases em 2016, sobre as evidências clínicas do consumo de produtos lácteos na saúde, concluem que apesar de resultados conflitantes, existe fraca associação entre consumo de lácteos e a possibilidade de pequena perda de peso, com diminuição de massa gorda e de circunferência abdominal e aumento de massa magra e que o consumo de lácteos esteja relacionado com a manutenção de peso (Rozenberg et al., 2016).

Hipertensão arterial

A relação inversa entre ingestão de alimentos do grupo do leite e níveis de pressão arterial (PA) foi sugerida inicialmente por vários estudos epidemiológicos no começo dos anos 1980, que revelaram baixa ingestão de cálcio em populações com prevalência aumentada de hipertensão (Miller et al., 2000).

Estudos metabólicos sugerem que o cálcio possa ter um papel importante na regulação da PA. Alguns estudos epidemiológicos apontam que pessoas com alta ingestão de cálcio tendem a ter PA mais baixa (Dickinson et al., 2006) e, ainda, um estudo com animais, observacional e clínico, tem concluído que o consumo de alimentos do grupo do leite pode ajudar a reduzir o risco de hipertensão (Huth et al., 2006).

Também há a hipótese de que altas ingestões de potássio, cálcio e magnésio reduzam os riscos de doenças cardiovasculares (Iso et al., 1999). Segundo Massey (2001), leite, queijo e iogurte são fontes dietéticas destes minerais e, portanto, é difícil associar um único mineral destes alimentos com a redução da PA ou incidência de infartos, porque um balanço de todos os minerais é importante; ainda, o leite tem baixo conteúdo de sódio, o que, conforme a dieta DASH (*Dietary Approaches to Stop Hypertension*), também traz benefícios na redução.

Segundo Huth et al. (2006), o consumo das quantidades recomendadas de alimentos do grupo do leite (três porções ao dia) pode contribuir para PA mais baixa de indivíduos de PA normal ou elevada, e há indicação de que peptídeos específicos associados com a caseína e proteínas do soro possam diminuir significativamente a pressão sanguínea.

Em uma revisão sistemática, Drouin-Chartier et al. (2016), questionaram se o consumo de lácteos estaria associado com efeitos prejudiciais, neutros ou benéficos com o risco cardiovascular, incluindo síndrome metabólica e diabete melito tipo 2. Os autores apresentaram que não há evidências de que o consumo de qualquer tipo de produto lácteo seja prejudicialmente associado ao risco de qualquer desfecho clínico relacionado à saúde cardiovascular, e que na realidade, as evidências apontam risco menor ou neutro. A conclusão semelhante chegaram ao questionar se a recomendação atual de consumir produtos lácteos com baixo teor de gordura em vez das versões integrais, com alto teor de gordura, seria suportada pelas evidências existentes. Dessa forma, a literatura sugere a associação neutra ou favorável entre a ingestão de leite e os resultados relacionados a doenças cardiovasculares, o que está de acordo com as diretrizes alimentares atuais, dos lácteos como um dos pilares da alimentação saudável. Contudo, destaca que a recomendação atual de consumo de lácteos com baixo teor de gordura em vez das versões integrais não é baseada em evidências.

Câncer de cólon

A incidência de câncer colorretal é dez vezes maior em países desenvolvidos e sugere-se que os fatores relacionados à dieta sejam responsáveis por mais de 80% das diferenças de incidência entre os países (WHO/FAO, 2003). Acredita-se que alguns aspectos da dieta ocidental são determinantes de risco, como alto consumo de carnes e gorduras, e baixo consumo de frutas, legumes, verduras, fibras, folato e cálcio, aumentando os riscos. Mas nenhuma dessas hipóteses está bem estabelecida. Alguns estudos observacionais têm sustentado que a alta ingestão de cálcio possa reduzir o risco, e ensaios clínicos têm indicado que suplementos de cálcio têm modesto efeito protetor da recorrência de adenomas colorretais (Baron, 1999; Bonithon-Kopp, 2000).

Adicionalmente, alguns estudos dão suporte para o papel do cálcio, da vitamina D e dos alimentos do grupo do leite contra o câncer de cólon. Ainda, o ácido linoleico conjugado, um ácido graxo encontrado naturalmente nestes alimentos, confere amplo benefício anticarcinogênico em modelos experimentais de animais e é especialmente consistente para proteção contra o câncer de mama (Huth et al., 2006). O efeito do cálcio na redução do risco de câncer de cólon seria na proteção contra crescimento epitelial anormal. O Ca^{2+} precipita ácidos biliares e ácidos graxos que, de outro modo, poderiam estimular a produção de células do cólon. Ingestões de 1.800 mg/dia para homens e 1.500 mg/dia para mulheres foram recomendadas a fim de reduzir a incidência de câncer do colón.

Uma revisão sistemática e metanálise conduzida por Keum et al. (2014) reporta evidências consideráveis de estudos epidemiológicos da associação protetora entre a ingestão de cálcio e o câncer colorretal. A ingestão dietética e suplementar de cálcio além de 1.000 mg por dia pode permitir diminuição contínua no risco do câncer. Os suplementos de cálcio e os produtos não lácteos fortificados com cálcio podem servir como alvos adicionais na prevenção.

Osteoporose

Em todas as fases da vida, as ingestões dietéticas adequadas de nutrientes essenciais, como cálcio, vitamina D e proteínas, contribuem para a saúde óssea e reduzem o risco futuro de osteoporose e fraturas. O cálcio é um dos minerais formadores do osso e proveniente da alimentação a forma indicada. A suplementação deve ser orientada somente para os indivíduos que não adquirem o mineral em quantidade suficiente por meio da dieta ou que apresentem risco elevado de osteoporose. Diversas metanálises apoiam o papel do cálcio e da vitamina D para a prevenção de osteoporose, e os lácteos como rica fonte desses nutrientes podem diminuir o risco para esse desfecho (Kanis et al., 2013; Hiligsmann et al., 2017).

Segundo a WHO/FAO (2003), em países com alta incidência de fraturas, o mínimo de 400 a 500 mg de ingestão de cálcio é necessário para prevenir a osteoporose. Quando o consumo de leite e produtos lácteos é limitado, outras fontes de cálcio devem fazer parte da dieta habitual. A interação entre ingestão de cálcio e atividade física, exposição ao sol e ingestão de outros componentes (vitaminas D e K, sódio, proteína) e o fator protetor de algumas substâncias (como compostos de soja) precisam ser considerados antes de se recomendar o aumento na ingestão de cálcio em países com baixa incidência de fraturas.

A recomendação de cálcio atual varia entre os países de acordo com o órgão responsável, por exemplo, de 600 mg no Japão a 1.300 mg na Austrália, para mulheres na menopausa. A recomendação atual (RDA) é de 1.000 mg de cálcio e 800 UI de vitamina D por dia. Os produtos lácteos fortificados com cálcio e vitamina D, ou seja, que forneçam ao menos 40% da RDA de cálcio (400 mg) e 200 UI de vitamina D por porção são opções valiosas (Rozenberg et al., 2016).

Segundo Huth et al. (2006), várias evidências demonstram que a ingestão adequada de cálcio e outros nutrientes do grupo do leite reduzem o risco de osteoporose, aumentando a aquisição de osso durante o crescimento, reduzindo as perdas ósseas da idade e o risco de fraturas por osteoporose.

Em relação à ingestão de cálcio para prevenir osteoporose, aponta-se o paradoxo do cálcio: fraturas de quadril são mais frequentes nos países desenvolvidos, onde a ingestão de cálcio é maior, do que em países em desenvolvimento. Os dados acumulados indicam que o efeito adverso da proteína, em particular animal, pode exceder o efeito positivo da ingestão de cálcio no balanço do mineral.

Objetivando recomendar níveis apropriados de ingestão de cálcio, o Scientific Advisory Board of the Osteoporosis Society, do Canadá, examinou os estudos clínicos relevantes com humanos publicados desde 1988 e concluiu que as recomendações atuais de cálcio eram muito baixas, que se devem obter as necessidades diárias de cálcio principalmente de fontes alimentares e que suplementos sejam considerados, assim como aconselhamento dietético, em caso de deficiência de lactase ou quando as preferências dietéticas restrinjam o consumo de leite e produtos lácteos. A revisão também afirma que suplementos de cálcio não podem substituir a terapia hormonal na prevenção de perdas ósseas e fraturas relacionadas com a menopausa, e que quantidades adequadas de vitamina D também são necessárias para absorção ótima de cálcio e saúde óssea (Cosman et al., 2014).

ESCOLHAS ALIMENTARES INTELIGENTES

Como fontes importantes de proteínas de alto valor biológico, vitaminas B2, biotina, A, D, cálcio e fósforo, o leite, o queijo e o iogurte são alimentos que devem fazer parte diariamente de uma dieta equilibrada e saudável.

Considerando a quantidade disponível de cálcio especialmente nesses alimentos e as recomendações nutricionais vigentes, aconselha-se a ingestão de três porções por dia de alimentos deste grupo. Esse consumo contribui consideravelmente também para atender às recomendações de vitaminas A, D, B2, biotina, fósforo e proteína.

Em função do conhecimento atual do papel dos alimentos do grupo do leite na prevenção de DCNT, a ingestão de quantidades diárias adequadas destes alimentos se torna ainda mais importante.

Aqueles indivíduos que precisam de quantidades maiores de cálcio por necessidades fisiológicas especiais (como lactação, gestação) devem preferir os leites enriquecidos (em cálcio, vitaminas A e D) disponíveis no mercado, assim como iogurtes enriquecidos com cálcio e vitamina D.

Aqueles com intolerância à lactose devem preferir queijos e iogurtes que são reduzidos neste carboidrato pelo processo de preparação a que são submetidos; também podem recorrer aos leites modificados reduzidos em lactose disponíveis no mercado.

Indivíduos em controle de ingestão de energia e gordura (incluindo colesterol) devem preferir leite desnatado, iogurte desnatado, *light* e 0% de gordura, e queijos magros, *light* ou produzidos com o soro (p. ex., ricota). Como a gordura dos alimentos desse grupo é saturada, recomenda-se a ingestão reduzida. A melhor escolha dentro desse grupo são as opções reduzidas em gordura, que continuam sendo boas fontes de cálcio, vitaminas hidrossolúveis e proteínas de alto valor biológico.

Historicamente, a fermentação microbiana tem sido utilizada para a preservação de alimentos, principalmente do leite como queijo, iogurte e kefir. Antigamente, esses produtos dependiam da atividade espontânea da microbiota presente no leite e, hoje em dia, as fermentações modernas selecionam rigorosamente as culturas iniciais a partir das características de textura, sabor, consistência e viabilidade comercial desejadas. É crescente a quantidade de estudos que relacionam o consumo desses alimentos com benefícios à saúde, seja por serem fontes de probióticos, fornecendo bactérias benéficas para a microbiota intestinal, ou pela produção pelas bactérias de substâncias com efeitos protetores para osteoporose, obesidade, câncer colorretal e outras DCNT. Contudo, esses alimentos apresentam variabilidade imensa nas espécies de bactérias que os compõem e os efeitos para a saúde não podem ser generalizados e necessitam ser elucidados.

CÁLCIO

Definição, funções, propriedades e estrutura química

É o mineral mais abundante no organismo. Representa aproximadamente 1 a 2% do peso corpóreo e 39% dos minerais totais. A maioria está presente nos tecidos duros, como ossos e dentes, o restante está no sangue, nos fluidos extracelulares e dentro das células de tecidos moles, onde regula diversas funções metabólicas importantes.

Nos ossos, o cálcio está presente na forma de sais hidroxiapatia, um composto de fosfato de cálcio e carbonato de cálcio, numa estrutura em cristal característica ao redor de uma matriz de material proteico mole (matriz orgânica), dando resistência e rigidez à matriz mole. Diversos outros íons estão presentes neste complexo de cristais, incluindo o fluoreto, o magnésio, o zinco e o sódio.

O mesmo tipo de cristais está presente no esmalte e na dentina dos dentes; entretanto, eles são maiores e há pouco *turnover* de cálcio nos dentes, isto é, o cálcio e o fosfato não estão disponíveis de imediato nos períodos de escassez.

Há duas formas química e fisicamente distintas nas quais o cálcio ocorre no organismo. Uma não intercambiável (não disponível para regulação em curto prazo da homeostase de cálcio) e uma intercambiável (utilizada para as atividades metabólicas).

O cálcio tem como funções principais: construir e manter ossos e dentes; participar da atividade de certas enzimas (trifosfatase de adenosina – contração muscular); participar da formação de coágulo no processo de coagulação sanguínea; afetar a função de transporte das membranas celulares, atuando como estabilizador de membrana; auxiliar a transmissão de íons por meio das membranas celulares; auxiliar a liberação de neurotransmissores nas junções sinápticas; auxiliar a síntese, a secreção e os efeitos metabólicos dos hormônios proteicos e a liberação ou a ativação de enzimas intra e extracelulares; participar da transmissão nervosa e da regulação dos batimentos cardíacos; e, ainda, o balanço adequado de íons de cálcio, sódio, potássio e magnésio mantém o tônus muscular e controla a irritabilidade.

Absorção, transporte, armazenamento e biodisponibilidade

O cálcio intercambiável faz parte da porção depositada mais recentemente na superfície óssea, que, junto do cálcio da dieta, auxilia a manter as concentrações plasmáticas dentro de uma faixa de variação definida; pode ser considerado uma reserva que pode ser formada quando a dieta fornece uma ingestão adequada de cálcio. Essa reserva pode ser utilizada para fornecer cálcio ao organismo se as necessidades estiverem aumentadas e se não houver disponibilização adequada de cálcio na dieta. Se não houver reservas, o cálcio é retirado da substância óssea mais estável, que resultará em deficiência na estrutura óssea se a deficiência for prolongada.

O osso está sendo constantemente sintetizado. Na criança, a síntese óssea é maior do que a destruição; no adulto, os processos estão em equilíbrio; nos idosos, a perda óssea é maior e progride mais rapidamente na mulher.

O cálcio nos ossos está em equilíbrio com o cálcio no sangue. Quando as concentrações estão baixas, há transferência de cálcio intercambiável dos ossos para o sangue; acontece também reabsorção de cálcio que normalmente seria excretado na urina e há maior absorção de cálcio no intestino. Por outro lado, se as concentrações estão altas, há inibição da utilização óssea e continuam os processos de excreção renal e fecal.

Dietas altamente proteicas podem prejudicar a capacidade de o rim reabsorver cálcio, e a excreção excessiva de cálcio na urina pode levar ao desenvolvimento de cálculos renais. A atividade física extenuante aumenta as perdas de cálcio, mesmo quando a ingestão for baixa.

A maioria do cálcio ingerido é eliminada pelas fezes e pela urina. Em geral, 20 a 30% do cálcio ingerido é absorvido, e diversos fatores influenciam a quantidade real de cálcio retido no duodeno. A vitamina D, a acidez do suco gástrico, a lactose, a presença moderada de gorduras, a ingestão de proteínas e as necessidades aumentadas estimulam a absorção de cálcio. Por outro lado, a deficiência de vitamina D, o excesso de gorduras na dieta, o excesso de fibras, o meio alcalino, a motilidade gástrica acelerada, a falta de exercícios, o estresse, o uso de drogas diuréticas ou que contenham alumínio e os níveis elevados de fósforo na dieta diminuem a absorção do cálcio, assim como a presença de ácidos oxálico e fítico.

O ácido oxálico é o inibidor mais potente da absorção do cálcio e faz com que apenas 5% deste mineral presente no espinafre seja absorvido, contra 27% do leite em quantidades similares. O ácido fítico, presente no feijão, é um inibidor moderado. Outro fator que também pode afetar a absorção é a presença de fibras na dieta.

A alta ingestão de sal também pode resultar na maior absorção de sódio e, com o aumento de sódio urinário, a perda de cálcio é maior. Em mulheres na menopausa, 500 mg de sódio na forma de sal podem representar uma perda de 10 mg de cálcio na urina. Portanto, a ingestão de sódio pode ter uma influência considerável na perda óssea.

O consumo elevado de proteínas pode aumentar a excreção de cálcio, ou seja, para cada grama de proteína metabolizada ocorre o aumento dos níveis de cálcio urinário em aproximadamente 1,75 mg. Por outro lado, os alimentos que são fontes de cálcio também são em fósforo, o qual tem um efeito hipocalciúrico, ajudando a anular um pouco este efeito da proteína.

Fontes alimentares, deficiência e alta ingestão

As principais fontes de cálcio são os alimentos do grupo do leite, queijo e iogurte (Tabela 4.19). A deficiência metabólica de cálcio direta e evidente é quase inexistente devido às grandes reservas esqueléticas. A inadequação crônica na dieta é fator na etiologia de diversos transtornos. Ingestões adequadas foram estabelecidas como proteção para osteoporose e associadas à redução do risco de hipertensão, câncer de cólon, envenenamento por chumbo e cálculos renais de pacientes com síndrome do intestino curto.

A baixa ingestão de cálcio conjugada com a perda obrigatória desse nutriente no organismo esgota as reservas. A principal estratégia de proteção para osteoporose é potencializar o desenvolvimento da massa óssea máxima durante o crescimento e reduzir a perda óssea no decorrer da vida.

Quatro problemas clínicos são caracterizados por anormalidades de cálcio na estrutura óssea: raquitismo, osteomalácia, osteoporose e escorbuto. O raquitismo e a osteomalácia estão associados à coinciden-

TABELA 4.19 – Conteúdo de cálcio em alimentos considerados fonte (100 g e medida usual).

Alimento	Quantidade de cálcio em 100 g (mg)	Medida usual	QT de cálcio na medida usual (mg)
Leite de vaca integral	143	1 copo (270 g)	386,1
Leite desnatado	134	1 copo (270 g)	361,8
Leite em pó integral	890	2 colheres de sopa (26 g)	231,4
Leite de cabra	112	1 copo (270 g)	302,4
Iogurte natural	143	1 copo (185 g)	264,5
Iogurte desnatado	157	1 copo (185 g)	290,4
Queijo minas	579	1 fatia (30 g)	173,7
Queijo muçarela*	517	2 fatias (30 g)	155,1
Queijo prato*	731	1 ½ fatia (30 g)	219,3
Queijo provolone*	756	1 fatia (35 g)	264,6
Queijo tipo parmesão*	992	1 colher de sopa (10 g)	99,2
Sardinha assada	438	2 unidades (100 g)	438,0
Sardinha em conserva	550	2 unidades (100 g)	550,0
Manjuba frita	575	10 unidades (100 g)	575,0
Lambari frito	1.881	2 unidades (100 g)	1.881,0
Ostras (cozidas)*	90	1 porção (90 g)	81,0
Gergelim semente seca*	975	2 colheres de sopa (22 g)	214,5
Amêndoa	237	10 unidades (100 g)	237,0
Castanha-do-brasil*	176,0	½ xícara (50 g)	88
Espinafre cozido*	136,0	2 ½ colheres de sopa (67 g)	91,1
Couve refogada*	112,3	2 colheres de servir (84 g)	94,4

* Philippi (2002).
Fonte: Nepa/Unicamp (2006).

te falta de vitamina D e o desequilíbrio na ingestão de cálcio-fósforo. No escorbuto, a falta de ácido ascórbico previne a formação da matriz óssea e a mineralização normal não ocorre.

A osteoporose é o problema clínico decorrente da deficiência de cálcio e deposição insuficiente do mineral nos ossos. Com a perda óssea, a força do esqueleto não pode ser mantida e fraturas ocorrem com o menor esforço. A osteoporose (descalcificação) é frequentemente confundida com osteomalácia (desmineralização). Uma pessoa com osteoporose está num balanço negativo de cálcio; outros fatores como diminuição na absorção de cálcio com o envelhecimento, o nível de ingestão de proteína, o cálcio dietético, a taxa de fósforo, a redução na função renal, a atividade física e a concentração de estrogênio são também importantes no desenvolvimento da osteoporose.

Dois outros problemas clínicos estão relacionados às anomalias do cálcio ionizado: a tetania e a hipertensão. A tetania é caracterizada por baixos níveis de cálcio no sangue, o que aumenta a irritabilidade das fibras nervosas, podendo resultar em espasmos musculares, como câimbras. O excesso de fósforo pode causar a diminuição compensada do cálcio sérico ocasionando a tetania. Sobre a hipertensão, afirma-se que as anomalias do metabolismo extra e intracelular de cálcio têm sido identificadas com a HA.

As altas ingestões de cálcio e vitamina D podem causar hipercalcemia (níveis elevados de cálcio no sangue) levando à calcificação excessiva, não somente dos ossos, mas também de órgãos moles, como rins. Um aumento significativo do cálcio sérico pode causar insuficiência cardíaca ou respiratória.

Recomendações nutricionais

Como não há dados suficientes para determinação da EAR de cálcio para os diferentes estágios de vida, não foi possível definir as RDA, e estabeleceram-se AI e UL. A AI foi determinada com base em estudos de balanço, estimativas fatoriais e avaliações de massa óssea e densidade óssea de minerais. O objetivo da utilização da AI como meta individual de ingestão é minimizar as perdas ósseas. Para a idade superior a 50 anos, a recomendação é maior, considerando que há redução na absorção desse mineral.

VITAMINA A

Definição, funções, propriedades e estrutura química

A vitamina A foi a primeira vitamina lipossolúvel reconhecida e denominada retinol em razão da função específica na retina do olho. O ácido retinoico também é uma forma metabolicamente ativa. É muito estável ao calor e à luz, mas muitos processamentos e a cocção podem causar pequenas perdas. As principais funções são:

- Visão: é essencial para a integridade da fotorrecepção. Quando há deficiência de vitamina A, os bastonetes e os cones da retina não se ajustam às alterações de luminosidade. A cegueira noturna, ou a deficiente adaptação ao escuro, é uma consequência precoce quando estas células estão destituídas de vitamina A e está correlacionada à concentração sanguínea de retinol.
- Crescimento e desenvolvimento ósseo: necessária para o crescimento e o desenvolvimento do esqueleto e das partes moles em razão dos efeitos na síntese proteica e na diferenciação das células ósseas. Aparentemente o metabólito ativo nessa capacidade é o ácido retinoico. A ingestão adequada de vitamina A contribui para o desenvolvimento ósseo normal. Também é necessária para as células epiteliais formadoras do esmalte dos dentes.
- Desenvolvimento e manutenção do tecido epitelial: o ácido retinoico também tem papel na manutenção da estrutura epitelial. A deficiência é acompanhada da queratinização das membranas de mucosas, o que dificulta a função de barreira protetora executada por essas membranas na proteção contra as infecções.
- Imunidade: a deficiência de vitamina A aumenta a suscetibilidade a infecções bacterianas, virais ou parasitárias. O número de linfócitos T também pode diminuir na deficiência de vitamina A.
- Reprodução: o retinol parece ser a forma ativa na manutenção da função reprodutiva; parece haver o envolvimento na síntese de hormônios esteroides ou o papel básico na diferenciação celular.
- Função anticancerígena: estudos indicam que a deficiência de retinoides (retinol, ésteres de retinila e ésteres, ácido retinoico e ésteres de

ácido retinoico) aumenta a suscetibilidade à carcinogênese. Os retinoides parecem ter um papel importante na promoção da diferenciação normal de células epiteliais e na manutenção do controle que impede o desenvolvimento de neoplasias malignas nestas células.

Absorção, transporte, armazenamento e biodisponibilidade

Na corrente sanguínea, a vitamina A é transportada com os lipídios na forma de quilomícrons e lipoproteínas na linfa, e a seguir é levada ao fígado. O retinol é mobilizado no fígado pela proteína fixadora de retinol (PFR). Um fornecimento adequado de proteínas e zinco parece ser necessário para a mobilização do retinol. O ácido retinoico é provavelmente transportado pela albumina sérica. Ele é rapidamente metabolizado e excretado na urina e na bile. O fígado e o rim têm as enzimas necessárias para formar ácido retinoico a partir do retinol. O fígado é considerado o local de armazenamento da vitamina A e há pequenas quantidades de depósitos lipídicos nos pulmões e nos rins.

Em condições normais, 70 a 90% do retinol da dieta são absorvidos, e mesmo em altas doses essa absorção mantém-se elevada. Pelo fato de ser uma vitamina lipossolúvel, a absorção dependerá da ingestão concomitante de lipídios para que seja adequada. Uma vez que leites e produtos lácteos são fontes de retinol, a absorção será boa desde que o leite seja integral ou enriquecido com vitamina A. Os fatores que podem interferir na biodisponibilidade estão associados à bioconversão de carotenoides em vitamina A e descritos no capítulo de frutas, legumes e verduras.

Fontes alimentares, deficiência e alta ingestão

Os alimentos do grupo do leite, queijo e iogurte são importantes fontes de vitamina A (Tabela 4.20). A deficiência é um dos maiores problemas de nutrição e saúde pública de diversos países, afetando milhões de indivíduos no mundo. Aponta-se que, globalmente, pelo menos 40 milhões de pré-escolares apresentam deficiência de vitamina A e cerca de 1,3 milhões apresentam sinais de danos oculares (xeroftalmia) como resultado da deficiência.

TABELA 4.20 – Conteúdo de vitamina A de alimentos considerados fonte (100 g e medida usual).

Alimento	QT de vitamina A em 100 g (mcg)	Medida usual	QT de vitamina A na medida usual (mcg)
Leite de vaca integral	21	1 copo (270 g)	56,7
Leite em pó integral	361	2 colheres de sopa (26 g)	93,9
Leite de cabra	35	1 copo (270 g)	94,5
Iogurte natural	23	1 copo (200 g)	46,0
Queijo minas	161	1 fatia (30 g)	48,3
Queijo muçarela*	241	2 fatias (30 g)	72,3
Queijo prato*	253	1 ½ fatia (30 g)	75,9
Queijo provolone*	264	1 fatia (35 g)	92,4
Queijo tipo parmesão	66	1 colher de sopa (10 g)	6,6
Fígado bovino grelhado	14.574	1 bife (100 g)	14.574
Fígado de galinha cru	3.863	2 colheres de sopa (50 g)	1.931,5
Ovo de galinha inteiro	79	2 unidades (100 g)	79,0
Gema de ovo cozida	148	1 ½ unidade (30 g)	29,6
Manteiga com sal	924	½ colher de sopa (10 g)	92,4
Margarina comum	534	½ colher de sopa (10 g)	53,4

* Philippi (2002).
Fonte: Nepa/Unicamp (2006).

A OMS estima que anualmente 250 a 500 mil pré-escolares perdem a visão, parcial ou totalmente, pela falta de vitamina A e dois terços destas morrem dentro de poucos meses após ficarem cegas. A deficiência de vitamina A é a única e mais comum causa de cegueira de crianças que pode ser prevenida.

Além de deficiência alimentar, a deficiência funcional também pode ocorrer, apesar das reservas de vitamina A no fígado, como resultado de síntese diminuída da proteína ligadora de retinol (*retinol binding protein* [RBP]) na desnutrição energético-proteica e na deficiência de zinco.

A deficiência moderada resulta em dificuldade de adaptação ao escuro (cegueira noturna ou nictalopia), seguida de xerose conjuntival (a superfície conjuntival perde o brilho e a transparência, sofrendo um processo de endurecimento e espessamento). A diminuição da adaptação ao escuro, da capacidade de adaptação a uma luz brilhante ou de uma claridade para a escuridão é sintoma da deficiência da vitamina.

Nas áreas da conjuntiva em que a xerose é mais intensa, formam-se as manchas de *Bitot*, depósito de material espumoso, resultante do acúmulo de células epiteliais descamadas, fosfolipídios e bacilos saprófitas. O declínio na produção de muco causa metaplasia escamosa e queratinização das células epiteliais da conjuntiva, provocando ressecamento, enrugamento e espessamento da córnea (xeroftalmia). A xeroftalmia ou xerose conjuntiva está associada à atrofia das glândulas perioculares, à hiperceratose da conjuntiva e, finalmente, ao comprometimento da córnea, levando ao amolecimento ou à ceratomalacia e à cegueira. Esse processo avança rapidamente, e é mais grave em crianças. No progresso da deficiência, há queratinização da córnea; neste ponto, o processo ainda é reversível, embora possa haver cicatrizes residuais na córnea. O próximo estágio é de ulceração da córnea em decorrência de ação proteolítica causando cegueira irreversível.

Alterações cutâneas também ocorrem na deficiência de vitamina A e as características são a hiperceratose folicular ("pele de sapo") ou xeroderma ("escamas de peixe").

A hipervitaminose A foi observada com aparecimento de reações tóxicas: sonolência, vômitos, perda de apetite, queda de cabelos, erupções de pele, erosões no canto da boca, irritabilidade e visão dupla estão entre os sintomas. A hipervitaminose prolongada e grave resulta em fragilidade óssea, espessamento dos ossos longos, dor óssea profunda e incapacidade de andar.

Recomendações nutricionais

A necessidade média estimada (EAR) para vitamina A foi calculada com base na ingestão necessária para manter as reservas corporais adequadas; o *Food and Nutrition Board/Institute of Medicine* (IOM, 2000) também disponibilizou o RDA e UL para esta vitamina (Tabela 4.18).

As recomendações segundo a WHO/FAO (2004) são menores em relação às DRI. Para um homem adulto, enquanto as DRI estabeleceram RDA de 900 mcg/dia, as RNI são de 600 mcg. Essas diferenças são observadas em todas as idades.

VITAMINA D

Definição, funções, propriedades e estrutura química

A vitamina D foi confundida por muito tempo com a vitamina A. Em 1930, a vitamina D foi isolada e denominada calciferol; em 1936, foi provado que o 7-deidrocolesterol (um pré-hormônio natural encontrado na pele) se transformava em vitamina D com a irradiação ultravioleta. Em 1968, conclui-se que a forma metabolicamente ativa era na verdade o 1,25-diidroxicolecalciferol [1,25-(OH)2D3] e desde então outros metabólitos têm sido encontrados.

A forma ativa é essencial para o crescimento e o desenvolvimento normais e importantes na formação de dentes e ossos. Acredita-se que induza à formação de proteínas transportadoras de cálcio e fósforo. Tem papel na manutenção dos níveis séricos de cálcio e fósforo para possibilitar a mineralização óssea. O 1,25-(OH)2D3 tem ainda as seguintes funções: estimular a absorção ativa do cálcio; estimular o sistema de transporte ativo de fosfato no intestino; mobilizar o cálcio e o fosfato do osso para manter os níveis séricos de cálcio e fósforo adequados; aumentar a reabsorção renal de cálcio e fosfato.

Absorção, transporte, armazenamento e biodisponibilidade

A vitamina D pode ser adquirida pré-formada pela ingestão ou pela exposição ao sol. É formada no organismo pela ação da luz solar (raios ultravioleta) sobre o 7-deidrocolesterol na pele; seria mais correto chamá-la pró-hormônio, já que o metabólito ativo é um hormônio.

É absorvida no intestino com os lipídios, auxiliada pela bile. É transportada na corrente sanguínea ligada à proteína plasmática de ligação da vitamina D (PLD) até o fígado e transformada na forma ativa.

O 1,25-(OH)2D3 é um hormônio esterol formado a partir da vitamina D (colecalciferol), após a hidroxilação no fígado (no carbono 25) e nos rins (no carbono 1). A vitamina D é armazenada no fígado, na pele, no cérebro e nos ossos.

Como a vitamina D é lipossolúvel, quando ingerida, é incorporada aos quilomícrons e absorvida pelo sistema linfático. O local de absorção é maior no intestino delgado e estima-se que cerca de 80% da vitamina D seja absorvida. Portanto, pode-se considerar que não haja problemas de biodisponibilidade em indivíduos saudáveis com ingestão adequada de lipídios.

Fontes alimentares, deficiência e alta ingestão

As principais fontes dietéticas de vitamina D são os alimentos do grupo do leite, queijo e iogurte (Tabela 4.21). A deficiência pode ser observada em indivíduos que tenham muito pouca exposição ao sol ou que apresentem alterações no metabolismo lipídico. Em adultos, leva à osteomalacia, caracterizada por desmineralização da matriz orgânica do osso, resultando em ossos fracos, sensíveis à pressão, fraqueza em músculos proximais e aumento da frequência de fraturas. Em idosos, o estado nutricional deficiente de vitamina D pode ser responsável pela menor absorção do cálcio e consequente efeito no desenvolvimento de osteoporose na pós-menopausa. Em crianças, a deficiência causa o raquitismo.

TABELA 4.21 – Conteúdo de vitamina D em alimentos considerados fonte (100 g e medida usual).

Alimento	QT de vitamina D em 100 g (mcg)	Medida usual	QT de vitamina D na medida usual (mcg)
Leite integral longa vida	1,00	1 copo (270 g)	2,70
Leite em pó integral	8,30	2 colheres de sopa (26 g)	2,16
Queijo muçarela	0,70	3 fatias (45 g)	0,33

(continua)

TABELA 4.21 – Conteúdo de vitamina D em alimentos considerados fonte (100 g e medida usual). *(continuação)*

Alimento	QT de vitamina D em 100 g (mcg)	Medida usual	QT de vitamina D na medida usual (mcg)
Queijo prato	0,90	1 ½ fatia (30 g)	0,27
Coxão mole	0,30	1 bife (90 g)	0,27
Fígado bovino (cozido)	0,29	1 bife (100 g)	0,29
Ovo de galinha inteiro	1,30	2 unidades (100 g)	1,30
Ostra cozida	16,05	1 porção (90 g)	14,44
Camarão cozido	3,58	5 unidades grandes (100 g)	3,58
Salmão	11,83	1 filé (100 g)	11,83
Atum fresco	5,38	1 filé (100 g)	5,38
Linguado cozido	1,50	1 filé (100 g)	1,50
Pescada frita	1,68	1 filé (80 g)	1,34
Bacalhau seco	5,13	1 porção (100 g)	5,13
Óleo de fígado de bacalhau	34,0	1 colher de sopa (13,5 g)	183,60

Fonte: Philippi (2002); Hands (2000).

Recomendações nutricionais

Apenas AI e UL foram determinadas para vitamina D. A AI deve ser usada como meta de ingestão individual e representa a quantidade que terá de ser ingerida, com objetivo também de manter as concentrações sanguíneas de cálcio e fósforo (Tabela 4.17). As recomendações da WHO/FAO (2004) estabelecem 5 mcg/dia de vitamina D para adultos e 10 mcg/dia para idosos. As DRI são semelhantes, com a diferença de que, a partir dos 71 anos, as recomendações aumentam para 15 mcg/dia.

VITAMINA B2 (RIBOFLAVINA)

Definição, funções, propriedades e estrutura química

A vitamina B2 recebeu este nome em 1935 quando foi sintetizada. Pertence ao grupo de pigmentos fluorescentes amarelos denominados flavina.

É associada ao ácido fosfórico para tornar-se parte da estrutura da flavina mononucleotídeo (FMN) e flavina adenina dinucleotídeo (FAD), as quais são coenzimas das flavoproteínas que catalisam reações de óxido-redução nas células. Também está envolvida na ativação da vitamina B6 e na conservação do ácido fólico e das coenzimas.

Absorção, transporte, armazenamento e biodisponibilidade

Na cocção e no processamento de alimentos, perde-se pouca vitamina B2. Leite em recipientes transparentes e frutas secas perdem riboflavina pela exposição à luz solar. É absorvida no intestino delgado, transportada pelo sangue para os tecidos e excretada na urina.

Uma pequena quantidade de riboflavina proveniente da dieta encontra-se na forma livre e está presente principalmente na coenzima FAD e em menor quantidade na FMN, que está ligada a proteínas.

Para ocorrer a absorção da riboflavina, primeiramente o meio ácido do estômago propicia a liberação das coenzimas das proteínas, as coenzimas livres (FAD e FMN) deverão ser hidrolisadas para liberação da riboflavina. Essa hidrólise é catalisada por fosfatases presentes nas células em borda de escova dos enterócitos. A absorção da riboflavina acontece predominantemente por transporte ativo no intestino delgado proximal. Existe absorção adicional em quantidades muito menores. A riboflavina é excretada por via urinária e está relacionada à quantidade de ingestão.

A riboflavina irá para o plasma a partir do intestino delgado na forma livre e como FMN. A riboflavina livre é transportada no plasma pela albumina e por certas imunoglobulinas, como também ligada às coenzimas das flavoproteínas.

Fontes alimentares, deficiência e alta ingestão

Os leites e produtos lácteos (Tabela 4.22) apresentam quantidades de riboflavina livre relacionada a ligadores proteicos específicos, que é uma forma facilmente hidrolisada, portanto têm uma boa digestibilidade.

TABELA 4.22 – Conteúdo de vitamina B2 em alimentos considerados fonte (100 g e medida usual).

Alimento	QT de vitamina B2 em 100 g (mg)	Medida usual	QT de vitamina B2 na medida usual (mg)
Leite de vaca integral	0,24	1 copo (170 g)	0,41
Leite desnatado	0,26	1 copo (170 g)	0,44
Leite em pó integral	1,03	2 colheres de sopa (26 g)	0,27
Leite de cabra	0,14	1 copo (170 g)	0,24
Iogurte natural	0,22	1 copo (185 g)	0,41
Iogurte desnatado	0,22	1 copo (185 g)	0,41
Queijo minas	0,25	1 fatia (30 g)	0,07
Queijo muçarela*	0,24	2 fatias (30 g)	0,07
Queijo prato*	0,39	1 ½ fatia (30 g)	0,12
Queijo provolone*	0,32	1 fatia (35 g)	0,11
Amêndoa	0,16	10 unidades (100 g)	0,16
Espinafre refogado	0,13	2 ½ colheres de sopa (67 g)	0,09
Fígado bovino (cozido)	2,69	1 bife (100 g)	2,69
Fígado de galinha (cru)	0,56	2 colheres de sopa (50 g)	0,28
Sardinha em conserva	0,42	2 unidades (100 g)	0,42
Ovo de galinha inteiro cru	0,58	2 unidades (100 g)	0,58

* Nepa/Unicamp (2006).

Fonte: Philippi (2002); Nepa/Unicamp (2006).

A deficiência de B2 é relativamente comum, embora não haja uma doença específica que possa ser atribuída a ela. A deficiência é caracterizada por lesões nos cantos da boca e lábios, descamação dolorosa na língua, deixando-a vermelha, seca e trófica, e dermatite seborreica, afetando partes nasolabiais, com anormalidades de pele ao redor da vulva e do ânus. É preciso uma ingestão insuficiente por vários meses para que apareçam os sinais de deficiência, que se caracterizam por queilose (inflamação dos lábios) e estomatite angular (rachaduras na pele do canto da boca).

As lesões da boca podem responder tanto à riboflavina como à vitamina B6. Pode também haver conjuntivite com vascularização da córnea e opacidade do cristalino; este último é a única lesão da arriboflavinose em que bases bioquímicas são conhecidas.

O principal efeito da deficiência em riboflavina ocorre no metabolismo lipídico. Uma alimentação rica em lipídios provoca redução marcante no crescimento e maior necessidade de riboflavina para restaurá-lo. A deficiência de B2, algumas vezes, pode estar associada à anemia hipocrômica microcítica, como resultado da absorção diminuída de ferro nestas condições. A depleção de B2 também diminui a oxidação de vitamina B6 alimentar para piridoxal. Na deficiência de B2, pode haver também alterações no metabolismo do triptofano.

Recomendações nutricionais

A RDA da vitamina B2 foi determinada por estudos de excreção urinária de vitamina e metabólitos, das dosagens de B2 sanguínea e do coeficiente de atividade da glutationa redutase eritrocitária, considerando diferentes níveis de ingestão. Determinou-se um RDA maior para gestantes pelo gasto adicional com o crescimento dos compartimentos materno/fetal e ligeiro aumento no gasto energético (Tabela 4.18). As recomendações segundo a WHO/FAO (2004) são maiores que as DRI: 1,1 mg/dia para adultos e 1,3 mg/dia para idosos.

REFERÊNCIAS

[ABLV] ASSOCIAÇÃO BRASILEIRA DO LEITE LONGA VIDA. Disponível em: <http://www.ablv.org.br> Acesso em: abril de 2018.

ABARGOUEI, A. S. et al. Effect of dairy consumption on weight and body composition in adults: a systematic review and meta-analysis of randomized controlled clinical trials. *International journal of obesity*, v. 36, n. 12, p. 1485-1493, 2012.

BARON, J. A. Calcium supplements and colorectal adenomas. Polyp Prevention Trial Study Group. *Annals of the New York Academy of Sciences*, Nova York, v. 889, p.138-145, 1999.

BERG, J. M. et al. *Bioquímica*. 5. ed. Rio de Janeiro: Guanabara Koogan, 2004.

BONITHON-KOPP, C. Calcium and fibre supplementation in prevention of colorectal adenoma recurrence: a randomised intervention trial. European Cancer Prevention Organization Study Group. *Lancet*, Londres, v. 356, p. 1300-1306, 2000.

BOURRIE, B. C.; WILLING, B. P.; COTTER, P. D. The microbiota and health promoting characteristics of the fermented beverage kefir. Frontiers in microbiology, v. 7, p. 647, 2016.

BRASIL. Ministério da Saúde. *Guia alimentar para a população brasileira*. Brasília: Ministério da Saúde, 2014.

BULTINK, I. E. M.; LEMS, W. F. Osteoarthritis and osteoporosis: what is the overlap? Curr Rheumatol Rep, v. 15, n. 5, p. 328, 2013.

CARDOSO, M. A. *Nutrição humana*. Rio de Janeiro: Guanabara Koogan, 2006.

CÉCILE, B.; CLAIRE, G.; DANIEL, T. Nutritional and physiological criteria in the assessment of milk protein quality for humans. *Journal of the American College of Nutrition*, Nova York, v. 19, p. 191S-205S, 2000.

CHEN, M. et al. Effects of dairy intake on body weight and fat: a meta-analysis of randomized controlled trials. *The American Journal of Clinical Nutrition*, v. 96, n. 4, p. 735-747, 2012.

COMMITTEE ON NUTRITION, AMERICAN ACADEMY OF PEDIATRICS. Hypoallergenic infant formulas. *Pediatrics*, Evanstone, v. 106, p. 346-349, 2000.

COSMAN, F.; DE BEUR, S. J.; LEBOFF, M. S.; LEWIECKI, E. M.; TANNER, B.; RANDALL, S.; LINDSAY, R. National Osteoporosis Foundation. Clinician's Guide to Prevention and Treatment of Osteoporosis. *Osteoporosis International*, v. 25, p. 2359–2381, 2014.

COZZOLINO, S. M. F. *Biodisponibilidade de nutrientes*. Barueri: Manole, 2005.

CRITTENDEN, R. G.; BENNETT, L. E. Cow's milk allergy: a complex disorder. *J Am Coll Nutr.*, Nova York, v. 24 (6 Suppl), p. 582S-91S, 2005.

CUNNINGHAM-RUNDLES, S. Nutrition and the mucosal immune. *Curr Opin Gastroenterol*, Filadélfia, v. 17, n. 2, p. 171-176, 2001.

DICKINSON, H. O. et al. Calcium supplementation for the management of primary hypertension in adults. *Cochrane Database Syst Rev.*, (2), p.CD004639, 2006.

DOUGKAS, A. et al. Associations between dairy consumption and body weight: a review of the evidence and underlying mechanisms. *Nutrition Research Reviews*, v. 24, n. 1, p. 72-95, 2011.

DROUIN-CHARTIER, J. P. et al. Systematic review of the association between dairy product consumption and risk of cardiovascular-related clinical outcomes. *Advances in Nutrition: an International Review Journal*, v. 7, n. 6, p. 1026-1040, 2016.

FRANCESCHINI, S. C. C.; PRIORE, S. E.; EUCLYDES, M. P. Necessidades e recomendações de nutrientes. In: CUPPARI, L. *Nutrição clínica do adulto*. Barueri: Manole, 2005.

FRENHANI, P. B.; BURINI, R. C. Mecanismos de absorção de aminoácidos e oligopeptídeos. *Arq. Gastroenterol*, São Paulo, 36, p. 227-237, 1999.

FRIED, M. D. et al. Decrease in gastric emptying time and episodes of regurgitation in children with spastic quadriplegia fed a whey-based formula. *J Pediatr*, St. Lovis, v. 120, p. 569-572, 1992.

GEDALIA, I. Dental caries protection with hard cheese consumption. *American Journal of Dentistry*, San Antonio, v. 7, p. 331-332, 1994.

GIBNEY, M. J.; VORSTER, H. H.; KOK, F. J. *Introdução à nutrição humana*. Rio de Janeiro, Guanabara Koogan, 2005.

HANDS, E. S. *Nutrients in foods*. Philadelphia: Lippincott Williams & Wilkins, 2000.

HILIGSMANN, M. et al. A scoping review of the public health impact of vitamin D-fortified dairy products for fracture prevention. *Archives of Osteoporosis*, v. 12, n. 1, p. 57, 2017.

HILL, D. et al. Recent advances in microbial fermentation for dairy and health. *F1000Research*, p. 6, 2017.

HEYMAN, M.; DESJEUX, J. F. Significance of intestinal food protein transport. *J Pediatr Gastroenterol Nutr*, Nova York, v. 15, p. 48-57, 1992.

HUTH, P. J.; DIRIENZO, D. B.; MILLER, G. D. Major scientific advances with dairy foods in nutrition and health. *J Dairy Sci*, Champaign, v. 89, p. 1207-1221, 2006.

[IOM] INSTITUTE OF MEDICINE. *Dietary Reference Intakes for calcium, phosphorus, magnesium, vitamin D, and fluorid*. Washington, D.C.: National Academic Press, 1997.

______. *Dietary Reference intakes for vitamin A, vitamin K, arsenic, boron, chromium, copper, iodine, iron, manganese, molybdenum, nickel, silicon, vanadium and zinc*. Washington: National Academy Press, 2000.

______. *Dietary Reference Intakes for energy, carbohydrate, fiber, fat, fatty acids, cholesterol, protein, and amino acids*. Washington D.C.: National Academic Press, 2002.

ISO, H. et al. Prospective study of calcium, potassium, and magnesium intake and risk of stroke in women. *Stroke*, Dallas, v. 30, p. 1772-1779, 1999.

KANIS, J. A. et al. European guidance for the diagnosis and management of osteoporosis in postmenopausal women. *Osteoporosis International*, v. 24, n. 1, p. 23-57, 2013.

KEUM, N. et al. Calcium intake and colorectal cancer risk: Dose–response meta-analysis of prospective observational studies. *International Journal of Cancer*, v. 135, n. 8, p. 1940-1948, 2014.

LANOU, A. J.; BERKOW, S. E. BARNARD, N. D. Calcium, dairy products, and bone health in children and young adults: a reevaluation of the evidence. *Pediatrics*, Evanston, v. 115, n. 3, p. 736-743, 2005.

LANOU, A. J., BARNARD, N. D. Dairy and weight loss hypothesis: an evaluation of the clinical trials. *Nutrition Reviews*, v. 66, n. 5, p. 272-279, 2008.

LING, F. W. Recognizing and treating premenstrual dysphoric disorder in the obstetric, gynecologic and primary care practices. *J Clin Psychiatry*, Memphis, v. 61, p. 9-16, 2000.

LÖNNERDAL, B. Nutritional and physiologic significance of human milk proteins. *Am. J. Clin. Nutr*, Bethesda, v. 77, p. 1537S-43S, 2003.

LOUIE, J. C. Y. et al. Dairy consumption and overweight and obesity: a systematic review of prospective cohort studies. *Obesity Reviews*, v. 12, n. 7, p. e582-e592, 2011.

MAHAN, L. K. *Krause: alimentos, nutrição e dietoterapia*. 11.ed. São Paulo: Roca, 2005.

MARTIN, E. M. et al. Adverse reactions to cow's milk proteins. *Allergol Immunopathol*, Madri, v. 26, n. 4, p. 171-194, 1998.

MASSEY, L. K. Dairy food consumption, blood pressure and stroke. *J Nutr*, Filadélfia, v. 131, p. 1875-1878, 2001.

MCGREGOR, R. A.; POPPITT, S.D. Milk protein for improved metabolic health: a review of the evidence. *Nutrition & Metabolism*, v. 10, n. 1, p. 46, 2013.

MILLER, G.D. et al. Benefits of dairy product consumption on blood pressure in humans: a summary of the biomedical literature. *J Am Coll Nutr*, Nova York, v. 19, p. 147S-164S, 2000.

MINISTÉRIO DA AGRICULTURA, PECUÁRIA E ABASTECIMENTO. Gabinete do Ministro. Instrução Normativa n. 62; de 29 de dezembro de 2011. Disponível em: <http://www.apcbrh.com.br/files/IN62.pdf>. Acesso em: abril de 2018.

MOYNIHAN, P. J.; FERRIER, S.; JENKINS, G. N. The cariostatic potential of cheese: cooked cheese-containing meals increase plaque calcium concentration. *British Dental Journal*, Londres, v. 187, p. 664-667, 1999.

MOZAFFARIAN, D. et al. Changes in diet and lifestyle and long-term weight gain in women and men. *New England Journal of Medicine*, v. 364, n. 25, p. 2392-2404, 2011.

NELSON, D. L.; COX, M. M. *Lehninger principles of biochemistry*. 3. ed. Nova York: Worth Publishers, 2000.

[NEPA/UNICAMP] NÚCLEO DE ESTUDOS E PESQUISAS EM ALIMENTAÇÃO/ UNIVERSIDADE ESTADUAL DE CAMPINAS. Tabela brasileira de composição dos alimentos (Taco). Versão II, 2.ed. Campinas, 2006.

NUTRITION DATA. Disponível em: <http://www.nutritiondata.com> Acesso em: abril de 2018.

NUTRITIONAL ASPECTS OF THE DEVELOPMENT OF CANCER. Report of the working group on diet and cancer of the committee on medical aspects of food and nutrition policy. Londres. The Stationery Office, 1998 (*Report on Health and Social Subjects*, n.48).

PASQUI, F. et al. Adverse food reaction and functional gastrointestinal disorders: role of the dietetic approach. *J Gastrointestin Liver Dis*, v. 24. n. 3, p. 319-327, 2015.

PENLAND, J. G.; JOHNSON, P. E. Dietary calcium and manganese effects on menstrual cycle symptoms. *Am J Obstet Gynecol.*, St. Louis, v. 168, p. 1417, 1993.

PETSCHOW, B. W.; TALBOTT, R. D. Growth promotion of Bifidobacterium species by whey and casein fractions from human and bovine milk. *J Clin Microbiol*, Washington, v. 28. n. 6, p. 287-292, 1990.

PHILIPPI, S. T. *Tabela de composição de alimentos: suporte para a decisão nutricional*. Brasília; Coronário, 2002.

________. *Nutrição e técnica dietética*. 2. ed. Barueri: Manole, 2005.

POWER, M. et al. The role of calcium in health and disease. *Am J Obstet Gynecol*, St. Louis, p.1560-9, 1999.

POWERS, H .J. Riboflavin (vitamin B2) and health. *Am J Clin Nutr*, Bethesda, v. 77, n. 6, p. 1352-1360, 2003.

[RDA] RECOMMENDED DIETARY ALLOWANCES. *National research council*. 10.ed. Washington D.C.: National Academy Press, 1989.

RIBEIRO, E. P.; SERAVALLI, E. A. G. *Química dos alimentos*. São Paulo, Edgard Blucher, 2004.

ROZENBERG, S. et al. Effects of dairy products consumption on health: benefits and beliefs – a commentary from the belgian bone club and the european society for clinical and economic aspects of osteoporosis, osteoarthritis and musculoskeletal diseases. *Calcif Tissue Int.*, v. 98, n. 1, p. 1-17, 2016.

RUGG-GUNN, A. J. The effect of different meal patterns upon plaque pH in human subjects. *British Dental Journal*, v. 139, p. 351-356, 1975.

SAAD, S. M. I. Probióticos e prébióticos: o estado da arte. *Revista Brasileira de Ciências Farmacêuticas*, São Paulo, v. 42, n. 1, p. 1-16, 2006.

SALINAS, R. D. *Alimentos e nutrição*. São Paulo: Artmed, 2002.

SGARBIERI, V. C. *Proteínas em alimentos proteicos: propriedades, degradações, modificações.* São Paulo: Varela, 1996.

______. Propriedades físiológicas funcionais das proteínas do soro do leite. *Rev Nut*, Campinas, v. 17, n. 4, p. 397-409, 2004.

SHILS, M. E. et al. *Tratado de nutrição moderna na saúde e na doença*. 9. ed. v. 1 Barueri: Manole, 2003.

THYS-JACOBS, S.; CECCARELLI, S.; BIERMAN, A. Calcium supplementation in premenstrual syndrome: a randomized crossover trial. *J Gen Intern Med.*, Filadélfia, v. 4, p. 183, 1989.

THYS-JACOBS, S.; STARKEY, P.; BERNSTEIN, D. Calcium carbonate and the premenstrual syndrome: effects on premenstrual and menstrual symptoms. *Am J Obstet Gynecol.*, St. Louis, v. 179, p. 444, 1998.

TIRAPEGUI, J. *Nutrição: fundamentos e aspectos atuais*. São Paulo: Atheneu, 2002.

USA. Department of Health and Human Services. US Department of Agriculture. *Dietary Guidelines for Americans 2005*. Disponível em: <https://health.gov/dietaryguidelines/>. Acesso em: abril de 2018.

WINZENBERG, T. J. et al. Calcium supplements in healthy children do not affect weight gain, height, or body composition. *Obesity*, v. 15, n. 7, p. 1789-1798, 2007.

[WHO] WORLD HEALTH ORGANIZATION. Energy and protein requeriments. Report of a join FAO/WHO/UNU Expert Consultation. *Technical Report Series 724*, Genebra, World Health Organization, 1985.

[WHO/FAO] WORLD HEALTH ORGANIZATION/FOOD AND AGRICULTURE ORGANIZATION. *Diet, nutrition and prevention of chronic diseases*. Genebra, 2003. Report of the joint WHO/FAO expert consultation. Technical Report Series, 916.

______. Vitamin and mineral requirements in human nutrition. 2.ed. Geneve, 2004.

5

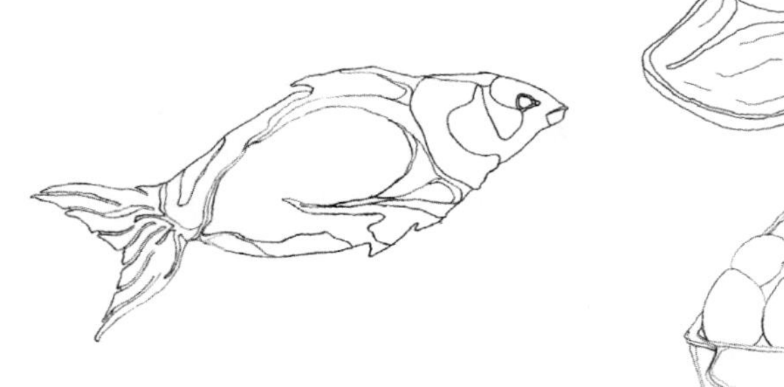

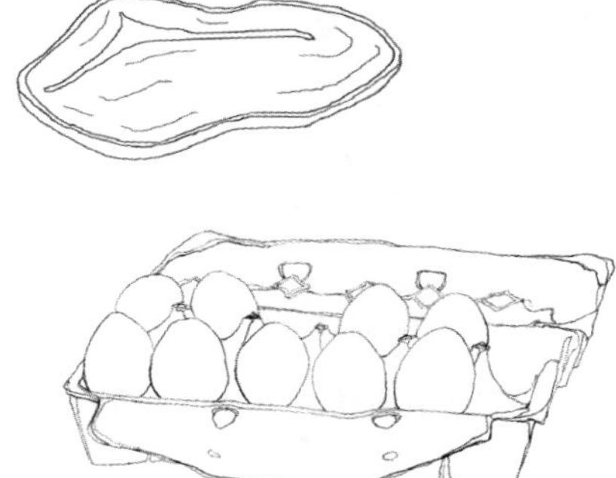

GRUPO DAS CARNES E OVOS

Nutrientes descritos no capítulo

Proteínas, ferro, cobre, cromo, zinco, vitaminas B6 e B12, niacina e biotina

Cristiane Cominetti
Carla Cristina de Morais
Maritsa Carla de Bortoli
Silvia Maria Franciscatto Cozzolino

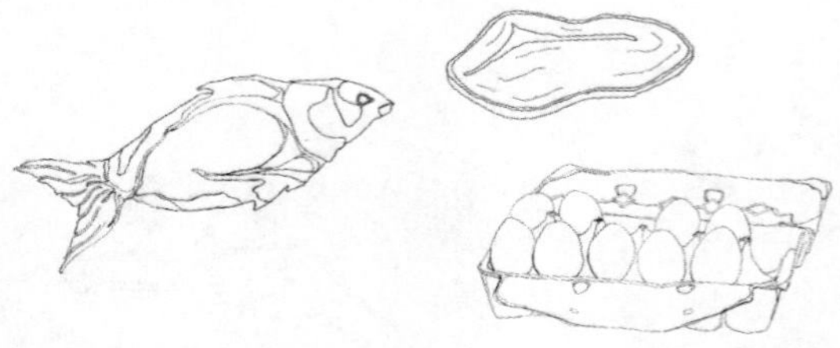

SUMÁRIO

INTRODUÇÃO

O grupo das carnes e ovos está representado no terceiro nível da Pirâmide dos Alimentos, acima dos grupos das frutas e dos legumes e verduras, abaixo dos grupos dos óleos e gorduras e dos açúcares e doces, e ao lado dos grupos do leite, queijos e iogurtes e dos feijões e oleaginosas. Esse grupo é composto por alimentos-fonte de proteínas de alto valor biológico, também conhecidas como "proteínas completas". As proteínas contidas em alimentos de origem animal, principalmente as do ovo, são consideradas padrão de referência em termos de composição de aminoácidos, por possuírem todos os aminoácidos essenciais ao organismo em quantidades balanceadas. Além disso, carnes e ovos fornecem quantidades importantes de nutrientes essenciais, como vitaminas, minerais e ácidos graxos.

As carnes podem ser definidas como o conjunto de tecidos que recobre o esqueleto de animais e apresentam cor e consistência características. Também podem ser entendidas por todas as partes comestíveis de animais, incluindo músculos (com ou sem base óssea), gorduras e vísceras.

Ovos são definidos como corpos unicelulares que se desenvolvem no ovário de animais. São constituídos por protoplasma, vesículas germinativas e envoltórios. Podem ser provenientes de galinhas, patas, codornas, gansas, avestruzes, tartarugas e peixes. Na maioria das vezes, os ovos disponíveis no mercado para consumo são na realidade óvulos, visto que não houve a fecundação.

CLASSIFICAÇÃO E CONSTITUIÇÃO QUÍMICA

Carnes

Uma classificação tradicionalmente utilizada é a divisão em carnes vermelhas e brancas. As primeiras incluem as provenientes de bovinos, búfalos, ovinos, caprinos, suínos, equídeos e coelhos. As carnes brancas mais comuns são as de aves e peixes. Estruturalmente, a carne é composta basicamente de tecido muscular, conjuntivo e adiposo, e a quantidade e as propriedades de cada tecido determinam a qualidade e a maciez do corte.

O tecido muscular é constituído basicamente de fibras, que se agrupam formando feixes, os quais são circundados por tecido conjuntivo cuja função é unir essas fibras musculares. As principais proteínas das fibras musculares (denominadas proteínas miofibrilares) são a actina e a miosina, que estão sobrepostas para possibilitar o deslizamento de uma sobre a outra no momento da contração muscular.

O tecido conjuntivo tem função estrutural e está presente em quantidades variáveis em todos os tipos de cortes de carne. O colágeno e a elastina são os principais constituintes do tecido conjuntivo da carne. O primeiro é responsável, em parte, pela dureza da carne, dependendo da idade do animal. Em animais mais jovens, há mais colágeno; entretanto, ele se desnatura com o cozimento. Já em animais mais velhos, a quantidade de colágeno é menor, mas não se desnatura com o calor, em razão da formação de ligações cruzadas entre as moléculas. As carnes brancas possuem menor quantidade de tecido conjuntivo e, por isso, são mais tenras.

O tecido adiposo funciona como depósito energético e localiza-se principalmente envolvendo órgãos e vísceras, ao redor dos músculos, entre as fibras musculares (intramuscular) e externamente (subcutâneo). A principal função organoléptica da gordura na carne está relacionada à promoção de características sensoriais, como suculência e maciez.

As carnes vermelhas e magras são compostas por aproximadamente 75% de água, menos de 1% de carboidratos, entre 21 e 22% de proteínas, de 1 a 2% de lipídios e cerca de 1% de minerais. Carnes de animais criados em sistemas de pecuária intensiva podem apresentar quantidade de gordura muito mais elevada, em decorrência da confinação e da falta de exercícios. As carnes provenientes de criadores adeptos ao sistema orgânico, por sua vez, apresentam menores teores de resíduos químicos.

A quantidade de energia média fornecida por 100 g de carnes magras preparadas é de 190 kcal; entretanto, podem ocorrer pequenas variações entre diferentes espécies de animais, tanto nas proporções dos constituintes quanto no fornecimento energético. Os lipídios encontrados sob a pele e ao redor de órgãos são, na maioria, triacilgliceróis, e os lipídios presentes dentro da estrutura muscular são, principalmente, fosfolipídios e incluem ácidos graxos de cadeia longa saturados, mono e poli-insaturados. A espécie, a raça, o sexo, a idade e o ambiente influenciam a quantidade e o grau de insaturação da gordura, principalmente a razão entre o ácido graxo oleico (insaturado) e os ácidos graxos palmítico e esteárico (saturados). Produtos industrializados e processados, como embutidos, hambúrgueres e outros, apresentam quantidade maior de gordura. As carnes fornecem também aproximadamente um terço do colesterol alimentar na maioria das dietas ocidentais. O restante é derivado de ovos, leite e produtos lácteos.

Qualidade proteica

Proteínas de boa qualidade são aquelas prontamente digeríveis e que contêm todos os aminoácidos essenciais em quantidades correspondentes às necessidades do ser humano. Quando uma proteína é deficiente em um ou mais aminoácido essencial, este é conhecido como limitante, pois limita o valor nutricional desta proteína. Metionina e cisteína são os aminoácidos limitantes de proteínas de leguminosas. As proteínas de cereais são, em geral, deficientes em lisina e treonina.

A digestibilidade da proteína é outra característica importante na determinação do valor nutricional. A proteína da carne tem valor biológico elevado pela disponibilidade em aminoácidos essenciais e também pela digestibilidade. Entretanto, o colágeno, que responde por cerca de 30% do conteúdo total da proteína de tecidos animais, é deficiente em triptofano. A digestibilidade da fração proteica de alimentos de origem animal é superior a 95%. Podem ocorrer pequenas variações nos teores de proteínas dependendo dos cortes de carne, da idade, da alimentação, do sexo e da raça do animal. As proteínas de origem vegetal apresentam digestibilidade menor, abaixo de 80%, sendo que algumas podem apresentar valores de aproximadamente 60%.

A carne de pescados também é composta por proteínas de alto valor nutritivo, porque também contém proporção adequada de aminoácidos essenciais. A qualidade da proteína de pescados varia em razão da proporção de fibras musculares de cada espécie. A queratina é a principal proteína da pele e de escamas dos peixes e apresenta biodisponibilidade reduzida. O tecido gelatinoso que se forma durante a cocção de peixes não contém triptofano e apresenta baixa concentração de aminoácidos sulfurados.

A Tabela 5.1 apresenta as quantidades (em mg/100 g) de aminoácidos essenciais em alimentos do grupo de carnes e ovos. A Food and Agriculture Organization of the United Nations (FAO) recomenda utilizar como método de rotina mais apropriado para avaliar a qualidade da proteína de um alimento a contagem (escore) de aminoácidos (baseada na quantidade do aminoácido limitante) corrigida pela digestibilidade real da proteína (determinada pelo método de balanço em ratos).

Ovos

Comercialmente, os ovos de galinha podem ser classificados de acordo com a cor da casca. Nesse sentido, há dois tipos: os de casca branca e os de casca marrom. Essa característica depende da raça das galinhas e é controlada por genes que regulam a deposição de pigmentos derivados do anel de porfirina do heme. Entretanto, em termos qualitativos, não há diferenças significativas entre os dois tipos. Os ovos de galinha ainda podem ser classificados de acordo com o peso em: industriais (< 42 g), pequenos (43 a 49 g), médios (50 a 54 g), grandes (55 a 62 g), extras (63 a 72 g) e jumbos (> 73 g).

Os ovos de pata são um pouco maiores em relação aos de galinha, pesando em média 70 gramas. Comparando-se os dois tipos de ovos (em 100 g do alimento fresco), o ovo de pata é mais calórico (185 x 147 kcal), possui mais gordura total (13,8 x 9,9 g) e colesterol (884 x 423 mg). Entretanto, também apresenta mais minerais e vitaminas.

Os ovos de avestruz são constituídos por uma casca semelhante à porcelana de cor branca, bege ou creme, com 2 mm de espessura, e suportam grandes pressões (mais de 150 kg). O tamanho dos ovos depende da idade e da espécie da fêmea, mas em geral medem cerca de 13 x 16 cm, pesam entre 750 e 1.600 g e equivalem a aproximadamente 24 ovos de galinha. Em relação à composição nutricional, são muito semelhantes aos ovos de galinha; apresentam menor teor de gordura e maior quantidade de aminoácidos essenciais.

Nos ovos de galinha, a clara representa aproximadamente 57% do peso total. Esta, por sua vez, apresenta 88% de água e 20% de proteínas na composição. A principal proteína da clara do ovo é a ovoalbumina (54% do conteúdo proteico total). Outras proteínas da clara incluem a ovotransferrina (12%), a ovomucoide (11%), a ovoinibidor (1,5%), a ovomucina (12%), a lisozima (3,4%), a ovoglicoproteína (1%), a ovoflavoproteína (0,8%), a ovomacroglobulina (0,5%) e a avidina (0,5%). Gema e casca respondem por 31 e 12% do conteúdo do ovo, respectivamente. A gema é composta por lipídios e proteínas em proporções semelhantes. Há uma mistura complexa de proteínas formada por glicoproteínas, fosfoglicoproteínas, lipoproteínas e fosfoglicolipoproteínas. Carboidratos são os nutrientes que aparecem em menor quantidade e podem ocorrer na forma livre ou conjugada, geralmente ligados a proteínas e lipídios.

A cor da gema é dependente do conteúdo de carotenoides provenientes dos alimentos ou adicionados à ração das aves, em que criações extensivas (ovos tipo caipira) podem apresentar alimentação mais rica em carotenoides, o que contribui para a diferença de tonalidade da gema.

Ovos são importantes fontes de vários nutrientes, principalmente proteínas de alto valor biológico, lipídios, vitaminas e minerais. Além disso, fornecem também ácidos graxos insaturados. Um ovo de 50 g possui aproximadamente 5 g de lipídios totais, dos quais 1,45 g são ácidos graxos saturados, 2 g são monoinsaturados e 0,5 g são poli-insaturados. A proporção média de ácidos graxos insaturados para ácidos graxos saturados é de 0,33. Na gema, a proporção de ácido graxo linoleico (ômega 6) e ácido graxo alfa-linolênico (ômega 3) é de cerca de 0,6 e 1,2%, respectivamente. Atualmente, existe no mercado a opção dos ovos de galinha enriquecidos com ômega 3, quando a alimentação das aves apresenta quantidades maiores de ácidos graxos poli-insaturados. Além disso, vários componentes biologicamente ativos são encontrados nos ovos, entre eles, compostos com propriedades antimicrobianas, antiadesivas, imunomoduladoras, anticarcinogênicas, anti-hipertensivas e antioxidantes. Algumas propriedades dessas substâncias estão descritas nas Tabelas 5.2 e 5.3.

TABELA 5.1 – Perfil de aminoácidos essenciais (mg/100 g de alimento), incluindo histidina e arginina, de alimentos do grupo das carnes e dos ovos.

Alimento	Proteína (g)	Isoleucina (mg)	Lisina (mg)	Leucina (mg)	Metionina (mg)	Fenilalanina (mg)	Valina (mg)	Triptofano (mg)	Treonina (mg)	Histidina (mg)	Arginina (mg)
Carne bovina moída cozida com 20% gordura	25,2	1.120	2.084	1.968	641	992	1.242	118	967	809	1.665
Fígado bovino cozido	26,5	1.233	2.048	2.435	692	1.382	1.606	335	1.108	802	1.582
Peito de frango sem pele grelhado/cozido	29,0	1.530	2.462	2.175	802	1.150	1.437	339	1.224	900	1.748
Coxa de frango sem pele grelhada/cozida	27,5	1.452	2.337	2.064	761	1.091	1.364	321	1.162	854	1.659
Costeleta de porco refogada	29,1	1.361	2.613	2.332	769	1.160	1.577	369	1.327	1.161	1.806
Lombo de porco assado (magro)	27,6	1.290	2.477	2.210	729	1.100	1.495	350	1.258	1.101	1.713
Salame italiano (porco)	21,7	1.084	1.878	1.625	470	940	1.120	253	1.012	614	1.373
Linguiça defumada sem pele (frango, boi, porco)	13,6	613	1.092	1.044	334	519	661	145	565	426	855
Presunto de porco magro cozido	25,6	1.120	2.166	2.027	675	1.103	1.107	307	1.136	914	1.661
Carne de pato cozida/assada	23,5	1.206	2.009	1.983	635	984	1.228	327	1.003	620	1.499
Carne de peru cozida/assada	26,6	1.297	2.356	2.028	731	1.029	1.365	288	1.145	778	1.887
Costela de cordeiro assada	21,1	1.019	1.865	1.642	542	860	1.139	247	904	669	1.254
Peixe (tilápia cozida)	26,1	1.220	2.315	2.040	766	1.050	1.280	265	1.156	585	1.590

(continua)

TABELA 5.1 – Perfil de aminoácidos essenciais (mg/100 g de alimento), incluindo histidina e arginina, de alimentos do grupo das carnes e dos ovos. *(continuação)*

Alimento	Proteína (g)	Isoleucina (mg)	Lisina (mg)	Leucina (mg)	Metionina (mg)	Fenilalanina (mg)	Valina (mg)	Triptofano (mg)	Treonina (mg)	Histidina (mg)	Arginina (mg)
Atum enlatado em óleo comestível	29,1	1.342	2.675	2.368	862	1.137	1.501	326	1.277	858	1.743
Salmão rosa cozido	25,6	1.178	2.348	2.078	757	998	1.317	286	1.121	753	1.530
Camarão cozido no vapor	20,9	1.014	1.820	1.659	589	883	983	291	846	425	1.184
Lagosta cozida no vapor	20,5	994	1.784	1.627	577	866	964	285	830	417	1.791
Bacalhau cozido	22,8	1.052	2.097	1.856	676	891	1.176	256	1.001	672	1.366
Molusco cozido no vapor	25,5	1.112	1.909	1.798	576	915	1.116	286	1.099	490	1.864
Ostra crua	5,2	227	390	368	118	187	228	59	225	100	381
Ovo de galinha inteiro cozido	12,6	686	604	1.075	392	668	767	153	604	298	755
Ovo de codorna inteiro cru	13,1	816	881	1.146	421	737	940	209	641	315	835

Fonte: Nutrition Data (2014).

CARACTERÍSTICAS SENSORIAIS DAS CARNES

Aspectos relacionados à qualidade das carnes devem sempre ser observados. As principais características sensoriais das carnes incluem cor, sabor, odor, suculência e maciez:

- A cor é considerada o principal aspecto em termos de comercialização da carne, considerando o apelo visual. Entre os fatores que afetam a cor da carne está a idade, o sexo, a quantidade de músculo e de atividade física do animal. De maneira geral, a cor adequada para a carne é o vermelho brilhante e a substância que determina essa cor é a mioglobina. Alguns problemas, principalmente relacionados ao estresse no momento do abate do animal, podem acarretar alterações na coloração das carnes.
- O sabor e o odor de uma carne podem ser avaliados em conjunto e aumentar com o avanço da idade do animal. O sabor depende também da quantidade e do tipo de gordura presentes em cada espécie e o principal problema relacionado é a rancificação da gordura. O sabor pode ainda ser alterado pelas técnicas de preparo, sendo que a temperatura e o tempo de cozimento podem influenciá-lo.
- A suculência da carne está relacionada à capacidade de retenção de água e é influenciada tanto pelo tempo de congelamento como pela forma e tempo de preparo. Carnes que atingem temperatura interna mais rapidamente são mais suculentas (até 70°C). A suculência é mantida pelo teor de gordura, que estimula a salivação e lubrifica o bolo mastigatório; portanto, carnes de animais muito jovens ou com pouco teor de gordura podem ser menos suculentas.
- A maciez da carne é o principal atributo apreciado pelo consumidor. Alguns fatores podem influenciar a maciez de uma carne, entre eles a genética, a fisiologia, o manejo, a alimentação do animal, o uso de processos de amaciamento e as alterações causadas em decorrência do resfriamento da carne. A maciez da carne também depende da temperatura e da velocidade de cozimento. Carnes bem cozidas são mais rígidas em decorrência da coagulação de proteínas, processo denominado "endurecimento proteico". Algumas substâncias podem ser utilizadas para promover o amaciamento artificial da carne, entre elas vinagre, suco de limão, sal e algumas enzimas como a papaína (do mamão), a bromelina (do abacaxi) e a ficina (do figo). Estas últimas têm ação amaciadora bastante eficaz, tanto sobre as proteínas do músculo, como as do tecido conjuntivo, principalmente o colágeno.

Fonte: Embrapa gado de corte (1999).

CUIDADOS COM A MANIPULAÇÃO DE OVOS

Ovos frescos, limpos, provenientes de galinhas saudáveis e manipulados de maneira higiênica, constituem ótimas fontes de nutrientes essenciais. Entretanto, como são produtos perecíveis, podem sofrer alterações prejudiciais à qualidade. Para evitar a contaminação por *Salmonella* (bactéria Gram-negativa, causadora de gastroenterites com diarreia, dor de cabeça, febre e dores abdominais), alguns cuidados devem ser seguidos:

- Ao comprar ovos verificar se a embalagem discrimina data de validade, selo de inspeção oficial e dados do produtor, como nome e CNPJ.
- Nunca comprar ovos com a casca suja, quebrada ou trincada.
- Guardá-los, preferencialmente, na geladeira ou em local limpo, seco, fresco e arejado.
- Para o armazenamento, retirar da embalagem original e guardar em recipiente limpo.
- Armazená-los em prateleiras no interior da geladeira – e não na porta –, evitando contato com qualquer alimento que possa contaminar a casca, como carnes e outros produtos crus.
- Consumir sempre antes da data de validade estipulada nas embalagens.
- Lavar os ovos somente no momento de utilizá-los.
- Lavar com água e sabão as superfícies de trabalho, utensílios e mãos antes de manusear o alimento cru e cozido.
- Para o consumo, os ovos devem ser bem fritos ou cozidos.
- O ovo é um alimento perecível e, após o preparo, deve ser conservado em embalagem fechada e sob refrigeração.
- Abrir ovos na borda dos recipientes separados e não onde estes serão utilizados.
- Não separar a clara da gema com a própria casca do ovo.
- Temperaturas elevadas matam as bactérias, por isso é recomendado que todos os alimentos, inclusive o ovo, sejam cozidos. Para o cozimento correto do ovo e a eliminação das bactérias vivas, bastam apenas sete minutos (clara e gema firmes).
- É importante também, para conservar as características sensoriais dos ovos, manter distância de odores estranhos que poderiam alterar o sabor.

Fonte: Instituto de Estudio del Huevo (2006); Silva-Junior (2014).

OVOS *VERSUS* COLESTEROL

Sabe-se que o conteúdo de colesterol de um ovo de galinha inteiro é alto (cerca de 390 mg) e que a maioria dos guias alimentares recomenda a redução na ingestão de colesterol de origem alimentar, visando à redução do risco de doenças cardiovasculares. Entretanto, diversos estudos têm colocado à prova a questão do colesterol proveniente do ovo. A maioria revela que a ingestão de ovos, tanto por crianças, como por adultos jovens e idosos, não afeta de maneira negativa as concentrações sanguíneas de colesterol total e colesterol contido em lipoproteínas de baixa densidade (LDL-c). A falta de associação entre a ingestão de ovos e a prevalência de doenças cardiovasculares pode ser atribuída às diferenças na resposta ao colesterol alimentar entre os indivíduos. Essas diferenças podem variar desde nenhuma resposta, até uma resposta leve ou mais alta nas concentrações séricas de colesterol ou de LDL-c. Cerca de um terço da população é hiper-responsiva ao colesterol, enquanto o restante é hiporresponsiva. Essas diferenças podem ser atribuídas a fatores como sexo, idade, diferenças hormonais, obesidade e, principalmente, a um componente genético caracterizado por variações em genes envolvidos no metabolismo de lipoproteínas, os chamados polimorfismos genéticos. Os estudos que revelam alterações nas concentrações de LDL-c em indivíduos hiper-responsivos mostram também que há aumento concomitante nas concentrações de colesterol contido em lipoproteínas de alta densidade (HDL-c), o que faz com que não haja alterações na razão LDL-c/HDL-c, considerada um dos principais indicadores do risco para desenvolvimento de doenças cardiovasculares. Além disso, o consumo habitual de até dois ovos ao dia tem sido associado à melhora das concentrações de biomarcadores antioxidantes plasmáticos. Dessa forma, o balanço energético, a distribuição de macronutrientes e a composição em micronutrientes da alimentação é determinante no controle do perfil lipídico.

Fonte: Dimarco et al. (2017); Fernandez (2006); Missimer et al. (2017).

TABELA 5.2 – Atividades biológicas de compostos presentes na clara do ovo.

Composto	Atividade
Ovoalbumina	Antibacteriana Anti-hipertensiva Imunomoduladora
Ovotransferrina	Antimicrobiana Antibacteriana Imunomoduladora
Ovomucoide	Inibidor de proteases Imunomoduladora Transporte de fármacos
Ovomucina	Antimicrobiana Antiadesiva Antitumoral
Lisozima	Antibacteriana Antiviral Imunomoduladora e imunoestimulante Antitumoral
Ovoinibidor	Inibidor de proteases Antiviral
Ovomacroglobulina	Inibidor de proteases Antimicrobiana
Cistatina	Inibidor de proteaes Antimicrobiana Antitumoral Imunomoduladora Inibidor da degradação óssea
Avidina	Antibacteriana Transporte de fármacos

Fonte: Albenzio et al. (2017); Kovacs-Nolan et al. (2005).

TABELA 5.3 – Atividades biológicas de compostos presentes na gema do ovo.

Composto	Atividade
Gema	Antiadesiva
Imunoglobulina Y	Antimicrobiana
Fosvitina	Antibacteriana
	Antioxidante
	Aumento da solubilidade do cálcio
Sialiloligossacarídios Sialilglicopeptídios	Antiadesiva
Lipídios	Antioxidante
Lipoproteínas e ácidos graxos	Antibacteriana
Fosfolipídios	Desenvolvimento e função cerebral; redução das concentrações sanguíneas de colesterol
Colesterol	Componente de membranas celulares
	Precursor de hormônios esteroides e da vitamina D
	Produção da bile
	Estabilidade da bainha de mielina

Fonte: Andersen (2015); Kovacs-Nolan et al. (2005).

PAPEL DAS CARNES E DOS OVOS NA ALIMENTAÇÃO

Carnes e ovos são importantes fontes de proteínas, vitaminas e minerais (Tabela 5.4). Da mesma maneira que os carboidratos, as proteínas também fornecem 4 kcal/g. No entanto, é sempre importante considerar a quantidade de gordura presente nos diferentes tipos de cortes, os quais, quando fornecem mais do que 50% do valor energético total, são considerados cortes gordos. Exemplos de cortes gordos incluem picanha, fraldinha, acém, capa de filé, filé de costela, contrafilé, ponta de agulha, paleta e pescoço.

Juntamente das leguminosas e do leite, queijos e iogurtes, as carnes e os ovos encontram-se no terceiro nível da Pirâmide Alimentar. Em relação às porções, é recomendado o consumo de uma porção ao dia de carnes e ovos. Uma porção equivale a uma unidade (100 g) de filé de frango grelhado, cinco colheres de sopa (90 g) de carne moída refogada, um filé de salmão ou peixe (100 g) ou dois ovos e meio de galinha cozidos (125 g), e cada uma fornece aproximadamente 190 kcal.

TABELA 5.4 – Alimentos-fonte de proteínas segundo medida usual, calorias, quantidade de carboidratos, proteínas, lipídios e número de porções equivalente ao grupo.

Alimento	Medida usual	Peso (g)	kcal	kJ	Carboidratos (g)	Proteínas (g)	Lipídios (g)	N° de porções do grupo
Patinho bovino sem gordura grelhado*	1 bife pequeno	54	119	498	0	19	4	$^{2}/_{3}$
Picanha bovina sem gordura grelhada*	1 fatia média	100	238	998	0	32	11	1 ¼
Carne bovina moída cozida*	3 ½ colheres de sopa	63	190	799	0	24	5	1
Carne seca cozida desfiada*	½ xícara de chá	100	263	1.099	0	36	12	1 ½
Costela de boi assada (só a carne)*	1 pedaço pequeno	125	466	1.951	0	36	35	3
Fígado bovino grelhado*	1 fatia média	85	191	801	3	26	8	1
Coxa de frango com pele assada*	1 unidade sem osso	62	133	559	0	17	6	¾
Coxa de frango sem pele cozida*	1 unidade sem osso	52	87	362	0	14	3	½
Peito de frango sem pele grelhado*	1 filé grelhado	100	160	670	0	32	2	0,8
Linguiça de frango grelhada*	2 unidades	100	244	1.019	0	18	18	1 ¼
Atum ralado em conserva**	1 lata	170	320	1.338	2	40	17	1 ½
Bacalhau salgado refogado*	1 filé médio	140	196	818	1	34	6	1
Camarão cozido*	12 unidades	100	88	370	0	19	1	½
Peixe (pintado) assado*	1 unidade	100	192	801	0	36	4	1
Sardinha enlatada (em óleo comestível)*	1 lata	92	262	1.097	0	15	22	1 $^{1}/_{3}$
Bisteca de porco grelhada*	1 unidade sem osso	100	280	1.172	0	29	17	1 ½
Costela de porco assada*	1 costeleta	47	190	791	0	14	14	1
Linguiça de porco grelhada*	1 ½ unidade	100	298	1.248	0	23	22	2
Lombo de porco cru*	1 fatia	100	175	733	0	23	9	1
Ovo de galinha (inteiro cozido)*	1 unidade	50	72	300	0	7	5	½
Ovo de codorna inteiro cru**	11 unidades	100	141	592	2	12	9	¾
Ovo de pata inteiro cru**	2 unidades	140	230	962	3	17	16	1 ¼

* Nepa/Unicamp (2011).

** USP (2006).

IMPORTÂNCIA DO GRUPO NA EPIDEMIOLOGIA DAS DOENÇAS CRÔNICAS NÃO TRANSMISSÍVEIS

A transição demográfica, caracterizada por redução nas taxas de fecundidade e natalidade e também pelo aumento na expectativa de vida, aliada à transição epidemiológica, com alterações no perfil de morbimortalidade, é o principal fator responsável pelo aumento na prevalência das doenças crônicas não transmissíveis (DCNT). A etiologia multifatorial, em que fatores genéticos e ambientais podem contribuir na fisiopatologia dessas doenças, além dos longos períodos de latência e do curso prolongado, contribuem para o número crescente das DCNT no Brasil e no mundo. Doenças como obesidade, diabete melito, câncer e hipertensão arterial são afetadas de maneira muito significativa por fatores relacionados ao estilo de vida. Entre esses fatores, a alimentação destaca-se como um dos principais facilitadores ou promotores dessas doenças. As principais mudanças observadas no padrão alimentar incluem o aumento do consumo de ácidos graxos saturados, açúcares e refrigerantes; a redução do consumo de carboidratos do tipo polissacarídeos e integrais, frutas e hortaliças; o aumento da densidade energética da alimentação e a substituição do consumo de alimentos *in natura* por alimentos industrializados. Soma-se a esse novo padrão alimentar, o hábito de vida sedentário.

Ao relacionar especificamente o grupo de carnes e ovos com a prevalência de DCNT, especula-se que a ingestão total de proteína possa estar relacionada ao desenvolvimento de câncer de cólon; entretanto, a maioria dos estudos não confirma essa hipótese. Poucos estudos demonstram que o consumo muito elevado de carne (mais de 140 g/dia) estaria relacionado à incidência desse tipo de câncer. Algumas evidências sugerem que o tipo de proteína teria maior importância com relação à carcinogênese. Dietas com grandes quantidades de metionina poderiam promover o aumento da insulinemia, desencadeando uma situação de resistência à insulina, o que, por sua vez, estaria relacionado ao risco aumentado de carcinogênese de cólon.

Dietas com alto índice glicêmico e altas cargas glicêmicas favorecem a resistência à insulina; entretanto, a carne apresenta baixo índice glicêmico, portanto, não estaria relacionada a esse mecanismo, desde que a ingestão não contribua como fonte primária de gordura ou para o valor energético total da dieta.

Dietas de alta densidade energética, ricas em gordura saturada, de alto índice glicêmico e restritas em ácidos graxos ômega 3 podem afetar a sinalização celular em células do cólon, podendo até mesmo favorecer o desenvolvimento do câncer. Porém, carnes com teores reduzidos de gordura parecem não contribuir significativamente para o aparecimento de câncer de cólon. Há alguns estudos, ainda que contraditórios, associando a ingestão elevada de gordura com incidência aumentada de câncer de mama, cólon e próstata. A sugestão de que o consumo de carne vermelha como fonte de gordura aumentaria o risco de câncer de cólon é baseada na hipótese de que a gordura alimentar promove a excreção de ácidos biliares altamente reativos, os quais podem ser convertidos em carcinógenos no intestino grosso. Entretanto, é importante considerar que o conteúdo de gordura na carne vermelha varia consideravelmente e exibe diferentes padrões. Por exemplo, o ácido palmítico presente em diferentes quantidades é considerado um potente mitógeno em culturas de células de adenoma, ao passo que o ácido esteárico não apresenta essa característica.

Há ainda que considerar outros fatores que poderiam estar relacionados à interação entre o consumo de carnes e a prevalência de câncer. O conteúdo de ferro é um exemplo, pois em quantidades elevadas pode aumentar a peroxidação lipídica no cólon e promover maior incidência de tumores colorretais. Por outro lado, o processamento das carnes, como a fritura ou a cocção por tempo prolongado, pode promover a formação de substâncias tóxicas (aminas heterocíclicas, p. ex.), que podem contribuir com o aumento do risco individual de desenvolvimento de câncer, principalmente de cólon e reto, mama e próstata.

Polimorfismos genéticos, associados a fatores ambientais, também têm papel importante em relação ao câncer de cólon e reto e à ingestão de carne vermelha. Alguns polimorfismos podem ter ações positivas e outros, ações negativas; dessa maneira, algumas populações podem ser mais ou menos suscetíveis a determinados tipos de câncer e também a outras DCNT, dependendo das características genéticas.

A International Agency for Research on Cancer (IARC), em parceria com a World Health Organization (WHO), publicou uma série de relatórios acerca do risco de desenvolvimento de câncer e o consumo de carne vermelha e processada. O número de estudos avaliados e a consistência da metodologia proposta respalda os resultados encontrados. Em análise de dose-resposta, o consumo diário de 100 g de carne vermelha aumentaria em 17% o risco para desenvolvimento de câncer colorretal. Já o consumo de uma porção de 50 g de carnes processadas ao dia, as quais apresentam concentração elevada de substâncias mutagênicas (compostos nitrogenados e hidrocarbonetos aromáticos policíclicos), pode aumentar em até 18% o risco para desenvolvimento de câncer de cólon e reto. Os estudos selecionados abordam 15 tipos de câncer, entretanto alguns com pouca evidência científica para inferir se há aumento do risco com o consumo de carne vermelha e processada. Destaca-se, ainda assim, o crescente interesse em pesquisas que associam esta prática de consumo ao risco de desenvolvimento de câncer de pâncreas, estômago e próstata avançado. Ainda que os resultados do relatório apresentado pela IARC sejam consistentes, o grupo de trabalho classificou o consumo de carnes processadas como carcinogênico para humanos, e o de carne vermelha como potencialmente carcinogênico para humanos.

Até o momento, a ingestão de carnes brancas e peixes parecem não aumentar o risco de desenvolvimento de câncer, e os riscos associados ao consumo de carne vermelha relacionam-se, principalmente, às substâncias citotóxicas formadas durante o processamento, como as aminas heterocíclicas. Entretanto, a formação dessas substâncias pode ser amenizada por medidas práticas e simples, como evitar a exposição da carne diretamente à chama do fogo, utilizar papel alumínio para cobrir a carne durante o preparo e também utilizar a cocção por micro-ondas.

Outra medida protetora refere-se ao consumo de compostos bioativos protetores derivados de alimentos vegetais, como substâncias organosulfuradas presentes em hortaliças do gênero *Brassica* e em alimentos como o alho, as quais atuam na proteção contra a carcinogênese induzida por aminas heterocíclicas. Alguns estudos com objetivo de correlacionar a ingestão de carne com a incidência de câncer concluíram que o fator mais importante não é a ingestão de carne por si só, mas sim a baixa ingestão concomitante de hortaliças.

Dessa maneira, não haveria necessidade de exclusão de carnes da alimentação de indivíduos onívoros, já que se deve considerar que elas são fontes de diversos nutrientes essenciais. É recomendado, de maneira bastante enfática, que se estimule a ingestão de frutas, hortaliças e cereais integrais em conjunto com o consumo de carnes magras e isso aplica-se à redução do risco de todas as DCNT, que têm como principal fator promotor a variedade na composição da alimentação. Além disso, pode-se recomendar que o consumo de carne vermelha seja limitado durante a semana e intercalado com outras fontes proteicas, como as aves e peixes, além dos ovos.

As principais diretrizes práticas segundo a primeira edição do *Guia alimentar para a população brasileira*, publicado pelo Ministério da Saúde (BRASIL, 2005), referentes à seleção de alimentos de origem animal estão listadas no Box "Guia alimentar para a população brasileira".

GUIA ALIMENTAR PARA A POPULAÇÃO BRASILEIRA (1ª EDIÇÃO)

- O ideal é consumir uma porção de carnes, peixes ou ovos por dia.
- Sempre que for possível, dar preferência para carnes frescas de aves e peixes.
- Antes do preparo, descartar toda a gordura visível das carnes e também a pele e gordura das aves.
- Comer vísceras e miúdos, como fígado bovino e coração de galinha, pelo menos uma vez por semana, por serem excelentes fontes de ferro.
- Evitar utilizar produtos com carne processada como hambúrgueres e salsichas, que geralmente apresentam altos percentuais de gordura.
- Alguns produtos derivados de carne, como charque (carne seca), linguiça e embutidos em geral devem ser consumidos com moderação, porque a maioria é muito rica em gordura e sal.
- Comer peixe fresco pelo menos duas vezes por semana.
- Os ovos são nutritivos. Preferi-los cozidos, mexidos ou como omelete, preparados com pouco ou nenhum óleo.
- Sempre prefirir preparar as carnes de maneira a não utilizar muita gordura ou óleo. Preparações assadas e grelhadas são mais saudáveis em relação a frituras ou a preparações à milanesa ou empanadas.

Diante da necessidade de incluir novas demandas vivenciadas pela população brasileira no contexto das escolhas alimentares, além do esforço para a redução do consumo de alimentos processados e ultraprocessados, a segunda edição do *Guia alimentar para a população brasileira* foi publicada em 2014.

As recomendações da primeira edição continuam presentes na segunda edição do Guia. Destaca-se, também, a abordagem voltada para o aumento do consumo de alimentos *in natura* ou minimamente processados – no qual o grupo das carnes e ovos se enquadra – e para a redução do consumo de alimentos processados e ultraprocessados, em que as carnes processadas, peixes enlatados e os embutidos estão classificados.

Na nova edição, os tipos de carnes e ovos são divididos em grupos: carnes vermelhas, as quais além de fonte de proteínas, apresentam alto teor de ferro, zinco e vitamina B12 e devem ser consumidas com moderação em razão do risco para desenvolvimento de câncer colorretal; carnes de aves, das quais recomenda-se remover a pele, uma vez que concentra a maior quantidade de gorduras e colesterol; pescados, dentre os quais os peixes são os mais consumidos no Brasil e apresentam valor nutricional elevado em relação a gorduras poli-insaturadas, proteínas de boa qualidade, vitaminas e minerais, e podem substituir as outras opções de carnes; ovos, que são os substitutos mais acessível das carnes e altamente apreciados entre os brasileiros.

ESCOLHAS ALIMENTARES INTELIGENTES

Escolhas inteligentes do ponto de vista alimentar, dentro do grupo de carnes e ovos, incluem evitar o consumo excessivo de carnes vermelhas (respeitar as porções indicadas na Pirâmide Alimentar), preferir cortes magros àqueles com grandes quantidades de gordura, ou pelo menos retirar a gordura visível do corte, evitar embutidos e produtos com carne processada, incluir peixes no cardápio, ter cautela com o tipo de preparação, principalmente com carnes vermelhas e consumir concomitantemente alimentos vegetais (frutas, verduras e legumes) que são fontes de compostos bioativos.

A seguir, serão detalhados alguns aspectos referentes aos minerais (ferro, cobre, cromo e zinco) e às vitaminas (vitamina B6, vitamina B12, niacina e biotina) presentes em quantidades consideráveis no grupo de carnes e ovos. Serão abordados os tópicos: definição, absorção, transporte e armazenamento, principais funções, fontes alimentares, biodisponibilidade, recomendações atuais e consequências da deficiência e do excesso de ingestão.

Ferro

O ferro é um metal importante para o metabolismo de todos os organismos vivos e exerce várias funções orgânicas. Atua como carreador de oxigênio dos pulmões para os tecidos, por meio da hemoglobina (nos eritrócitos) e da mioglobina (nos músculos), como transportador de elétrons dentro das células e como parte integrante de importantes sistemas enzimáticos em vários tecidos. O ferro compõe a estrutura do heme, uma molécula essencial ao metabolismo de energia, à transferência de elétrons, à fixação de nitrogênio e ao transporte do oxigênio.

A maior parte do ferro corporal está nos eritrócitos como hemoglobina. A estrutura dessa proteína permite que ela seja carregada com moléculas de oxigênio nos pulmões e descarregada parcialmente nos tecidos. Várias enzimas que contêm ferro (citocromos) agem como carreadores de elétrons dentro da célula e suas estruturas não permitem o transporte de oxigênio. O papel no metabolismo oxidativo é transferir a energia dentro da célula, especificamente nas mitocôndrias. Outras funções importantes das enzimas que contêm ferro incluem a síntese de hormônios esteroides e ácidos biliares, a destoxificação de substâncias estranhas no fígado e o controle de alguns neurotransmissores, tais como a dopamina e a serotonina.

Em indivíduos saudáveis, o conteúdo corporal de ferro é muito bem conservado, sendo que somente uma pequena quantidade é perdida diariamente. Em adultos, a absorção de aproximadamente 1 mg/dia de ferro é suficiente para manter o balanço positivo. Em alguns casos, a quantidade de ferro absorvida para manter o balanço corporal positivo é maior. Para mulheres em idade fértil, essa necessidade é de aproximadamente 1,5 mg/dia, e aquelas com fluxo menstrual mais intenso precisam absorver maiores quantidades do mineral. Outro período que necessita de mais ferro é a fase final da gestação, em que a necessidade de ferro absorvido oscila entre 4 e 5 mg/dia. Ainda na infância e na adolescência, que são períodos de crescimento acelerado, as demandas de ferro são também mais altas.

A homeostase corporal do ferro é mantida pela regulação da absorção intestinal, a qual pode ocorrer em todo o intestino delgado, sendo mais eficiente no duodeno. O ferro heme, derivado da hemoglobina e da mioglobina da carne, e o ferro não heme, derivado de alimentos vegetais e de produtos lácteos, são absorvidos de maneiras distintas.

A maior parte do ferro consumido pela alimentação está na forma não heme ou férrica (Fe^{3+}). Para ser absorvido, o ferro férrico primeiramente precisa ser solubilizado pelo ácido clorídrico estomacal e reduzido à forma ferrosa (Fe^{2+}), por compostos como o ácido ascórbico ou por uma ferriredutase. O ferro na forma ferrosa torna-se então biodisponível e entra nos enterócitos por transporte ativo mediado por carreador, é transportado dentro dessas células e transferido através da membrana basolateral dos enterócitos para o plasma. Após a transferência, o ferro fica disponível para ligar-se à proteína de transporte denominada transferrina. A transferrina liga átomos de ferro e os distribui para os locais do organismo que necessitam do mineral, principalmente para precursores de eritrócitos na medula óssea para nova síntese de hemoglobina. Quando não há átomos de ferro ligados à transferrina, esta denomina-se apotransferrina, e quando os dois sítios de ligação são ocupados com ferro, diz-se que a transferrina está saturada. Nesse caso, o ferro absorvido pela mucosa intestinal não poderá ligar-se à proteína transportadora. A ligação do ferro à transferrina só ocorre enquanto houver apotransferrina livre no plasma e é mediada por uma proteína da membrana, chamada ferroportina 1.

As membranas das células apresentam receptores de transferrina, nas quais a transferrina carregada com dois átomos de ferro se liga e o complexo formado pelo receptor, pela transferrina e pelo ferro é interiorizado por endocitose. Depois disso, o ferro é liberado da transferrina no citoplasma e a apotransferrina volta para o fluido extracelular. Para a liberação do ferro pode haver a necessidade de pH baixo, um gradiente de energia, hemoglobina ou outras substâncias. No citoplasma dos eritroblastos, o ferro pode ser transportado até a mitocôndria para ser incorporado ao heme ou pode ser captado pela ferritina dentro dos siderossomos. Células precursoras de eritrócitos imaturas apresentam grandes quantidades de receptores de transferrina nas membranas e a maioria das outras células também os possui, entretanto em menores quantidades.

A absorção do ferro não heme é influenciada pelo estado nutricional do indivíduo em relação a esse mineral e por alguns compostos alimentares. Entre os fatores da alimentação que facilitam a absorção do ferro não heme estão o ácido ascórbico, a quantidade de carnes, aves e peixes e os vegetais fermentados. As substâncias que afetam negativamente a absorção do ferro não heme incluem fitatos e outros fosfatos de inositol, compostos fenólicos de alguns alimentos que se ligam ao ferro (p. ex., chá, café, chocolate, algumas pimentas e a maioria dos vinhos tintos), cálcio e proteínas da soja.

O ferro heme é mais biodisponível e pouco afetado por fatores da alimentação, à exceção da quantidade de cálcio ingerida (limitante) e da quantidade de carne na refeição (facilitador). A absorção média de ferro heme das refeições que contêm carne é de aproximadamente 25%. O ferro heme é solúvel em ambiente alcalino e é menos afetado por fatores intraluminais que influenciam a utilização do ferro não heme. Ainda, a absorção também depende do estado nutricional do indivíduo em relação ao ferro, porém, de forma menos intensa do que o ferro não heme.

As melhores fontes desse mineral, por apresentarem maior proporção da forma heme, são as carnes vermelhas, principalmente fígado e outras vísceras (rins e coração); carnes de aves, porco, peixes e mariscos (Tabela 5.5).

As *Dietary Reference Intakes* (DRI) para o ferro são bastante variáveis em razão da diferença nas necessidades nos distintos estágios de vida. A partir dos 19 anos de idade, a *Recommended Dietary Allowace* (RDA) para homens é de 8 mg/dia. A *Estimated Average Requirement* (EAR) e o *Tolerable Upper Intake Level* (UL) são, respectivamente, de 6 e 45 mg/dia. Para as mulheres, as recomendações são separadas entre 19 a 50 anos (considerada como período fértil) e a partir de 51 anos. Para a primeira, a RDA, a EAR e o UL são de 18; 8,1 e 45 mg/dia, respectivamente. No segundo caso, a RDA e a EAR diminuem para 8 e 5 mg/dia e o UL continua com o mesmo valor (IOM, 2002).

TABELA 5.5 – Conteúdo de ferro em alimentos considerados fonte (em medida usual).

Alimento	Medida usual	Quantidade (g)	Fe (mg)
Grupo das carnes e ovos			
Fígado cozido	1 unidade	100	6,5
Camarão no vapor	13 unidades	104	3,1
Salmão cozido	2 filés	200	2,0
Carne moída (20% gordura)	3 ½ colheres de sopa	63	1,8
Peito de peru assado	1 filé	100	1,4
Ovo de galinha inteiro cozido	2 unidades	90	1,08
Peito de frango sem pele	1 unidade	100	1,0
Linguiça defumada	1 gomo	50	0,9
Atum enlatado em óleo	2 ½ colheres de sopa	112,5	0,78
Bacalhau cozido	1 pedaço	135	0,67
Grupo dos feijões e oleaginosas			
Feijão preto cozido	1 concha rasa	80	1,68
Lentilha cozida	2 colheres de sopa	48	1,6
Soja cozida	1 ½ colher de sopa	36	1,4
Grupo do arroz, pão, massa, batata, mandioca			
Macarrão cozido	3 ½ colheres de sopa	105	1,3
Batata doce cozida	1 ½ colher de servir	150	1,1
Arroz integral cozido	6 colheres de sopa	198	1,0
Grupo das frutas			
Morango	10 unidades	240	0,96
Uva comum	22 uvas	99	0,4
Abacaxi	1 fatia	130	0,39
Goiaba	½ unidade	95	0,3
Grupo dos legumes e verduras			
Espinafre cozido	2 ½ colheres de sopa	67	2,4
Alface	15 folhas	120	1,0
Brócolis cozido	4 ½ colheres de sopa	60	0,42
Grupo dos açúcares e doces			
Açúcar mascavo	1 colher de sopa	25	0,47

Fonte: Nutrition Data (2017).

As ingestões recomendadas de nutrientes (RNI) pela FAO e pela WHO são separadas de acordo com a biodisponibilidade do ferro na alimentação e também com a idade. Para homens a partir de 19 anos de idade, as recomendações são de 9; 11; 14 e 27 mg/dia, baseadas em dietas com biodisponibilidade de ferro de 15, 12, 10 e 5%, respectivamente. Para mulheres entre 19 e 50 anos de idade, seguindo a mesma porcentagem de biodisponibilidade de ferro na dieta, as recomendações são de 20; 24; 29 e 59 mg/dia. Para mulheres a partir de 51 anos, os valores recomendados são de 8; 9; 11 e 23 mg/dia.

A anemia ferropriva (por deficiência) e a hemocromatose (por excesso) são as duas principais alterações fisiológicas relativas ao metabolismo do ferro. A anemia é definida pela FAO (2001) como uma condição em que a concentração sanguínea de hemoglobina apresenta-se abaixo de valores considerados normais, em razão da carência de um ou mais nutrientes essenciais, independentemente da causa. A anemia pode decorrer de deficiência de nutrientes como o ferro, o zinco, as vitaminas B12 e B6, o ácido fólico e as proteínas. Entretanto, a anemia por deficiência de ferro é muito mais prevalente em comparação às demais. Os principais sintomas relacionados à essa anemia são redução da produtividade no trabalho e da capacidade de aprendizado, retardo no crescimento, apatia, perda de habilidade cognitiva, baixo peso ao nascer e mortalidade perinatal.

O organismo não dispõe de um mecanismo fisiológico para remover o excesso de ferro, o que pode provocar acúmulo perigoso desse mineral em alguns tecidos. Nesses casos, podem-se observar hepatomegalia, desenvolvimento de diabete melito, hipogonadismo, artrite e doença coronariana grave. Esse acúmulo tóxico de ferro pode ocorrer em casos de ingestões muito altas do mineral, principalmente quando associadas ao consumo de bebida alcoólica, que facilita a absorção. Existe também uma enfermidade autossômica recessiva, a hemocromatose hereditária, caracterizada pelo depósito sistêmico de ferro, mais comum em indivíduos com ascendência norte-europeia. Pacientes acometidos por essa doença podem absorver de duas a três vezes mais ferro. Isso deve-se, principalmente, à redução da concentração do mineral no citoplasma dos enterócitos e ao consequente aumento exacerbado na síntese do transportador intestinal de ferro. Assim, o ferro acumula-se no sangue e, principalmente, no fígado.

Cobre

O cobre possui dois estados de oxidação: cuproso (Cu^{1+}) e cúprico (Cu^{2+}). Em sistemas biológicos, o cobre é encontrado principalmente na forma cúprica. Na presença de oxigênio ou de outros receptores de elétrons, a forma cuprosa é oxidada à cúprica. A oxidação do cobre é reversível, uma vez que a forma cúprica pode receber um elétron de redutores fortes, como o ascorbato e a glutationa reduzida.

O cobre é um nutriente essencial, porém isso era desconhecido até 1928, quando um estudo provou a essencialidade para a eritropoiese. A infância é um período crítico em termos de exigências de cobre, considerando que o crescimento rápido aumenta as demandas, e as dietas à base de leite fornecem baixas quantidades do mineral. O organismo de um indivíduo adulto saudável contém cerca de 110 mg de cobre, distribuídos entre fígado (10 mg), cérebro (8,8 mg), sangue (6 mg), esqueleto e medula óssea (46 mg), músculo esquelético (26 mg), entre outros compartimentos.

O cobre é cofator essencial para várias enzimas críticas ao metabolismo, entre as quais a cobre-zinco superóxido dismutase (Cu-Zn SOD), a citocromo *c* oxidase, a ceruloplasmina e a hefaestina. As duas últimas estão associadas ao correto efluxo e à absorção do ferro nos locais de armazenamento. A Cu-Zn SOD converte ânions superóxido em peróxido de hidrogênio. São dependentes de cobre, ainda, cobre tioneína, também envolvido com o sistema antioxidante; lisil oxidase, necessária à maturação e à ligação cruzada das fibras de colágeno e elastina; dopamina beta mono-oxigenase, que participa na via de formação da norepinefrina; a monofenol monoxigenase, necessária à formação de melanina, entre outras. O cobre desempenha outros papéis menos compreendidos, na maioria não enzimáticos, como na angiogênese, na mielinização dos nervos e na ação de endorfinas.

Em mamíferos, o cobre pode ser absorvido do estômago até o intestino delgado distal. Entretanto, somente uma pequena fração de cobre alimentar é suficientemente solubilizada no estômago, por isso a absorção estomacal não é considerada de grande importância nutricional. A circulação entero-hepática é um componente crítico no balanço do cobre. Pelo menos metade do conteúdo de cobre que alcança o intestino delgado reaparece na bile na forma de compostos fortemente ligados e é excretada nas fezes. A distribuição corporal do cobre é mediada pela ceruloplasmina, pela albumina e por outros ligantes de cobre menos importantes.

Em humanos, a taxa de absorção de cobre varia inversamente com a quantidade ingerida, isto é, quanto maior a quantidade ingerida, menor a absorção, o que é compatível com um processo de transporte mediado por carreador. Assim, quando em quantidades menores, o cobre é absorvido por mecanismo mediado por carreador, ligado à metalotioneína dentro das células da mucosa do duodeno. Em média, 30% do cobre alimentar é absorvido. Em caso de deficiência de cobre, a taxa de absorção aumenta. Nesse caso, alguns estudos indicam que a absorção do cobre pela membrana apical envolve a atividade de um carreador ativo saturável não dependente de energia. O transportador de cobre 1 (Ctr1) foi identificado em leveduras e clonado em humanos e camundongos. O Ctr1 é considerado um transportador de membrana apical das células intestinais e pode contribuir para a difusão facilitada do cobre até mesmo em baixas concentrações do mineral. Entretanto, é provável que o Ctr1 se expresse também na membrana basolateral, uma vez que o cobre pode passar do sangue para o enterócito. O Ctr1 pode então funcionar em ambas as direções, facilitando também a liberação do cobre em excesso no trato gastrointestinal. Outro possível transportador de cobre na membrana de borda em escova é o transportador bivalente de metais 1 (DMT1), descrito também como transportador de ferro, cádmio e manganês. Além disso, um homólogo do Ctr1, o transportador de cobre 2 (Ctr2) parece atuar sobre a importação de cobre, bem como na homeostase intracelular deste mineral.

As principais fontes alimentares de cobre fornecem de 300 até aproximadamente 2.000 mcg em cada 100 g e incluem: mariscos, nozes, sementes, cacau em pó, legumes, farelo e germe de grãos, fígado e órgãos. A maioria dos grãos, dos produtos à base de chocolate, de frutas e vegetais, como frutas secas, cogumelos, tomate, banana, uva, batatas, e a maior parte das carnes fornece quantidades intermediárias de cobre entre 100 e 300 mcg/100 g. Outras frutas e vegetais, frango, peixes e laticínios fornecem baixas quantidades (menos de 100 mcg/100 g). O leite de vaca é particularmente pobre em cobre (Tabela 5.6).

TABELA 5.6 – Conteúdo de cobre em alimentos considerados fonte (em medida usual).

Alimento	Medida usual	Quantidade (g)	Cu (mg)
Grupo das carnes e ovos			
Fígado cozido	1 unidade	100	14,3
Camarão no vapor	13 unidades	104	0,2
Salmão cozido	2 filés	200	0,2
Atum enlatado em óleo	2 ½ colheres de sopa	112,5	0,11
Carne moída (20% gordura)	3 ½ colheres de sopa	63	0,06
Grupo dos feijões e oleaginosas			
Soja cozida	1 ½ colher de sopa	36	0,39
Feijão preto cozido	1 concha rasa	80	0,16
Castanha-do-brasil	2 unidades	8	0,14
Amendoim	25 unidades	10	0,07
Grupo do leite, queijo e iogurte			
Leite desnatado (2% gordura)	1 copo	270	1,08
Leite integral (3,5% gordura)	1 xícara de chá	182	0,72
Grupo do arroz, pão, massa, batata, mandioca			
Batata-inglesa cozida	1 ½ unidade	202,5	0,4
Arroz integral cozido	6 colheres de sopa	198	0,2
Arroz branco cozido	4 colheres de sopa	125	0,12
Grupo das frutas			
Goiaba	½ unidade	95	0,2
Abacaxi	1 fatia	130	0,13
Banana	1 unidade	86	0,1
Laranja	1 unidade	137	0,1
Manga	½ xícara de chá	94,5	0,09

(continua)

TABELA 5.6 – Conteúdo de cobre em alimentos considerados fonte (em medida usual). *(continuação)*

Alimento	Medida usual	Quantidade (g)	Cu (mg)
Grupo dos legumes e verduras			
Espinafre cozido	2 ½ colheres de sopa	67	0,13
Tomate comum	4 fatias	76	0,08
Brócolis cozido	4 ½ colheres de sopa	60	0,06
Berinjela cozida	2 colheres de sopa	60	0,06
Beterraba crua	2 colheres de sopa	42	0,05
Beterraba cozida	3 fatias	43	0,05
Grupo dos açúcares e doces			
Açúcar mascavo	1 colher de sopa	25	0,07

Fonte: Nutrition Data (2017).

As RDA americanas e canadenses para indivíduos adultos (a partir de 19 anos) são de 900 mcg/dia para homens e mulheres. A EAR é de 700 mcg/dia para homens e também para mulheres e o UL para ambos nesse estágio de vida é de 10.000 mcg/dia (IOM, 2002).

A deficiência de cobre é mais frequente em crianças prematuras, especialmente aquelas com baixo peso ao nascer, em consequência dos estoques reduzidos. A deficiência de cobre também pode ser encontrada em indivíduos com síndromes de má absorção, como doença celíaca, espru tropical e não tropical, fibrose cística e síndrome do intestino curto, principalmente quando há ressecção intestinal. A deficiência nesses casos geralmente é explicada pelo aumento das perdas gastrointestinais. Ingestões muito altas de zinco e ferro reduzem a absorção de cobre e podem predispor à deficiência. Pacientes mantidos em nutrição parenteral total podem desenvolver a deficiência, a menos que sejam suplementados com cobre. Entretanto, a causa mais comum de deficiência em cobre é o fornecimento insuficiente do mineral durante a fase de recuperação de desnutrição em recém-nascidos.

Entre as manifestações clínicas da deficiência pode ocorrer anemia não responsiva à terapia com ferro, neutropenia e anormalidades ósseas com fraturas. As anormalidades ósseas são comuns em recém-nascidos com baixo peso que apresentam deficiência em cobre.

A incidência de toxicidade por cobre em humanos é rara. Há relatos de envenenamento agudo por cobre em razão da contaminação de bebidas expostas a recipientes contendo cobre. A intoxicação também pode ocorrer por ingestão acidental e pelo consumo de água de fontes contaminadas. Os sintomas incluem paladar metálico, náuseas, vômitos, icterícia, hemoglobinúria, hematúria, anúria e oligúria. A intoxicação crônica é mais frequente e é caracterizada por acúmulo gradual de cobre no fígado, o que pode resultar em danos hepáticos e morte.

CROMO

O cromo ocorre na natureza em vários estados de valência, mas aparece predominantemente nas formas III (trivalente) e VI (hexavalente). A forma trivalente apresenta estado de oxidação mais estável e é encontrada nos alimentos. Esse micronutriente está associado ao adequado metabolismo de carboidratos e lipídios, ao controle do estresse oxidativo e à secreção de citocinas pró-inflamatórias.

A absorção média estimada de cobre pode variar de 0,4 a 2,5%. A maioria dos compostos de cromo é solúvel em pH ácido; porém, se o pH for maior, podem ser formados hidróxidos menos solúveis que podem precipitar ou formar grandes agregados de baixa solubilidade. A absorção do cromo parece ocorrer por um processo de difusão passiva; no entanto, em condições específicas pode haver outro tipo de transporte. A absorção também é inversamente proporcional à quantidade ingerida por meio da alimentação, ou seja, quanto menor a quantidade ingerida, maior será a absorção e vice-versa. O cromo compete por um dos sítios de ligação na transferrina; dessa forma, especula-se sobre a sua interação com o ferro. Acredita-se que o diabete melito de pacientes com hemocromatose ocorra em razão da redução no transporte do cromo. Nos seres humanos, os maiores depósitos desse mineral são o fígado, o baço, os tecidos moles e os ossos. A maior parte ingerida não absorvida é excretada pelas fezes e a maioria do cromo absorvido é excretado pela urina. Fatores da alimentação que influenciam positivamente a biodisponibilidade do cromo incluem aminoácidos, oxalato, ácido ascórbico e amido. Já aqueles que influenciam de maneira negativa são os fitatos e as altas quantidades de zinco, ferro e vanádio, além de açúcares simples.

O cromo é um mineral que parece potencializar a ação da insulina, tanto em animais como em humanos. O mecanismo proposto para explicar o papel do mineral na tolerância à glicose é a ação da cromodulina, inicialmente chamada substância ligadora de cromo de baixo peso molecular (LMWCr), que parece intensificar a atividade tirosina quinase do receptor de insulina. Postula-se que a cromodulina funcione como parte de um sistema de autoamplificação de sinalização da insulina. A ação da cromodulina na utilização da insulina parece acontecer após a ligação do hormônio ao receptor, e a melhora na tolerância à glicose é proporcional ao grau da intolerância que o indivíduo apresenta. Portanto, na presença de cromo biologicamente ativo, quantidades muito menores de insulina são necessárias. Essas formas biologicamente ativas de cromo melhoram a ação da insulina em até 10 vezes ou mais quando ensaios são realizados com baixos níveis desse hormônio. Essa ação é extremamente importante do ponto de vista da saúde pública, considerando que muitas complicações do diabete melito e das doenças cardiovasculares podem estar associadas à hiperinsulinemia. Outra especulação quanto ao suprimento adequado de cromo é a resposta no perfil lipídico, em que alguns estudos apontaram redução nas concentrações de colesterol total, triacilgliceróis e LDL-c, e aumento de apolipoproteína A e HDL-c. Além disso, o cromo tem sido investigado como recurso ergogênico auxiliar na redução da gordura corporal. Entretanto, os resultados ainda são controversos.

Tanto a quantidade de cromo presente nos alimentos como a seleção destes são fatores importantes. A presença de cromo nos alimentos pode aumentar ou diminuir em função do processamento. Açúcares e cereais perdem esse mineral ao serem refinados, porém alimentos ácidos acumulam cromo durante o preparo e o processamento, principalmente quando aquecidos em recipientes de aço inoxidável. Carnes vermelhas, de aves e peixes contribuem com quantidades moderadas de cromo (cerca de 1 a 2 mcg/porção), mas as carnes processadas apresentam quantidades maiores porque podem adquiri-lo de fontes exógenas.

Em razão da falta de dados para estimar a necessidade média para indivíduos adultos, há somente valores de *adequate intake* (AI) para o cromo, em todos os estágios de vida. Para homens adultos (19 a 50 anos), a AI é de 35 mcg/dia e acima de 51 anos, os valores são de 30 mcg/ dia. Para as mulheres entre 19 e 50 anos de idade, a AI é de 25 mcg/ dia, e acima dos 51 anos, 20 mcg/dia (IOM, 2002).

A deficiência de cromo pode ocorrer com pacientes submetidos à nutrição parenteral total prolongada, isenta do mineral na composição. Além disso, grupos vulneráveis, como idosos e gestantes são mais suscetíveis. Sintomas como perda de peso, neuropatia periférica, tolerância à glicose prejudicada, perfil lipídico alterado e utilização ineficiente de carboidratos podem ocorrer nesses casos.

A toxicidade do cromo depende da valência. O cromo III, que é a forma presente nos alimentos, não é tóxico principalmente em razão da baixa biodisponibilidade. O cromo VI (hexavalente) apresenta toxicidade muito elevada, mas essa forma não é encontrada em alimentos. Alguns estudos mostram que até mesmo doses maiores de ingestão de cromo III podem ser seguras; no entanto, não foi possível estabelecer valores de UL.

Zinco

O zinco é um dos mais importantes elementos-traço essenciais à nutrição humana. Em 1869, foi reconhecida sua essencialidade no crescimento de bactérias e, várias décadas depois, no crescimento de plantas. Somente em 1934, o zinco foi descrito como essencial para o crescimento de ratos.

O conteúdo corporal é de aproximadamente 1,5 g em mulheres e 2,5 g em homens, dos quais mais de 80% são encontrados nos ossos e músculos. A maior parte desse mineral encontra-se na massa livre de gordura, principalmente nos compartimentos intracelulares. O zinco é constituinte de mais de 300 metaloenzimas que participam no metabolismo de carboidratos, lipídios e proteínas e na síntese e na degradação de ácidos nucleicos. Também tem função de cofator enzimático, participa na espermatogênese, no metabolismo energético e da vitamina A, na síntese de proteínas, na estabilização de macromoléculas, na regulação de transcrição do DNA, na divisão celular e, ainda, no armazenamento e na liberação de insulina.

Alguns sistemas fisiológicos contribuem para a homeostase do zinco sob diferentes condições. O centro da manutenção é o sistema gastrointestinal, especificamente o intestino delgado, o fígado e o pâncreas. Os processos de absorção dos zincos exógeno e endógeno e a excreção do zinco endógeno pelo trato gastrointestinal são críticos para a homeostase do mineral. A regulação na excreção renal também ocorre quando há ingestões extremamente altas ou baixas de zinco e redistribuição tecidual e celular pode favorecer à homeostase.

Há muitos fatores que podem modificar a absorção de zinco e ser considerados ativadores ou inibidores desse processo. A quantidade de zinco em uma refeição afeta a absorção, ou seja, com o aumento das quantidades de zinco, a absorção será diminuída, assim como alta ingestão de zinco, durante longo período, também pode afetar a absorção. A quantidade e o tipo de proteína em uma refeição são correlacionados com a absorção de zinco, sendo que a proteína animal parece neutralizar o efeito inibitório de fitatos na absorção do mineral, mas o efeito benéfico pode ser resultado da liberação de aminoácidos que o mantém em solução. A caseína do leite tem efeito negativo na absorção de zinco. Os grupos fosfato de hexafosfatos de inositol (fitatos) podem formar complexos fortes e insolúveis com o zinco, impedindo a absorção. A proteína de soja apresenta quantidades elevadas de fitato, o que pode reduzir a absorção de zinco. Outros fatores que podem afetar negativamente a absorção incluem fibras, ácidos oxálicos, taninos, selênio, cálcio (que tem propensão para formar complexos insolúveis com fitatos e zinco) e ferro. Entre os ativadores da absorção estão o ácido picolínico secretado pelo pâncreas, a vitamina B6 que aumenta a secreção de ácido picolínico, o citrato e os aminoácidos, como glicina, histidina, lisina, cisteína e metionina.

Processos como fermentação, germinação, moagem e adição de fitase aos alimentos podem aumentar a disponibilidade do zinco. Outra possibilidade é a produção de cereais e leguminosas com baixo teor de fitato, por meio da engenharia genética. Além disso, a presença de betacaroteno na refeição pode aumentar a biodisponibilidade do mineral.

O betacaroteno parece formar um complexo com o mineral, mantendo-o solúvel no lúmen intestinal, de modo a evitar os efeitos inibitórios dos fitatos. Na verdade, ocorre efeito sinérgico, em que concentrações adequadas de zinco contribuem para o estado nutricional equilibrado em relação à vitamina A.

O sítio primário de absorção do zinco exógeno em humanos é o intestino delgado, principalmente o duodeno e as primeiras porções do jejuno, por meio de transporte ativo e passivo. O transporte ativo é saturável em altas concentrações do metal no lúmen do intestino e tem a eficiência aumentada durante períodos de baixa ingestão. Ao contrário, o transporte passivo é um mecanismo de difusão, que permanece inalterado durante períodos de baixa ingestão e a eficiência é proporcional às concentrações de zinco no lúmen. A eficiência desses processos varia entre 15 e 40%. Após a absorção, o zinco é liberado da célula intestinal através da membrana basolateral por meio de transportadores, passa para os capilares mesentéricos e é transportado para o sangue portal, sendo captado pelo fígado e distribuído aos demais tecidos. O transporte de zinco no sangue é realizado pela albumina, porém outros componentes do plasma também podem se ligar ao metal, entre eles a alfa-macroglobulina, a transferrina, a cisteína e a histidina.

As principais fontes alimentares de zinco são ostras, camarão, carnes bovina, de frango e peixe, fígado, germe de trigo, cereais integrais, castanhas, legumes e tubérculos (Tabela 5.7).

As atuais DRI americanas e canadenses para indivíduos adultos (mais de 19 anos de idade) são de 11 mg/dia para homens e 8 mg/dia para mulheres. As EAR são de 9,4 mg/dia para homens e 6,8 mg/dia para mulheres e o UL para ambos os sexos nesse estágio de vida é de 40 mg/dia (IOM, 2002). As RNI da FAO (2001) são separadas de acordo com a biodisponibilidade da dieta. Para homens adultos (mais de 19 anos), a recomendação diária é de 4,2, 7 e 14 mg/dia para dietas de alta, moderada e baixa biodisponibilidade, respectivamente. Para mulheres do mesmo estágio de vida, esses valores, na mesma ordem, são de 3, 4,9 e 9,8 mg/dia. O nível superior de ingestão de zinco para homens adultos é de 45 mg/dia.

Até 1961, acreditava-se que a deficiência em zinco em humanos não poderia ocorrer, mas nesse mesmo ano, no Egito, foi realizada a primeira

TABELA 5.7 – Conteúdo de zinco em alimentos considerados fonte (em medida usual).

Alimento	Medida usual	Quantidade (g)	Zn (mg)
Grupo das carnes e ovos			
Ostras cruas	12 unidades	168	63,8
Fígado cozido	1 unidade	100	5,3
Carne moída (20% gordura)	3 ½ colheres de sopa	63	4,0
Peito de peru assado	1 filé	100	2,0
Camarão no vapor	13 unidades	104	1,6
Linguiça defumada	1 gomo	50	1,4
Salmão cozido	2 filés	200	1,4
Peito de frango sem pele	1 unidade	100	1,0
Grupo dos feijões e oleaginosas			
Soja cozida	1 ½ colher de sopa	36	1,73
Feijão preto cozido	1 concha	80	0,9
Lentilha cozida	2 colheres de sopa	48	0,6
Grupo do leite, queijo e iogurte			
Iogurte desnatado	1 ½ copo	330	3,3
Queijo muçarela	3 fatias	50	1,45
Iogurte integral	1 copo	165	0,99
Grupo do arroz, pão, massa, batata, mandioca			
Arroz integral cozido	6 colheres de sopa	198	1,2
Batata inglesa cozida	1 ½ unidade	202,5	0,6
Arroz branco cozido	4 colheres de sopa	125	0,5
Macarrão cozido	3 ½ colheres de sopa	105	0,5
Grupo das frutas			
Abacate amassado	1 ½ colher de sopa	45	0,27
Grupo dos legumes e verduras			
Espinafre cozido	2 ½ colheres de sopa	67	0,54

Fonte: Nutrition Data (2006).

documentação de que ocorria. Nos últimos anos, a deficiência em zinco tem se tornado um problema nutricional mundial que afeta, em geral, países desenvolvidos e em desenvolvimento. As morbidades clínicas relacionadas à deficiência são consideráveis e incluem retardo no crescimento, hipogonadismo em homens, funções cognitivas prejudicadas, dificuldade de cicatrização e alterações imunológicas. Quando moderada, é encontrada em alguns grupos vulneráveis que apresentam altas necessidades fisiológicas, entre os quais, crianças, gestantes e lactantes e indivíduos com baixa ingestão crônica de zinco ou com dietas pobres em zinco biodisponível.

São raros os casos de envenenamento agudo por zinco. Entretanto, os sinais de toxicidade incluem náusea, vômitos, diarreia, febre, apatia e podem ocorrer após ingestão de 4 a 8 g de zinco. Por outro lado, ingestões muito acima dos níveis recomendados, por longos períodos, podem promover interação com o metabolismo de outros elementos-traço, especialmente o cobre. Ingestões de 50 mg/dia podem afetar, por exemplo, marcadores do estado nutricional relativo ao cobre, como a enzima SOD eritrocitária.

Vitamina B6 (piridoxina)

A vitamina B6 é reconhecida pela importância em várias reações metabólicas. Existem três formas diferentes da vitamina B6: (i) a piridoxina (PN); (ii) a piridoxamina (PM); e (iii) o piridoxal (PL). Cada uma delas pode também ser fosforilada na posição cinco. O piridoxal 5' fosfato (PLP) e a piridoxamina 5' fosfato (PMP) são as formas ativas das coenzimas, e o primeiro é a forma de maior interesse biológico. O PLP atua como coenzima para mais de 100 enzimas e, por isso, está relacionado, de maneira geral, ao metabolismo de aminoácidos, à síntese do heme, à transulfuração da homocisteína em cisteína, à gliconeogênse, à síntese de neurotransmissores (como a serotonina, a taurina, a dopamina, a norepinefrina e a histamina), ao desenvolvimento do sistema nervoso central, à integridade do sistema imune e também ao metabolismo de hormônios esteroides.

Para que o PLP e a PMP sejam absorvidos no intestino (principalmente no jejuno), há a necessidade de hidrólise mediada por fosfatase e do transporte da forma desfosforilada até a mucosa da célula intestinal. O mecanismo de transporte da vitamina não é saturável e ocorre por difusão passiva, por isso grandes doses podem ser absorvidas. Após a liberação da vitamina da célula intestinal, as formas desfosforiladas (PN, PM e PL) chegam ao fígado e são novamente fosforiladas por uma piridoxina quinase dependente de zinco e ATP. Praticamente a metade do conteúdo de vitamina B6 é excretada na urina na forma de ácido 4-piridóxico, no entanto, outras formas da vitamina podem ser excretadas, principalmente quando a ingestão for muito elevada. A vitamina também pode ser excretada nas fezes, mas o fato de haver síntese microbiana intestinal dificulta tal avaliação.

Além das três formas conhecidas da vitamina B6 (PN, PM e PL), em alimentos vegetais ela ocorre também na forma de glicosídeos de piridoxina, a qual é menos biodisponível em relação às outras formas presentes em alimentos de origem animal (principalmente o PL e a PM). As formas não glicosídicas da vitamina são bem absorvidas (aproximadamente 75% do conteúdo total ingerido a partir de uma dieta mista). Ocorre interação metabólica entre a forma glicosilada e a pirixodina, em que a piridoxina-5-beta-D-glicosídio atua como inibidor transitório fraco da utilização metabólica da piridoxina ingerida. Isso ocorre, provavelmente, em razão da inibição competitiva do transporte de piridoxina nos tecidos. Além disso, produtos da reação do piridoxal com resíduo de lisina de proteínas que foram superaquecidas também podem reduzir a biodisponibilidade desta vitamina.

As principais fontes da vitamina B6 são cereais fortificados, fígado bovino e outras vísceras e substitutos da carne à base de soja fortificados (Tabela 5.8).

Vale destacar que as perdas de vitamina B6 são altas no cozimento e no processamento (embutidos e enlatados). As carnes fornecem aproximadamente 40% das recomendações dessa vitamina. Uma alimentação mista, com alimentos de origem vegetal e animal, apresenta biodisponibilidade média de 75%.

As recomendações de ingestão de vitamina B6 de acordo com as DRI para mulheres e homens adultos (19 a 50 anos) são de 1,3 mg/dia. O UL para essa vitamina é de 100 mg/dia (IOM, 1998). As recomendações da

TABELA 5.8 – Conteúdo de vitamina B6 em alimentos considerados fonte (em medida usual).

Alimento	Medida usual	Quantidade (g)	B6 (mg)
Grupo das carnes e ovos			
Fígado cozido	1 unidade	100	1,0
Peito de frango sem pele	1 unidade	100	0,6
Peito de peru assado	1 filé	100	0,5
Atum enlatado em óleo	2 ½ colheres de sopa	112,5	0,45
Bacalhau cozido	1 pedaço médio	135	0,4
Salmão cozido	2 filés	200	0,4
Carne moída (20% gordura)	3 ½ colheres de sopa	63	0,25
Grupo dos feijões e oleaginosas			
Lentilha cozida	2 colheres de sopa	48	0,09
Feijão preto cozido	1 concha rasa	80	0,08
Soja cozida	1 ½ colher de sopa	36	0,07
Grupo do leite, queijo e iogurte			
Iogurte desnatado	1 ½ copo	330	0,33
Grupo do arroz, pão, massa, batata, mandioca			
Batata-inglesa cozida	1 ½ unidade	202,5	0,6
Arroz integral cozido	6 colheres de sopa	198	0,3
Arroz branco cozido	4 colheres de sopa	125	0,25
Grupo das frutas			
Banana	1 unidade	86	0,3
Grupo dos legumes e verduras			
Espinafre cozido	2 ½ colheres de sopa	67	0,13
Brócolis cozido	4 ½ colheres de sopa	60	0,12
Alface	15 folhas	120	0,1

Fonte: Nutrition Data (2017).

FAO (2001) também são de 1,3 mg/dia para ambos os sexos nesse estágio de vida.

A deficiência de vitamina B6 é rara, em consequência da grande oferta nos alimentos. Entretanto, os principais sintomas que ocorrem nessa condição são dermatite seborreica, anemia microcítica, convulsões epiléticas, depressão e confusão mental. Já a ingestão inadequada pode afetar o metabolismo de aminoácidos e, possivelmente, a ação de hormônios esteroides. Ao considerar o consumo da vitamina B6 a partir de fontes alimentares, não há evidências de efeitos tóxicos.

Vitamina B12 (cobalamina)

O termo cobalamina é utilizado para descrever um grupo de compostos que contém cobalto como centro de um anel tetrapirrólico e, ligado a este, uma ribose, um fosfato e uma base. Cianocobalamina é o nome da vitamina B12 livre, no entanto, o termo "vitamina B12" também pode ser aplicado às duas formas de coenzima: a metilcobalamina (predominante no soro) e a 5-desoxiadenosilcobalamina (citosol).

No estômago, a vitamina é liberada de proteínas pela ação do ácido clorídrico (HCl) e da pepsina, presentes no suco gástrico. A vitamina recém-liberada liga-se à proteína-R (produzida pelas glândulas salivares e presente no estômago pelo processo de deglutição) e passa ao intestino delgado, em que é novamente liberada da proteína pela ação da tripsina. Nessa porção inicial do intestino delgado, a vitamina B12, novamente livre, liga-se ao fator intrínseco, que é uma glicoproteína produzida pelas células parietais do estômago. Forma-se um complexo que será transportado até o íleo, em que se ligará a receptores específicos de membrana que promoverão a absorção da vitamina. Outra forma também descrita para a absorção da vitamina B12 é a difusão passiva. Depois de absorvida, a cianocobalamina liga-se às transcobalaminas I, II e III, e pelo sistema porta é transportada ao fígado e às células sanguíneas. Estima-se que a eficiência absortiva da vitamina por adultos saudáveis seja de 50%.

Cerca de 50 a 90% da vitamina presente no organismo encontra-se armazenada no fígado, e o restante é estável, portanto, não é muito mobilizada. Somente pequena quantidade é perdida pela circulação entero-

-hepática e liberada na bile. A excreção urinária só ocorre quando há excesso de vitamina B12 na circulação e isso pode ocorrer após administração injetável da vitamina.

A cianocobalamina é uma vitamina cuja função é de uma coenzima. A 5-desoxiadenosilcobalamina, por sua vez, participa da conversão do metilmalonil-CoA em succinil-CoA, que é um intermediário do ciclo do ácido cítrico, e libera energia pela oxidação de três carbonos do ácido graxo. Outra importante função como coenzima está relacionada à reconversão da homocisteína em metionina, por ser cofator na transferência de grupos metil nessa reação. A cianocobalamina é também essencial para a formação das células sanguíneas, e sua falta pode causar deficiência secundária de folato. A vitamina ainda participa da manutenção da integridade das bainhas de mielina que recobrem as fibras nervosas.

A RDA para adultos é de 2,4 mcg/dia para homens e para mulheres; no entanto, as necessidades aumentam durante a gestação e a lactação. As EAR são 2 mcg/dia e os valores de UL não foram estabelecidos em razão da insuficiência de dados relativos aos efeitos adversos da ingestão excessiva (IOM, 1998). As RNI da FAO (2001) são as mesmas, 2,4 mcg/dia.

A síntese da vitamina ocorre somente pela ação de bactérias, algas e fungos, sendo que a única fonte confiável da vitamina provém de alimentos de origem animal, uma vez que o gado a obtém da síntese bacteriana estomacal ou do solo ingerido durante a pastagem e durante a ruminação. As plantas não a sintetizam, e há pouca contaminação dos produtos vegetais pelas bactérias e pelo solo.

Entre os alimentos-fonte de vitamina B12 estão as vísceras, com destaque para o fígado bovino. A vitamina também é encontrada nas carnes em geral, nos ovos e no leite e derivados (Tabela 5.9).

A principal consequência da deficiência de vitamina B12 é a anemia perniciosa. Os sintomas incluem palidez associada ao início dos sintomas clássicos de anemia como fadiga, respiração curta, palpitações e redução da capacidade de trabalho. Podem ocorrer também complicações neurológicas, que parecem estar inversamente correlacionadas com a incidência de anemia perniciosa. Além disso, sintomas como alterações visuais, insônia, impotência e incontinências urinária e fecal também podem se desenvolver. Essas alterações neurológicas acontecem em estágios avançados da deficiência de vitamina B12. De maneira geral, a deficiência dessa vitamina é rara. Estão incluídos nos grupos de risco os idosos, em razão da gastrite atrófica, indivíduos com insuficiência pancreática, pacientes HIV positivo e, possivelmente, vegetarianos estritos.

TABELA 5.9 – Conteúdo de vitamina B12 em alimentos considerados fonte (em medida usual).

Alimento	Medida usual	Quantidade (g)	B12 (mcg)
Grupo das carnes e ovos			
Fígado cozido	1 unidade	100	70,60
Salmão cozido	2 filés	200	7,00
Atum enlatado em óleo	2 ½ colheres de sopa	112,5	2,47
Carne moída (20% gordura)	3 ½ colheres de sopa	63	1,80
Camarão no vapor	13 unidades	104	1,50
Bacalhau cozido	1 pedaço	135	1,48
Tilápia cozida	2 filés	200	1,00
Ovo de galinha cozido	2 unidades	90	0,99
Linguiça defumada	1 gomo	50	0,95
Peito de peru assado	1 filé	100	0,40
Peito de frango sem pele	1 unidade	100	0,30
Grupo do leite, queijo e iogurte			
Iogurte desnatado	1 ½ copo	330	1,98
Leite desnatado (2% gordura)	1 copo	270	1,35
Queijo muçarela	3 fatias	50	1,15
Leite integral (3,5% gordura)	1 xícara de chá	182	0,72
Iogurte integral	1 copo	165	0,66

Fonte: Nutrition Data (2017).

Niacina

O reconhecimento da niacina como vitamina essencial à nutrição ocorreu muito tempo depois das descobertas do ácido nicotínico, em 1867, e da função metabólica como precursor da porção coenzima da nicotinamida nucleotídeo (NAD e NADP), em 1935. Cerca de 50 anos transcorreram para que a pelagra (a deficiência clássica) fosse associada à vitamina. Dessa forma, não é usual classificar a niacina com letras e números, como outras vitaminas do complexo B, pois a denominação B3 torna-se errônea, uma vez que esse símbolo foi primeiramente utilizado para designar o ácido pantotênico. A niacina ocorre sob a forma de dois compostos: ácido nicotínico e nicotinamida, e no organismo as duas formas exercem as funções atribuídas à vitamina.

O processo de absorção é o mesmo para ambos os compostos. Eles são rapidamente absorvidos em porções do estômago e do intestino, por processo de transporte ativo dependente de sódio (quando a niacina está em baixas concentrações) e difusão passiva (quando em altas concentrações); portanto, praticamente toda niacina ingerida parece ser absorvida. O excesso de niacina é excretado na urina sob a forma de diversos metabólitos, sendo o principal deles o N^1-metilnicotinamida e o derivado piridona. Em situações de ingestão insuficiente de niacina, ela pode ser sintetizada a partir do triptofano, na taxa de 60 mg de triptofano para 1 mg de ácido nicotínico. É uma conversão dependente também da vitamina B6 e de riboflavina. Em termos de biodisponibilidade, a niacina presente nas carnes é mais acessível ao organismo por apresentar-se na forma de nicotinamida livre. Já em fontes vegetais, a niacina apresenta-se na forma de ácido nicotínico, que é convertido em NAD no intestino ou no fígado e, posteriormente, em nicotinamida pela atuação da enzima NAD glico-hidrolase, e distribuída nos tecidos. Nos cereais, a biotina apresenta-se esterificada (niacitina), biologicamente indisponível, sendo uma forma de armazenamento com baixa biodisponibilidade. Entretanto, a torrefação de cereais pode ajudar na melhora da biodisponibilidade.

A niacina é essencial a quase todas as reações bioquímicas do metabolismo dos macronutrientes para fornecimento de energia na forma de ATP. A principal função é exercida pelas coenzimas NAD e NADP, em que ambas participam de pelo menos 200 reações no metabolismo celular, principalmente nas de oxidação e redução. A NAD também participa de reações de catabolismo, na glicólise (na conversão de glicose em piruvato) e no ciclo do ácido cítrico, e é rapidamente regenerada.

Ambas as enzimas agem como receptores de íons H^+, na remoção desses íons de moléculas específicas. Quando isso acontece, a forma reduzida das coenzimas é representada como $NADH+H^+$ ou $NADPH+H^+$. A forma $NADPH+H^+$ é importante na via bioquímica da síntese de ácidos graxos e também de hormônios. Além dessas funções, a niacina protege os epitélios e o trato gastrointestinal, ajuda na mobilização do cálcio e é necessária no reparo do DNA.

A recomendação para adultos, de acordo com as DRI, é de 16 mg/dia para homens e de 14 mg/dia para mulheres, e as necessidades aumentam durante a gestação e a lactação. O UL para essa vitamina é de 35 mg/dia para homens e mulheres adultos (IOM, 1998). As recomendações segundo a FAO (2001) são iguais às da DRI.

As melhores fontes da vitamina são as vísceras, as carnes e os peixes, que também são ótimas fontes de triptofano. Ovos, embora ricos no aminoácido, não são fonte de niacina (Tabela 5.10).

O uso do ácido nicotínico em doses farmacológicas é associado com redução das concentrações sanguíneas de colesterol total e LDL-c, e com aumento das concentrações de HDL-c. Entretanto, é um tratamento que requer orientação e acompanhamento médico, pois, em altas doses, pode resultar em toxicidade, que pode se manifestar com sinais como vasodilatação, com enrubescimento da pele e coceira, e comprometimento da função hepática.

A primeira descrição da pelagra (a deficiência clássica em niacina) ocorreu na Espanha e foi denominada pelo médico Casal, em 1735, como *mal de la rosa* (doença da rosa). O nome atual foi atribuído tempos mais tarde, pelo médico italiano Frapolli: *pelle* + *agra* (pele rugosa), em 1771.

A pelagra é conhecida como a doença dos 3 D – dermatite, demência e diarreia. A dermatite caracteriza-se por lesões cutâneas fotossensíveis, como queimaduras solares, e também aparece em regiões não expostas à luz do sol, mas sujeitas a pressões. A demência ocorre em estágios mais avançados da deficiência e caracteriza-se como uma depressão psicótica,

TABELA 5.10 – Conteúdo de niacina em alimentos considerados fonte (em medida usual).

Alimento	Medida usual	Quantidade (g)	Niacina (mg)
Grupo das carnes e ovos			
Fígado cozido	1 unidade	100	17,5
Salmão cozido	2 filés	200	15,0
Peito de frango sem pele	1 unidade	100	13,7
Atum enlatado em óleo	2 ½ colheres de sopa	112,5	13,2
Peito de peru assado	1 filé	100	6,4
Carne moída (20% gordura)	3 ½ colheres de sopa	63	3,65
Bacalhau cozido	1 pedaço médio	135	3,3
Camarão no vapor	13 unidades	104	2,6
Tilápia cozida	2 filés	200	2,6
Linguiça defumada	1 gomo	50	1,6
Grupo dos feijões e oleaginosas			
Amendoim	25 unidades	10	1,3
Grupo do arroz, pão, massa, batata, mandioca			
Arroz branco cozido	4 colheres de sopa	125	2,87
Batata-inglesa cozida	1 ½ unidade	202,5	2,8
Arroz integral cozido	6 colheres de sopa	198	2,6
Grupo das frutas			
Goiaba	½ unidade	95	1,1
Morango	10 unidades	240	0,96
Abacate amassado	4 colheres de sopa	45	0,76
Grupo dos legumes e verduras			
Tomate comum	1 unidade	76	0,46
Cenoura crua	1 unidade	38	0,38

Fonte: Nutrition Data (2017).

em que o paciente apresenta fases de surto alternadas com repentinos momentos de lucidez. Além desses sintomas, a deficiência da vitamina também provoca perda de apetite, insônia, glossite e, se não for tratada, pode levar à morte. A população em geral não se encontra em risco de deficiência, no entanto, não é um quadro raro entre alcoólicos. Estes, além da ingestão inadequada, precisam de maior quantidade de niacina, uma vez que o metabolismo do etanol é dependente de NAD. Além da baixa ingestão de niacina e triptofano, a deficiência nutricional em riboflavina, vitamina B6, ferro e zinco pode contribuir para o desenvolvimento da pelagra, pelo fato de estes micronutrientes estarem associados ao metabolismo do triptofano.

Biotina

Depois da descoberta inicial, passaram-se cerca de 40 anos para que a biotina fosse reconhecida como vitamina. Considerada erroneamente por um dos sintomas da deficiência (a calvície) como a vitamina anticalvície, ganhou popularidade nos últimos anos. No entanto, a descoberta associa-se a uma doença conhecida como "injúria da clara do ovo", quando o consumo de ovo cru torna a vitamina indisponível (por se complexar com uma glicoproteína da clara – a avidina), gerando a deficiência.

A biotina é uma vitamina sulfurada, importante como coenzima para o metabolismo proteico, lipídico e energético do organismo. Assim como a vitamina K e o ácido pantotênico, é sintetizada no organismo por bactérias colônicas. Esse fato é comprovado pelo aumento da excreção urinária e fecal em cerca de 3 a 6 vezes em relação à ingestão alimentar. No entanto, pouco se sabe sobre a disponibilidade da vitamina produzida no intestino grosso para o organismo humano.

A biotina é encontrada nos alimentos sob duas formas: como biotina livre e, em maior quantidade, como biocitina (uma forma de coenzima ligada à lisina). No intestino, a biocitina precisa ser hidrolisada pela biocitidinase, que é secretada pelo suco pancreático e pela mucosa intestinal. Essa enzima hidrolisa somente cerca de 50% da biocitina de origem vegetal e, aparentemente, a biocitina de origem animal é mais biodisponível. Uma vez livre pela ação enzimática, a biocitina é absorvida, junto da biotina livre dos alimentos, pelo intestino delgado, principalmente na porção jejunal, por transporte ativo dependente de sódio. No sangue, é transportada na forma livre ou ligada às glicoproteínas do soro, como albumina ou globulina. Os rins efetuam mecanismo de reabsorção, e somente quando este se encontra saturado, a vitamina é excretada na urina.

A biotina participa de processos atuando como cofator para quatro tipos de carboxilases. O grupo das carboxilases é formado por enzimas que adicionam moléculas de dióxido de carbono a outras. Além disso, esta vitamina regula a expressão de genes que codificam carboxilases e a holocarboxilase sintase. Na Tabela 5.11, é possível verificar as quatro enzimas, as funções e localização celular.

Por meio dessas enzimas, a biotina participa do processo de elongação da cadeia de carbonos na síntese dos ácidos graxos, auxilia na manutenção do ciclo do ácido cítrico e mantém constante a clivagem de aminoácidos no catabolismo proteico.

De acordo com as DRI (IOM, 1998), as recomendações para ingestão da biotina apresentam-se na forma de AI, em razão da falta de informações e estudos definitivos sobre as necessidades em seres humanos.

TABELA 5.11 – Enzimas que têm como cofator a biotina, sua função e localização.

Enzima	Função	Localização celular
Acetil-CoA carboxilase	Na síntese de ácidos graxos – catalisa a conversão de acetil-CoA em malonil-CoA, para a elongação dos ácidos graxos	Citosol * Etapa limitante para a síntese de ácidos graxos
Piruvato carboxilase	No ciclo do ácido cítrico – catalisa a carboxilação do piruvato em oxaloacetato Na gliconeogênese – conversão do oxaloacetato em glicose	Mitocôndria * Etapa limitante na gliconeogênese
Propionil-CoA carboxilase	Conversão do propionato em metilmelonil--CoA e, posteriormente, em succinil-CoA, que é intermediário do ciclo do ácido cítrico	Mitocôndria
Beta-metilcrotonil--CoA carboxilase	Degradação da leucina e alguns compostos isoprênicos	Mitocôndria

Fonte: Berdanier (1998).

Assim, recomenda-se a ingestão diária de 30 mcg para mulheres e homens adultos. Os UL ainda não foram estabelecidos, o que não significa que ao ser administrada em altas doses não possa ser nociva à saúde humana.

A principal fonte alimentar de biotina é o fígado bovino. A gema do ovo é outra boa fonte da vitamina. Em menor quantidade, é encontrada em grande variedade de alimentos, ainda que não se conheçam muitos dados sobre a biodisponibilidade, que pode variar entre 5 a 100%.

A deficiência na população em geral é rara; ainda assim foi observada, como referido anteriormente, na "injúria da clara do ovo", e também em crianças com um erro inato do metabolismo para a síntese da biotidinase ou alteração da holocarboxilase sintase. Os sintomas da deficiência crônica incluem dermatites, erupções cutâneas, alopecia, retardo no desenvolvimento, conjuntivites, perda de acuidades visual e auditiva, entre outros. No entanto, os sintomas iniciais da deficiência concentram-se nas alterações epiteliais, que são rapidamente revertidas com a suplementação da vitamina.

REFERÊNCIAS

ALBENZIO, M. et al. *Bioctive peptides in animal food products. Foods*, Basel, v. 6(5), 2017.

ANDERSEN, C. J. Bioactive off components and inflammation. *Nutrients*, Basel, v. 7(9), p. 7889-7913, 2015.

ANDERSON, R. A. Chromium as an essential nutrient for humans. *Regul. Toxicol. Pharmacol.*, v. 26, p. S35-S41, 1997.

ARREDONDO, M.; NÚÑEZ, M.T. Iron and copper metabolism. *Mol. Aspects Med.*, v. 26; p. 313-27, 2005.

BERDANIER, C. D. *Advanced nutrition and micronutrients*. Florida: CRC Press, 1998.

BIESALSKI, H. K. Meat and cancer: meat as a component of a healthy diet. *Eur. J. Clin. Nutr.*, Londres, v. 56 (Suppl. 1), p. S2-S11, 2002.

BOURVARD, V. et al.; International Agency for Research on Cancer Monograph Working Group. Carcinogenicity of consumption of read and processed meat. *Lancet Oncol.*, London, v. 16(16), 2015, p. 1599-1600.

BRASIL. Ministério da Saúde. *Guia alimentar para a população brasileira*. Brasília/DF: 2005.

______. Ministério da Saúde. *Guia alimentar para a população brasileira*. 2 ed. Brasília/ DF: 2014.

COZZOLINO, S.M.F. *Biodisponibilidade de nutrientes*. 5 ed. Barueri: Manole, 2016.

DIMARCO, D. M. et al. *Intake of up to 3 eggs per day is associated with changes in HDL function and increased plasma antioxidants in health young adults. Nutr.*, Burbank, v. 147(3), p. 323-329, 2017.

DUPUY, N.A.; MERMEL, V.L. *Focus on nutrition*. New York: McGraw-Hill, 1995.

EMBRAPA GADO DE CORTE. *Curso Conhecendo a carne que você consome. Qualidade da carne bovina*. Campo Grande: Embrapa Gado de Corte, 1999. Disponível em: <https://www.agencia.cnptia.embrapa.br/Repositorio/qualidadecarnebovina_000fecp298c02wx5eo006u55t1jcnus5.pdf>. Acesso em: abril de 2018.

[FAO] FOOD AND AGRICULTURE ORGANIZATION OF THE UNITED NATIONS. *Meat and meat products in human nutrition in developing countries*. Rome, 1992.

______. *Human vitamin and mineral requirements*. Report of a joint FAO/WHO Expert Consultation, Bangkok/ Thailand, 2001.

FERNANDEZ, M. L. Dietary cholesterol provided by eggs and plasma lipoproteins in healthy populations. *Curr. Opin. Clin. Nutr. Metab. Care.*, v. 9, p. 8-12, 2006.

INSTITUTO DE ESTUDIO DEL HUEVOS. Disponível em:< http://www.institutohuevo.com/ scripts/salmonella.asp>. Acesso: 20 jul. 2006.

[IOM] INSTITUTE OF MEDICINE. *Dietary Reference Intakes for thiamin, riboflavin, niacin, vitamin B6, folate, vitamin B12, pantothenic acid, biotin, and choline*. Washington, DC: National Academy Press, 1998.

______. *Dietary Reference Intakes for vitamin A, vitamin K, arsenic, boron, chromium, copper, iodine, iron, manganese, molybdenum, nickel, silicon, vanadium and zinc*. Washington: National Academy Press, 2002.

JOHNSON, I. T. *The cancer risk related to meat and meat products. Br. Med. Bull*, London, v. 121(1), p. 73-8, 12017.

KOVACS-NOLAN, J. et al. Advances in the value of eggs and egg components for human health. *J. Agric. Food Chem*. Washington, v. 53, p. 8421-8431, 2005.

MISSIMER, A. et al. Consuming two eggs per day, as compared to an oatmeal breakfast, increases plasma ghrelin while maintaining the LDL/HDL ratio. *Nutrients*, v. 9, n. 2, 2017.

[NEPA/UNICAMP] NÚCLEO DE ESTUDOS E PESQUISAS EM ALIMENTAÇÃO/ UNIVERSIDADE ESTADUAL DE CAMPINAS (UNICAMP). *Tabela brasileira de composição de alimentos* (Taco). 4. ed. Campinas, 2011.

NUTRITION DATA. Disponível em: <http://www.nutritiondata.com>. Acesso em: abril de 2018.

PHILIPPI, S. T. *Nutrição e técnica dietética*. Barueri: Manole, 2014.

PHILIPPI, S.T.; LATTERZA, A.R.; CRUZ, A.T.R. Pirâmide alimentar adaptada: guia para escolha dos alimentos. *Rev. Nutr.*, Campinas, v. 12, n. 1, p. 65-80, 1999.

SHILS, M.E.; OLSON, J.A.; SHIKE, M. *Modern nutrition in health and disease*. 11. ed. Baltimore: Lippincott Williams, 2012.

SILVA-JUNIOR, E. A. *Manual de controle higiênico-sanitário em serviços de alimentação*. 7. ed. São Paulo: Varela, 2014.

[USP] UNIVERSIDADE DE SÃO PAULO. Faculdade de ciências farmacêuticas. Departamento de Alimentos e Nutrição Experimental/Brasilfoods (1998). Tabela brasileira de composição de alimentos. Versão 4.1. Disponível em: <http://www.fcf.usp.br/tbca/>. Acesso em: abril de 2018.

WARDLAW, G.M.; KESSEL, M. *Perspectives in nutrition*. 9. ed. Nova York: McGraw-Hill, 2012.

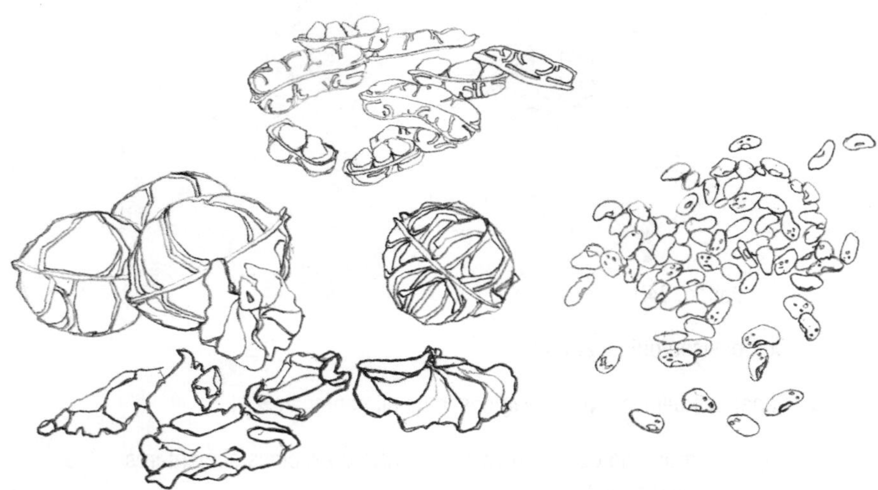

GRUPO DOS FEIJÕES E OLEAGINOSAS

Nutrientes descritos no capítulo
Proteínas, fósforo, selênio e manganês

Maritsa Carla de Bortoli
Carla Cristina de Morais
Cristiane Cominetti
Silvia Maria Franciscatto Cozzolino

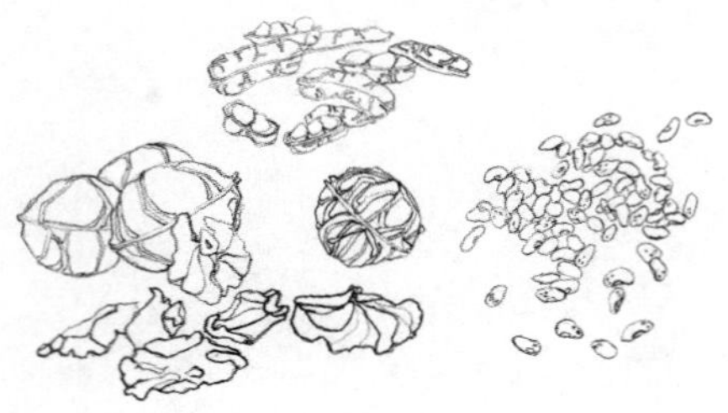

▶ SUMÁRIO

INTRODUÇÃO

O grupo correspondente aos feijões e oleaginosas situa-se na penúltima parte da Pirâmide Alimentar em direção ao topo, no mesmo nível de outros dois grupos alimentares: o do leite, queijo e iogurte e o de carnes e ovos. Esses três grupos representam as recomendações de ingestão diária de proteínas.

Os feijões, ou leguminosas, são vegetais da família *Fabaceas*, e quase todos são da subfamília *Faboidae*. Representam a maior parte das sementes que compõem a alimentação humana, e ainda que outras famílias de plantas forneçam sementes como alimento, estas não estão presentes na alimentação com a mesma frequência e quantidade que as leguminosas. Entre os alimentos que fazem parte desse grande grupo é possível citar feijões (de todas as variedades), lentilha, ervilha, grão-de-bico, soja e amendoim.

As oleaginosas são representadas pelas sementes carnosas comestíveis revestidas por uma dura casca. Diferentemente das frutas e hortaliças conhecidas e que são encontradas em algumas regiões, as árvores das oleaginosas têm exemplares em todos os continentes. Essas árvores estão presentes historicamente há muito mais tempo do que várias outras plantas comestíveis. Estima-se que existam há 60 milhões de anos, antes mesmo de ocorrer a separação entre os continentes americano e europeu-africano.

As principais oleaginosas consumidas são castanhas, nozes, amêndoas e avelãs.

UTILIZAÇÃO HISTÓRICA DAS LEGUMINOSAS

A utilização das leguminosas na alimentação remonta à Antiguidade. Sabe-se que os povos mediterrâneos, os fenícios, os etruscos e os egípcios utilizavam sementes, principalmente do tremoço, do grão-de-bico, da fava da ervilha verde e da lentilha.

Existem diversas referências bíblicas às leguminosas, particularmente à lentilha. As duas referências mais marcantes estão no Gênese, em uma referência a Esaú (Gn 25, 29-34), quando este troca seus direitos de primogênito por um prato de lentilhas; e a outra no segundo livro de Salomão, que relata a defesa dos campos de lentilha dos Filisteus por Davi (2S 25,11). Nos relatos de Hipócrates, os gregos cultivavam cereais e leguminosas, principalmente favas, grãos-de-bico, lentilhas e também linho e gergelim. Os camponeses do Império Romano lavravam campos de leguminosas e consumiam esses alimentos com cereais e legumes. Também moíam fava, feijões ou grão-de-bico em farinhas para a confecção de pães, que não eram assados, mas expostos ao sol, para consumo em sopas. Dessa forma, tinham uma alimentação adequada, ainda que na pobreza, vivendo sob o sistema agro-silvo-pastoril.

Nos monastérios beneditinos, adotava-se uma dieta vegetariana como forma de repudiar a violência e a morte (símbolos da natureza física e sexual), e a alimentação era baseada em uma sopa (*pulmeta*) feita à base de leguminosas e legumes.

Na Idade Média, as pessoas compravam alimentos prontos em tabernas; normalmente o que se consumia nessas circunstâncias era uma sopa de leguminosas e legumes. O feijão, com o milho, foi a base da alimentação dos incas, maias e astecas. A soja sempre esteve presente na dieta das populações orientais.

Fonte: Flandrin e Montanari (2007).

COMPOSIÇÃO QUÍMICA

Feijões

A família das *Fabaceas,* também conhecida como *Leguminosae,* apresenta-se com ampla distribuição geográfica e grande importância econômica. Contabilizam-se 18 mil espécies de plantas, contidas em cerca de 650 gêneros, das quais a maior característica consiste nos frutos, chamados vagens ou legumes. No Brasil, é possível encontrar cerca de 200 gêneros e 1.500 espécies.

Nas raízes das leguminosas, ocorre uma relação simbiótica com as bactérias do gênero *Rhizobium,* que têm a capacidade de captar o nitrogênio atmosférico e convertê-lo em uma forma disponível para a planta (nitrato). Portanto, por meio dessa associação, as leguminosas fixam esse nitrogênio, originando a disponibilidade adequada de proteínas. Além da importância nutricional, essa simbiose reduz os custos com fertilizantes para os produtores e também permite a rotação de culturas, que reabastece o solo esgotado.

O feijão é, tradicionalmente, parte importante da alimentação em diversas culturas no mundo, ainda que no Ocidente o consumo seja menor. Para algumas populações, inclusive, as proteínas de origem vegetal constituem a maior fonte desse nutriente na alimentação, sendo obtidas principalmente dos feijões.

Na composição química das leguminosas, encontram-se proteínas, poucos lipídios, carboidratos (principalmente o amido) e fibras, representadas principalmente pela celulose, além de micronutrientes e compostos bioativos. São também ricas em saponinas e fruto-oligossacarídeos, que podem apresentar ação antioxidante e vêm sendo estudados pela ação na redução do risco de desenvolvimento de alguns tipos de doenças crônicas não transmissíveis.

A maioria dos feijões contém pouca energia proveniente de lipídios (cerca de 5%), sendo uma exceção o grão da soja, cujo percentual chega a 47% do valor energético. O ácido graxo predominante nas leguminosas é o ácido linoleico (ômega 6), embora estejam presentes também os ácidos graxos do tipo ômega 3 (ácido alfa-linolênico). Entretanto, a contribuição desses ácidos graxos é pequena pelo conteúdo limitado de lipídios totais na composição geral das leguminosas. O aumento na ingestão de ácido alfa-linolênico proveniente das leguminosas ocorre com o aumento no consumo de soja e seus produtos.

As leguminosas contêm carboidratos na forma de amido, celulose e outros, inclusive alguns oligossacarídeos indigeríveis para os seres humanos, como a rafinose e a estaquiose.

A rafinose é composta de três moléculas de monossacarídeos (galactose-glicose-frutose) e a estaquiose, de quatro moléculas de monossacarídeos (galactose-galactose-glicose-frutose). Pela deficiência da enzima alfa-galactosidase na mucosa intestinal do ser humano, as ligações entre esses monossacarídeos não são quebradas (são arranjadas de forma que as enzimas digestivas não conseguem quebrá-las) e, assim, esses oligossacarídeos chegam ao intestino grosso, onde são metabolizados por bactérias normais da flora intestinal. Nesse processo, são liberados gases (hidrogênio, dióxido de carbono e metano) responsáveis pelo meteorismo e pela flatulência, característicos da digestão das leguminosas, o que leva algumas pessoas a evitar os feijões pelo desconforto intestinal ou por causar algum embaraço. Entretanto, existem pesquisas sobre a importância desses oligossacarídeos para o crescimento das bifidobactérias e sobre a hipótese de que atuem na saúde do cólon. Sabe-se, ainda, que podem ser removidas quantidades substanciais de oligossacarídeos no processo da troca da água do molho e pela própria cocção, portanto descartar a água do remolho parece minimizar o inconveniente dos gases. Apesar da redução na concentração de alguns minerais (ferro, zinco, cálcio e cobre) com o remolho, a biodisponibilidade do conteúdo que permanece é maior.

Com relação aos micronutrientes, as leguminosas são consideradas fontes de folato e fósforo. Os feijões são também fontes de ferro, no entanto, a biodisponibilidade deste nutriente nesses alimentos é baixa, e pode estar ainda mais diminuída pela presença de inibidores de absorção. Fatores que podem aumentar em até 15% a biodisponibilidade de ferro em leguminosas são as carnes e, com menor influência, alimentos-fontes de vitamina C.

A biodisponibilidade de zinco nas leguminosas é relativamente alta, podendo chegar a cerca de 25%. Os feijões são excelentes fontes de fibra alimentar e têm baixo índice glicêmico, normalmente associado ao conteúdo de fibras, taninos e ácido fítico presentes nas leguminosas.

Alguns componentes dos feijões são considerados antinutricionais, como inibidores da tripsina, fitatos, oligossacarídeos e saponinas. Os inibidores da tripsina podem certamente interferir na digestão das proteínas, entretanto o processo de cocção reduz em 80 a 90% a quantidade desses compostos.

Os alimentos que representam o grupo das leguminosas são:

- O *feijão* (e todas as suas variedades), considerado um alimento básico para a população brasileira, excelente fonte de ferro, proteína e outros minerais. Apesar de o plantio se dar em todos os Estados brasileiros e a colheita ocorrer em três safras anuais é, em alguns momentos, importado para suprir as demandas internas e em razão da competitividade da produção em outros países da América do Sul.

- As *lentilhas,* que fazem parte da alimentação humana desde a Antiguidade, são boas fontes de ferro, fósforo, potássio, cobre e manganês.
- As *ervilhas,* que podem ser comercializadas enlatadas, congeladas ou frescas e secas, sendo que as últimas têm maior concentração de nutrientes, especialmente ferro, magnésio, cobre, zinco e potássio, além de algumas vitaminas do complexo B.
- A *soja*, que tem produção nacional estimada em cerca de 114 milhões de toneladas anuais. Ela não é consumida apenas em forma de grãos, mas também na forma de produtos como o extrato de soja e o *tofu*. Além disso, depois da década de 1990, quando as pesquisas começaram a apontar outros efeitos benéficos, a indústria começou a incorporar o alimento em diversos produtos.
- O *grão-de-bico*, que é rico em proteínas e fibras e utilizado em receitas culinárias orientais, como as árabes.
- O *amendoim*, que tem sementes com sabor agradável e cuja importância econômica relaciona-se à qualidade nutricional por ser um alimento altamente energético (50% do grão é constituído de lipídios e 20 a 30%, de proteínas).

AMENDOIM: FRUTO CURIOSO, NUTRITIVO E VEÍCULO DE AFLATOXINAS

O amendoim é uma leguminosa ou uma oleaginosa? Pelo conteúdo de lipídios, o amendoim (*Arachis hypogaea*) sempre foi considerado uma oleaginosa, no entanto, é uma leguminosa cujos frutos se desenvolvem em vagens sob o solo.

A importância alimentar do amendoim é ressaltada pelo alto valor nutritivo, com grande conteúdo energético e proteico, sendo fonte de aminoácidos essenciais. Em virtude dessas características, o amendoim integra a alimentação diária de algumas regiões da África e da Ásia, onde a situação nutricional é precária, há altas taxas de mortalidade infantil, e o preço da proteína animal é elevado, o que limita a aquisição.

As aflatoxinas são metabólitos secundários, produzidas por algumas cepas de fungos do gênero *Aspergillus*, principalmente *A. flavus* e *A. parasiticum*, os quais se desenvolvem naturalmente no amendoim, milho, feijão, arroz e trigo, entre outros. As aflatoxinas são conhecidas por apresentar elevada toxicidade e têm sido identificadas como possíveis fatores envolvidos na etiologia do câncer hepático humano, como consequência do consumo de alimentos contaminados. Por esse motivo, depois da descoberta de tais toxinas na década de 1960, muitos países (inclusive o Brasil) adotaram limites de tolerância para esses compostos em produtos destinados ao consumo humano. O amendoim brasileiro e os subprodutos apresentam taxas de contaminação elevada por aflatoxinas.

O amendoim ocupa a quarta posição na cultura de oleaginosas no mundo. No Brasil, na década de 1990, houve a expansão do consumo *in natura*, com aumento do percentual da produção agrícola destinada à indústria confeiteira, a qual exige um produto de melhor qualidade. O índice de irregularidade dos produtos vendidos no mercado interno é de 7%, em contraposição com o percentual de 40% observado em 2001. Nota-se, dessa maneira, redução da contaminação por melhora do manejo por parte dos produtores e ações eficientes das agências de vigilância sanitária.

Fonte: Facca e Dalzoto (2010).

SOJA

A soja é a única fonte de proteínas de origem vegetal que possui todos os aminoácidos essenciais. É considerada fonte proteica de alto valor biológico.

É rica em gorduras (podendo chegar a 47% da composição). Os ácidos graxos predominantes nos grãos são poli-insaturados, sendo o ácido linoleico (ômega 6) o mais abundante. Também contém ácido linolênico (ômega 3) e cerca de 8% do conteúdo total de gordura provém desse tipo de ácido graxo.

O conteúdo de cálcio (cerca de 60 mg/100 g de soja) também é importante, e ainda que haja a presença de inibidores da absorção do mineral nas sementes, como o ácido oxálico e o fítico, estima-se que a absorção de cálcio seja similar àquela dos derivados do leite. No entanto, o mesmo não ocorre com os produtos como *tofu* e extrato ("leite") de soja, que são somente boas fontes do mineral quando fortificados e, ainda assim, têm taxa mais baixa de absorção do mineral em relação aos alimentos lácteos.

Contém cerca de 1 a 3 mg de isoflavonas/g de proteínas. As isoflavonas têm recebido considerável atenção pelo potencial na redução do risco de doenças crônicas não transmissíveis, inclusive de alguns tipos de câncer, osteoporose e doenças cardíacas, e também pela habilidade em aliviar os sintomas da menopausa. As duas isoflavonas mais estudadas são a genisteína e a daidzeína. Normalmente as isoflavonas são chamadas fitoestrógenos, porque se ligam aos receptores de estrógenos e, apesar de pouco potentes, parecem ter algum efeito estrogênico em alguns tecidos específicos. Além disso, as isoflavonas são potentes antioxidantes, que podem influenciar o crescimento celular e outros processos biológicos por influenciar a atividade de algumas enzimas.

Existem especulações sobre a influência das isoflavonas na saúde óssea. Os estudos têm sido direcionados para esclarecer se o papel das isoflavonas no mecanismo de reabsorção do cálcio estaria ligado apenas ao efeito estrogênico ou também no controle da expressão gênica, por mecanismos de nutrigenômica. O que já está claro é que a utilização do grão de soja como fonte proteica (além do papel das isoflavonas) reduz a perda de cálcio ósseo. Além disso, as isoflavonas da soja têm sido associadas à modulação da expressão gênica no tecido adiposo.

As proteínas do grão de soja podem reduzir o risco de doenças cardiovasculares, uma vez que o consumo está associado à redução das concentrações de colesterol, ainda que moderadamente; e também estão associadas ao aumento da flexibilidade endotelial e à inibição da oxidação de lipoproteínas de baixa densidade (LDL) e consequente redução da formação das células espumosas, aspecto macroscópico da aterosclerose nas doenças cardiovasculares.

Ainda há muito a ser pesquisado, estudado e entendido em relação às isoflavonas e ao grão de soja; no entanto, existe a recomendação de introduzir ou aumentar o consumo de soja e outras leguminosas e de seus produtos na alimentação.

Importante: alguns produtos derivados de soja têm de ser consumidos com cautela por apresentarem alto teor de sódio, como o *missô* e o *shoyu*. No quadro seguinte estão listados esses e outros produtos, com os respectivos valores para energia e sódio.

Alimento	Quantidade	Medida usual	Calorias (kcal)	Sódio (mg)
Missô	275 g	1 xícara	547	10.250
Shoyu	16 g	1 colher de sopa	8,5	902
Shoyu light	18 g	1 colher de sopa	9,5	600
Tofu	126 g	½ xícara	183	17,6
Extrato de soja ("leite")	245 mL	1 copo	127	137

Fonte: Giordano et al. (2015); Messina (2016); Nutrition Data (2017); Zheng et al. (2016).

Oleaginosas

As oleaginosas são fontes de lipídios, principalmente ácidos graxos insaturados, proteínas, fibras, vitaminas (sobretudo a vitamina E), minerais antioxidantes e compostos fenólicos.

Estudos sugerem que o consumo habitual de nozes e amêndoas pode reduzir significativamente as concentrações de colesterol nas LDL (LDL-c) por estes alimentos conterem boas quantidades de ácidos graxos monoinsaturados, como o ácido graxo oleico (ômega 9). As oleaginosas são também fontes de arginina, aminoácido precursor do óxido nítrico (NO), potente vasodilatador, que atua no endotélio e que pode inibir a adesão e a agregação plaquetária.

Com relação aos minerais, as quantidades podem variar significativamente entre uma espécie e outra, mas são considerados, no geral, importantes fontes de selênio, magnésio, manganês e cobre, além de ferro, zinco e potássio.

As principais oleaginosas consumidas são:

- A *castanha-de-caju*, que é o verdadeiro fruto da castanheira, e não a parte amarela carnosa que normalmente é considerada como tal e que serve de haste para a castanha. O fruto verdadeiro, a castanha, é fonte de cobre, manganês e magnésio.
- A *castanha-do-brasil*, cuja castanheira é uma das mais importantes árvores amazônicas. A castanha é considerada a melhor fonte alimentar de selênio, uma vez que o consumo de uma castanha equivale às recomendações diárias do mineral. Além disso, é fonte de outros minerais e representa boa fonte proteica.
- As *nozes*, que são ricas em gorduras insaturadas e vitaminas, vêm sendo estudadas na redução de fatores de risco cardiovascular.
- As *amêndoas*, que contêm boa quantidade de fibra alimentar, manganês, magnésio e fósforo e fornecem óleo para cuidados corporais e para a produção de essências nas indústrias farmacêutica e alimentícia. Existem dois tipos de amêndoas, a doce e a amarga. Apenas as primeiras são consumidas na alimentação, pois as amargas contêm ácido cianídrico (que lhes confere o sabor amargo e pode causar intoxicações).

- As *avelãs*, que apresentam boas quantidades de gordura monoinsaturada, cobre, manganês e vitamina E.
- As *macadâmias*, que, entre todas as oleaginosas, apresentam uma das maiores concentrações de gordura monoinsaturada. São originárias da Austrália.
- As *sementes de linhaça*, que têm sido utilizadas na redução do risco de doenças cardiovasculares (por melhorar o perfil lipídico sanguíneo) e de alguns tipos de câncer.
- O *gergelim*, que possui boas quantidades de cálcio, ferro, manganês, magnésio, fósforo e cobre.

SEMENTES DE LINHAÇA

As sementes de linhaça são consumidas pela humanidade há mais de 5 mil anos. A ingestão regular tem sido associada em diversos estudos à redução do risco de doenças cardiovasculares (por melhorar o perfil lipídico sanguíneo e pela redução de biomarcadores pró-inflamatórios), ao controle do peso corporal, à melhora da resistência à insulina e à redução do risco de alguns tipos de câncer.

O papel protetor das sementes de linhaça deve-se ao fato de estarem entre as principais fontes vegetais de ácidos graxos ômega 3 e também de lignanas. Estas últimas são compostos químicos envolvidos na formação das ligninas da parede de células vegetais, classificados como compostos bioativos de alimentos, e considerados fitoesteróis.

A biodisponibilidade das lignanas na linhaça é aumentada quando se consome a semente moída ou quebrada, uma vez que o composto inteiro passa facilmente pelo trato gastrintestinal. No entanto, é importante ressaltar que, pelo conteúdo de ácidos graxos, as sementes moídas podem oxidar-se rapidamente, portanto, é melhor moê-las na hora de consumir. Sabe-se, também, que a linhaça dourada apresenta maior teor de lignanas em relação à semente marrom.

As sementes de linhaça são ricas em gorduras, cerca de 75% do valor energético; no entanto, somente 8% deles é do tipo saturado, cerca de 17% é monoinsaturado e quase 50%, poli-insaturado. Além dos lipídios, a semente é fonte de magnésio, manganês, cobre, potássio e tiamina.

Fontes: Ren et al. (2017); Yograj et al. (2017)

Proteínas de origem vegetal

As leguminosas são as principais fontes de proteínas de origem vegetal na alimentação, e as oleaginosas nem sempre podem ser consideradas alimentos-fonte, uma vez que a frequência de consumo é significativamente menor e fazem parte do hábito alimentar da população de maneira discreta.

Em relação às proteínas, com exceção do grão de soja, a preocupação que envolve essas fontes alimentares relaciona-se com a composição de aminoácidos essenciais, que é muito variada e apresenta quantidades suficientes de lisina, leucina e arginina, mas insuficientes de metionina, cisteína e triptofano. Na Tabela 6.1, estão relacionados os teores de aminoácidos essenciais em alguns alimentos do grupo dos feijões e oleaginosas.

Sabe-se, também, que a digestão das proteínas de origem vegetal, apesar de mais rápida, é incompleta quando comparada às proteínas de origem animal, principalmente em virtude da composição fibrosa da parede das células vegetais. Outro ponto importante é a eficiência na utilização dessas fontes proteicas, que é cerca de 10 a 20% menor do que a das fontes animais. Por isso, as fontes proteicas de origem vegetal, quando analisadas isoladamente, são consideradas fontes incompletas de proteínas.

Quando ocorre o consumo somente de uma fonte proteica incompleta, a necessidade dos aminoácidos essenciais não é suprida, e há comprometimento da síntese proteica no organismo. Esse fato ilustra o princípio de "um ou nenhum", no qual a falta de um aminoácido essencial compromete a utilização dos demais. Portanto, o aminoácido não suprido é chamado limitante, exatamente porque limita a quantidade de proteína que pode e deve ser sintetizada pelo organismo.

No entanto, existem fontes de proteínas complementares, representadas pela combinação de dois ou mais alimentos, que podem suprir as necessidades de todos os aminoácidos essenciais. Esse fato permite que, com uma alimentação variada, os aminoácidos essenciais sejam fornecidos ao longo do dia. Entre as fontes de proteínas complementares, a combinação mais importante é a de leguminosas e cereais, sendo que as primeiras fornecem boas quantidades de lisina e leucina, e as outras, de triptofano e

TABELA 6.1 – Teor de aminoácidos essenciais (mg/100 g de alimento) de alguns alimentos do grupo dos feijões e das oleaginosas, incluindo histidina e arginina.

Alimento	Proteína (g)	Isoleucina (mg)	Lisina (mg)	Leucina (mg)	Metionina (mg)	Fenilalanina (mg)	Valina (mg)	Triptofano (mg)	Treonina (mg)	Histidina (mg)	Arginina (mg)
Feijão-*azuqui* cozido sem sal	7,5	300	567	632	79	398	387	72	255	198	486
Feijão preto cozido sem sal	8,9	391	608	708	133	479	464	105	373	247	549
Feijão marrom cozido sem sal	9,0	359	557	648	122	439	425	96	342	226	503
Lentilha cozida sem sal	9,0	390	630	654	77	445	448	81	323	254	697
Ervilha enlatada drenada	4,4	159	259	264	67	163	192	30	165	87	349
Ervilha fresca cozida drenada	5,4	193	314	320	81	198	232	37	201	105	423
Grão-de-bico cozido sem sal	8,9	380	593	631	116	475	372	85	329	244	835
Soja cozida sem sal	16,6	807	1.108	1.355	224	869	831	242	723	449	1.291
Noz macadâmia crua	7,9	314	18	602	23	665	363	67	370	195	1.402
Noz-pecã crua	9,2	336	287	598	183	426	411	93	306	262	1.177
Amêndoa sem pele	21,9	714	620	1.517	194	1.185	825	198	700	611	2.546
Castanha-do-brasil com pele	14,3	516	492	1.155	1.008	630	756	141	362	386	2.148
Castanha-de-caju torrada sem sal	15,3	731	817	1.285	274	791	1.040	237	592	399	1.741
Amendoim torrado sem sal	23,7	833	850	1.535	291	1.227	993	230	811	599	2.832
Avelã com pele em pedaços	15,0	545	420	1.063	221	663	701	193	497	432	2.211

Fonte: Nutrition Data (2017).

metionina. Isso é bastante adequado aos padrões brasileiros de consumo alimentar, que ainda tem o arroz e o feijão como base da alimentação diária, apesar das alterações nos padrões alimentares habituais, com o aumento do consumo de alimentos processados e ultraprocessados e a realização de lanches rápidos no lugar das grandes refeições (BRASIL, 2014).

A qualidade da proteína ingerida determina a capacidade de promover e manter o crescimento normal. Por isso, existem várias maneiras de avaliar e estimar a qualidade das proteínas e, mesmo assim, todos os métodos têm suas aplicações e limitações. Mas é importante ponderar que há diferenças consideráveis entre a proteína de origem animal e a vegetal.

RECOMENDAÇÕES PARA O CONSUMO DE PROTEÍNAS NA ALIMENTAÇÃO VEGETARIANA

Existem várias modalidades de dieta vegetariana e todas excluem qualquer tipo de carne. Dentre as principais, a dieta do tipo ovolactovegetariana inclui ovos, leite e produtos lácteos; a dieta lactovegetariana inclui apenas leite e produtos lácteos; e os *veganos* excluem da dieta qualquer alimento de origem animal. Para os primeiros dois tipos, as recomendações de proteínas podem ser facilmente alcançadas, desde que haja consumo de alimentos variados e que as necessidades energéticas sejam supridas. Para os indivíduos que adotam a dieta do tipo vegana, as escolhas alimentares para atender às necessidades proteicas precisam ser muito mais criativas para manter a alimentação atrativa e adequada, combinando diferentes fontes de leguminosas e cereais.

Atualmente, existe a denominação flexitarianismo para designar a prática de consumo de uma alimentação baseada em frutas e hortaliças, cereais e leguminosas, e consumo ocasional de carnes, sobretudo as carnes brancas (peixes e aves). Entretanto, há controvérsias se esta prática pode ser considerada uma modalidade do vegetarianismo. Há adesão crescente pelas modalidades do vegetarianismo em prol da melhora da qualidade de vida, por ideologia, proteção animal ou outro estímulo que encoraje o indivíduo a reduzir ou a excluir o consumo de alimentos de origem animal. A preocupação é legítima, visto que diversos estudos têm relatado risco aumentado de câncer colorretal associado ao alto consumo de carnes vermelhas e processadas, além do papel protetor que a alimentação com elevado consumo de frutas e hortaliças, além de cereais integrais, pode apresentar.

O modelo da Pirâmide Alimentar foi adaptado às necessidades de indivíduos vegetarianos, principalmente para aqueles que adotam dietas ovolacto ou lactovegetarianas, nas quais ocorre a exclusão do grupo das carnes, com aumento na recomendação de consumo de feijões e oleaginosas.

As proteínas fonte de aminoácidos complementares, leguminosas e cereais podem suprir as necessidades de proteínas e fornecer todos os aminoácidos essenciais.

As recomendações de consumo para vegetarianos, baseadas nos modelos de grupos alimentares da pirâmide são:

Grupo alimentar	Porções diárias
Arroz, pão, massa, batata, mandioca	6 a 11
Frutas	2 a 4
Legumes e verduras	3 a 5
Leite e derivados	2 a 3
Feijões e oleaginosas	2 a 4
Óleos e açúcares	Uso moderado

Para os veganos há a orientação de consumo de alimentos derivados do grão da soja, como o extrato de soja, que pode ser utilizado no lugar do leite, e mesmo o *tofu*, na substituição ao queijo. É também recomendado verificar a necessidade de ingerir suplemento de vitaminas B12 e niacina, além do cálcio, e acompanhamento regular com um nutricionista.

Fonte: Melina, Craig e Levin (2016); Wardlaw e Kessel (2013).

PAPEL DOS FEIJÕES E DAS OLEAGINOSAS NA ALIMENTAÇÃO

O grupo dos feijões e das oleaginosas é fonte de proteínas, ácidos graxos insaturados, vitaminas e minerais antioxidantes, compostos bioativos e fibras. Juntamente dos grupos do leite, queijo e iogurte, e das carnes e ovos, encontra-se no terceiro nível da Pirâmide Alimentar.

Os feijões e as oleaginosas são fonte de proteínas de origem vegetal cujo valor biológico é melhorado quando ocorre o consumo concomitante de cereais, pois as proteínas desses alimentos combinados são complementares.

Recomenda-se o consumo diário de pelo menos uma porção de qualquer alimento desse grupo. A porção fornece 55 kcal e, em relação às leguminosas, equivale a uma concha de feijão cozido com caldo (86 g) ou a duas colheres de sopa somente dos grãos (50 g); a duas colheres de sopa de lentilha cozida (48 g) ou a uma colher e meia de grãos de soja cozidos (36 g). Em relação às oleaginosas, a porção equivale a duas unidades de castanha-do-brasil (8 g), quatro unidades de nozes (9 g) ou de castanha-de-caju (10 g).

Na Tabela 6.2, estão descritos os valores de energia, carboidratos, lipídios e proteínas de alguns alimentos do grupo dos feijões e oleaginosas, conforme a medida usual de consumo. As porções apresentam cerca de 55 kcal.

PAPEL DO GRUPO NA EPIDEMIOLOGIA DAS DCNT E ESCOLHAS ALIMENTARES INTELIGENTES

Nas dietas mediterrâneas e asiáticas, além do consumo de grandes quantidades de frutas, hortaliças e cereais integrais, bem como de ingestão moderada de carnes vermelhas, há o consumo relativamente constante de leguminosas e oleaginosas. Acredita-se que essas dietas, tradicionalmente de origem vegetal, contribuam para a maior longevidade da população e o menor risco de doenças cardiovasculares.

As oleaginosas fazem parte da alimentação humana há muito tempo e recomenda-se a utilização combinada a outros alimentos (considerados boas escolhas na promoção da saúde, como os cereais integrais, por exemplo). Esse grupo contribui para reduzir o risco de doenças cardiovasculares, uma vez que foram observados efeitos na redução das concentrações de lipídios séricos e na melhora do perfil inflamatório. No entanto, há a preocupação de que não sejam consumidas em excesso pelo alto valor energético. Portanto, a recomendação é a de adicionar esses alimentos às saladas, a cereais matinais, em lanches (com moderação) e evitar o consumo como "petiscos".

TABELA 6.2 – Alimentos-fonte de proteínas de origem vegetal, segundo medida usual, quilocalorias, quantidade de carboidratos, de proteínas e de lipídios.

Alimento	Medida usual	Peso (g)	kcal	Carboidrato (g)	Proteína (g)	Lipídio (g)
Amendoim	22 unidades	9	52,6	1,9	2,2	4,5
Feijão cozido	3 colheres de sopa	42	53,8	10,5	3,4	0,0
Feijão preto cozido	3 colheres de sopa	42	55	10,8	3,8	0,4
Ervilha partida seca cozida	3 ½ colheres de sopa	46	54,3	9,0	3,7	0,0
Ervilha verde cozida	2 ½ colheres de sopa	72,5	60,9	11,6	3,6	0,0
Lentilha cozida	2 colheres de sopa	48	57	10,0	4,4	0,8
Soja assada	1 colher de sopa	14	60	4,6	5,6	3,1
Soja cozida	1 ½ colher de sopa	36	62	3,6	6,1	3,2
Oleaginosas						
Amêndoa	9 unidades	10	58	2,0	2,2	5,1
Avelã	10 unidades	9	58	1,6	1,3	5,6
Castanha-do--brasil	2 unidades	8	52,5	0,9	1,1	5,3
Castanha-de--caju	1 colher de sopa	10	54	3,0	1,4	4,3
Nozes	4 unidades	9	58,9	1,3	1,3	5,8

Fonte: Nutrition Data (2017).

Esses alimentos são fontes de gorduras insaturadas, ácidos graxos essenciais, compostos bioativos e fibras. Dessa forma, além do papel benéfico no controle do perfil lipídico e do estado inflamatório, o consumo regular desse grupo alimentar (acima de três vezes por semana) tem sido associado a efeitos antioxidantes em razão do alto teor de compostos bioativos de alimentos, vitamina E e zinco. Os mecanismos de ação dos compostos bioativos incluem diminuição da suscetibilidade à oxidação das LDL, redução na agregação plaquetária, promoção da síntese de eicosanoides cardioprotetores e melhora do estado nutricional relativo aos antioxidantes.

A primeira edição do *Guia alimentar para a população brasileira* (2006) apresentou diversas orientações acerca do consumo desse grupo alimentar e da melhor maneira de aproveitar os nutrientes ofertados, além de dicas práticas para a preparação de feijões e leguminosas.

DIRETRIZES DO GUIA ALIMENTAR PARA A POPULAÇÃO BRASILEIRA, 1ª EDIÇÃO (2006)

Consumir uma porção de feijão por dia e variar os tipos de feijão (preto, carioquinha, verde, de corda, branco e outros).

Usar também outros tipos de leguminosas, como soja, grão-de-bico, ervilha seca, lentilha, fava etc.

Comer feijão com arroz, na proporção de uma parte de feijão para duas partes de arroz. Esse prato brasileiro constitui uma combinação completa de proteínas.

O feijão e as outras leguminosas devem ser preparados com pequenas quantidades de gordura, preferencialmente óleos vegetais.

Não usar a água em que o feijão ficou de remolho para cozinhar.

Feijoada e outros pratos feitos com feijão e carnes gordas (embutidos, toucinho e outros tipos de carne) têm alto teor de gordura saturada e sal, o que não é saudável.

Acrescentar feijão, ervilha ou lentilha aos ensopados e cozidos.

Acrescentar feijões, oleaginosas (castanha, nozes, amendoim) e sementes às saladas para torná-las mais nutritivas.

As sementes (de girassol, gergelim, abóbora e outras) e castanhas (do-brasil, de caju, nozes, nozes-pecã, amêndoas e outras) são fontes complementares qualitativas de proteínas e gorduras. Se possível, consumi-las com mais frequência. Utilizá-las como ingredientes de saladas, sopas, em iogurtes, salada de frutas, molhos, pães e bolos.

Nos restaurantes por quilo (*self-service*) e em cantinas, iniciar a montagem do prato pelas saladas (verduras e legumes) e feijões. Temperar a salada com pequena quantidade de azeite ou limão. Evitar servir-se de frituras, salgadinhos, empanados, molhos brancos e molhos à base de maionese ou queijo.

Para o lanche das crianças, nas viagens ou ao sentir fome entre as refeições, boa alternativa é comer um pouco de nozes, castanhas ou sementes (oleaginosas) sem sal, ou frutas secas sem adição de açúcar.

Os padrões alimentares adotados pela população brasileira têm sofrido alterações dinâmicas e acompanham a velocidade da oferta crescente de produtos industrializados, processados e ultraprocessados, com aumento da informação acerca da alimentação veiculada por mídias eletrônicas. Diante disso, a segunda edição do *Guia alimentar para a população brasileira* (2014) apresenta uma abordagem voltada para a conscientização do indivíduo na escolha de uma alimentação baseada em alimentos *in natura* e minimamente processados, rica em micronutrientes, fibras e compostos bioativos de alimentos.

A nova edição do Guia Alimentar traz o grupo dos feijões (e demais leguminosas) separado do grupo das castanhas e nozes (oleaginosas). Ressalta-se a variedade dos feijões: preto, branco, mulatinho, carioca, fradinho, feijão-fava, feijão-de-corda e muitos outros.

Valoriza-se a alternância entre o consumo de feijões e outras opções de leguminosas, como a ervilha, a lentilha e o grão-de-bico. Além disso, recomenda-se a prática do remolho com troca da água para cocção, de modo a reduzir o tempo de cozimento. Enfatiza-se, também, o uso de condimentos naturais e pouca quantidade de óleo para o preparo desse grupo alimentar. Por fim, o guia alimentar valoriza a combinação do arroz com feijão, identidade cultural do brasileiro, e escolha saudável para o fornecimento adequado de aminoácidos.

Quanto ao grupo das castanhas e nozes, estão incluídas as variedades de castanhas (de caju, de baru, do-brasil, e outras) e nozes, além das amêndoas e amendoim, largamente consumidas no Brasil. Esses alimentos apresentam versatilidade de usos culinários, desde a composição de saladas, molhos, preparações culinárias salgadas e doces (farofas, paçocas, doce de amendoim), além de serem adicionados a saladas de frutas. E, por serem práticos, podem constituir excelente opção para as pequenas refeições. Destaca-se o conteúdo de micronutrientes, fibras e gorduras insaturadas, além dos compostos bioativos de alimentos. Deve-se moderar, entretanto, o consumo de castanhas e nozes adicionadas de sal ou açúcar, considerados alimentos processados.

Tendo em vista a importância nutricional desse grupo e as recomendações de consumo, sabe-se que não são substitutos de nenhuma outra fonte de proteínas de origem animal, mas que a ingestão regular traz benefícios para a saúde humana.

Alguns aspectos referentes aos minerais e às vitaminas (fósforo, selênio e manganês), presentes em quantidades consideráveis no grupo dos feijões e oleaginosas serão detalhados: definição, absorção, transporte e armazenamento, principais funções, fontes alimentares, biodisponibilidade, recomendações atuais e consequências da deficiência e do excesso de ingestão.

FÓSFORO

O fósforo é um mineral fundamental ao organismo humano, está amplamente distribuído nos alimentos e apresenta boa eficiência de absorção. Cerca de 85% do fósforo do organismo humano encontra-se nos ossos e nos dentes, sob a forma de fosfato de cálcio, conferindo resistência a esses tecidos; o restante distribui-se por todas as células e pelos fluidos extracelulares no organismo na forma de fosfato (PO_4^{2-}), e desempenha diversas funções, principalmente participando do metabolismo energético como parte das adenosinas tri, di e monofosfato (ATP, ADP e AMP). A ATP é normalmente o grupo fosfato mais associado à geração de calor e à síntese de ligações entre substâncias e compostos.

Além das funções referidas, o fósforo participa dos processos de crescimento, manutenção e reparo dos tecidos orgânicos; tem função nos transportadores celulares e participa do metabolismo dos carboidratos por meio de enzimas e da ativação da tiamina. Também é componente das lipoproteínas e dos fosfolipídios, sendo as primeiras responsáveis pelo transporte dos ácidos graxos no organismo e um dos componentes de todas as membranas celulares do corpo humano. Estabelece as ligações entre os nucleotídeos do DNA e RNA por meio dos grupamentos de fosfato, e age como bloqueador para manter o pH dos sistemas biológicos. Além disso, o fósforo apresenta papel central na regulação da expressão gênica, por estar envolvido em mecanismos de fosforilação e desfosforilação de substâncias que regulam a atividade de fatores de transcrição.

O fósforo pode ser reciclado após desempenhar suas funções no organismo, sendo assim reutilizável; por isso a função do fósforo alimentar é participar do crescimento dos tecidos e repor as perdas pela excreção. O fósforo alimentar é uma mistura das formas orgânicas e inorgânicas do mineral, sendo que a absorção ocorre mais na forma inorgânica, após as fosfatases intestinais hidrolisarem o fósforo orgânico.

A absorção do fósforo ocorre em todo o intestino delgado e no cólon, em maior parte por processo de difusão passiva dependente das concentrações do mineral no lúmen. Somente na porção duodenal ocorre transporte ativo por meio do cotransporte de íons sódio. A taxa de absorção do fósforo varia entre 55 e 70% em adultos saudáveis e de 65 a 90% em bebês. No entanto, o mecanismo de absorção do fósforo não apresenta muitas variações, independentemente da quantidade ingerida do mineral.

Entre os principais moduladores da absorção do mineral estão 1,25 di-hidroxivitamina D [1,25$(OH)_2$ D_3], cuja presença aumenta a absorção intestinal do fósforo; e antiácidos à base de alumínio ou carbonato de cálcio (principalmente quando este é consumido nas refeições) que, quando consumidos por períodos prolongados, interferem negativamente na absorção, quelando o mineral.

A excreção ocorre pela via renal, onde as perdas aumentam em virtude do aumento da concentração sanguínea do mineral e em situações de hipercalcemia, com mediação pelo hormônio da paratireoide (PTH), sendo este o mecanismo primário de homeostase no corpo humano.

Alimentos proteicos são as principais fontes de fósforo, inclusive as leguminosas e oleaginosas. No entanto, as fontes vegetais contêm uma parte do fósforo na forma de ácido fítico, que não está disponível para a absorção do organismo. Em alguns alimentos, por colonização bacteriana, há a presença da enzima fitase, que hidrolisa o ácido fítico e disponibiliza parte do fósforo para absorção. Isso também ocorre pelos processos de fermentação, aumentando em até 50% a disponibilidade do fósforo proveniente do ácido fítico.

A *Recommended Dietary Allowance* (RDA) para adultos é de 700 mg/dia tanto para homens como para mulheres, sendo que o aumento das quantidades não é necessário durante a gestação e a lactação. Os valores de *Estimated Average Requirement* (EAR) para adultos é de 580 mg/dia, inclusive na gestação e na lactação. O *Tolerable Upper Intake Level* (UL) é de 4 g/dia para adultos de até 70 anos e, acima desta idade, o valor passa a ser de 3 g/dia (IOM, 1998).

O fósforo ocorre em alimentos como componente natural de moléculas biológicas e também como aditivo alimentar, na forma de vários sais de fosfatos, principalmente em alimentos processados, como as carnes, e em bebidas carbonatadas.

Diante disso, as principais fontes alimentares de fósforo são os alimentos proteicos (carnes, leite, leguminosas e oleaginosas), mas os cereais, legumes, verduras e frutas também são boas fontes do mineral, comprovando ampla distribuição nos diversos grupos de alimentos (Tabela 6.3).

Pela ampla distribuição entre os alimentos e a alta eficiência absortiva, a deficiência de fósforo é improvável. Entretanto, podem estar em risco recém-nascidos prematuros, vegetarianos do tipo veganos, alcoolistas, idosos com dietas inadequadas e pessoas que utilizam antiácidos à base de alumínio e carbonato de cálcio por longos períodos. A deficiência pode ocorrer ainda na desnutrição e em portadores de diabete melito em cetoacidose.

A deficiência crônica pode levar à perda de massa óssea, à redução do crescimento, ao prejuízo no desenvolvimento dentário e inclui sintomas, como perda de apetite e peso, fraqueza, irritabilidade, dores articulares e ósseas.

A ingestão de fósforo, ainda que elevada, na presença de quantidades adequadas de cálcio e vitamina D, não é tóxica aos seres humanos. No entanto, pode ocorrer hiperfosfatemia em algumas situações clínicas, principalmente nefropatias. O excesso do mineral acarreta a redução das concentrações sanguíneas de cálcio, situação que pode levar à perda de massa óssea pela liberação de doses elevadas do PTH, na tentativa de restabelecer o balanço sanguíneo entre as concentrações de cálcio e fósforo.

TABELA 6.3 – Conteúdo de fósforo em alimentos considerados fonte (em medida usual).

Alimento	Medida usual	Quantidade (g)	Fósforo (mg)
Grupo de feijões e oleaginosas			
Soja cozida	1 ½ colher de sopa	36	233,6
Feijão preto cozido	1 concha rasa	80	112,0
Ervilha verde cozida	2 ½ colheres de sopa	72,5	90,5
Soja assada	1 ½ colher de sopa	36	88,2
Lentilha cozida	2 colheres de sopa	48	86,4
Ervilha seca cozida	2 ½ colheres de sopa	72,5	71,8
Castanha-do-brasil	2 unidades	8	58,0
Amêndoa	9 unidades	10	48,9
Amendoim	25 unidades	10	36,6
Nozes	5 unidades	11,2	37,4
Grupo das carnes e ovos			
Salmão cozido	2 filés	200	590,0
Fígado cozido	1 unidade	100	497,0
Atum enlatado em óleo	2 ½ colheres de sopa	112,5	300,3
Peito de frango sem pele	1 unidade	100	228,0
Peito de peru assado	1 filé	100	210,0
Bacalhau cozido	1 pedaço	135	186,0
Ovo de galinha inteiro cozido	2 unidades	90	154,8
Carne moída (20% gordura)	3 ½ colheres de sopa	63	142,4
Camarão no vapor	13 unidades	104	137,0
Tilápia cozida	2 filés	200	115,2
Grupo do leite, queijo e iogurte			
Iogurte desnatado	1 ½ copo	330	518,1
Leite desnatado (2% gordura)	1 copo	270	253,8
Queijo muçarela	3 fatias	50	177,0
Leite integral (3,5% gordura)	1 xícara de chá	182	165,6
Iogurte integral	1 copo	165	156,7

(continua)

TABELA 6.3 – Conteúdo de fósforo em alimentos considerados fonte (em medida usual). *(continuação)*

Alimento	Medida usual	Quantidade (g)	Fósforo (mg)
Grupo do arroz, pão, massa, batata, mandioca			
Arroz integral cozido	6 colheres de sopa	198	150,0
Batata-inglesa cozida	1 ½ unidade	202,5	89,1
Arroz branco cozido	4 colheres de sopa	125	68,7
Macarrão cozido	3 ½ colheres de sopa	105	58,0
Batata-doce cozida	1 ½ colher de servir	150	48,3
Grupo das frutas			
Morango	10 unidades	240	57,6
Goiaba	½ unidade	95	40,0
Abacate amassado	4 colheres de sopa	45	23,4
Grupo dos legumes e verduras			
Brócolis cozidos	4 ½ colheres sopa	60	40,2
Espinafre cozido	2 ½ colheres sopa	67	37,5
Alface	15 folhas	120	34,6

Fonte: Nutrition Data (2017).

Dietas com baixo teor de cálcio e alto teor de fósforo são geradoras de hiperfosfatemia, e esta situação tem sido sugerida como um fator na etiologia da osteoporose, uma vez que ocorre menor pico de massa óssea com esses níveis de ingestão de nutrientes. Nesse sentido, alguns estudos apontam a manutenção da proporção cálcio:fósforo como bom parâmetro para a manutenção da saúde óssea, em detrimento das recomendações individuais para cada mineral. Entretanto, a ingestão adequada de cada micronutriente é fortemente encorajada pela maioria dos pesquisadores.

SELÊNIO

O selênio começou a ser estudado pelas características tóxicas, sendo o envenenamento um grave problema em regiões em que o solo contém grande concentração do mineral. Por esse motivo, a essencialidade para os sistemas biológicos foi reconhecida somente mais tarde e, mesmo o selênio sendo um elemento raro, é componente-chave para os organismos vivos.

Apesar de o foco inicial no elemento ter toxicidade, em 1973, foi evidenciada sua importância como componente da glutationa peroxidase (GSH-Px) e, mais tarde, como parte importante da iodotironina desidrogenase (5'-DI), além de diversos papéis fisiológicos que têm sido associados ao selênio, como na ação da insulina por mecanismos moleculares ainda pouco elucidados.

A ingestão inadequada ou excessiva de selênio depende de uma série de fatores, desde o teor do mineral nos alimentos, até a forma química no início da cadeia alimentar. Esses fatores incluem a distribuição do elemento no solo, a forma de absorção pelas plantas (que o coloca na cadeia alimentar) e as vias de ingestão e absorção.

A distribuição no solo pode variar de 0,1 mcg/g a 1 mg/g e é determinada principalmente por fatores geoquímicos, como natureza do solo, irrigação, manejo, fertilização, potencial de oxirredução, pH e ligação do mineral a metais como ferro e alumínio, além de fatores climáticos, como índices pluviométricos.

O selênio é absorvido principalmente no duodeno, no ceco e no cólon. A absorção depende da forma química do elemento, mas ocorre basicamente por transporte ativo junto da metionina, por difusão simples ou ainda por carreadores mediados por sódio. Depois de absorvido, o selênio é reduzido a selenido nos eritrócitos e é transportado no sangue, ligado a proteínas, principalmente frações de betalipoproteína de muito baixa densidade e, em menor quantidade, a outros tipos de proteínas.

As reservas corporais de selênio estão na forma de selenometionina (que depende da ingestão alimentar e não das necessidades orgânicas do metal) e no fígado, na forma de glutationa peroxidase.

A excreção ocorre principalmente por meio da urina, quando a ingestão alimentar é adequada. No entanto, pode ocorrer nas fezes, quando o selênio alimentar não for absorvido, ou nas secreções biliares, pancreáticas e intestinais; e também na respiração, quando há ingestão elevada. Na expiração, são exalados compostos voláteis que conferem odor semelhante ao do alho.

Os principais fatores que interferem na biodisponibilidade do selênio são quantidade ingerida; origem alimentar do mineral; interação com outros componentes da alimentação, como os metais pesados; eficiência do processo digestivo; formação de compostos absorvíveis de selênio; tempo de trânsito intestinal; estado nutricional em relação ao selênio; e doenças do trato gastrointestinal.

O selênio é utilizado por algumas plantas como autoproteção venenosa; participa de diversos processos catalíticos de bactérias e é essencial para a sobrevivência, a fertilidade, o desenvolvimento e o controle do estresse de mamíferos.

Entre as principais funções atribuídas ao selênio para o ser humano estão a capacidade antioxidante – desenvolvida principalmente pela glutationa peroxidase; a participação na conversão do T4 para T3; a proteção contra a ação nociva de metais pesados e xenobióticos; a redução do risco de doenças crônicas não transmissíveis; a função neurológica; a estabilidade genômica; e o aumento da resistência do sistema imunológico. O mineral também é necessário para a motilidade dos espermatozoides e pode reduzir o risco de aborto.

A ingestão elevada do mineral, sem ultrapassar o limite seguro de ingestão (UL), pode estar associada à redução do risco de câncer, principalmente por mecanismos epigenéticos e de nutrigenômica; de doenças cardiovasculares, pelo aumento do *status* antioxidante, redução da apoptose celular e regulação da via pró-inflamatória estimulada pelo fator nuclear kappa B (NF-κB); e de diabete melito, por ser mediador da ação da insulina e pelo papel antioxidante.

A RDA para adultos é de 55 mcg/dia para homens e mulheres, sendo que as necessidades são maiores durante a gestação e a lactação. A EAR para ambos os sexos é de 45 mcg/dia, e as necessidades também são elevadas na gestação e lactação. O valor de UL para adultos é de 400 mcg/dia (IOM, 2000).

O selênio é um elemento-traço que pode ser obtido de fontes alimentares como cereais, leguminosas e oleaginosas, e apresenta taxa de absorção entre 50 e 100%, dependendo da forma química do mineral no alimento.

Entre as melhores fontes alimentares do mineral encontram-se a castanha-do-brasil (*Bertholletia excelsa L.*), alimento com maior teor de selênio atualmente reconhecido (concentrações entre 8 e 126 mcg de selênio/g de castanha), cereais integrais, ostras e crustáceos, carne suína, aves, carne bovina e de peixes. No entanto, é importante considerar que a biodisponibilidade em peixes pode estar alterada pela presença de metais pesados na água. As frutas, os legumes e as verduras contêm apenas pequenas quantidades do mineral. Na Tabela 6.4, encontram-se relacionados os valores de selênio em diversos alimentos, com destaque para aqueles do grupo dos feijões e oleaginosas.

O selênio é altamente tóxico com estreita margem de segurança entre os limites de ingestão, podendo causar a selenose, que tem como principais sintomas náuseas, vômitos, queda de cabelos e alteração estrutural nas unhas.

TABELA 6.4 – Conteúdo de selênio em alimentos considerados fonte (em medida usual).

Alimento	Medida usual	Quantidade (g)	Selênio (mcg)
Grupo dos feijões e oleaginosas			
Castanha-do-brasil	2 unidades	8	153,4
Soja cozida	1 ½ colher de sopa	36	6,95
Soja assada	1 ½ colher de sopa	36	2,6
Lentilha cozida	5 colheres de sopa	120	3,6
Grupo de carnes e ovos			
Salmão cozido	2 filés	200	114,4
Atum enlatado em óleo	2 ½ colheres de sopa	112,5	67,6
Bacalhau cozido	1 pedaço	135	50,8
Camarão no vapor	13 unidades	104	39,6
Fígado cozido	1 unidade	100	36,1
Peito de peru assado	1 filé	100	29,1
Ovo de galinha inteiro cozido	2 unidades	90	27,7
Peito de frango sem pele	1 unidade	100	27,6

(continua)

TABELA 6.4 – Conteúdo de selênio em alimentos considerados fonte (em medida usual). *(continuação)*

Alimento	Medida usual	Quantidade (g)	Selênio (mcg)
Grupo do leite, queijo e iogurte			
Iogurte desnatado	1 ½ copo	330	11,88
Queijo muçarela	3 fatias	50	8,5
Leite desnatado (2% gordura)	1 copo	270	6,75
Leite integral (3,5% gordura)	1 xícara de chá	182	6,7
Iogurte integral	1 copo	165	3,6
Grupo do arroz, pão, massa, batata, mandioca			
Macarrão cozido	3 ½ colheres de sopa	105	26,4
Arroz branco cozido	4 colheres de sopa	125	11,6

Fonte: Nutrition Data (2017).

O reconhecimento dos importantes papéis das selenoproteínas no metabolismo ajuda a explicar as consequências adversas da deficiência de selênio em animais e na saúde humana. A deficiência em selênio afeta o metabolismo da glutationa peroxidase, inicialmente com aumento da síntese e liberação hepática desta enzima, o que acarretaria depleção da cisteína e prejuízo na síntese proteica e, posteriormente, na diminuição da atividade da própria enzima. Também está envolvida na gênese das doenças cardiovasculares, pelo aumento na produção de tromboxanos da série B2 e pela diminuição das prostaciclinas, o que eleva a taxa de agregação plaquetária. Está ainda associada à função imune e às isoenzimas da família do citocromo *P450*.

A importância do estado nutricional do indivíduo em relação ao selênio na etiologia da doença cardiovascular ainda é incerta, mesmo após 20 anos de pesquisas. As evidências ligando a baixa ingestão de selênio com o aumento do risco de doença cardíaca coronariana são fracas.

Por outro lado, a deficiência de selênio está associada ao desenvolvimento de duas doenças, ambas descritas na China e causadas pelos níveis extremamente baixos de ingestão do mineral:

- Doença de Keshan, que é uma cardiomiopatia endêmica, com ingestão diária de selênio em torno de 10 mcg, caracterizada por sintomas de insuficiência cardíaca congestiva ou, menos frequentemente, morte súbita ou derrame, e que acomete principalmente mulheres jovens e crianças.
- Doença de Kashin-Beck, também endêmica, ocorre em áreas de deficiência de selênio e iodo. Caracteriza-se por osteoartropatia em que os pacientes, principalmente jovens, apresentam concentrações sanguíneas de tiroxina e tri-iodotironina muito baixas comparados a indivíduos sem a enfermidade.

MANGANÊS

O manganês foi reconhecido como essencial apenas em 1931, pela comprovação experimental da deficiência em ratos e pássaros, apesar de ter importância fundamental como cofator de reações enzimáticas. Como o magnésio, é um elemento de transição. Pode ocorrer em 11 estados de oxidação, embora no organismo humano apareça normalmente nos estados Mn^{3+} ou Mn^{2+}, sendo que o Mn^{2+} é menos quelado e o Mn^{3+} interage com os íons férricos Fe^{3+}.

A eficiência absortiva do manganês pelo intestino é pequena, variando entre 2 e 5% e parece ser inversamente proporcional à ingestão alimentar do íon. A absorção parece ocorrer por transporte ativo e difusão passiva, processos não saturáveis. A excreção ocorre por via endógena, na bile, com pouca ou nenhuma excreção urinária, e parece não depender da quantidade ingerida e do estado nutricional em relação ao manganês.

A absorção e a retenção podem ser alteradas com a ingestão concomitante de grandes quantidades de ácido ascórbico, cálcio cobalto, fibras, fitato, ferro e fósforo. O mecanismo de absorção do ferro e do cobalto parece ser compartilhado pelo manganês. A ingestão conjunta do cálcio reduz a absorção do manganês. Concentrações reduzidas de ferritina são associadas ao aumento da absorção deste mineral. Durante os primeiros meses de vida, ocorre maior taxa de absorção e retenção do manganês, provavelmente em razão da alta captação do mineral pelo cérebro. A absorção pode ser incrementada pela quelação com a histidina ou com citrato e pelo álcool.

O transporte do íon para o fígado ocorre por meio de associação com proteínas, principalmente a transferrina, mas também pela alfa-2-macroglobulina e pela albumina. Quando o manganês chega ao fígado, a concentração sanguínea diminui drasticamente, entra em diversos *pools*, como o biliar, em que é novamente secretado no intestino delgado, e nos hepatócitos, e é utilizado por diversas organelas celulares e como cofator para várias enzimas citoplasmáticas. Quando a excreção da bile é baixa, como ocorre em neonatos e indivíduos com doenças hepáticas, o manganês pode apresentar toxicidade em razão do aumento excessivo da concentração no organismo.

O manganês apresenta papel essencial no desenvolvimento dos ossos e no metabolismo de aminoácidos, além de ser cofator de diversas enzimas, com destaque para a piruvato carboxilase, que é importante no metabolismo de carboidratos; o manganês superóxido dismutase (MnSOD), envolvida nas funções antioxidantes do organismo; e outras que participam do metabolismo de aminoácidos, de proteínas e do colesterol. A expressão do gene que codifica a MnSOD pode ser aumentada com a presença de citocinas e álcool, o que sinaliza resposta associada ao estresse. Nutrientes como o ácido retinoico e a vitamina E, além de compostos bioativos das crucíferas, podem regular a expressão da enzima MnSOD. Em baixas concentrações, a proteína p53 (supressora de tumor) aumenta a expressão da MnSOD. Além desses mecanismos, o Nrf2 (*nuclear factor [erythroid-derived 2]-like 2*) e o FoxO3a (*forkhead box O3*) são fatores de transcrição que regulam a expressão do gene que codifica essa enzima.

A AI do manganês é de 2,3 mg/dia para homens e 1,8 mg/dia para as mulheres, sendo que as necessidades aumentam durante a gestação e a lactação. O UL para adultos é de 11 mg/dia (IOM, 2002). As recomendações de manganês são pequenas e normalmente alcançadas por meio da alimentação, principalmente se forem consumidos alimentos como nozes e outras oleaginosas, grãos integrais, feijões, chás e vegetais folhosos verde-escuros. Na Tabela 6.5, estão relacionados os valores de manganês de alguns alimentos, em especial aqueles do grupo dos feijões e oleaginosas.

A deficiência do mineral foi observada em diversas espécies de animais, e as manifestações dos sintomas incluíram redução no crescimento, diminuição da capacidade reprodutiva, alterações ósseas e no metabolismo de carboidratos e lipídios. Em humanos, os sintomas da deficiência só foram relatados em casos experimentais e os participantes desenvolveram dermatites, despigmentação dos cabelos e hipocolesterolemia. Entretanto, mulheres com osteoporose podem apresentar baixas concentrações de manganês.

TABELA 6.5 – Conteúdo de manganês em alimentos considerados fonte (em medida usual).

Alimento	Medida usual	Quantidade (g)	Manganês (mg)
Grupo dos feijões e oleaginosas			
Soja cozida	1 ½ colher de sopa	36	0,79
Avelã	10 unidades	9	0,49
Feijão preto cozido	1 concha rasa	80	0,32
Ervilha seca cozida	2 ½ colheres de sopa	72,5	0,3
Ervilha verde cozida	2 ½ colheres de sopa	72,5	0,3
Nozes	4 unidades	9	0,3
Amêndoa	9 unidades	10	0,28
Soja assada	1 ½ colher de sopa	36	0,28
Lentilha cozida	2 colheres de sopa	48	0,24
Grupo de carnes e ovos			
Fígado cozido	1 unidade	100	0,4
Grupo do arroz, pão, massa, batata, mandioca			
Arroz integral cozido	6 colheres de sopa	198	2,1
Arroz branco cozido	4 colheres de sopa	125	0,5
Batata-doce cozida	1 ½ colher de servir	150	0,4
Macarrão cozido	3 ½ colheres de sopa	105	0,3
Batata-inglesa cozida	1 ½ unidade	202,5	0,2

(continua)

TABELA 6.5 – Conteúdo de manganês em alimentos considerados fonte (em medida usual). *(continuação)*

Alimento	Medida usual	Quantidade (g)	Manganês (mg)
Grupo das frutas			
Abacaxi	1 fatia	130	1,56
Banana	1 unidade	86	0,2
Goiaba	½ unidade	95	0,2
Grupo dos legumes e verduras			
Espinafre cozido	2 ½ colheres de sopa	67	0,6
Alface	15 folhas	120	0,3

Fonte: Nutrition Data (2017).

REFERÊNCIAS

AVILA, D. S.; PUNTEL, R. L.; ASCHNER, M. Manganese in health and disease. *Met. Ions Life Sci.*, Chichester, v. 13, p. 199-227, 2017.

BERDANIER, C. D. *Advanced nutrition: micronutrients*. Boca Raton: CRC Press, 1998.

______. *Advanced nutrition: macronutrients*. 2. ed. Boca Raton: CRC Press, 2000.

BRASIL. Ministério da Saúde. *Guia alimentar para a população brasileira*. Brasília/DF, 2005.

______. Ministério da Saúde. *Guia alimentar para a população brasileira*. 2. ed. Brasília, 2014.

COZZOLINO, S. M. F. *Biodisponibilidade de nutrientes*. 5 ed. Barueri: Manole, 2016.

DUPUY, N. A.; MERMEL, V. L. *Focus on nutrition*. Nova York: McGraw-Hill, 1995.

FACCA, M. C. L.; DALZOTO, P. R. Aflatoxinas: um perfil da situação do amendoim e derivados no cenário brasileiro. *Biológico*, São Paulo, v. 72, n. 1, p. 25-29, 2010.

FLANDRIN, J. L.; MONTANARI M. *História da alimentação*. Trad. Machado L.V. & Teixeira G.J.F. 5 ed. São Paulo: Estação Liberdade, 2007.

GIORDANO, E.; DÁVALOS, A.; CRESPO, M. C.; TOMÉ-CARNEIRO, J.; GOMEZ-CORONADO, D.; VISIOLI, F. Soy isoflavones in nutritionally relevant amounts have varied nutrigenomic effects on adipose tissue. *Molecules*, v. 20, n. 2, p. 2310-22, 2015.

[IOM] INSTITUTE OF MEDICINE. *Dietary Reference Intake for thiamin, riboflavin, niacin, vitamin B6, folate, vitamin B12, pantothenic acid, biotin and choline*. Washington, National Academy Press, 1998.

______. *Dietary Reference Intake for vitamin C, vitamin E, selenium, and carotenoids*. Washington: National Academy Press, 2000.

______. *Dietary Reference Intakes for vitamin A, vitamin K, arsenic, boron, chromium, copper, iodine, iron, manganese, molybdenum, nickel, silicon, vanadium and zinc*. Washington: National Academy Press, 2002.

MELINA, V.; CRAIG, W.; LEVIN, S. Position of the academy of Nutrition and Dietetics: vegetarian diets. *J. Acad. Nutr. Diet.*, Nova York, v. 116, n. 12, p. 1970-1980, 2016.

MESSINA, M. Soy and health update: evaluation of the clinical and epidemiologic literature. *Nutrients*, Basel, v. 8, n. 12, 2016.

NUTRITION DATA. Disponível em: <http://www.nutritiondata.com>. Acesso em: abril de 2018.

PHILIPPI, S. T. *Nutrição e técnica dietética*. Barueri: Manole, 2014.

REN, G. Y.et al. Effect of flaxseed intervention on inflammatory marker c-reactive protein: a systematic review and meta-analysis of randomized controlled trials. *Nutrients*, Basel, v. 8, n. 3, 2016.

ROBINSON, D. S. *Bioquímica y valor nutritivo de los alimentos*. Zaragoza: Acribia, 1991.

SCHOMBURG, L. Dietary selenium and human health. *Nutrients*, Basel, v. 9, n. 22, 2017.

SHILS, M. E.; et al. *Modern nutrition in health and disease*. 11. ed. Baltimore: Lippincott Williams, 2012.

URIBARRI, J.; CALVO, M. S. Dietary phosphorus intake and health. *Am J Clin Nutr*, Bethesda, v. 99, p. 247-248, 2014.

WARDLAW, G. M.; KESSEL, M. *Perspectives in nutrition*. 9. ed. Nova York: McGraw-Hill, 2013.

YOGRAF, S.; GUPTA, G.; GUPTA, V.; BHAT, A. N.; ARORA, A. Flaxseed – a shield against diseases? *Anatomy Physiol Biochem Int*, v. 1, n. 4, p. 1-8, 2017.

ZHENG, X.; LEE, S. K.; CHUN, O. K. Soy isoflavones and osteoporotic bone loss: a review with an emphasis on modulation of bone remodeling. *J Med Food*, Larchmont, v. 19, n. 1, p. 1-14, 2016.

GRUPO DOS ÓLEOS E GORDURAS

Nutrientes descritos no capítulo

Gorduras, ácidos graxos e vitaminas E e K

Karina Maria Olbrich dos Santos
Rita de Cássia de Aquino

▶ SUMÁRIO

INTRODUÇÃO

O grupo de óleos e gorduras, representado na parte superior da Pirâmide dos Alimentos, é formado por alimentos predominantemente constituídos por lipídios. Está no ápice da pirâmide, pois se recomenda o consumo moderado, uma vez que 1 g produz 9 kcal, mas é importante em toda a cadeia alimentar e imprescindível para uma boa saúde.

Os óleos são provenientes principalmente de alimentos de origem vegetal. São extraídos de sementes ou frutos de várias plantas e depois refinados para uso dietético, agindo como condutores de calor e agregadores de maciez e sabor. A partir dos óleos, obtêm-se as margarinas e também a gordura vegetal hidrogenada, utilizada na indústria alimentícia.

As gorduras são provenientes em geral de alimentos de origem animal, podendo ser consumidas como parte integrante do alimento (carnes, leite ou ovos) ou isoladamente. A banha, o toucinho, a manteiga e o creme de leite são exemplos de alimentos obtidos a partir da separação da gordura dos alimentos.

Os óleos e gorduras são muito importantes na alimentação, uma vez que fornecem energia, ácidos graxos essenciais e são veículos de vitaminas lipossolúveis e antioxidantes. A escolha e a inclusão são imprescindíveis na composição de uma dieta saudável.

CONSTITUIÇÃO QUÍMICA DOS ÓLEOS E GORDURAS

Os lipídios que compõem os alimentos do grupo dos óleos e gorduras são constituídos por amplo e diversificado conjunto de substâncias orgânicas, delimitadas com base em características de solubilidade. Os lipídios são geralmente insolúveis em água e solúveis em solventes orgânicos, como éter, benzeno e clorofórmio.

Óleos e gorduras podem ser definidos como misturas complexas de acilgliceróis ou glicerídeos. Os triacilgliceróis, que resultam da combinação de uma molécula de glicerol com três ácidos graxos, são os principais constituintes, representando em média 95% de óleo ou de gordura. Os monoacilgliceróis e diacilgliceróis também podem representar uma fração importante, de forma que os acilgliceróis representam praticamente

Ácidos graxos

Os ácidos graxos são definidos quimicamente como ácidos monocarboxílicos alifáticos (Figura 7.2). São constituídos por uma cadeia carbônica não ramificada, de comprimento variável, contendo em uma das extremidades um grupo funcional ácido, o grupo carboxílico (-COOH), denominada extremidade delta (representada por d ou D). A outra extremidade da cadeia carbônica termina com um grupo metila (-CH_3) e é denominada extremidade ômega (representada por w, W ou ω).

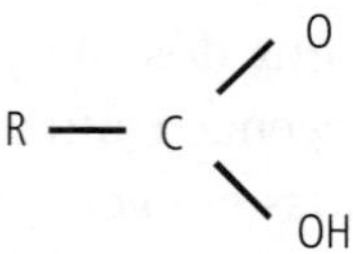

Em que R = cadeia carbônica

FIGURA 7.2 – Fórmula geral de um ácido graxo.

De modo geral, os ácidos graxos apresentam número par de carbonos, cadeia carbônica longa e são geralmente encontrados na natureza como constituintes estruturais dos acilgliceróis e dos fosfolipídios.

De acordo com o tamanho da cadeia carbônica, os ácidos graxos podem ser classificados em ácidos graxos de cadeias curta, média e longa, característica que afeta as propriedades físicas e o destino metabólico. Ácidos graxos que contêm 2 a 6 carbonos são considerados de cadeia curta, sendo voláteis e solúveis em água, uma exceção entre os lipídios. A gordura do leite é uma fonte desses ácidos graxos, que são pouco comuns em alimentos. Os ácidos graxos de cadeia média apresentam entre 8 e 12 carbonos e também são encontrados em poucos alimentos, principalmente no óleo de coco. Os ácidos graxos de cadeia longa, que apresentam entre 14 e 24 carbonos, são os mais comuns nos alimentos, tanto de origem vegetal como animal.

A cadeia carbônica de um ácido graxo pode ser saturada, isto é, conter exclusivamente ligações covalentes simples entre os carbonos, ou insaturada, contendo uma ou mais ligações duplas carbono-carbono.

Com base nessa característica, os ácidos graxos são classificados em saturados ou insaturados, respectivamente.

Resumidamente, os ácidos graxos diferem entre si pelo comprimento da cadeia de carbono, pela presença, quantidade e configuração de duplas ligações na cadeia carbônica e pela posição do ácido graxo na molécula de glicerol.

Ácidos graxos saturados

Os ácidos graxos saturados (AGS) mais comuns em alimentos são de cadeia longa, com pelo menos 16 carbonos. Os ácidos graxos de cadeias média e curta são também AGS.

O ácido palmítico, que apresenta 16 carbonos, e o ácido esteárico (Figura 7.3), com 18, são os AGS mais encontrados na dieta.

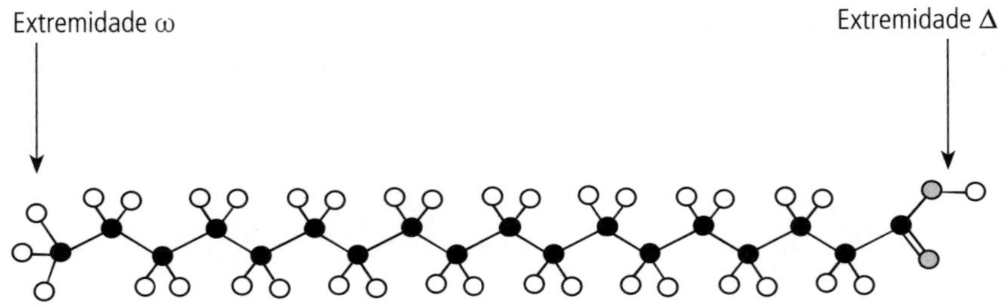

FIGURA 7.3 – Ácido esteárico (C 18:0).

Os principais AGS presentes nos óleos e gorduras encontram-se na Tabela 7.1.

Ácidos graxos insaturados

A presença de dupla ligação entre os carbonos caracteriza os ácidos graxos insaturados. Todos apresentam cadeia longa, com pelo menos 16 carbonos, e o número de duplas ligações divide-os em dois grupos: (i) os monoinsaturados, que contêm apenas uma dupla carbono-carbono, e (ii) os poli-insaturados, com duas ou mais dessas ligações.

99% da composição geral. Os ácidos graxos na forma livre estão presentes em percentuais inferiores a 1%. Os fosfolipídios, esteróis e vitaminas lipossolúveis, entre outros compostos, também estão presentes nos óleos e gorduras em percentuais menores que 1%.

Triacilgliceróis

Os acilgliceróis, mais conhecidos como glicerídeos, são ésteres de glicerol e ácidos graxos, ou seja, resultam da ligação entre o álcool glicerol e um, dois ou três ácidos graxos (Figura 7.1). O número de ácidos graxos ligados ao glicerol o define, respectivamente, como mono, di ou triacilglicerol. Um triacilglicerol pode apresentar ácidos graxos iguais ou diferentes nas três posições de ligação com o glicerol, definidas como posições sn-1, sn-2 e sn-3.

A composição e a posição dos ácidos graxos nos triacilgliceróis podem afetar a disponibilidade, pois interferem na suscetibilidade e na velocidade da hidrólise pelas lipases digestivas e, subsequentemente, na absorção.

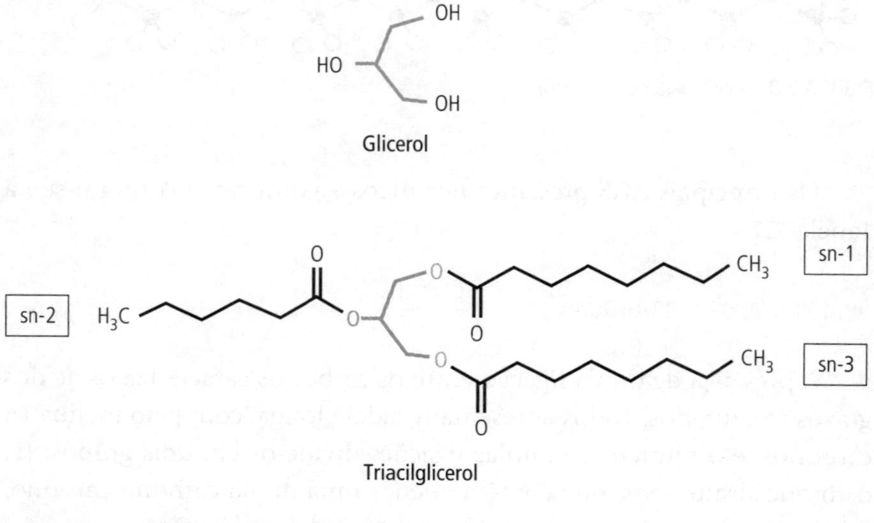

OH
HO
OH
Glicerol

O
sn-1
CH$_3$
sn-2
H$_3$C
O
O
O
CH$_3$
sn-3
O
O
O
Triacilglicerol

FIGURA 7.1 – Estrutura química de um glicerol e de um triacilglicerol.

TABELA 7.1 – Nome e características químicas de ácidos graxos saturados naturalmente presentes em alimentos.

Nome	Número de carbonos	Abreviação	Óleo ou gordura onde é mais encontrado
Butírico	4	C 4:0	Gordura do leite e derivados
Caproico	6	C 6:0	Gordura do leite e derivados
Caprílico	8	C 8:0	Gordura do leite e derivados
Cáprico	10	C 10:0	Gordura de coco e babaçu
Láurico	12	C 12:0	Gordura de coco
Mirístico	14	C 14:0	Manteiga e gordura de coco
Palmítico	16	C 16:0	Óleo de dendê, banha e sebo, gordura do cacau e gordura do leite
Esteárico	18	C 18:0	Banha, gordura do leite, manteiga de cacau e óleos vegetais
Araquídico	20	C 20:0	Amendoim

Fonte: adaptada de Iseo (2006) e Nawar (1996).

Além do número de carbonos e de insaturações, a localização das duplas ligações na cadeia carbônica e a configuração geométrica são determinantes do papel e do destino metabólico dos ácidos graxos. A posição da primeira dupla ligação na cadeia carbônica, definida pela numeração dos carbonos a partir da extremidade que apresenta o grupo metila (extremidade ômega), determina a série ou a "família metabólica" dos ácidos graxos insaturados. Isso porque o organismo humano dispõe de enzimas capazes de inserir carbonos na cadeia dos ácidos graxos em posição próxima à do grupo carboxílico, alterando o tamanho da cadeia e gerando outros ácidos graxos, de acordo com a necessidade. Entretanto, não apresenta capacidade de modificar a posição das duplas ligações, tal como definida a partir da extremidade do grupo metila.

Do ponto de vista nutricional, são particularmente importantes os ácidos graxos poli-insaturados (AGPI) da série ômega 6 ($\omega 6$) ou n-6, que apresentam a primeira dupla ligação no sexto carbono da extremidade ômega, e os AGPI da série ômega 3 ($\omega 3$) ou n-3, com uma ligação dupla a três carbonos dessa extremidade. O ácido alfa-linolênico (C 18:3), nutricionalmente essencial, é um ácido graxo ômega 3. É precursor na biossíntese de outros ácidos graxos ômega 3, ácidos eicosapentaenoico (EPA) e docosa-hexaenoico (DHA), ambos altamente insaturados, com cinco e seis duplas ligações, respectivamente. O ácido linoleico (C 18:2), ômega 6, é também um ácido graxo essencial abundante em alimentos de origem vegetal, principalmente nos óleos. É o precursor do ácido araquidônico, também ômega 6 (C 20:4).

O posicionamento das duplas ligações nos AGPI segue um padrão característico: entre duas ligações duplas há sempre um carbono que apresenta somente ligações simples, ou seja, há um grupo metileno ($-CH_2-$) separando uma ligação dupla de outra. Assim, salvo exceções, conhecendo-se a posição da primeira dupla ligação, pode-se saber a posição das outras.

Os ácidos graxos insaturados podem ter isômeros posicionais, isto é, que apresentam o mesmo número de carbonos e duplas ligações, mas que diferem na localização das ligações na cadeia carbônica. O ácido oleico (ácido graxo monoinsaturado C 18:1) da série ômega 9 (ω9) ou n-9 e o vacênico (C18:1 ω7), por exemplo, são isômeros posicionais: o primeiro apresenta a ligação dupla no 9° carbono e o segundo, no 7°, numerados a partir da extremidade ômega.

A Tabela 7.2 apresenta as características dos principais ácidos graxos insaturados encontrados em alimentos.

As duplas ligações podem apresentar configurações geométricas diferentes: configuração *cis*, quando os hidrogênios se encontram do mesmo lado da cadeia carbônica, ou configuração *trans*, quando os hidrogênios estão localizados em lados opostos. A diferença entre as duas configurações está representada na Figura 7.4.

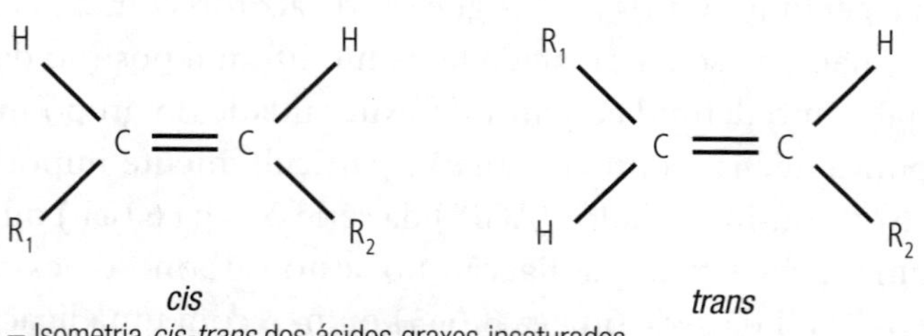

cis *trans*

FIGURA 7.4 – Isometria *cis-trans* dos ácidos graxos insaturados.

TABELA 7.2 – Nome e características químicas dos principais ácidos graxos insaturados presentes em alimentos.

Nome	Número de carbonos	Número de duplas ligações	Posição da primeira dupla*	Abreviação (nomenclatura)**	Óleo, gordura ou alimento onde é mais encontrado
Ácido palmitoleico	16	1	n-7 ou ω_7	C 16:1 Δ 9	Peixe, carne bovina
Ácido oleico	18	1	n-9 ou ω_9	C 18:1 Δ 9	Oleaginosas, azeite e gorduras animais
Ácido vacênico***	18	1	n-7 ou ω_7	C 18:1 Δ11	Leite
Ácido elaídico***	18	1	n-9 ou ω_9	C 18:1 Δ 9	Gordura vegetal hidrogenada
Ácido linoleico	18	2	n-6 ou ω_6	C 18:2 Δ 9,12	Óleos vegetais (açafrão, algodão, gergelim, milho e soja)
Ácido alfa-linolênico	18	3	n-3 ou ω_3	C 18:3 Δ 9, 12,15	Óleo de soja, canola e linhaça, peixes e crustáceos, óleo de fígado de bacalhau
Ácido eicosaenoico	20	1	n-9 ou ω_9	C 20:1 Δ 9	Óleo de peixe
Ácido araquidônico	20	4	n-6 ou ω_6	C 20:4 Δ 5, 8,11,14	Óleo de amendoim, gema de ovo, fígado e sebo
EPA (ácido eicosapentaenoico)	20	5	n-3 ou ω_3	C 20:5 Δ 5,8,11, 14,17	Óleos de peixe de origem marinha
DPA (ácido docosapentaenoico)	22	5	n-3 ou ω_3	C 22:5 Δ 7,10,13,16,19	Óleos de peixe de origem marinha
DHA (ácido docosa--hexaenoico)	22	6	n-3 ou ω_3	C 22:6 Δ 4,7,10,13,16,19	Óleos de peixe de origem marinha

* Posição definida pela numeração dos carbonos a partir da extremidade ômega (do grupo metila) da cadeia carbônica ou, em outras palavras, do número de carbonos que faltam para essa extremidade da cadeia. ** Posição das duplas definida pela numeração dos carbonos a partir da extremidade delta (do grupo carboxílico) da cadeia carbônica. *** Contém ligação dupla com configuração *trans*. Todos os outros ácidos graxos da tabela apresentam somente ligações duplas com configuração cis.
Fonte: adaptada de Iseo (2006) e Nawar (1996).

Na natureza, as duplas ligações dos ácidos graxos insaturados geralmente apresentam configuração *cis*. Entretanto, ácidos graxos contendo uma ou mais ligações duplas com configuração *trans*, conhecidos como ácidos graxos *trans*, podem estar presentes em alimentos como resultado de um processo de isomerização *cis-trans*, que pode acontecer naturalmente ou em consequência de determinadas condições de processamento, em geral, envolvendo altas temperaturas. Uma dupla ligação carbono-carbono com configuração *trans* apresenta um ângulo mais aberto do que uma dupla ligação *cis* e, por isso, espacialmente, as moléculas dos ácidos graxos *trans* assemelham-se mais às moléculas dos AGS do que à de seus isômeros *cis*. A configuração *cis* ou *trans* de uma dupla ligação reflete nas propriedades físicas dos ácidos graxos e no ponto de fusão: o isômero *trans* funde-se à temperatura mais elevada que o análogo *cis*. Por exemplo, o ponto de fusão do ácido oleico (C 18:1,9 *cis*) é 16,3 °C e do ácido elaídico (C 18:1,9 *trans*), 43,7 °C. A presença e a concentração de ácidos graxos *trans* em óleo ou gordura tendem, portanto, a aumentar o ponto de fusão, tornando-os mais consistentes ou sólidos à temperatura ambiente, característica que pode ser desejável do ponto de vista tecnológico.

A isomerização *cis-trans* de ácidos graxos insaturados ocorre naturalmente no trato digestivo de animais ruminantes, resultando na presença de ácidos graxos *trans* na gordura do leite (5 a 15% do total de ácidos graxos) e na carne desses animais. Diversos isômeros *trans* do ácido linoleico são encontrados em pequenas quantidades nessas gorduras, particularmente na gordura do leite. Esses isômeros apresentam ligações duplas conjugadas, isto é, sem um grupo metileno entre elas, e por isso são denominados ácido linoleico conjugado (CLA, em inglês, *conjugated linoleic acid*). São intermediários do processo de bioidrogenação que acontece no rúmen por ação da bactéria *Butyrivibrio fibrisolvens*. O ácido linoleico conjugado tem sido objeto de estudos em razão de evidências de que os dois isômeros mais abundantes, o *cis*-9, *trans*-11 e o *trans*-10, *cis*-12 apresentam atividade biológica relacionada à redução do risco de doenças, por possíveis ações na inibição de carcinogênese e aterogênese.

Ácidos graxos *trans* são também gerados durante o processo convencional de hidrogenação parcial de óleos, na produção industrial de gordura vegetal hidrogenada. Nesse processo químico, provoca-se a inserção de átomos de hidrogênio em ligações duplas das cadeias carbônicas de ácidos graxos, convertendo-as em ligações simples, reduzindo o número de insaturações de óleos vegetais. A reação de hidrogenação é comumente realizada em condições de alta temperatura e sob a ação de um catalisador metálico, em geral, níquel em pó, o que conduz, paralelamente, à isomerização *cis-trans* de ligações duplas remanescentes. A fritura de alimentos por imersão em óleo em alta temperatura também pode resultar na formação de ácidos graxos *trans*.

ALTERAÇÕES EM ÓLEOS E GORDURAS DURANTE O PROCESSO DE FRITURA

No processo de fritura, os óleos e as gorduras são utilizados como agentes de transferência de calor, atingindo temperaturas da ordem de 175 a 195°C – ou mais, caso não haja o controle adequado de temperatura. Essa operação permite a cocção rápida do alimento, acompanhado de desidratação superficial com a formação de uma crosta crocante, conferindo ao produto sabor e aroma característicos. Durante a fritura, principalmente quando prolongada, ocorre uma série de alterações químicas complexas com o óleo/gordura. Do ponto de vista químico, a decomposição térmica dos lipídios envolve simultaneamente reações de hidrólise e oxidação, que ocorrem em alta velocidade em virtude da temperatura elevada, e afetam AGS e insaturados. Numerosos compostos são formados no processo, alterando o sabor, a cor e a viscosidade do óleo. Há formação de isômeros *trans*, redução no teor de AGPI e aumento no teor de AGS, proporcionalmente ao tempo de uso do óleo ou da gordura. Nesse caso, a proporção de isômeros *trans* depende de diversos fatores, como o tipo de óleo e alimento, a temperatura empregada e o número de vezes que foi utilizado para fritura. Como os AGS são mais estáveis à oxidação, as gorduras são termicamente mais estáveis que os óleos, para as mesmas condições de uso.

Fonte: Sanibal e Mancini Filho, 2004; Nawar, 1996.

Fosfolipídios

Os fosfolipídios presentes nos óleos e gorduras são principalmente fosfoacilgliceróis, compostos cuja estrutura geral é definida por uma molécula de glicerol unida por ligação éster a dois ácidos graxos de cadeia longa e a um grupo fosfato, este ligado a uma base nitrogenada (geralmente um álcool derivado da serina, etanolamina, colina ou do inositol). A fosfatidilcolina, conhecida como lecitina, é um dos fosfolipídios mais comuns em alimentos (Figura 7.5). Os fosfolipídios apresentam a propriedade de estabilizar emulsões, pois a molécula tem caráter lipofílico e hidrofílico, sendo usados como agentes emulsificantes em alimentos.

```
                   O
                   ||
H2C —— O —— C —— R1*
 |
 |                 O
 |                 ||
HC —— O —— C —— R2*
 |
 |                 O
 |                 ||
H2C —— O —— P —— O                          CH3
                   |                         |
                   O —— CH2 —— CH2 —— +N —— CH3
                                             |
                                            CH3
```

FIGURA 7.5 – Fosfatidilcolina (lecitina).
* Ácido esteárico, palmítico, palmitoleico, oleico ou linoleico.

Esteróis

Óleos e gorduras podem conter uma pequena quantidade de esteróis, alcoóis cuja estrutura apresenta um conjunto de quatro anéis hidrocarbônicos ligados entre si, um grupo hidroxila, característico dos alcoóis, e uma cadeia carbônica. Os esteróis são constituintes essenciais das membranas celulares de animais e vegetais.

O colesterol é o principal esterol presente na fração lipídica de alimentos exclusivamente de origem animal e a estrutura química é apresentada na Figura 7.6. O colesterol tem uma série de funções para o organismo. Além de ser um dos principais componentes da estrutura das membranas celulares, é constituinte da bile e precursor de hormônios esteroides e da vitamina D. O colesterol do organismo tem duas fontes distintas: (i) dieta; e (ii) síntese tecidual. A síntese de colesterol endógeno é autorregulada para suprir as necessidades celulares. Os tecidos extra-hepáticos não são capazes de catabolizar o colesterol. Consequentemente, é necessário um mecanismo eficiente de transporte do colesterol livre.

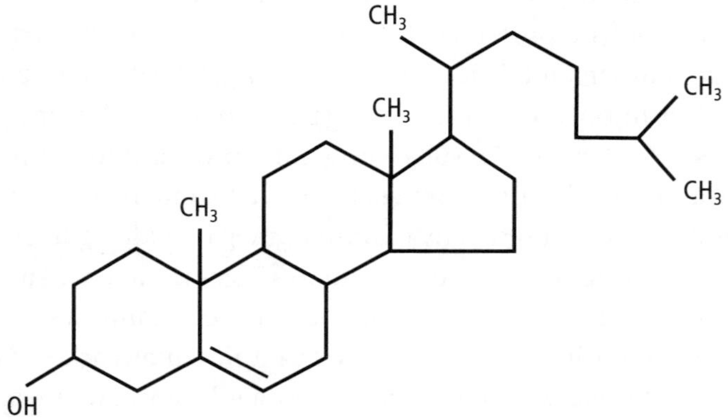

FIGURA 7.6 – Estrutura do colesterol.

Nos óleos e gorduras de origem vegetal, estão presentes os fitoesteróis, que se diferenciam do colesterol pela presença de um grupo metila ou etila a mais na cadeia carbônica, que faz parte da estrutura. Além disso, dois dos fitoesteróis mais abundantes, o betas-sitosterol e o campesterol, apresentam insaturação em um de seus anéis hidrocarbônicos. Mais de 40 tipos de fitoesteróis já foram isolados e identificados em alimentos vegetais. Soja, oleaginosas e óleos vegetais em geral, principalmente de canola, girassol e arroz, são fontes naturais desses compostos.

A similaridade estrutural faz com que os fitoesteróis interfiram na absorção de colesterol, reduzindo-a, e aumentando a excreção fecal desse composto. A interferência pode ter efeito significativo sobre os níveis de colesterol sanguíneo, dependendo da regularidade e da dose ingerida, bem superior aos teores naturalmente presentes nos óleos vegetais. Margarinas e outros produtos têm sido enriquecidos com fitoesteróis e fitoestanóis (de estrutura saturada), com o objetivo de fornecer a dose necessária para diminuir os níveis séricos de colesterol e por reduzir a absorção intestinal.

Ácidos graxos essenciais

O organismo humano é capaz de produzir AGS e insaturados a partir de carboidratos e proteínas. Entretanto, dois ácidos graxos insaturados não podem ser sintetizados e são, portanto, nutricionalmente essenciais: o ácido linoleico (C 18:2, ômega 6) e o ácido alfa-linolênico (C 18:3, ômega 3). Ambos são substrato para a produção de outros ácidos graxos insaturados dos tipos ômega 6 e 3, que somente é possível a partir de ácidos graxos da respectiva família ômega. Ácidos graxos ômega 3 e 6 são constituintes de estruturas celulares, necessários para a formação das membranas. São também precursores dos eicosanoides, compostos de 20 carbonos biologicamente ativos, que apresentam ação semelhante a hormônios. Os eicosanoides atuam na coagulação sanguínea, em processos anti-inflamatórios e na resposta imune e incluem principalmente as prostaglandinas, os tromboxanos, leucotrienos e lipoxinas.

A produção de ácidos graxos insaturados a partir dos ácidos linoleico e linolênico ocorre por intermédio das enzimas elongases e dessaturases. As elongases catalisam o alongamento da cadeia carbônica de ácidos graxos pela adição sequencial de pares de carbonos à extremidade delta, em que se encontra o grupo carboxílico. As dessaturases promovem a inserção de ligações duplas nas cadeias carbônicas, restrita a posições distanciadas pelo menos nove carbonos da extremidade delta, em que se encontra o grupo carboxílico. Por essa razão, o organismo humano não é capaz de sintetizar os ácidos linoleico e linolênico a partir de outros ácidos graxos nem de converter um ácido graxo ômega 6 em ômega 3 (ou vice-versa).

A partir do ácido linoleico é sintetizado outro ácido graxo importante do ponto de vista metabólico, o araquidônico (C 20:4, ômega 6). Esse ácido, por sua vez, origina eicosanoides da família ômega 6. A partir do ácido alfa-linolênico o organismo humano produz outros ácidos graxos da família ômega 3, altamente insaturados e metabolicamente importantes: o eicosapentaenoico (EPA, C 20:5) e o docosa-hexaenoico

(DHA, C 22:6). O DHA está presente em altas concentrações no sistema nervoso central, nas membranas celulares e no sistema visual. O EPA e o DHA dão origem aos eicosanoides da família ômega 3.

A produção de derivados dos ácidos graxos essenciais das famílias ômega 3 e 6 está esquematizada na Figura 7.7.

Como as mesmas dessaturases atuam no metabolismo dos ácidos linoleico e do alfa-linolênico, há competição pela ação enzimática, modulada pela ingestão dietética desses ácidos graxos. A alta ingestão de ácido linoleico, por exemplo, reduz os níveis de DHA no organismo (WHO/FAO, 1994).

CLASSIFICAÇÃO

A distinção entre óleos e gorduras baseia-se no estado físico à temperatura ambiente, definida como 25 °C: os óleos são líquidos a essa temperatura enquanto as gorduras estão aparentemente sólidas. Essa diferença está relacionada à composição de ácidos graxos, que define o ponto de fusão, isto é, a temperatura em que ocorre a passagem do estado sólido ao líquido. O ponto de fusão dos óleos e gorduras é influenciado principalmente pela proporção de AGS e insaturados, em particular os poli-insaturados, como constituintes dos acilgliceróis presentes no óleo ou na gordura.

De modo geral, as gorduras contêm proporcionalmente um teor maior de AGS do que os óleos, nos quais estão presentes em maior proporção os ácidos graxos insaturados. Mas tanto os óleos como as gorduras apresentam AGS, mono e poli-insaturados.

Os óleos e gorduras também podem ser classificados quanto à origem: vegetal e animal.

Óleos e gorduras de origem vegetal (óleos vegetais)

Os óleos vegetais disponíveis no mercado são, de modo geral, extraídos de sementes de cereais (milho e arroz) e leguminosas (soja e amendoim). Há também os óleos derivados de frutos, como os azeites de dendê (ou óleo de palma refinado) e de oliva.

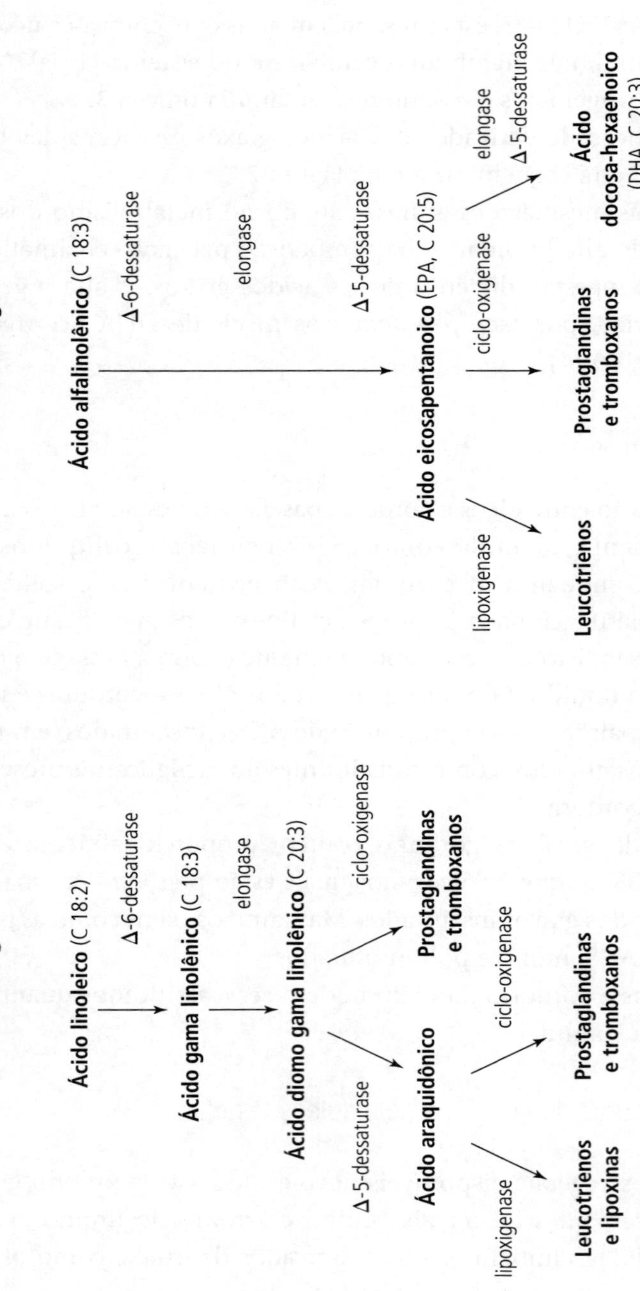

FIGURA 7.7 – Produção de derivados dos ácidos graxos essenciais das famílias ômega 3 e 6.
Fonte: WHO/FAO (1994).

Na produção industrial de óleos refinados, a extração da fração lipídica dos grãos é geralmente realizada com o auxílio de solventes orgânicos, o que origina os óleos brutos, posteriormente submetidos ao processo de refinação. Nesse processo, são retiradas do óleo bruto as substâncias lipossolúveis extraídas com o óleo, como fosfatídeos, pigmentos (clorofila, carotenoides) e vitaminas. A refinação também elimina do óleo substâncias geradas durante o processo de extração, como ácidos graxos livres e compostos voláteis responsáveis pelo aroma característico, em uma etapa denominada "desodorização".

No caso dos azeites de oliva e de dendê, a extração é geralmente realizada por meios mecânicos. A designação azeite extravirgem e virgem está relacionada ao processo de extração utilizado, ambos são produzidos por prensagem das olivas, uma forma mecânica (física) de extração. No caso do azeite extravirgem, a prensagem deve ser conduzida a frio e para o azeite virgem é permitida a aplicação de calor durante esse processo. Ambos podem ser purificados pela lavagem com água, filtração e centrifugação.

A Tabela 7.3 apresenta a composição de ácidos graxos de óleos vegetais consumidos no Brasil, tal como definida pelo Codex Alimentarius (WHO/FAO, 2001). Diferenciados na composição de ácidos graxos, os óleos vegetais podem ser caracterizados de acordo com os ácidos graxos predominantes.

Diversos óleos vegetais caracterizam-se por conter uma proporção elevada dos ácidos oleico (C 18:1) e/ou linoleico (C 18:2) e, em relação ao total de ácidos graxos, menos de 20% de saturados. Os óleos vegetais comumente utilizados no Brasil apresentam essas características. No óleo de soja, que representa a maior parte do consumo de óleos vegetais, e nos óleos de milho e girassol, há predominância do ácido linoleico (C 18:2). O azeite de oliva e o óleo de canola destacam-se pelo alto teor de ácido oleico, superior a 50% do total de ácidos graxos. Esse teor pode passar de 80% no azeite de oliva.

TABELA 7.3 – Composição de ácidos graxos de óleos vegetais (g/100 g).

Ácido graxo	Óleo de soja	Óleo de milho	Óleo de girassol	Óleo de canola	Óleo de coco	Óleo de palma
C 6:0	ND	ND	ND	ND	ND-0,7	ND
C 8:0	ND	ND	ND	ND	4,6-10,0	ND
C 10:0	ND	ND	ND	ND	5,0-8,0	ND
C 12:0	ND-0,1	ND-0,3	ND-0,1	ND	45,1-53,2	ND-0,5
C 14:0	ND-0,2	ND-0,3	ND-0,2	ND-0,2	16,8-21,0	0,5-2,0
C 16:0	8,0-13,5	8,6-16,5	5,0-7,6	2,5-7,0	7,5-10,2	39,3-47,5
C 16:1	ND-0,2	ND-0,5	ND-0,3	ND-6,0	ND	ND-0,6
C 17:0	ND-0,1	ND-0,1	ND-0,2	ND-0,3	ND	ND-0,2
C 17:1	ND-0,1	ND-0,1	ND-0,1	ND-0,3	ND	ND
C 18:0	2,0-5,4	ND-3,3	2,7-6,5	0,8-3,0	2-4	3,5-6,0
C 18:1	17-30	20,0-42,2	14,0-39,5	51,0-70,0	5,0-10,0	36,0-44,0
C 18:2	48,0-59,0	34,0-65,6	48,3-74,0	15,0-30,0	1,0-2,5	9,0-12,0
C 18:3	4,5-11,0	ND-2,0	ND-0,3	5,0-14,0	ND-0,2	ND-0,5
C 20:0	0,1-0,6	0,3-1,0	0,1-0,5	0,2-1,2	ND-0,2	ND-1,0
C 20:1	ND-0,5	0,2-0,6	ND-0,3	0,1-4,3	ND-0,2	ND-0,4
C 20:2	ND-0,1	ND-0,1	ND	ND-0,1	ND	ND
C 22:0	ND-0,7	ND-0,5	0,3-1,5	ND-0,6	ND	ND-0,2
C 22:1	ND-0,3	ND-0,3	ND-0,3	ND-2,0	ND	ND
C 22:2	ND	ND	ND-0,3	ND-0,1	ND	ND
C 24:0	ND-0,5	ND-0,5	ND-0,5	ND-0,3	ND	ND
C 24:1	ND	ND	ND	ND-0,4	ND	ND

ND: não determinado, definido como < 0,055.

Fonte: WHO/FAO (2001).

Gorduras ricas em ácido láurico (gorduras láuricas)

As gorduras dos frutos de certas espécies de palmeiras, como as do coco e babaçu, caracterizam-se pelo alto teor de AGS do tipo ácido láurico (C 12:0), entre 40 e 55% do total de ácidos graxos. O ácido láurico é um ácido graxo de cadeia média pouco encontrado em outros alimentos. Essas gorduras, que recebem a denominação de gorduras láuricas, apresentam também conteúdo moderado de ácidos graxos de cadeia curta (até 8%), os ácidos caproico (C 6:0) e caprílico (C 8:0), e um baixo teor de ácidos graxos insaturados.

Manteigas vegetais

As chamadas manteigas vegetais são gorduras derivadas de sementes de diversos frutos tropicais. Distinguem-se por apresentar uma faixa restrita de ponto de fusão, o que lhes confere propriedades especiais de derretimento. A manteiga de cacau é a mais importante representante do grupo, usada na fabricação e coberturas de chocolate, entre outros produtos. Essas gorduras caracterizam-se pela presença de diversos AGS e insaturados e por não conter triacilgliceróis compostos exclusivamente por AGS, sendo particularmente ricas em ácido esteárico e um ácido graxo saturado.

Atualmente, em razão do alto custo da manteiga de cacau, vem sendo substituída por gordura vegetal hidrogenada ou interesterificadas, elaboradas especialmente para a substituição, parcial ou total, de manteiga de cacau em produtos com menor valor agregado.

Gordura vegetal hidrogenada

As gorduras vegetais hidrogenadas são produzidas industrialmente a partir de óleos vegetais, mediante o aumento da proporção de AGS. A reação química comumente empregada nesse processo é a hidrogenação catalítica, que envolve a inserção de átomos de hidrogênio em duplas ligações carbono-carbono de ácidos graxos insaturados, convertendo-as em ligações simples e reduzindo o grau de insaturação do óleo ou da mistura de óleos. A hidrogenação normalmente é conduzida de forma parcial, isto é, com eliminação de apenas uma parte das ligações duplas, e pode ser realizada em diferentes graus, resultando em gorduras vegetais mais ou menos saturadas. O grau de saturação é o principal determinante do ponto de fusão da gordura resultante e, portanto, das características de solidificação/derretimento e da dureza à temperatura ambiente. A hidrogenação parcial também aumenta a estabilidade química dos óleos usados como matéria-prima, as gorduras hidrogenadas resistem mais à oxidação e a outras reações químicas aceleradas pelo calor, uma vez que o teor de ácidos graxos insaturados é reduzido.

Diversos tipos de gordura vegetal hidrogenada estão disponíveis para as indústrias de alimentos, classificadas de acordo com o ponto de fusão e o uso pretendido: fritura, uso como ingrediente em margarinas, biscoitos, recheio de biscoitos, coberturas de chocolate, pães, sorvetes, entre outros produtos.

Cabe destacar que a hidrogenação catalítica tal como é comumente realizada, usando níquel como catalisador e alta temperatura, resulta na isomerização *cis-trans* de ligações duplas remanescentes, acarretando a formação de ácidos graxos *trans*. Gorduras vegetais hidrogenadas produzidas dessa forma podem conter entre 10 e 40% de ácidos graxos com configuração *trans*. Esses ácidos graxos também contribuem para a elevação do ponto de fusão da gordura vegetal, pois se fundem à temperatura mais alta que os respectivos isômeros *cis*.

Diversas alternativas tecnológicas à hidrogenação catalítica tradicional têm surgido visando reduzir o conteúdo de ácidos graxos *trans* em produtos alimentícios, ou virtualmente eliminá-los, para a obtenção de produtos isentos de gordura *trans*. O uso de catalisador metálico como a platina, por exemplo, possibilita o uso de temperaturas mais brandas (em torno de 70 °C) e reduz em muito a formação de ácidos graxos *trans*.

A interesterificação, química ou enzimática, é uma das opções que tem sido empregada industrialmente para a modificação das propriedades físicas de óleos vegetais, no caso, aumento do ponto de fusão, sem a aplicação da reação de hidrogenação. Envolve o rearranjo posicional dos ácidos graxos nas moléculas dos triacilgliceróis (alteração das posições sn-1, sn-2, sn-3 em que se ligam ao glicerol) de um óleo ou de uma mistura de óleos com diferente composição de ácidos graxos. Esse rearranjo ou redistribuição pode ser intra ou intermolecular e alterar o ponto de fusão e as propriedades como consistência, textura à temperatura ambiente e plasticidade. Quando se usa uma mistura de óleos nesse processo, ocorre simultaneamente o intercâmbio de ácidos graxos entre os triacilgliceróis de cada óleo da mistura, resultando um novo produto.

Outra técnica utilizada para obtenção de gorduras vegetais é o fracionamento. É um processo físico que consiste na separação de frações que apresentam diferentes pontos de fusão, entre outras propriedades físicas, partindo de um óleo ou uma gordura de origem vegetal. Não envolve qualquer modificação química dos triacilgliceróis originalmente presentes, apenas a separação de duas frações: uma com maior e outra com menor ponto de fusão em cada etapa do processo. O fracionamento também é empregado para o processamento de gorduras de origem animal.

Margarina e creme vegetal

A margarina é um produto gorduroso resultante da mistura de gorduras e/ou óleos de origem vegetal ou animal com leite e/ou constituintes do leite, água e outros ingredientes, na forma de emulsão estável. Tradicionalmente, o principal ingrediente lipídico das margarinas é a gordura vegetal hidrogenada, em diferentes proporções. Outros ingredientes comumente empregados no processamento de margarina incluem aromatizantes, corantes, estabilizantes, entre outros aditivos alimentares. A vitamina A pode ser adicionada às margarinas, e essa adição pode ser obrigatória se o produto for destinado a determinados grupos populacionais.

Diversos tipos de margarina estão disponíveis no mercado, com vários teores de gordura. A legislação brasileira vigente delimita apenas o teor máximo de 95% de lipídios totais e diferentes características de plasticidade e consistência à temperatura de refrigeração (Brasil, 1997). A formulação das margarinas varia conforme o fabricante, em função do uso e/ou do nicho de mercado que pretende atender. As margarinas para uso culinário geralmente são as que apresentam o maior teor de lipídios, em torno de 70%. As do tipo *light* devem conter um teor de lipídios pelo menos 25% menor do que a margarina tradicional da mesma marca, variando bastante no conteúdo total de gordura.

Algumas margarinas incluem na formulação substâncias que apresentam efeitos fisiológicos específicos, como fibras solúveis e ésteres de fitoestanóis. Como a ingestão regular de fitoestanóis está associada à redução dos níveis de colesterol plasmático, as margarinas adicionadas dessas substâncias são classificadas como alimentos funcionais relacionados à redução do risco de doenças cardiovasculares (DCV). Em resposta à crescente demanda por alimentos saudáveis, diversos produtos isentos ou com teor reduzido de ácidos graxos *trans* têm sido introduzidos no mercado no segmento das margarinas, em geral fabricados a partir de óleos vegetais interesterificados.

Os cremes vegetais, por sua vez, diferenciam-se das margarinas simplesmente por conter como ingredientes obrigatórios apenas óleos e/ou gorduras de origem vegetal e água. Como na aparência, no aroma e na consistência os dois produtos são muito semelhantes, os cremes vegetais podem ser confundidos com as margarinas pelos consumidores.

Oleaginosas

Também denominadas "frutos secos", as oleaginosas são sementes comestíveis de diversos vegetais, ricas em lipídios, que apresentam consistência compacta e estão protegidas por uma casca dura. Alguns exemplos são amêndoa, avelã, castanha-de-caju, castanha-do-brasil e nozes, além de linhaça e gergelim. Têm recebido muita atenção em virtude dos altos teores de lipídios, principalmente de ácidos graxos monoinsaturados (AGMI) (Tabela 7.4). De modo geral, a proporção de AGS é baixa em relação à de monoinsaturados.

Óleos e gorduras de origem animal

Gordura do leite e produtos lácteos

A gordura presente no leite e nos produtos lácteos, como creme de leite, queijos e iogurte, caracteriza-se pela proporção importante do ácido palmítico (C 16:0), esteárico (C 18:0) e oleico (C 18:1). É a única

TABELA 7.4 – Composição de lipídios, ácidos graxos e vitamina E em oleaginosas (g/100 g).

Ácido graxo	Lipídios (%)	Ácidos graxos saturados (%)	Ácidos graxos monoinsaturados (%)	Ácidos graxos poli-insaturados (%)	Vitamina E (alfatocoferol equivalente)
Castanha-do-brasil	66,2	16,1	23,0	24,1	7,6
Castanha-de-caju	46,3	9,2	27,3	7,8	0,6
Macadâmia	73,7	11,0	58,2	1,2	0,4
Amendoim	49,7	6,9	24,6	15,7	7,8
Amêndoa	52,2	4,9	33,9	11,0	24,0
Avelã	62,6	4,6	49,1	6,0	23,9
Nozes	61,9	5,6	14,2	39,1	2,6

Fonte: USDA (2006).

LIPÍDIOS ESTRUTURADOS

O processo de interesterificação tem sido usado para a produção de lipídios estruturados – óleos, gorduras e triacilgliceróis com composição de ácidos graxos específica, direcionada para o fornecimento de ácidos graxos para fins nutricionais ou terapêuticos (D'Agostini, 2001). Os tipos de ácidos graxos constituintes e a posição nas moléculas dos triacilgliceróis podem levar a velocidades de hidrólise e absorção diferentes e a destinos metabólicos diversos. Lipídios estruturados que apresentam valor energético significativamente mais baixo que óleos e gorduras naturais têm sido usados como substitutos de gordura em doces e produtos de confeitaria em versão *diet*. Por exemplo, um substituto de gordura comercialmente disponível, composto pelo ácido caprílico (C 8:0), cáprico (C 10:0) e beénico (C 22:0) aleatoriamente distribuídos nos triacilgliceróis, apresenta apenas 5 kcal/g em razão da absorção parcial do ácido beénico. O mesmo princípio foi usado para a elaboração de outro substituto de gordura, constituído por ácidos graxos de cadeia curta (entre dois e quatro carbonos) e ácido esteárico (C 18:0), esterificados com glicerol. Como a absorção do ácido esteárico não é total e os ácidos graxos de cadeia curta apresentam menor calor de combustão, o produto apresenta 5 kcal/g. A produção de lipídios estruturados com usos específicos (nutricionais, terapêuticos ou tecnológicos) é considerada uma tendência da indústria de alimentos.

gordura de origem animal que apresenta conteúdo significativo de ácidos graxos de cadeia curta: os ácidos butírico (C 4:0) e caproico (C 6:0). Quando livres, esses ácidos graxos são voláteis e conferem aroma característico aos produtos lácteos.

A gordura do leite de animais ruminantes contém uma pequena proporção de ácidos graxos *trans*, originados no processo de bioidrogenação que acontece no rúmen do animal. Entre esses ácidos graxos inclui-se o grupo de isômeros do ácido linoleico coletivamente denominados ácido linoleico conjugado (CLA).

A gordura do leite pode ser separada da fração aquosa por centrifugação e originar produtos como o creme de leite e a manteiga. O creme de leite apresenta-se na forma de uma emulsão, que contém teor variável de lipídios, e uma fase aquosa, com proteínas, vitaminas hidrossolúveis e minerais originalmente presentes no leite. Na versão tradicional, o creme de leite apresenta cerca de 30% de lipídios, e, na forma *light*, pode conter entre 20 e 25%.

A manteiga é produzida a partir da batedura de creme de leite pasteurizado, que pode ter sido previamente submetido à fermentação láctica para desenvolvimento de aroma. Também é uma emulsão, consistindo de uma matriz lipídica que contém uma fase aquosa dispersa na forma de gotículas. Deve apresentar mais de 80% de gordura do leite, de acordo com a legislação vigente (Brasil, 1996), e por isso é fonte de vitamina A e, em menor extensão, de vitamina D, ambas as vitaminas lipossolúveis presentes no leite integral. A fase aquosa, em proporção bem menor, contém pequena fração de proteínas e minerais do leite.

Gordura das carnes

A gordura das carnes bovina, suína e de frango contêm proporção importante dos ácidos palmítico (C 16:0) e esteárico (C 18:0), ambos saturados e de cadeia longa, e alto conteúdo de ácidos graxos insaturados, principalmente dos ácidos oleico (C 18:1) e linoleico (C 18:2), superior a 60% do total de ácidos graxos. De modo geral, a gordura das carnes apresenta teor importante de triacilgliceróis compostos exclusivamente de AGS, que apresentam alto ponto de fusão. No entanto, percentualmente, a gordura presente nos tecidos gordurosos e na carne de aves caracteriza-se por conter teores de ácidos graxos insaturados próximos a 70% do total de ácidos graxos. A gordura de carnes constitui-se em importante fonte de AGMI na dieta.

Banha e sebo são exemplos de gorduras isoladas incluídas nesse grupo. A banha é a gordura obtida a partir de tecidos gordurosos de suínos – o que não inclui pele, orelha, ossos e vísceras – após passar, ou não, por processo de refinação. O sebo, por sua vez, é o produto obtido a partir de tecidos gordurosos de bovinos e ovinos.

Os produtos cárneos industrializados disponíveis no mercado, como salsicha, presunto e hambúrguer, contêm gordura de origem animal em proporção e características que variam em função do tipo de produto, definido pela legislação, e da formulação empregada pelo fabricante. Produtos como salame e linguiça, por exemplo, podem conter até 35% de gordura e em hambúrguer esse teor é limitado em 23% (Brasil, 2000). A composição de ácidos graxos em produtos cárneos dependerá das fontes de gordura utilizadas como ingredientes no processamento. Em linguiça, salsicha e mortadela, por exemplo, é permitido o uso de gordura ou tecido adiposo de suínos, aves e/ou bovinos.

Óleos de origem marinha

Os pescados de origem marinha, de modo geral, contêm óleos que apresentam elevado teor de ácidos graxos de cadeia longa altamente insaturados. São fontes importantes dos ácidos eicosapentaenoico (EPA, C 20:5 ômega 3) e docosa-hexaenoico (DHA, C 22:6 ômega 3), embora o conteúdo de ácidos graxos varie bastante entre as espécies de peixes e crustáceos. Parte desses ácidos graxos encontra-se como constituintes de fosfolipídios presentes nas membranas celulares e, especialmente no caso dos peixes que habitam regiões frias, contribuem para manter a fluidez dessas membranas nas baixas temperaturas. O teor de EPA e DHA de algumas espécies de pescados de origem marinha comercializadas no Brasil é apresentado na Tabela 7.5.

TABELA 7.5 – Composição de ácidos graxos EPA e DHA em músculo de peixes marinhos.

Espécie	Ácidos graxos, g/100 g músculo		
	Total	EPA (C 20:5)	DHA (C 22:6)
Atum	1,32	0,08	0,34
Pescada	1,11	0,07	0,17
Porquinho	0,78	0,05	0,16
Sardinha	7,88	1,52	0,41

Fonte: adaptada de Gutierrez e Silva (1993).

Os tecidos gordurosos dos peixes marinhos caracterizam-se por conter alta proporção de ácidos graxos ômega 3, entre 15 e 36%, diferentemente dos peixes de água doce (Gutierrez e Silva, 1993).

DIGESTÃO E ABSORÇÃO DOS LIPÍDIOS

A digestão de lipídios da dieta inicia-se na cavidade oral, com a salivação e a mastigação. A quebra das partículas de gorduras aumenta a ação de uma lipase lingual, produzida pelas glândulas serosas, e a ação inicia-se nos ácidos graxos de posição sn-3, mas a contribuição dessa lipase na digestão final é mínima.

A posição do ácido graxo na estrutura do glicerol é definida como sn-1 quando o ácido graxo está esterificado na posição superior; sn-2 quando está na posição central e sn-3 quando está na porção inferior da molécula. A ação das lipases ocorre predominantemente nas posições sn-1 e sn-3, liberando ácidos graxos livres e 2-monoacilgliceróis. As lipases não atuam sobre a posição sn-2, em fosfolipídios e éster de colesterol, sendo necessária a ação de duas outras enzimas: fosfolipase e colesterol esterase.

A digestão continua no estômago, em que a lipase gástrica atua nas ligações entre o glicerol e os ácidos graxos de cadeias curta e média. As lipases secretadas no estômago geralmente não agem sobre os ácidos graxos de cadeia longa, principais componentes dos triacilgliceróis.

No duodeno, cerca de 70% de triacilgliceróis permanecem intactos e necessitam da ação da bile para a emulsificação, quimicamente hidrossolúvel devido ao núcleo esteroide e à cadeia lateral alifática conjugada por ligação amida. A bile é uma secreção do fígado composta de ácidos biliares (primariamente conjugados de ácido cólico e quenodesoxicólico com aminoácidos glicina ou taurina), pigmentos biliares, sais inorgânicos, colesterol e lecitina. A ação da bile permite a divisão e a formação de gotículas lipídicas menores.

A lipase pancreática, principal enzima de digestão de triacilgliceróis, hidrolisa as ligações éster nas posições sn-1 e sn-3 da molécula de glicerol e produz rapidamente monoglicerídios e ácidos graxos livres. Os ácidos graxos ligados na posição sn-2 dos monoglicerídios, os fosfolipídios e os ésteres de colesterol são resistentes à ação da lipase pancreática, necessitando de outras enzimas específicas para as hidrólises.

Ácidos graxos livres e monoglicerídios produzidos pela digestão formam complexos com os sais biliares, denominados micelas, que facilitam a passagem através do ambiente aquoso do lúmen intestinal para a borda em escova do epitélio intestinal. Quando as micelas são formadas, elas migram para a superfície da mucosa e o processo de absorção se inicia. A colipase, proteína de origem pancreática, de alta afinidade com a bile, facilita a transferência dos produtos da hidrólise para a formação das micelas. Os sais biliares são, então, liberados e devolvidos para o lúmen intestinal, quando serão reabsorvidos no íleo terminal e reciclados no fígado.

A síntese tanto da colipase como da lipase é estimulada pelo hormônio secretina e pela presença de triacilgliceróis da dieta no intestino delgado. A presença de aminoácidos e produtos da digestão de lipídios estimula também a produção de colecistocinina (CCK) e ambos intensificam a produção pancreática e a contração biliar.

Os ácidos graxos livres, 2-monoacilgliceróis, colesterol e lisolipídio (produto da hidrólise dos fosfolipídios) são absorvidos no lúmen intestinal, entram nos enterócitos e são reesterificados, formando um novo triacilglicerol. Os ácidos graxos de cadeias curta e média, em virtude de menor extensão (12 ou menos carbonos), podem ser absorvidos diretamente pelos enterócitos, sem a presença de bile e a formação de micela. Após entrar na célula, não necessitam de esterificação e são encaminhados diretamente para a veia porta e o fígado.

A absorção dos lipídios passa por diversas fases. Após a formação de triacilgliceróis no enterócito, junto do colesterol e de fosfolipídios, são circundados por uma cobertura de uma betalipoproteína, formando o quilomícron, que por exocitose são liberados nos vasos linfáticos até o duto torácico e liberados na corrente sanguínea na junção das veias jugular interna e subclávia esquerdas.

O METABOLISMO DOS LIPÍDIOS

Os lipídios podem ser armazenados na forma de célula adiposa e constituem importante reserva de energia. Algumas estruturas do organismo contêm lipídios na composição para proteção e, geralmente, não são mobilizados no jejum. A gordura subcutânea, por exemplo, além de isolar o corpo, permite a preservação de calor, mantendo a temperatura corporal.

Por serem insolúveis em água, os lipídios são transportados no sangue por moléculas anfipáticas denominadas lipoproteínas, que são moléculas esféricas, formadas por fosfolipídios, colesterol livre e apolipoproteínas (parte hidrofílica) que envolvem moléculas de triacilgliceróis e éster de colesterol (parte hidrofóbica). As apolipoproteínas possuem ainda a função de direcionar as lipoproteínas para a captação de células hepáticas (Figura 7.8).

As lipoproteínas são classificadas de acordo com a densidade e as siglas relacionadas às denominações em inglês: VLDL (*Very Low Density Lipoprotein* ou lipoproteína de muito baixa densidade); LDL *(Low Density Lipoprotein* ou lipoproteína de baixa densidade) e HDL (*Hight Density Lipoprotein* ou lipoproteína de alta densidade).

Os quilomícrons são sintetizados no retículo endoplasmático liso dos enterócitos e têm a função de transportar no plasma os triacilgliceróis provenientes da dieta. Como são moléculas com diâmetros grandes e repletas de triacilgliceróis, o que os impossibilita de atravessar as membranas dos tecidos, é necessária a ação da enzima lipoproteína lipase (LLP), localizada na superfície endotelial, para propiciar a lipólise no plasma e liberar ácidos graxos para o fígado e o tecido adiposo. Os quilomícrons que perdem triacilgliceróis pela ação da enzima LLP são denominados remanescentes de quilomícrons e podem receber colesterol esterificado da lipoproteína HDL. Os quilomícrons trocam com a HDL triacilgliceróis por éster de colesterol e este colesterol livre é esterificado pela ação da enzima colesterol aciltransferase, retornando ao fígado ou sendo transferido a outras lipoproteínas.

As lipoproteínas exercem funções específicas no organismo. Enquanto o papel dos quilomícrons e das VLDL é transportar os triacilgliceróis de origem alimentar e hepática, respectivamente, as LDL são as principais carreadoras do colesterol proveniente do fígado para os tecidos periféricos e as HDL são responsáveis pela remoção do colesterol não utilizado e presente na circulação.

As lipoproteínas sofrem importantes ações enzimáticas no plasma. Os triacilgliceróis dos quilomícrons são hidrolisados pela enzima lipoproteína lipase existente na superfície endotelial dos capilares extra-hepáticos, originando os remanescentes de quilomícrons, que serão captados pelo fígado por meio de receptores específicos. Os triacilgliceróis das VLDL também são hidrolisados pela lipoproteína lipase, formando VLDL remanescentes (IDL) e LDL, responsáveis por transportar cerca de 70% do colesterol plasmático total. As LDL em excesso na circulação contribuem para a aterosclerose pela ação de macrófagos em LDL oxidadas e participação na formação de placas de ateroma.

O colesterol livre sofre ação da enzima LCAT (lecitina colesterol aciltransferase). Inicialmente é captado por HDL específicas e a LCAT esterifica o colesterol, utilizando-se do ácido graxo presente nos fosfolipídios da HDL.

Se o organismo necessitar de ácidos graxos em períodos em que estes não são adequadamente consumidos, eles podem ser sintetizados (com exceção do linoleico e alfa-linolênico) a partir de carboidratos e aminoácidos, formando principalmente o ácido graxo palmítico (C 16:0), que, por ação das enzimas elongases, aumentarão o tamanho da cadeia carbônica e formarão outros ácidos graxos. No fígado, o colesterol é utilizado na produção de hormônios esteroides ou de bile, além de participar da síntese de membranas celulares.

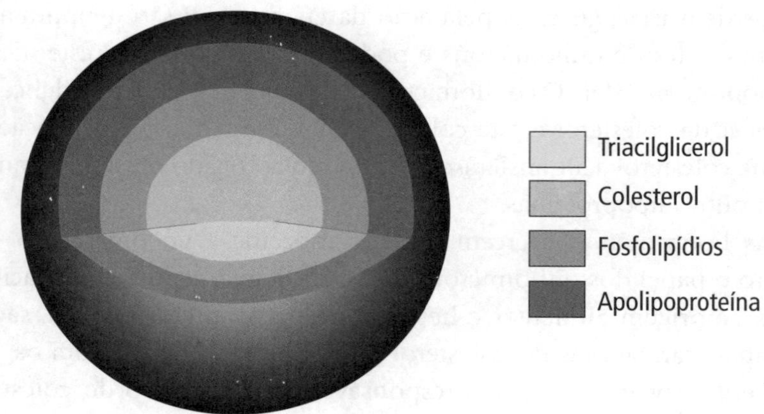

FIGURA 7.8 – Estrutura química de uma lipoproteína (de dentro para fora: triacilglicerol, colesterol, fosfolipídios e apolipoproteína).

METABOLISMO ENERGÉTICO

A oxidação de ácidos graxos livres é uma das principais fontes de energia do organismo humano. Os ácidos graxos representam a principal fonte de energia para muitos órgãos, principalmente fígado e músculos. Os ácidos graxos são produzidos por lipólise, transportados pelo sangue ligados à albumina e captados pelos tecidos.

Na célula, o processo de betaoxidação ocorre nas mitocôndrias e nos peroxissomos e envolve a remoção enzimática sucessiva de fragmentos de dois átomos de carbono da cadeia do ácido graxo, a partir da extremidade carboxílica (delta). Cada fragmento associa-se como grupo acetil à coenzima A e gera uma molécula de acetil-CoA. As moléculas de acetil-CoA liberadas no processo entram no ciclo do ácido cítrico e são oxidadas a dióxido de carbono, liberando energia na forma de ATP. No fígado, também podem ser convertidas a corpos cetônicos (cetogênese), constituindo outra forma de combustível energético. Embora a betaoxidação seja comum a todos os ácidos graxos, as enzimas envolvidas e a sequência de etapas diferem entre AGS de cadeias curta, média e longa e entre saturados e insaturados.

ALIMENTOS-FONTE

Vários alimentos contêm quantidades importantes de lipídios (Tabela 7.6). As carnes de forma geral, ovos, leite e derivados, as oleaginosas, o abacate e as sementes de vários vegetais são considerados fontes de lipídios.

A quantidade de lipídios nos alimentos que podem ser considerados fonte pode variar de 20 a 100%, considerando-se a composição e a porção usual utilizada. Os alimentos cuja porção usual contenha cerca de 8 a 10 g de lipídios contribuem com uma porção do grupo na Pirâmide dos Alimentos (73 kcal). Considerando que a recomendação é de 1 a 2 porções por dia, a escolha adequada da quantidade dos alimentos-fonte é muito importante na composição de uma dieta saudável.

Quanto às preparações, o uso de frituras acarreta a absorção de uma quantidade considerável de óleo ao alimento, podendo chegar até 30% do peso inicial. Os principais fatores para a absorção são: o tempo de duração do aquecimento, a superfície exposta e os ingredientes utilizados na preparação. Os teores de óleos e gorduras em preparações, como bolos, pães e tortas, podem ser significativos, variando de receita para receita.

A industrialização gerou alimentos com teores lipídicos percentualmente significativos, principalmente margarinas, biscoitos, chocolates e sorvetes. A indústria acrescenta óleos e gorduras principalmente pelas propriedades de melhorar textura e sabor, e a gordura hidrogenada tem sido utilizada como ingrediente, por isso a avaliação e a leitura dos rótulos são importantes para uma utilização consciente.

ÁCIDOS GRAXOS *TRANS:* DECLARAÇÃO OBRIGATÓRIA

A RDC n. 360, da Agência Nacional de Vigilância Sanitária (Anvisa), publicada em 26 de dezembro de 2003, estabeleceu o regulamento técnico sobre Rotulagem Nutricional de Alimentos e incluiu a obrigatoriedade na informação do total de ácidos graxos *trans*. O limite de quantidade estabelecido como não significativo por porção de alimentos é menor ou igual a 0,2 g, e o percentual do valor diário (%VD) não é estabelecido, considerando-se que não havia recomendação estabelecida para este tipo de ácido graxo. Atualmente, o limite estabelecido na dieta é que não ultrapasse 1% do valor energético total.

TABELA 7.6 – Alimentos-fonte de óleos e gorduras segundo medida usual, quilocalorias, quantidade de carboidratos, proteínas, lipídios e número de porções equivalentes ao grupo da Pirâmide dos Alimentos.

Alimento	Medida usual	Peso (g)	kcal	Carboidratos (g)	Proteínas (g)	Lipídios (g)	Porções do grupo
Biscoito, salgado, cream craker*	6 unidades	33	142,6	22,7	3,3	4,8	1
Biscoito recheado*	2 unidades	34	160,5	24,0	2,2	6,7	1
Abacate (amassado)*	1 CS	20	80,4	1,2	0,25	1,7	1
Amendoim cru com pele*	22 unidades	9	54,5	1,7	2,0	4,9	1
Leite integral**	1 copo	200	120,1	9,0	6,4	6,5	1
Queijo prato*	1 fatia	15	54,0	0,3	3,4	4,4	½
Bife grelhado (contra filé com gordura)*	1 unidade	100	278,0	0,0	32,4	15,5	1 ½
Sobrecoxa de frango com pele (assada)*	1 unidade	100	260,0	0,0	28,7	15,2	1 ⅓
Óleo de soja*	1 CS	8	70,7	0,0	0,0	8,0	1
Maionese*	½ CS	12	36,2	1,0	0,0	3,7	½
Manteiga*	½ CS	10	72,6	0,0	0,1	8,2	1
Margarina*	½ CS	10	72,3	0,0	0,0	8,2	1
Sorvete de chocolate**	1 bola	60	109,0	15,0	1,9	4,8	1

CS: colher de sopa.

* Nepa/Unicamp (2006).

** USP (1998).

O colesterol de origem alimentar é encontrado somente em alimentos de origem animal, principalmente as vísceras (fígado, miolo e miúdos), gema de ovo, leite integral e derivados. Alguns pescados como lagosta, camarão, marisco e polvo, apesar de apresentarem quantidades restritas de gordura total, são importantes fontes de colesterol (Tabela 7.7).

PAPEL DOS ÓLEOS E GORDURAS NA ALIMENTAÇÃO

Os lipídios são importantes na alimentação. Fornecem energia em alta densidade (9 kcal/g) e podem participar no valor energético total da dieta em percentuais que devem variar de 15 a 35%. Além disso, lipídios fornecem ácidos graxos essenciais (linoleico e alfa-linolênico) e são veículos de vitaminas com características lipossolúveis e antioxidantes (A, D, E e K). Os ácidos graxos linoleico (C 18:2) e alfa-linolênico (C 18:3) são considerados essenciais, uma vez que não são sintetizados pelo ser humano, devendo ser consumidos diariamente pela dieta. Ambos sofrem elongações, ou seja, a adição de pares de carbonos às respectivas

TABELA 7.7 – Conteúdo de colesterol em alimentos (100 g e medida usual).

Alimento	QT/100 g (mg)	Medida usual	Quantidade (mg)
Fígado bovino	457,3	1 bife de fígado frito (100 g)	457,3
Ovo de galinha	425	1 ovo frito (50 g)	212,5
Camarão	175,5	13 unidades pequenas (104 g)	182,5
Picanha	95,9	1 fatia média (100 g)	95,9
Queijo prato	89,2	3 fatias (45 g)	40,1
Queijo muçarela	78,4	3 fatias (45 g)	35,2
Leite integral	13,6	1 xícara de chá (182 g)	24,7
Maionese	123,1	1 colher de sopa (20 g)	24,6
Manteiga	219,0	½ colher de sopa (10 g)	21,9
Bacon (gordura)	100,6	½ fatia (8 g)	8,1
Banha de porco	95,0	½ colher de sopa (7 g)	6,7

Fonte: Virtual Nutri (Philippi et al.,1996).

moléculas, e são utilizados como substratos para a produção de outros ácidos graxos.

Além disso, os ácidos graxos essenciais são imprescindíveis ao organismo, uma vez que fazem parte dos fosfolipídios de membranas, especialmente das mitocôndrias, e são precursores de prostaglandinas tromboxanos e leucotrienos mediadores da resposta imunológica e inflamatória. A ausência ou a quantidade inadequada de tais ácidos graxos essenciais na dieta está associada principalmente a distúrbios neurológicos, visuais e dérmicos (escamações e inflamações da pele).

Os óleos e gorduras são também importantes para o sabor e a textura dos alimentos e preparações. Considerando-se a quantidade recomendada para cada indivíduo, os alimentos-fonte devem ser diariamente escolhidos para compor a dieta e proporcionar saúde e prazer ao se alimentar.

RECOMENDAÇÕES

As recomendações de óleos e gorduras podem variar conforme o objetivo nutricional. As DRI (*Dietary Reference Intakes*) para macronutrientes, publicadas pela Food and Nutrition Board (IOM, 2002), estabeleceram valores relacionados aos ácidos graxos linoleico e alfa-linolênico, obtidos por medianas de ingestão observadas em populações saudáveis (Tabela 7.8).

As DRI estabelecem também as AMDR (*Acceptable Macronutrient Distribution Ranges*) (Tabela 7.9). A AMDR deve ser avaliada como a porcentagem na participação aceitável no valor energético total (VET) de uma dieta normocalórica. A AMDR de lipídios estabelecida para indivíduos adultos, segundo as DRI, é de 20 a 35% do VET.

Em 2003, a Organização Mundial da Saúde (OMS) publicou o *Technical Report Series n. 916: Diet, nutrition and the prevention of chronic diseases* (WHO/FAO, 2003), estabelecendo recomendações para a prevenção de doenças crônicas não transmissíveis (DCNT), baseadas na força de evidências científicas observadas em múltiplos estudos randomizados e controlados. Nesse documento, foi estabelecido que a participação dos lipídios no valor energético de uma dieta deve ficar entre 15 e 30% (Tabela 7.10). Em 2008, a OMS para a Alimentação e a Agricultura (FAO) publicou outro documento sobre recomendações de lipídios (Interim Summary of Conclusions and Dietary Recommendations on Total Fat & Fatty Acids, The Joint FAO/WHO Expert Consultation on Fats and Fatty Acids in Human Nutrition, 2008) revendo as recomendações de 2003 (Tabela 7.11).

TABELA 7.8 – DRI para lipídios, ácidos graxos linoleico e alfa-linolênico.

Estágio de vida	Lipídio (g/dia)	Ácido linoleico (g/dia)	Ácido alfa-linolênico (g/dia)
Mulheres			
9 a 13 anos	ND	10*	1,0*
14 a 18 anos	ND	11*	1,1*
19 a 30 anos	ND	12*	1,1*
31 a 50 anos	ND	12*	1,1*
51 a 70 anos	ND	11*	1,1*
> 70 anos	ND	11*	1,1*
Gestação			
14 a 18 anos	ND	13*	1,4*
19 a 30 anos	ND	13*	1,4*
31 a 50 anos	ND	13*	1,4*
Lactação			
14 a 18 anos	ND	13*	1,3*
19 a 30 anos	ND	13*	1,3*
31 a 50 anos	ND	13*	1,3*

* Representam AI (*Adequate Intake*).
ND: não determinado.

TABELA 7.9 – AMDR para lipídios.

AMDR	1 a 3 anos	4 a 18 anos	Adultos
Lipídios	30% a 40%	25% a 35%	20% a 35%
Ácido graxo linoleico	5% a 10%	5% a 10%	5% a 10%
Ácido graxo alfa-linolênico	0,6% a 1,2%	0,6% a 1,2%	0,6% a 1,2%

Fonte: IOM (2002).

TABELA 7.10 – Recomendações da participação dos lipídios na alimentação de indivíduos no valor energético total de uma dieta de 2.000 kcal.

Lipídios	% do total (VET)	Quantidade
Total de lipídios	15 a 30	33 a 66 g
Ácidos graxos saturados (AGS)	< 10	< 22 g
Ácidos graxos poli--insaturados (AGPI)	6 a 10	13 a 22 g
AGPI ômega 6 (n-6)	5 a 8	11 a 18 g
AGPI ômega 3 (n-3)	1 a 2	2 a 4 g
Ácidos graxos monoinsaturados (AGMI)	Diferença entre total (AGS + AGPI)	–
Ácidos graxos *trans*	< 1	< 2 g
Colesterol	< 300 mg/dia	< 300 mg/dia

Fonte: WHO/FAO (2003).

TABELA 7.11 – Recomendações do documento *Interim summary of conclusions and dietary recommendations on total fat & fatty acids.*

Recomendações	Características
Gordura total (GT)	20 a 35% do VET
Ácidos graxos saturados (AGS)	< 10% do VET
Ácidos graxos poli-insaturados (AGPI)	6 a 11% do VET
AGPI do tipo ômega 6	2,5 a 9% do VET
AGPI linoleico	2 a 3% do VET
AGPI do tipo ômega 3	0,5 a 2% do VET
AGPI alfa-linolênico	> 0,5% do VET
AGPI* EPA + DHA	0,25 a 2 g por dia
Ácidos graxos monoinsaturados (AGMI)	Por diferença
Ácidos graxos *trans*	< 1% do VET
Colesterol	Não referido

EPA: ácido graxo eicosapentaenoico; DHA: ácido graxo docosa-hexaenoico.

Gordura Trans

Você conhece a GORDURA TRANS?

O que são?
As gorduras trans são um tipo específico de gordura formada por um processo de hidrogenação natural (ocorrido no rúmen de animais) ou industrial. Estão presentes principalmente nos alimentos industrializados. Os alimentos de origem animal como a carne e o leite possuem pequenas quantidades dessas gorduras.

Para que servem?
As gorduras trans formadas durante um processo de hidrogenação industrial que transforma óleos vegetais líquidos em gordura sólida à temperatura ambiente são utilizadas para melhorar a consistência dos alimentos e também aumentar a vida de prateleira de alguns produtos.

E fazem mal para a saúde?
Sim. O consumo excessivo de alimentos ricos em gorduras trans pode causar:

(1) Aumento do colesterol total e ainda do colesterol ruim - LDL-colesterol.
(2) Redução dos níveis de colesterol bom - HDL-colesterol.

É importante lembrar que não há informação disponível que mostre benefícios à saúde a partir do consumo de gordura trans.

Gordura Hidrogenada é o mesmo que gordura trans?
Não. O nome gordura trans vem da ligação química que a gordura apresenta, e ela pode estar presente em produtos industrializados ou produtos *in natura*, como carnes e leites. A gordura hidrogenada é o tipo específico de gordura trans produzido na indústria.

Quais alimentos são ricos em gordura trans?
A maior preocupação deve ser com os alimentos industrializados - como sorvetes, batatas-fritas, salgadinhos de pacote, pastelarias, bolos, biscoitos, entre outros; bem como as gorduras hidrogenadas e margarinas, e os alimentos preparados com estes ingredientes.

Como podemos controlar o consumo?
A leitura dos rótulos dos alimentos permite verificar quais alimentos são ou não ricos em gorduras trans. A partir disso, é possível fazer escolhas mais saudáveis, dando preferência àqueles que tenham menor teor dessas gorduras, ou que não as contenham.

Como é declarado o valor de gorduras trans nos rótulos dos alimentos?
O valor é declarado em gramas presentes por porção do alimento. A porcentagem do Valor Diário de ingestão (%VD) de gorduras trans não é declarada porque não existe requerimento para a ingestão destas gorduras, ou seja, não existe um valor que deva ser ingerido diariamente. A recomendação é que seja consumido o mínimo possível.

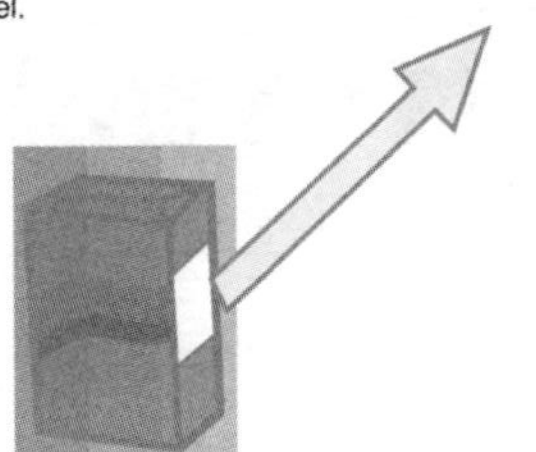

INFORMAÇÃO NUTRICIONAL

Porção ___ g (medida caseira)

	Quantidade por porção	% VD (*)
Valor Calórico	kcal	
Carboidratos	g	
Proteínas	g	
Gorduras totais	g	
Gorduras saturadas	g	
Gorduras *trans*	**g**	*
Fibra alimentar	g	
Sódio	mg	

(*) A quantidade de gordura trans é declarada somente em gramas porque não há valor diário estabelecido.

Assim, para saber se um alimento é rico em gordura trans basta olhar a quantidade por porção dessa substância. Não se deve consumir mais que 2 gramas de gordura trans por dia.

É importante também verificar a lista de ingredientes do alimento. Através dela é possível identificar a adição de gorduras hidrogenadas durante o processo de fabricação do alimento.

FIGURA 7.9 – Folheto informativo da Agência Nacional de Vigilância Sanitária (Anvisa).

GUIA ALIMENTAR PARA A POPULAÇÃO BRASILEIRA

Em 2005, o Ministério da Saúde publicou o *Guia alimentar para a população brasileira* (Brasil, 2005), estabelecendo diretrizes práticas para profissionais de saúde e para a população. A diretriz 6 continha recomendações relacionadas à seleção de alimentos-fonte de óleos e gorduras e baseava-se no uso de quantidades moderadas. As principais recomendações do Guia eram:

- Usar pequenas quantidades de óleo vegetal quando cozinhar. Prefirir formas de preparo que utilizem pouca quantidade de óleo como assados, cozidos, ensopados, grelhados. Evitar frituras.
- O azeite de oliva é uma ótima opção, principalmente para temperar saladas. É saboroso e nutritivo. Observar no rótulo se o produto é puro, pois muitos têm adição de outros tipos de óleo vegetal. Usá-lo com moderação, pois também tem alto teor de calorias.
- Uma lata de 900 mL é suficiente para o preparo de alimentos para uma família de quatro pessoas durante um mês. Reduzir o óleo das preparações até que o consumo atinja esse nível.

O novo *Guia alimentar para a população brasileira* (2014) coloca o grupo de óleos e gorduras na mesmo contexto de sal e açúcar, e recomenda o uso em pequenas quantidades para temperar e cozinhar alimentos e criar preparações culinárias. Desde que utilizados com moderação em preparações culinárias com base em alimentos *in natura* ou minimamente processados, os óleos e gorduras contribuem para diversificar e tornar mais saborosa a alimentação, sem que fique nutricionalmente desbalanceada.

O Guia alimentar de 2014 destaca que óleos e gorduras são utilizados para cozinhar arroz e feijão, para refogar legumes, verduras e carnes, para fritar ovos e tubérculos e no preparo de caldos e sopas, além de serem adicionados a saladas como tempero, mas não substituem alimentos *in natura* ou alimentos minimamente processados.

PAPEL DOS ÓLEOS E GORDURAS NA EPIDEMIOLOGIA DAS DCNT

Ao longo dos últimos anos, rápidas mudanças na dieta e no estilo de vida vêm ocorrendo com a industrialização, urbanização, desenvolvimento econômico e, mais recentemente, a globalização, propiciando significativo impacto na saúde e no estado nutricional da população do mundo todo. As DCNT, incluindo obesidade, diabete melito, DCV, hipertensão arterial e alguns tipos de câncer, têm comprometido o período de vida economicamente ativo de vários indivíduos.

Com relação às mudanças dietéticas, uma das principais alterações observadas é o incremento de óleos e gorduras em preparações e em alimentos industrializados. Além disso, observou-se aumento significativo da participação de alimentos de origem animal na dieta e, consequentemente, de gordura saturada e colesterol. As escolhas alimentares relacionadas ao tipo e à quantidade de lipídios são consideradas fatores de risco potencialmente modificáveis, uma vez que estão relacionadas à escolha alimentar correta.

Com relação ao papel dos lipídios na epidemiologia da obesidade vários estudos justificam a alta prevalência da obesidade ao aumento na participação de óleos e gorduras na dieta. É conhecido o fato de que dietas com altos teores de lipídios podem apresentar maior densidade energética, uma vez que os lipídios contribuem com 9 kcal por grama. Além disso, os lipídios têm menor poder de saciação e saciedade, podem acarretar refeições mais volumosas e, do ponto de vista metabólico, apresentam menor efeito térmico (cerca de 3% da energia ingerida).

Em 2003, uma publicação da OMS estabeleceu a relação de evidências sobre as escolhas dietéticas e a epidemiologia de DCNT, principalmente com as DCV. Com relação ao grupo dos óleos e gorduras, é importante considerar que há lipídios que diminuem e outros que aumentam o risco de DCV, considerando-se o papel aterogênico metabolicamente reconhecido dos AGS e *trans*. Além disso, nem toda gordura saturada tem efeito metabólico similar. Aqueles com 12 a 16 carbonos como o mirístico (C 14:0) e o palmítico (C 16:0) apresentam maior efeito no incremento da lipoproteína LDL. No entanto, os ácidos graxos *trans* têm mostrado maior efeito aterogênico que os graxos saturados e o colesterol, uma vez que também podem reduzir os níveis plasmáticos de HDL.

Em 2008, o documento da FAO/WHO *Interim Summary of Conclusions and Dietary Recommendations on Total Fat & Fatty Acids, The Joint FAO/WHO Expert Consultation on Fats and Fatty Acids in Human Nutrition* estabeleceu as proporções de ácidos graxos segundo níveis de evidências científicas atribuídos às respectivas ações no perfil lipídico, observado pelo impacto no total de lipoproteínas (colesterol total [CT]) e em lipoproteínas de caráter aterogênico (LDL-colesterol) e protetor (HDL-colesterol): (i) a substituição de gordura saturada, fonte de AGS, por alimentos-fontes de AGPI reduz a concentração da lipoproteína LDL e da razão CT/HDL e, consequentemente, o risco de DCV; (ii) a substituição de AGS por ácidos graxos *trans* reduz a concentração de HDL e aumenta a razão CT/HDL; (iii) a substituição de AGS por AGMI aumenta a concentração de HDL, reduz a razão CT/HDL e a concentração de LDL.

Os AGS elevam a colesterolemia por reduzir receptores hepáticos e inibir a remoção plasmática de LDL. Além disso, em virtude da estrutura retilínea, permitem que mais colesterol participe da estrutura dessa lipoproteína e podem promover elevação da trigliceridemia. O colesterol dietético também pode levar à hipercolesterolemia, mas a resposta à ingestão alimentar de alimentos-fonte é muito individualizada. A elevação dos níveis plasmáticos de LDL aumentará o risco de formação de placas de ateroma e das principais consequências: infarto agudo do miocárdio (IAM) e acidente vascular encefálico (AVE).

Os AGI, no entanto, exercem efeitos protetores, podendo reduzir os níveis sanguíneos de LDL e triglicérides. Os principais mecanismos de ação dos AGPI sobre a redução da colesterolemia são aumento da remoção das LDL e redução hepática da produção. No entanto, o consumo de AGPI deve ser controlado, uma vez que também diminuem a produção de HDL e podem aumentar a suscetibilidade das LDL à oxidação. É preciso também considerar o papel na redução da pressão sanguínea e o efeito antiplaquetário e anti-inflamatório dos AGPI do tipo eicosapentaenoico (EPA, ômega 3) e docosa-hexaenoico (DHA, ômega 3), encontrados em óleos de peixes.

Os AGMI também são protetores. O ácido oleico (C 18:1) e a forma *trans* (ácido elaídico) atuam de formas distintas. O ácido oleico possui uma série de vantagens em relação aos poli-insaturados por não reduzir HDL e não provocar a oxidação de LDL. O ácido elaídico, ao contrário do oleico, geralmente produzido durante a hidrogenação de gordura poli-insaturada, eleva a colesterolemia de forma semelhante ou pior aos AGS.

Com relação ao papel dos óleos e gorduras na epidemiologia de outras DCNT, é importante destacar que o consumo inadequado em quantidade e frequência de alimentos-fonte pode comprometer a densidade energética da dieta e acarretar a obesidade, e, consequentemente diabete, principalmente relacionada à obesidade abdominal e à resistência à insulina. Não somente a ingestão de gordura total, mas a de AGS têm apresentado evidências convincentes de incremento no risco de diabete tipo 2, assim como o consumo de ácidos graxos de tipo ômega 3 tem apresentado evidências na redução desse risco. A respeito das recomendações relativas ao câncer, os consumos de gordura animal em excesso, principalmente de carnes, têm mostrado possível incremento na incidência de câncer colorretal, pâncreas e próstata.

Em 2013, a Sociedade Brasileira de Cardiologia divulgou a I Diretriz sobre o Consumo de Gorduras e Saúde Cardiovascular (Santos et al., 2013), em que se destacam as recomendações para prevenção e tratamento das dislipidemias visando à redução do risco cardiovascular. Essa diretriz amplia as recomendações nutricionais, inclui exemplos de alimentos de consumo habitual do brasileiro, sugerindo que o consumo de gorduras deve variar entre 25 e 35% do VET, limitando-se a 10% de AGS para os indivíduos normolipidêmicos e em 7% para aqueles com alterações no metabolismo lipídico. A Tabela 7.12 resume as principais recomendações nutricionais e os respectivos níveis de evidências propostos pela I Diretriz sobre o Consumo de Gorduras e Saúde Cardiovascular.

ESCOLHAS ALIMENTARES INTELIGENTES

Considerando-se todas as informações disponibilizadas neste capítulo, as principais escolhas alimentares inteligentes relacionadas ao grupo dos óleos e gorduras seriam evitar alimentos com quantidades elevadas de AGS, *trans* e também colesterol, e preferir os alimentos-fonte de ácidos graxos mono e poli-insaturados dos tipos ômega 3 e 6, lembrando-se de que são essenciais ao organismo.

Os óleos e gorduras constituem um grupo que deve ser atentamente acompanhado com relação à quantidade consumida, principalmente porque são alimentos de alta densidade energética devido à maior presença de lipídios. Os benefícios dos alimentos-fonte de lipídios considerados protetores devem ser sempre avaliados conjuntamente com o valor energético que a inclusão desses na alimentação acarretará à dieta.

TABELA 7.12 – Principais recomendações nutricionais e os respectivos níveis de evidência.

Recomendações	Nível de evidência
Consumir < 300 mg/dia de colesterol	A
Consumir até 1 ovo/dia, exceto para diabéticos	B
Limitar o consumo de AGS (10% do VET) para adultos saudáveis	A
Limitar o consumo de AGS (7% do VET) para indivíduos com múltiplos fatores de RCV	A
Substituir AGS por AGP e AGM	B
Não é recomendado o uso de gordura de coco para tratamento de dislipidemias	B
Não é recomendado o uso de óleo de palma para tratamento das dislipidemias	B
A manteiga pode fazer parte da dieta desde que o limite AGS seja garantido	B
O consumo de chocolate rico em cacau não aumenta o colesterol	C
Recomenda-se o consumo controlado de carnes vermelhas, vísceras e aves com pele, além da restrição de cortes gordurosos	C
Recomenda-se o consumo cauteloso de queijos, dando preferência àqueles com menor teor de gorduras	B
AGM podem ser consumidos em até 15% do VET	A
Recomenda-se consumir de 2 a 4 g/dia de ômega 3 para tratamento de hipertrigliceridemia (> 500 mg/dL)	A
Reduzir o consumo de ácidos graxos *trans* (< 1% do VET)	B
Consumo de ômega 6 pode ser otimizado para melhorar o LDL-c	A
Gorduras interesterificadas alteram negativamente o perfil lipídico	B

Fonte: Santos et al. (2013)

A dieta deve ser planejada considerando-se as seguintes escolhas:

- Reduzir o consumo de carnes gordurosas e optar por carnes com teores mais baixos de gordura.
- Preferir leite e produtos lácteos desnatados.
- Evitar o uso de gordura hidrogenada e o consumo de alimentos processados que apresentem como ingrediente esse tipo de gordura.
- Utilizar com moderação óleos vegetais.
- Consumir regularmente peixes (1 a 2 vezes por semana).
- Consumir diariamente azeite e oleaginosas em quantidades condizentes com as necessidades energéticas individuais.

Com relação aos óleos vegetais, todos podem ser usados, considerando as características de cada um e o objetivo dietético ou dietoterápico, além das condições socioeconômicas do indivíduo. Nenhum óleo é melhor que outro. É importante destacar que o óleo de soja, o mais consumido no Brasil, é fonte de AGPI essenciais e uma das principais fontes do ácido graxo alfa-linolênico do tipo ômega 3. Assim, os óleos vegetais devem ser consumidos para atender às necessidades de ácidos graxos essenciais e vitaminas como E e K. Os óleos com teores mais altos de AGMI (oliva e canola) podem ser utilizados de maneira complementar, de forma a contribuir para a prevenção e o tratamento de DCV.

CONTROVÉRSIAS

Manteiga ou margarina? Usar moderadamente e, se puder, não usar habitualmente qualquer uma das duas. A manteiga contém gordura saturada e colesterol e as margarinas podem conter gordura *trans*. Prefirir usar eventualmente, como ingredientes de preparações não consumidas de forma habitual. Se utilizar a margarina, selecionar as isentas de gorduras *trans*.

E o ovo? É mesmo um vilão por ser tão rico em colesterol? A resposta à ingestão do colesterol dietético é muito individualizada. Além disso, são importantes fontes de AGMI, excelente fonte proteica e de vitaminas (vitaminas A e E, tiamina, riboflavina e colina). Em revisão realizada por Constant (2003) a resposta da colesterolemia depende do tipo de preparação do ovo. O colesterol dietético oxidado pelo aquecimento incrementa mais o colesterol sérico, sendo recomendados ovos cozidos.

É importante lembrar que as escolhas alimentares dos grupos não ocorrem isoladamente. Na escolha dos alimentos do grupo dos óleos e das gorduras, é preciso considerar uma alimentação adequada, com a inclusão de outros alimentos protetores, como as frutas, as verduras e os legumes, além de um estilo de vida saudável.

VITAMINA E

Definição, funções, propriedades e estrutura química

A vitamina E é uma vitamina lipossolúvel, que apresenta características de solubilidade semelhantes às dos lipídios, e é geralmente encontrada na fração lipídica dos alimentos. A função principal mais conhecida é a atividade antioxidante.

Considera-se que um grupo de oito compostos de ocorrência natural apresente atividade de vitamina E, sendo quatro tocoferóis (alfa, beta, delta e gama) (Figura 7.10) e quatro tocotrienóis (alfa, beta, delta e gama). Todos contêm na estrutura um anel aromático denominado anel cromanol e uma cadeia lateral isoprenoide, saturada nos tocoferóis e insaturada nos tocotrienóis. O número e a posição de grupos metila no anel cromanol definem e diferenciam alfa, beta, delta e gama tocoferol e, similarmente, os quatro tocotrienóis. O anel cromanol do alfatocoferol (5, 7, 8 trimetiltocol), por exemplo, contém três grupos metila, localizados nas posições 5, 7 e 8. A presença de grupos metila na cadeia lateral resulta em oito formas isoméricas para cada um dos compostos.

A principal função metabólica da vitamina E é a ação antioxidante, capaz de interromper a cadeia de reações característica da peroxidação lipídica. Essa ação envolve principalmente a transferência de hidrogênio a radicais alquilperoxil formados no processo oxidativo, altamente reativos e responsáveis pela propagação da reação, inativando-os. Dessa forma, a vitamina E protege biomoléculas (proteínas, lipoproteínas e ácidos nucleicos) e estruturas celulares, particularmente as membranas, de danos oxidativos associados à formação de radicais livres lipídicos.

A vitamina E constitui a primeira linha de defesa antioxidante das lipoproteínas LDL, protegendo-as das modificações oxidativas que desencadeiam o processo aterosclerótico. Assim, a atuação pode estar associada à redução do risco de DCV; além disso, a vitamina E pode inibir a formação de células potencialmente oncogênicas.

Absorção, transporte, armazenamento e biodisponibilidade

A vitamina E é absorvida no lúmen do intestino delgado em um processo dependente das secreções biliares e pancreáticas, envolvidas na formação de micelas, e que não discrimina as formas isoméricas de tocoferóis e tocotrienóis. A eficiência da absorção é considerada baixa, entre 20 e 40%, e é maior quando há ingestão concomitante de lipídios (Bianchini-Pontuschka e Penteado, 2003).

O mecanismo de absorção da vitamina E ainda não está completamente esclarecido. Considera-se que a vitamina solubilizada nas micelas é transportada por difusão passiva através da membrana da borda em escova para os enterócitos. A secreção de quilomícrons é fundamental para a absorção dessa vitamina e, durante o catabolismo, parte da vitamina E é distribuída a todas as lipoproteínas circulantes no plasma. A maior parte da vitamina E recém-absorvida chega ao fígado quando este

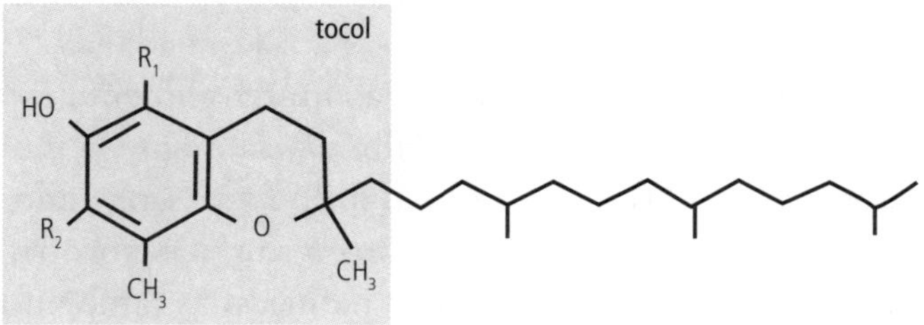

FIGURA 7.10 – Estrutura química dos tocoferóis.

capta os quilomícrons remanescentes, que tiveram os triacilgliceróis hidrolisados. A proteína a-TPP no fígado, ligadora de alfatocoferol (*Tocopherol Transfer Protein*), atua selecionando este e incorporando-o a partículas de VLDL por meio da qual a vitamina é distribuída aos tecidos. Lipoproteínas de alta densidade (HDL), formadas durante o metabolismo das VLDL, também transportam vitamina E às células periféricas (Bianchini-Pontuschka e Penteado, 2003).

Devido à seletividade da a-TPP, o alfatocoferol é a forma predominante no fígado, no sangue e em tecidos extra-hepáticos. Tecidos e estruturas celulares na qual a produção de radicais livres for maior, como nas membranas das mitocôndrias e retículo endoplasmático, acumulam alfatocoferol em maior quantidade.

A vitamina E metabolizada é excretada na forma de metabólitos urinários como o a-CEHC [2,5,7,8-tetrametil-2-(2'-carboxietil)-6-hidroxicromano], que resulta da degradação da cadeia lateral do alfatocoferol. A fração ingerida e não absorvida no intestino é eliminada por excreção fecal ou pela bile (IOM, 2000a).

Com relação à biodisponibilidade, a absorção pode ser reduzida por AGPI em razão de interações químicas ou do fato de AGPI ocupar mais espaço nas lipoproteínas e deslocar ou inibir o tocoferol (Cozzolino, 2005).

Fontes alimentares, deficiência e alta ingestão

Os compostos que apresentam atividade de vitamina E são sintetizados por vegetais. Tocoferóis e tocotrienóis estão naturalmente presentes na maioria dos óleos e gorduras de origem vegetal. Sementes de oleaginosas como amendoim, castanha e amêndoa contêm quantidades significativas de vitamina E.

Os óleos vegetais são considerados as fontes alimentares mais importantes de vitamina E, embora sejam parcialmente removidos no processo de refinação. Os óleos de soja, milho, girassol, canola e oliva contêm quantidades significativas de tocoferóis. Os tocotrienóis são encontrados principalmente em óleo de palma, mas também no farelo de arroz e de germe de trigo (ISEO, 2006). Alimentos de origem animal como ovos, leite e fígado também contêm vitamina E, mas em menor quantidade (Tabela 7.13).

O processo de oxidação lipídica em alimentos é a principal causa da destruição da atividade de vitamina E. Fatores que favorecem a degradação oxidativa de lipídios, como a exposição à luz (pelo efeito dos raios UV) e ao oxigênio, promovem perdas dessa vitamina.

TABELA 7.13 – Conteúdo de vitamina E (alfatocoferol) em alimentos considerados fonte (em medida usual).

Alimento	Medida usual	Quantidade (mg)
Óleo de girassol	1 colher de sopa (8 g)	3,5
Óleo de palma	1 colher de sopa (8 g)	1,5
Óleo de milho	1 colher de sopa (8 g)	1,1
Óleo de canola	1 colher de sopa (8 g)	1,1
Óleo de oliva	1 colher de sopa (8 g)	0,9
Óleo de soja	1 colher de sopa (8 g)	0,8
Abacate	4 colheres de sopa (128 g)	1,7
Mamão papaia	½ unidade (140 g)	1,6
Manga	1 unidade (110 g)	0,9
Pera	1 unidade (133 g)	0,7
Amendoim	22 unidades (9 g)	0,7
Amêndoa	9 unidades (10 g)	0,5
Castanha-do-brasil	2 unidades (8 g)	0,6
Batata-doce	1 unidade média (150 g)	6,8
Couve-de-bruxelas	1 colher de servir (42 g)	1,3
Espinafre	3 colheres de sopa (60 g)	1,1
Brócolis	4 colheres de sopa (60 g)	0,7
Gema de ovo	1 unidade (50 g)	0,9

Fonte: adaptada de IOM (2000a); Maham e Escott-Stump (2002).

A deficiência de vitamina E é muito rara, tendo sido observada somente em indivíduos incapazes de absorvê-la ou portadores de anormalidades que os impeçam de manter níveis sanguíneos normais. Esse fato indica que o aporte dietético dessa vitamina supre as necessidades humanas, em condições normais. Em animais, sob condições experimentais, a deficiência de vitamina E resulta em problemas reprodutivos, danos hepáticos e renais e anormalidades neurológicas (Cozzolino, 2005).

A vitamina E apresenta toxicidade muito baixa e não há evidências de efeito adverso associado ao consumo dessa vitamina a partir de alimentos em que esteja naturalmente presente.

Para a ingestão de suplementos de vitamina E, estima-se como dose máxima sem efeito tóxico (UL) para adultos 1 g/dia de todos os oito isômeros do alfatocoferol (IOM, 2000a).

Recomendações atuais

A edição das recomendações nutricionais norte-americanas (IOM, 2000a) define apenas quatro formas de alfatocoferol como compostos ativos para o estabelecimento dos valores recomendados de ingestão de vitamina E. O RRR-alfatocoferol (anteriormente denominado d-alfatocoferol), a forma isomérica naturalmente presente nos alimentos, é considerado o principal composto com atividade dessa vitamina. Três outras formas isoméricas sintéticas do alfatocoferol encontradas em suplementos e alimentos fortificados também são consideradas importantes: RSR-alfatocoferol, RRS-alfatocoferol e RSS-alfatocoferol. Apenas esses compostos são mantidos no plasma e nos tecidos humanos; os outros tocoferóis e os tocotrienóis naturalmente encontrados em alimentos podem ser absorvidos, mas são pouco reconhecidos pela proteína transportadora de alfatocoferol.

As recomendações foram estabelecidas com base em estudos de indução de deficiência em humanos e na "correlação entre a hidrólise do eritrócito induzida pelo peróxido de hidrogênio e a concentração plasmática de alfatocoferol" (Cozzolino, 2005). A recomendação atual para homens e mulheres adultos é de 15 mg de alfatocoferol por dia. As recomendações levam em consideração o consumo de alfa e gama-tocoferol, sabendo-se que o gama-tocoferol tem o equivalente a 10% da atividade de alfatocoferol. A atual recomendação da FAO é diferente segundo o gênero: 10 mg/dia para homens e 7,5 mg/dia para mulheres.

Em virtude das evidências de que a necessidade de vitamina E aumenta em função da ingestão de AGPI, mais suscetíveis à oxidação, o estabelecimento da recomendação deve considerar o consumo desse tipo de ácido graxo (IOM, 2002).

VITAMINA K

Definição, funções, propriedades e estrutura química

A vitamina K é uma vitamina lipossolúvel, e a função principal é atuar como coenzima na síntese de proteínas responsáveis pelo processo de coagulação sanguínea. A letra "K" tem origem na palavra *koagulation*. Quanto à origem, principalmente dois compostos químicos apresentam atividade de vitamina K: (i) filoquinona (vitamina K_1), de origem vegetal, e (ii) menaquinona (vitamina K_2), de origem animal e também sintetizado por bactérias da microflora intestinal. Um terceiro composto químico, de origem sintética, é a menadiona (vitamina K_3).

O papel da vitamina K no processo de coagulação está associado principalmente à formação da proteína protrombina (fator II de coagulação) e também de outras proteínas associadas à cascata proteolítica (fatores de coagulação VII, IX e X). A vitamina K é um importante cofator para a reação de carboxilação de resíduos glutâmicos por ação enzimática (g-glutamil carboxilase) e essencial para a produção de certas proteínas precursoras. A protrombina uma vez ligada ao Ca^{2+} converte o fibrinogênio em fibrina e permite a formação do coágulo.

A estrutura básica da vitamina K é de naftoquinona na forma de um anel (2-metil-1,4-naftoquinona), e as duas formas principais diferem entre si na cadeia lateral do carbono na posição C3. A filoquinona é um óleo viscoso e amarelo; e a menaquinona, um pó cristalino e amarelado; ambas são insolúveis em água e solúveis em solventes orgânicos (acetona, clorofórmio e éter). A Figura 7.11 representa a estrutura química das séries de vitamina K e as cadeias laterais de filoquinona, menaquinona e menadiona.

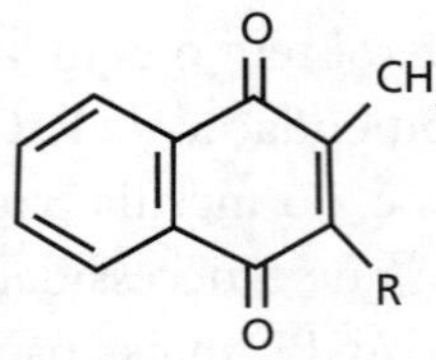

O

CH_3

R

O

Em que R corresponde aos seguintes grupos:

Vit. K_1: $R = -CH_2-CH=\overset{CH_3}{\overset{|}{C}}-CH_2-(CH_2-CH_2-\overset{CH_3}{\overset{|}{CH}}-CH_2)_3-H$

Vit. K_2: $R = -(CH_2-CH=\overset{CH_3}{\overset{|}{C}}-CH_2)_n-H$

Vit. K_3: $R = -H$

FIGURA 7.11 – Estrutura química da vitamina K.

Absorção, transporte, armazenamento e biodisponibilidade

A vitamina K é absorvida por difusão na parede intestinal a partir da formação de micelas, dependente da ação da bile e de enzimas pancreáticas. É associada ao quilomícrom, levada ao fígado via sistema linfático e disponibilizada ao organismo pelas VLDL e LDL-colesterol. O fígado pode armazenar a vitamina K, mas as reservas são rapidamente depletadas.

Com relação à biodisponibilidade, segundo Michelazzo e Cozzolino (2005), pouco se conhece sobre a vitamina K. Provavelmente, a filoquinona, de origem vegetal, seja menos absorvida que a disponibilizada por alimentos processados como óleos e margarinas, uma vez que se encontra ligada às membranas de cloroplastos. Dos poucos estudos disponíveis, observou-se que cerca de 20% da vitamina K dos alimentos é absorvida, e a presença de lipídios (óleos e gorduras) pode melhorar a biodisponibilidade.

As vitaminas A e E podem atuar como antagonistas da vitamina K em casos de hiperdosagem ou no uso de suplementos. Além disso, o uso prolongado de antibióticos pode reduzir a produção de menaquinonas no intestino. A deficiência de vitamina K também pode ocorrer em casos de má absorção intestinal em diversas situações clínicas.

Com relação à estabilidade, a vitamina K é decomposta por radiação UV, isto é, a exposição à luz é considerada a principal causa de perdas dessa vitamina em alimentos. Também é instável em ácidos e bases fortes, porém estável sob condições de oxidação e aquecimento, resistindo bem ao processamento e armazenamento de alimentos industrializados.

Fontes alimentares, deficiência e alta ingestão

A vitamina K está bem distribuída na natureza, principalmente em verduras como couve, espinafre, brócolis, repolho e folhas de nabo em quantidades acima de 300 mcg/100 g. Está presente na maioria dos óleos de origem vegetal, principalmente soja e canola, em quantidades acima de 100 mcg/100 g (Tabela 7.14).

Nenhum efeito foi atribuído a altas doses de vitamina K, e a deficiência pode causar aumento no tempo de formação de protrombina e, em casos mais graves, causar doenças hemorrágicas. Como compostos da série K_2 são produzidos pelo intestino por bactérias, raramente há deficiência dessa vitamina em pessoas saudáveis.

A avaliação laboratorial de vitamina K pode ser realizada por vários métodos, sendo o tempo de protrombina e o tempo parcial de tromboplastina, além do teste de coagulação, os mais frequentemente utilizados para sugerir deficiência.

Recomendações nutricionais

Apesar das dificuldades em determinar as recomendações, uma vez que uma parte da vitamina K é sintetizada no intestino (cerca de metade disponível ao organismo é sintetizada por bactérias intestinais), os valores estabelecidos nas DRI são na forma de AI (*Adequate Intake*), e os valores de EAR e RDA não estão disponíveis. A ingestão adequada varia segundo os estágios de vida, e a atual recomendação para homens e mulheres adultos é de 120 mcg e 90 mcg/dia, respectivamente. As atuais recomendações da FAO/OMS (RNI) para vitamina K são um pouco menores: 65 mcg e 55 mcg/dia, respectivamente.

TABELA 7.14 – Conteúdo de vitamina K em alimentos considerados fonte (100 g e medida usual).

Alimento	QT em 100 g (mg)	Medida usual	Quantidade (mg)
Espinafre	380	3 colheres de sopa (60 g)	228
Couve	440	1 colher de servir (42 g)	185
Repolho	145	5 colheres de sopa (75 g)	109
Brócolis	180	4 colheres de sopa (60 g)	108
Alface	122	4 folhas (40 g)	49
Óleo de soja	193	1 colher de sopa (8 g)	15
Óleo de canola	127	1 colher de sopa (8 g)	10

Fonte: IOM (2000b).

É importante considerar o papel da vitamina K para indivíduos que necessitam do uso de anticoagulantes orais. Os atuais agentes anticoagulantes orais, utilizados em casos de prevenção de tromboses, DCV e embolias, inibem a síntese de protrombina e também de outros fatores de coagulação dependentes de vitamina K. A droga mais utilizada é a varfarina. As recomendações dietoterápicas atuais são estabelecidas por meio de detalhada avaliação alimentar. Não é necessário proibir o uso de alimentos com teores elevados de vitamina K, mas o paciente deve manter o consumo diário de vitamina relativamente constante para que o medicamento seja prescrito.

REFERÊNCIAS

BIANCHINI-PONTUSCHKA, R.; PENTEADO, M. V. C. Vitamina E. In: PENTEADO, M. V. C. *Vitaminas*: aspectos nutricionais, bioquímicos, clínicos e analíticos. Barueri: Manole, 2003.

BRASIL. Regulamento Técnico para fixação de identidade e qualidade de manteiga. Portaria n. 146/96. *Diário Oficial da União*. Brasília, 11/3/1996, Seção 1, p. 3.977.

______. Ministério da Agricultura e Abastecimento. Regulamento Técnico para fixação de identidade e qualidade de margarina. Portaria n. 372/97. *Diário Oficial da União*. Brasília, 8 de setembro de 1997, Seção 1, p. 19.702.

______. Regulamento Técnico para fixação de identidade de hambúrguer. Instrução Normativa n. 20/2000. *Diário Oficial da União*. Brasília, 8 de setembro de 2000, Seção 1, p. 7.

______. Resolução RDC n. 360: Regulamento Técnico sobre Rotulagem Nutricional de Alimentos. *Diário Oficial da União*. Brasília, 16 de dezembro de 2003.

______. Ministério da Saúde. *Guia alimentar para a população brasileira*. Brasília, 2005.

CONSTANT, J. The role of eggs, margarines and fish oils in the nutritional management of coronary artery disease and strokes. *Keio J Med*, Tokyo, v. 53, n. 3, p. 131-136, 2003.

COZZOLINO, S. M. F. Vitamina E (tocoferol). In: Cozzolino, S.M.F. *Biodisponibilidade de nutrientes*. Barueri: Manole, 2005.

CURI, R. et al. *Entendendo a gordura*. Barueri: Manole, 2005.

D'AGOSTINI, D. *Obtenção de lipídios estruturados por interesterificação de triacilgliceróis de cadeia média e longa*. São Paulo, 2001. Tese (Doutorado). Faculdade de Ciências Farmacêuticas da Universidade de São Paulo.

GUTIERREZ, L. E.; SILVA, R. C. M. Fatty acid composition of commercialy important fish from Brazil. *Sci. Agricola*, Piracicaba, v. 50, n. 3, p. 478-483, 1993.

[IOM] INSTITUTE OF MEDICINE. *Dietary reference intakes for vitamin C, vitamin E, selenium, and carotenoids*. Washington: National Academy Press, 2000a.

______. *Dietary Reference Intakes for vitamin A, vitamin K, arsenic, boron, chromium, copper, iodine, iron, manganese, molybdenum, nickel, silicon, vanadium and zinc*. Washington: National Academy Press, 2000b.

______. *Dietary Reference Intakes for energy, carbohydrate, fiber, fat, fatty acids, cholesterol, protein, and amino acids*. Washington: National Academy Press, 2002.

[ISEO] INSTITUTE OF SHORTENING AND EDIBLE OILS. *Food fats and oils*. Washington, 2006.

MAHAN, L. K.; ESCOTT-STUMP. *Krause*: alimentos, nutrição e dietoterapia. São Paulo: Roca, 2002.

MICHELAZZO, F. B.; COZZOLINO, S. M. F. Vitamina K. In: Cozzolino, S.M.F. *Biodisponibilidade de nutrientes*. Barueri: Manole, 2005.

NAWAR, W. W. In: FENNEMA, O. R. *Food chemistry*. 3. ed. Nova York: Marcel Dekker, 1996.

[NEPA/UNICAMP] NÚCLEO DE ESTUDOS E PESQUISAS EM ALIMENTAÇÃO/ UNIVERSIDADE ESTADUAL DE CAMPINAS. *Tabela brasileira de composição dos alimentos (Taco)*. Versão II. 2. ed. Campinas, 2006.

PHILIPPI, S. T.; SZARFARC, S. C.; LATERZA, A. R. *Virtual Nutri* (Programa de Computador). Versão 1.0 para Windows. São Paulo: Departamento de Nutrição da Faculdade de Saúde Pública/USP, 1996.

PINTO, E. A.; PENTEADO, M. V. C. Vitamina K. In: Penteado, M.V.C. *Vitaminas – aspectos nutricionais, bioquímicos, clínicos e analíticos*. Barueri: Manole, 2003.

SANIBAL, E. A .A.; MANCINI FILHO, J. Perfil de ácidos graxos *trans* de óleo e gordura hidrogenada de soja no processo de fritura. *Ciência e tecnologia de alimentos*, Campinas, v. 24, n. 1, p. 27-31, 2004.

SANTOS, R. D. et al. I Diretriz sobre o Consumo de Gorduras e saúde Cardiovascular. *Arq. Bras. Cardiol*. 100: 1 (3), 2013.

[SBC] SOCIEDADE BRASILEIRA DE CARDIOLOGIA. III Diretrizes Brasileiras sobre Dislipidemias e Diretriz de Prevenção de Aterosclerose. *Arq. Bras. Cardiol*, Rio de Janeiro, v. 77 (suplemento III), 2001.

[USDA] NATIONAL NUTRIENT DATABASE FOR STANDARD REFERENCE. Disponível em: <http://www.ars.usda.gov/nutrientdata> Acesso em: abril de 2018.

[USP] UNIVERSIDADE DE SÃO PAULO. Faculdade de Ciências Farmacêuticas. Departamento de Alimentos e Nutrição Experimental/Brasilfoods, 1998. *Tabela brasileira de composição dos alimentos (TBCA)*. Disponível em: <http://www.fcf.usp.br/tbca/>. Acesso em: abril de 2018.

[WHO/FAO] WORLD HEALTH ORGANIZATION/FOOD AND AGRICULTURE ORGANIZATION. *Fats and oils in human nutrition*. Roma: FAO/WHO, 1994.

______. Codex Alimentarius Commission. Joint FAO/WHO Food Standards Programme. Fats, oils and related products. *Codex Alimentarius 8*, Roma, 2001.

______. Diet, Nutrition and Prevention of Chronic Diseases. Genebra, 2003. Report of the joint WHO/FAO expert consultation. *Technical Report Series, 916*.

______. Interim Summary of Conclusions and Dietary Recommendations on Total Fat & Fatty Acids. *The Joint FAO/WHO Expert Consultation on Fats and Fatty Acids in Human Nutrition*, 2008.

8

GRUPO DOS AÇÚCARES E DOCES

Nutrientes descritos no capítulo
Carboidratos (sacarose)

Sonia Tucunduva Philippi
Greisse Viero da Silva Leal
Carolina Vieira de Mello Barros Pimentel

SUMÁRIO

INTRODUÇÃO

O grupo dos açúcares e doces é formado por alimentos compostos predominantemente por açúcares, termo atualmente empregado para designar os carboidratos de classificação química: monossacarídeo e dissacarídeo, e que estão representados no ápice da Pirâmide dos Alimentos, mas também como ingrediente de preparações culinárias.

Os alimentos considerados açucarados são os açúcares propriamente ditos, o mel, os alimentos elaborados com açúcares (xaropes, caldas, caramelos, balas e bombons) e os alimentos mistos que podem ser compostos por açúcares com amido (pães, doces, biscoitos, bolachas e bolos), açúcares com frutas (geleias, sucos concentrados e adocicados, doces em pasta, doces em calda, frutas cristalizadas, frutas glaceadas e picolés) e açúcares com leite (sorvetes em pasta, cremes, musses e pudins).

O dissacarídeo formado por glicose e frutose é a sacarose, açúcar mais empregado na alimentação, encontrado e obtido principalmente da cana-de-açúcar e da beterraba, mas também presente em frutas, algumas hortaliças e no mel.

CONSTITUIÇÃO QUÍMICA DOS AÇÚCARES

A fórmula geral da maioria dos carboidratos encontrados nos alimentos corresponde a $(CH_2O)_n$; os carboidratos são descritos no Capítulo 2. Açúcares é o termo geral utilizado para os mono e dissacarídeos.

Monossacarídeos

Os monossacarídeos, carboidratos que não podem ser hidrolisados em compostos mais simples, têm peso molecular relativamente baixo, são sólidos, cristalinos, incolores, hidrossolúveis e de sabor doce. Possuem entre três e oito átomos de carbono, mas somente aqueles com cinco ou seis são mais comuns. O sufixo -ose é incluído nos nomes dos monossacarídeos, e o número de átomos de carbono é indicado por designações como triose (três carbonos), tetrose (quatro), pentose (cinco) e hexose (seis carbonos).

Os prefixos aldo- e ceto- são também usados para designar se o monossacarídeo apresenta um grupo aldeído ou um grupo cetona e se está no primeiro átomo ou em um átomo de carbono subsequente, como as aldo-hexoses e cetopentoses. Outros dois monossacarídeos do tipo triose são o gliceraldeído (2,3-di-hidroxipropanal) e a di-hidroxicetona.

Em virtude da assimetria, os monossacarídeos são opticamente ativos, ou seja, as soluções e os cristais são capazes de desviar o plano de luz polarizada. Conforme o posicionamento da hidroxila do carbono assimétrico mais distante do carbono carbonílico, os monossacarídeos podem se apresentar nas configurações D (dextrose) e L (levulose) (Figura 8.1). Os nomes dextrose e levulose foram derivados das propriedades dextrorrotatórias e levorrotatórias. A D-glicose é dextrorrotatória, isto é, gira o plano do feixe de luz polarizada para a direita e a D-frutose é levorrotatória, isto é, gira o plano do feixe de luz polarizada para a esquerda.

Convencionou-se que, quando a hidroxila está representada à direita do carbono assimétrico, há um monossacarídeo da série D e, quando está à esquerda, há um da série L. A maioria dos monossacarídeos que aparece na natureza pertence à chamada série D.

Os monossacarídeos mais importantes são as pentoses e as hexoses. As pentoses ribose, xilose e arabinose não são encontradas na forma

Isômeros de glicose

D-Glicose	Espelho	L-Glicose
O=CH		O=CH
H – C – OH		HO – C – H
HO – C – H		H – C – OH
H – C – OH		HO – C – H
H – C – OH		HO – C – H
CH_2OH		CH_2OH

FIGURA 8.1 – Configurações D-glicose e L-glicose.

livre nos alimentos; e as hexoses glicose (dextrose), frutose (levulose) e galactose são os mais abundantes na natureza e de relevância particular nos alimentos.

Dissacarídeos

São formados pela união de dois monossacarídeos por meio da ligação glicosídica. Os dissacarídeos mais importantes na nutrição humana são: sacarose, lactose e maltose. A sacarose, mais largamente utilizada, é facilmente hidrolisada pelas enzimas do organismo em glicose e frutose e também pode ser obtida pela indústria alimentícia.

O QUE É AÇÚCAR INVERTIDO?

O açúcar invertido é o xarope obtido após a hidrólise do açúcar em ebulição contínua, pela ação dos ácidos fracos, pela enzima invertase ou por uma combinação desses três processos, produzindo quantidades equivalentes de frutose e glicose. Com isso, ocorre mudança na isomeria das moléculas (de dextrorrotatórias para levorrotatórias). Como a propriedade característica da solução original foi invertida, a mistura é denominada açúcar invertido. O açúcar invertido apresenta-se geralmente na forma de xarope, que impede a formação de cristais. Os ácidos fracos, usados para produzir açúcar invertido, são suco de limão e outros ácidos de frutas, vinagre e cremor tártaro. A fervura acelera a ação do ácido e a consequente formação do açúcar invertido. A inversão prossegue depois que a mistura esfria. A enzima invertase hidrolisa a sacarose, mas o calor a torna inativa, não podendo assim ser usada durante o aquecimento de soluções de sacarose. A abelha secreta a enzima invertase ao coletar o néctar das plantas (mel), por esse motivo, o mel apresenta naturalmente açúcar invertido na composição. Industrialmente, o açúcar invertido é utilizado na fabricação de balas e biscoitos e na preparação de confeitos delicados e glacês. A presença nas balas previne a cristalização do açúcar e, no caso dos biscoitos, a principal função é contribuir com a coloração caramelada e conferir maciez ao produto final. É utilizado também em bebidas carbonatadas, sucos e isotônicos, sobremesas geladas e sorvetes. O açúcar invertido melhora a textura desses produtos por baixar o ponto de congelamento.

PROPRIEDADES DOS AÇÚCARES

São diversas as propriedades dos açúcares, como solubilidade, cristalização, caramelização, hidrólise, ponto de fusão e poder edulcorante.

Solubilidade

Os monossacarídeos são muito pouco solúveis em etanol e insolúveis em outros solventes orgânicos como éter e clorofórmio. A solubilidade dos açúcares é diretamente proporcional ao aumento da temperatura. A classificação dos açúcares quanto à solubilidade corresponde à classificação quanto ao grau de doçura.

Cristalização

A cristalização ocorre quando o estado físico do açúcar é modificado para a forma de cristais, visando à viscosidade, à textura e à maciez específicas em uma preparação. O poder de cristalização é inversamente proporcional à solubilidade.

A cristalização da sacarose ocorre em soluções supersaturadas. O tamanho e o número dos cristais dependem da presença ou da ausência de ingredientes que impeçam a formação e do grau de intensidade com que se agita a solução.

A presença de mais de um tipo de açúcar retarda a cristalização, gerando cristais de menor tamanho. A presença de gordura e proteínas do leite impede que os cristais aumentem de tamanho. O xarope de milho e o mel também retardam a cristalização. O cremor tártaro provoca a inversão da sacarose e diminui a velocidade de cristalização, e a presença de açúcar invertido evita que ocorra.

Caramelização

A reação de caramelização inicia-se pela desidratação do açúcar, com o rompimento das ligações glicosídicas, em temperaturas acima de 120°C, na ausência de aminoácidos e/ou proteínas. Nessas condições, os dissacarídeos são primeiramente hidrolisados em monossacarídeos e posteriormente em diversos produtos de alto peso molecular (PM), escuros e com aroma característico denominado caramelo.

Hidrólise

A hidrólise dos açúcares ocorre com a ação de ácidos, calor ou enzimas. Os álcalis também decompõem os açúcares, produzindo coloração mais acentuada e sabor pronunciado e amargo.

Ponto de fusão

Com a aplicação do calor seco a 160°C, a sacarose transforma-se em líquido claro, mas à medida que a temperatura aumenta, atingindo 170°C, ocorre a caramelização.

Poder edulcorante

Os edulcorantes são substâncias naturais (extraídas de vegetais e frutas) ou artificiais (produzidas em laboratório), não necessariamente açúcares, que possuem capacidade adoçante superior à da sacarose. O sabor doce ocorre em virtude de uma série de compostos, incluindo açúcares, poliálcoois e dipeptídeos.

Segundo a Agência Nacional de Vigilância Sanitária (Anvisa) (Brasil, 1998a), o edulcorante pode conter e ser formulado à base de edulcorantes naturais e/ou artificiais, permitidos pela legislação. Os edulcorantes formulados para conferir o sabor doce aos alimentos e bebidas são denominados adoçantes de mesa, enquanto aquele formulado para dietas com restrição de sacarose, frutose e glicose (dextrose), para atender às necessidades de pessoas que têm restrição à ingestão desses açúcares, são designados adoçante dietético.

Os edulcorantes naturais são: esteviosídeo, sorbitol, manitol, xilitol, frutose, taumatina, maltitol, isomaltitol, lactitol e eritritol; e os artificiais são: sucralose, sacarina, ciclamato, aspartame, acesulfame-K e neotame.

TABELA 8.1 – Tipos de edulcorantes mais utilizados (naturais e artificiais), de acordo com a origem, poder edulcorante, aplicação culinária, energia e ingestão diária máxima.

Edulcorantes	Origem	Poder edulcorante relativo à sacarose	Aplicação culinária	Energia (kcal/g)	Ingestão diária máxima	Observações
Naturais						
Esteviosídeo	Extraído da planta *Stevia rebaudiana*	300	Sim (estável sob altas temperaturas e em meio ácido)	Zero	4 mg/kg/dia	Usado como adoçante de mesa, em gomas de mascar, balas, bombons, bebidas, gelatinas, pudins, sorvetes e iogurtes
Sorbitol	Poliálcool encontrado em frutas e algas marinhas	50	Sim	4,0	Não estabelecida	Por não ser totalmente absorvido, o consumo excessivo pode ter efeito laxativo Usado em geleias, gomas de mascar, balas e panetones
Manitol	Poliálcool encontrado em frutas e algas marinhas	60	Sim	2,4	Não estabelecida	Por não ser totalmente absorvido, o consumo excessivo pode ter efeito laxativo Usado em gomas de mascar e balas
Xilitol	Poliálcool monossacarídeo	Tão doce quanto a sacarose	Sim	2,4	Não estabelecida	Ingrediente de massas, cariostático e anticariogênico Usado como aditivo em alimentos para fins especiais

(continua)

TABELA 8.1 – Tipos de edulcorantes mais utilizados (naturais e artificiais), de acordo com a origem, poder edulcorante, aplicação culinária, energia e ingestão diária máxima. *(continuação)*

Edulcorantes	Origem	Poder edulcorante relativo à sacarose	Aplicação culinária	Energia (kcal/g)	Ingestão diária máxima	Observações
Frutose	Monossacarídeo encontrado em frutas e mel	173	Sim	4,0	Não estabelecida	O metabolismo não depende da insulina. Estudos recentes comprovam que a frutose, quando ingerida junto às refeições, não altera a glicemia. Apresentação em pó Usado em gelatinas, pudins, geleias
Taumatina	Proteína obtida do fruto da planta *(Thaumatococcus danielli B.)*, típica do continente africano	2.000 a 5.000	Estável à pasteurização (98°/15 s) e matriz ácida (pH 4)	Zero	Não estabelecida	Usada como modificador de sabor, aditivo em alimentos e bebidas para controle de peso e para dietas com ingestão controlada de açúcares
Maltitol	Poliálcool dissacarídeo	0,9	Sim	2,1	Não estabelecida	Ingrediente de massas, pode ser substituto para gordura, pois adiciona cremosidade ao paladar, e não contribui para a cárie dentária
Isomaltitol	Poliálcool dissacarídeo	0,6	Sim	2,0	Não estabelecida	Ingrediente de massas, intensificador de sabor
Lactitol	Poliálcool dissacarídeo	0,4	Sim	2,1	Não estabelecida	Ingrediente de massas, sinérgico com edulcorantes não nutritivos, não contribui para cáries dentárias

(continua)

TABELA 8.1 – Tipos de edulcorantes mais utilizados (naturais e artificiais), de acordo com a origem, poder edulcorante, aplicação culinária, energia e ingestão diária máxima. *(continuação)*

Edulcorantes	Origem	Poder edulcorante relativo à sacarose	Aplicação culinária	Energia (kcal/g)	Ingestão diária máxima	Observações
Eritritol	Poliálcool monossacarídeo	0,8	Sim	0,2	Não estabelecida	Ingrediente de massas, intensificador de sabor, auxilia na formulação: umectante, estabilizante e texturizador
Artificiais						
Sucralose	Tricloro-galacto-sacarose (TGS)	600	Sim	Zero	15 mg/kg/dia	Usado como adoçante de mesa e em preparações
Sacarina	Substância derivada do petróleo	300	Sim	Zero	5 mg/kg/dia	Apresentação: em pó ou líquido, sempre associado ao ciclamato ou outros edulcorantes Usado em bebidas, produtos lácteos, pudins, gelatinas Sabor residual amargo metálico
Ciclamato	Substância derivada do petróleo	30	Sim	Zero	11 mg/kg/dia	Sabor agridoce Atualmente é proibida a comercialização nos EUA, em razão de estudos que indicaram que a hidrólise no trato digestório poderia produzir uma substância carcinogênica Usado como adoçante de mesa, em gomas de mascar, bebidas, congelados, refrigerantes, geleias, sorvetes

(continua)

TABELA 8.1 – Tipos de edulcorantes mais utilizados (naturais e artificiais), de acordo com a origem, poder edulcorante, aplicação culinária, energia e ingestão diária máxima. *(continuação)*

Edulcorantes	Origem	Poder edulcorante relativo à sacarose	Aplicação culinária	Energia (kcal/g)	Ingestão diária máxima	Observações
Aspartame	Dipeptídeo: fenilalanina e ácido aspártico	180	Não	4,0	40 mg/kg/dia	Usado como adoçante de mesa, em misturas, pós, gomas de mascar, balas, sobremesas, bebidas, congelados, refrigerantes, coberturas, xaropes, produtos lácteos Contraindicado para indivíduos portadores de fenilcetonúria
Acesulfame-K	Acesulfame de potássio	200	Sim	Zero	15 mg/kg/dia	Pode ser usado isoladamente ou combinado com outros edulcorantes Usado como adoçante de mesa, em gomas de mascar, bebidas, café e chás instantâneos, gelatinas, pudins, produtos lácteos, panificação, sorvetes Sabor amargo em altas concentrações
Neotame	Derivado do aspartame	6.000 a 10.000	Raramente utilizado em alimentos	Zero	2 mg/kg/dia	Estável em armazenamento em local seco e sob variações de pH em soluções aquosas

Fontes: Ada Reports (2012); Abiad (2017); Brasil (2008); FAO/WHO (2017).

TABELA 8.2 – Principais edulcorantes disponibilizados e respectiva composição.

Nomes comerciais	Composição de edulcorantes
Adoçante Magro Lowçucar (líquido)®	Sacarina e ciclamato
Adocyl (líquido)®	Sacarina e ciclamato
Adocyl (pó)®	Aspartame
Aspartame Lowçucar (pó)®	Aspartame
Assugrin (líquido)®	Sacarina e ciclamato
Doce Menor (líquido)®	Sacarina e ciclamato
Doce Menor (pó)®	Sacarina e ciclamato
E-Qual Sweet (pó)®	Aspartame
Finn (líquido)®	Aspartame
Finn (pó)®	Aspartame
Finn (tablete)®	Aspartame
Finn Cristal (líquido)®	Sacarina e ciclamato
Frutose Lowçucar (pó)®	Frutose
Frutose Vepê (pó)®	Frutose
Gold (líquido)®	Aspartame e sorbitol
Gold (pó)®	Aspartame
Multi-Adoçante Lowçucar (pó)®	Aspartame, sacarina, ciclamato
Slim Linea (líquido)®	Sucralose e acessulfame-K
Slim Linea (pó)®	Sucralose e acessulfame-K
Slim Swett (pó)®	Aspartame
Splenda (granular)®	Sucralose
Splenda (líquido)®	Sucralose
Splenda (pó)®	Sucralose
Stevia Classis Lowçucar (líquido)®	Esteviosídeo, sacarina, ciclamato
Stevia Classis Lowçucar (pó)®	Esteviosídeo, aspartame, acessulfame-K
Stevia Plus Lowçucar (líquido)®	Esteviosídeo, sacarina, ciclamato
Stevia Plus Lowçucar (pó)®	Esteviosídeo, sacarina, ciclamato
Stevioside Lowçucar (líquido)®	Esteviosídeo
Stevioside Lowçucar (pó)®	Esteviosídeo
Sucaryl (líquido)®	Sacarina e ciclamato
Tal & Qual (pó)®	Sacarina e ciclamato
Zero-Cal (líquido)®	Aspartame e sorbitol
Zero-Cal (líquido)®	Sacarina e ciclamato
Zero-Cal (pó)®	Aspartame
Xylitol La Pianezza (pó)®	Xylitol
Essential SweetLift (pó)®	Taumatina e estévia

Os edulcorantes também podem ser classificados em nutritivos (fornecem energia) ou não nutritivos (não fornecem energia). As Tabelas 8.1 e 8.2 apresentam os tipos mais utilizados. A Tabela 8.2 apresenta os principais edulcorantes disponibilizados e a respectiva composição.

Em relação aos efeitos na saúde, sobre os edulcorantes utilizados em alimentos, a Academia Americana de Nutrição e Dietética teceu considerações, segundo níveis de evidência.

Níveis de evidência	
Grau I	Bom
Grau II	Justo
Grau III	Limitado
Grau IV	Somente opinião dos especialistas
Grau V	Não há evidências suficientes para conclusão

Polióis e efeitos adversos

Estudos mostraram que doses moderadas de 10 a 15 g/dia de polióis são bem toleradas. Altas doses (> 30 g/dia) de alguns polióis, como lactitol, isomaltitol e xilitol, podem resultar no aumento da flatulência, cólica, frequência de evacuação e diarreia. Grau III: limitado (ADA, 2012).

Aspartame e gerenciamento de peso

O uso como parte de um programa de perda ou manutenção de peso, pode estar associado com a melhora na perda de peso e manutenção ao longo do tempo. Grau I: bom (ADA, 2012).

Aspartame e apetite

Há evidências de que o uso não afeta o apetite e a ingestão alimentar e que este edulcorante não está associado a efeitos adversos na população em geral. Grau I: bom (ADA, 2012).

Sacarina, ingestão alimentar e apetite

Não está associada ao aumento da ingestão alimentar nem do apetite em adultos. O consumo pode reduzir modestamente a ingestão energética se for usado como substituto do açúcar ou alimentos/bebidas calóricas. Grau III: limitado (ADA, 2012).

Sacarina e diabete

Não apresentou efeitos de mudanças na resposta glicêmica de adultos com diabete, embora exista limitado número de estudos realizados. Grau III: limitado (ADA, 2012).

Sacarina e dislipidemia

Não apresentou efeitos significativos no perfil lipídico em estudos de intervenção de curta duração realizados com adultos. Não está associada com efeitos adversos, na população em geral. Grau III: limitado (ADA, 2012).

Sucralose, ingestão alimentar e apetite

Não está associada ao aumento da ingestão alimentar de adultos. O consumo pode reduzir modestamente a ingestão energética se for usado como substituto do açúcar ou alimentos/bebidas calóricas. A sucralose não afeta o apetite. Grau III: limitado (ADA, 2012).

Sucralose e diabete

Adultos diabéticos que consumiram sucralose por 3 meses tiveram redução significativa da glicemia de jejum, em comparação ao grupo-controle. Grau III: limitado (ADA, 2012).

Sucralose e dislipidemia

Não apresentou efeitos significativos no perfil lipídico de adultos. Grau III: limitado (ADA, 2012).

Sucralose e efeitos adversos

Não está associada a efeitos adversos na população em geral. Grau III: limitado (ADA, 2012).

A Informação Nutricional Complementar (INC [declarações de propriedades nutricionais]) é definida como qualquer apresentação que afirme, sugira ou implique que um alimento possui propriedades nutricionais particulares, especialmente, mas não somente, em relação ao valor energético e/ou ao conteúdo de proteínas, gorduras, carboidratos e fibra alimentar, assim como ao conteúdo de vitaminas e minerais. Em relação aos açúcares, as INC permitidas e respectivas condições apresentam-se na Tabela 8.3 (Brasil, 2012).

INFORMAÇÕES QUE DEVEM ESTAR PRESENTES NOS RÓTULOS DE EDULCORANTES

a) A designação do produto: quando houver mono e/ou dissacarídeo como veículo, a designação deve ser seguida do(s) nome(s) do(s) mono e/ou dissacarídeo(s).
b) A informação: "Contém edulcorante(s) ...", seguida do(s) nome(s) do(s) edulcorante(s), próxima à designação do produto.
c) A informação (em destaque e em negrito): "Diabéticos: contém ... gramas de ..." (sacarose, glicose e/ou frutose, quando for o caso) nas medidas práticas usuais (gotas, colher de café, colher de chá, envelope, tabletes ou outras).
d) A advertência (em destaque e em negrito): "Contém fenilalanina", para adoçantes nos quais é utilizado aspartame.
e) O valor energético, expresso em kcal, da medida prática usual do produto (gotas, colher de café, colher de chá, envelope, tabletes ou outras) e a equivalência do poder adoçante em relação ao do açúcar (sacarose).

Fonte: Portaria da Anvisa, n. 271/05 (Brasil, 2005).

QUAL É A DIFERENÇA ENTRE ALIMENTOS DENOMINADOS *LIGHT* E *DIET*?

Alimentos *diet* ou dietéticos são aqueles que têm algum nutriente AUSENTE na composição, sem implicar necessariamente na redução de calorias.

Para açucares, o termo *light*, pode ser utilizado quando o alimento possuir redução mínima de 25% no conteúdo de açúcares e o valor absoluto da diferença deve ser de no mínimo 5 g de açúcares; e considerando 100 g ou 100 mL, conforme o caso, em prato preparado comparado ou por porção comparada.

Fonte: Portaria da Anvisa, n.29/98 (Brasil, 1998b).
Fonte: RDC, n. 54/2012 (Brasil, 2012).

TABELA 8.3 – INC permitidas e respectivas condições.

Açúcares		
Atributo	**Condições**	
Baixo (outros sinônimos: baixo em, pouco, baixo teor de, leve em)	Máximo de 5 g de açúcares; e	Por 100 g ou 100 mL em pratos preparados conforme o caso
		Por porção quando essas forem maiores que 30 g ou 30 mL. Para porções menores ou iguais a 30 g ou 30 mL, a condição deve ser calculada em 50 g ou 50 mL
	Caso o alimento não atenda às condições estabelecidas para o atributo "baixo ou reduzido em valor energético", deve ser declarada no rótulo junto à INC a frase: "Este não é um alimento baixo ou reduzido em valor energético", conforme o caso, com o mesmo tipo de letra da INC, com pelo menos 50% do tamanho da INC, de cor contrastante ao fundo do rótulo e que garanta a visibilidade e a legibilidade da informação	
Não contém (outros sinônimos: livre de, zero – 0 ou 0%, sem, isento de)	Máximo de 0,5 g de açúcares; e	Por 100 g ou 100 mL em pratos preparados conforme o caso
		Por porção
	Não contém na lista de ingredientes açúcares e/ou ingredientes que sejam entendidos como alimentos com açúcares, exceto se estes estiverem declarados com um asterisco, que faça referência depois da lista de ingredientes a seguinte nota: "(*) Fornece quantidades não significativas de açúcares"; e	
	Caso o alimento não atenda às condições estabelecidas para o atributo "baixo ou reduzido em valor energético", deve ser declarada no rótulo junto à INC a frase: "Este não é um alimento baixo ou reduzido em valor energético", conforme o caso, com o mesmo tipo de letra da INC, com pelo menos 50% do tamanho da INC, de cor contrastante ao fundo do rótulo e que garanta a visibilidade e a legibilidade da informação	

(continua)

TABELA 8.3 – INC permitidas e respectivas condições. *(continuação)*

Açúcares		
Atributo	**Condições**	
Sem adição de açúcares (outros sinônimos: zero adição de açúcares, sem açúcar adicionado)	1. O alimento não pode conter: 1.1. Açúcares adicionados 1.2. Ingredientes que contenham açúcares adicionados e 1.3. Ingredientes que contenham naturalmente açúcares e que sejam adicionados aos alimentos como substitutos dos açúcares para fornecer sabor doce 2. Não é utilizado nenhum meio durante o processamento, tal como o uso de enzimas, que possa aumentar o conteúdo de açúcares no produto final 3. O alimento de referência normalmente é elaborado com açúcares adicionados 4. Caso o alimento não atenda às condições estabelecidas para o atributo "isento de açúcares", deve ser declarada no rótulo junto à INC a frase: "Contém açúcares próprios dos ingredientes" com o mesmo tipo de letra da INC, com pelo menos 50% do tamanho da INC, de cor contrastante ao fundo do rótulo e que garanta a visibilidade e a legibilidade da informação 5. Caso o alimento não atenda às condições estabelecidas para o atributo "baixo ou reduzido em valor energético", deve ser declarada no rótulo junto à INC a frase: "Este não é um alimento baixo ou reduzido em valor energético", conforme o caso, com o mesmo tipo de letra da INC, com pelo menos 50% do tamanho da INC, de cor contrastante ao fundo do rótulo e que garanta a visibilidade e a legibilidade da informação	
Reduzido (outros sinônimos: reduzido em, menos, menor teor de, *light*)	Redução mínima de 25% no conteúdo de açúcares e o valor absoluto da diferença deve ser de no mínimo 5 g de açúcares; e	Por 100 g ou 100 mL, conforme o caso, em prato preparado comparado
		Por porção comparada
	Caso o alimento não atenda às condições estabelecidas para o atributo "baixo ou reduzido em valor energético", deve ser declarada no rótulo junto à INC a frase: "Este não é um alimento baixo ou reduzido em valor energético", conforme o caso, com o mesmo tipo de letra da INC, com pelo menos 50% do tamanho da INC, de cor contrastante ao fundo do rótulo e que garanta a visibilidade e a legibilidade da informação	

Fonte: adaptada da RDC 54/2012 (Brasil, 2012).

ALIMENTOS-FONTE

Os alimentos considerados fonte de açúcares e doces são aqueles cujo açúcar (sacarose), em termos quantitativos, é um dos principais ingredientes. Do ponto de vista industrial, são biscoitos, pães doces, chocolates, doces em tablete, balas, refrigerantes, sorvetes e frutas cristalizadas, e em âmbito domiciliar, são doces em calda, geleias, cremes, musses, bolos e outros tipos de preparações. Existem vários tipos de açúcares que podem ser utilizados nessas preparações, além do mel e do xarope de glicose.

Tipos de açúcar

Os tipos de açúcar disponíveis no mercado são: açúcar demerara, cristal, refinado, de confeiteiro, em tabletes, mascavo, rapadura, melado, melaço, açúcar líquido, açúcar líquido invertido, orgânico e agave (Brasil, 2005).

O açúcar é a sacarose obtida do caldo da cana-de-açúcar (*Saccharum officinarum L.*) ou de beterraba (*Beta alba L.*). São também considerados açúcares os monossacarídeos e demais dissacarídeos, podendo se apresentar em diversas granulometrias e formas de apresentação (Brasil, 2005).

O açúcar demerara é o mais artesanal, retirado diretamente do melado da cana. Como não é lavado e não passa por qualquer outro processo de purificação, a cor é escura e os cristais, levemente úmidos. Devido ao melaço residual encontrado entre os cristais do demerara, torna-se um produto instável, empedrando com facilidade.

O açúcar cristal é considerado uma variedade de açúcar, formado por cristais que variam em tamanho. A obtenção dá-se diretamente do demerara após um processo químico de sulfitação do caldo, lavagem com água potável e remoção do mel que envolve os cristais.

O açúcar refinado é o mais comum dos açúcares, de grãos brancos e amorfos. O processo de refino consiste na dissolução do açúcar cristal e remoção do material insolúvel e dos corantes naturais por métodos físicos e químicos.

O açúcar de confeiteiro é muito fino, com tendência a absorver umidade e empedrar. Por esse motivo, costuma ser misturado com uma pequena parcela de amido, o que impede que as partículas de sacarose se aglomerem e formem pedras. Pode ser adicionado de outros ingredientes, desde que não descaracterizem o produto (Brasil, 2005).

O açúcar em tabletes é obtido colocando-se sacarose cristalizada em formas e adicionando uma solução saturada (quente) de açúcar. Depois de esfriar, o açúcar é retirado das formas.

O açúcar mascavo e a rapadura são obtidos das primeiras extrações da cana-de-açúcar, compostos principalmente de sacarose, possuindo também glicose e frutose, além de pequenas quantidades de cálcio, fósforo e ferro, provenientes da cana-de-açúcar. Rapadura é um produto sólido obtido pela concentração do caldo de cana-de-açúcar, podendo ser adicionado de outro(s) ingrediente(s) desde que não descaracterize(m) o produto (Brasil, 2005).

O melado é um produto fabricado mediante fervura do caldo de cana até ser obtida uma concentração de aproximadamente 30% de água e 65 a 70% de açúcares. O melado contém sacarose, frutose e vitaminas do complexo B. É o produto obtido pela concentração do caldo de cana-de-açúcar ou a partir da rapadura derretida (Brasil, 2005). Melaço: é um subproduto resultante da produção de açúcar.

O açúcar líquido destina-se basicamente à indústria e possui vantagens para alimentos em que o açúcar deve ser usado na forma dissolvida (bebidas, xaropes, sorvetes, compotas, doces) em virtude da facilidade de manuseio e transporte.

O açúcar líquido invertido é o produto obtido a partir da hidrólise da sacarose com diferentes concentrações de glicose, frutose e sacarose.

O açúcar orgânico é um açúcar produzido sem qualquer aditivo químico nas fases agrícola e industrial e pode ser do tipo claro ou dourado. O processamento deve seguir princípios internacionais da agricultura orgânica e ser constantemente certificado. Todos os fertilizantes químicos são substituídos e evitam-se pragas com o uso de variedades mais resistentes.

O agave é um edulcorante nutritivo que contém frutanos, oligossacarídeos de frutose e glicose, e monossacarídeos de frutose e glicose

(ADA, 2012). Obtida a partir da agave tequilana Weber ou agave azul, uma espécie nativa do México, a calda adoça em média 1,5 vezes mais que o açúcar comum (sacarose). Possui sabor neutro e similar ao do açúcar.

Mel

Produto natural, elaborado pelas abelhas a partir do néctar e de exsudatos sacarínicos de plantas. O mel pode ser classificado, de acordo com o processo de obtenção, em: virgem, centrifugado, prensado e em favos. Pode, ainda, ser classificado em mel de mesa e industrial. O produto comercial, quando fresco, apresenta-se transparente, denso, formando uma massa viscosa.

A forma mais usual de consumo desse produto é *in natura*, porém é bastante utilizado em panificação e confeitaria (bolo, pão de mel, biscoito), e em iogurtes e bebidas lácteas.

Na Tabela 8.4, é possível observar o valor nutritivo de alguns alimentos do grupo dos açúcares e doces e o número de porções equivalentes.

Xarope de glicose

É um produto obtido da hidrólise do amido. Geralmente apresenta-se claro, viscoso, incolor ou amarelo. O xarope tem composição variável, dependendo do grau de hidrólise, e inclui glicose, maltose, dextrinas e oligossacarídeos. É conhecido como xarope de milho, glicose de confeiteiro ou glicose líquida. Normalmente é utilizado em produtos de panificação, produção de geleias, para impedir a cristalização da sacarose em bombons, produtos de confeitaria e licores ou mesmo para consumo direto.

O xarope de glicose obtido por meio da hidrólise do milho apresenta-se na forma de uma mistura de dextrina, maltose e glicose dispersas em água. Essa solução é concentrada mediante evaporação e submetida a processamento visando a obter um líquido espesso e claro, quase incolor, o qual contém aproximadamente 75% de sólidos e 25% de água.

TABELA 8.4 – Alimentos do grupo dos açúcares e doces, segundo medida usual, calorias, quantidade de carboidratos, proteínas, lipídios e número de porções equivalentes ao grupo.

Alimento	Medida usual	Peso (g)	Calorias		Carboidrato (g)	Proteína (g)	Lipídio (g)	Nº porções do grupo
			kcal	kJ				
Açúcar cristal	1 colher de sopa	31,5	121,9	509,5	31,5	0,0	0,0	1,0
Açúcar mascavo	1 colher de sopa	25,0	94,0	392,9	24,3	0,0	0,0	1,0
Açúcar refinado	1 colher de sopa	28,0	108,4	453,1	28,0	0,0	0,0	1,0
Doce de leite cremoso	1 colher de sopa	40,0	123,6	516,6	23,0	2,6	2,4	1,0
Geleia de frutas	1 colher de sopa	34,0	72,3	302,4	18,6	0,2	0,0	⅔
Goiabada em pasta	½ fatia	45,0	112,0	468,2	28,9	0,2	0,0	1,0
Mel	2 ½ colheres de sopa	37,5	114,0	476,5	30,9	0,1	0,0	1,0
Bala de caramelo	6 unidades	25,0	120,0	504,0	19,5	1,0	2,5	1,0
Chocolate ao leite	1 unidade	30,0	162,0	680,4	17,6	2,4	9,2	1 ½
Brigadeiro	3 unidades	30,0	108,7	456,5	16,8	2,1	4,1	1,0
Suspiro	7 unidades	42,0	108,2	454,4	26,0	1,7	0,0	1,0
Achocolatado em pó	2 colheres de sopa	34,2	123,1	517,0	28,7	1,4	0,7	1,0
Gelatina	1 pote	145,0	76,0	319,2	18,1	1,8	0,0	⅔
Pudim de leite condensado	1 fatia	70,0	151,3	635,4	23,8	4,6	4,4	1,0

Fonte: Philippi et al. (1996); Philippi (2002)

Produtos de confeitaria

São diversos produtos açucarados obtidos por mistura de açúcar, óleos essenciais, corantes artificiais, frutas, licores e cremes. Podem ser encontrados na forma de caramelo, pastilhas, drágeas, *fondant*, marzipã e *marshmallow*. A descrição desses produtos pode ser obtida em um texto sobre Técnica Dietética (Philippi, 2005).

Um exemplo é o isomalte, um substituto do açúcar, feito a partir de açúcar de beterraba. Na confeitaria, é utilizado como caramelo, podendo ser usado para substituir o açúcar nas preparações vítreas. É incolor e pode ser utilizado com corantes para dar efeitos de cores. Geralmente é composto por glucose, glucitol e isomaltulose.

Os açúcares também têm importante função na segurança e na qualidade das preparações (ADA, 2012):

- Inibem o crescimento de microrganismos.
- Adicionam textura, sabor e cor.
- Suportam o crescimento da levedura na fermentação.
- Contribuem para a cremosidade.
- Melhoram a cristalização.

PAPEL DOS AÇÚCARES E DOCES NA ALIMENTAÇÃO

Os açúcares, mono e dissacarídeos, são usados para adoçar e melhorar a palatabilidade dos alimentos e bebidas e na preservação. São fontes de energia, fornecem 4 kcal/g e participam do valor energético total da dieta em conjunto com os amidos, mas não são necessários ao organismo humano, pois a energia requerida pode ser adquirida pelos alimentos-fonte de amido.

Os açúcares devem compor a alimentação em quantidades controladas porque o consumo excessivo está relacionado com o aumento de risco de obesidade e outras doenças crônicas não transmissíveis (DCNT), além das cáries dentárias.

BEBIDAS ADOÇADAS

Bebidas ricas em açúcares possuem alta densidade energética, reduzem o controle do apetite e contribuem para o aumento da energia total ingerida. Após o consumo de bebidas com alto teor de açúcares, ocorre menor redução compensatória da ingestão alimentar do que quando são ingeridos alimentos de conteúdo energético equivalente. Estudos mostram que quando bebidas ricas em açúcares são consumidas, existe maior ingestão energética e progressivo aumento de peso corporal, quando comparados a bebidas livres de energia, adoçadas artificialmente. Crianças com alto consumo de bebidas adoçadas são mais suscetíveis ao ganho de peso. Segundo o *Guia alimentar americano*, 10% do consumo energético total devem ser provenientes de bebidas, sendo que bebidas calóricas adoçadas não devem ultrapassar 240 mL/dia.

As bebidas adoçadas (refrigerantes, sucos com açúcar e bebidas energéticas) são o principal fator para aumento do ganho de peso e diabete. Estima-se que o consumo de bebidas adoçadas possa aumentar em 95% ou mais a ingestão calórica diária. Além disso, tem-se estudado o efeito dos sucos de fruta concentrados (100% fruta), que em alguns estudos longitudinais, têm apresentado risco similar para o ganho de peso e o diabete. Nesse sentido, a frutose, que além de fazer parte do açúcar de mesa (sacarose), também corresponde a 55 a 65% do açúcar natural contido nos sucos de fruta sem adição de açúcar, parece que se consumida em excesso também apresenta efeitos adversos como aumento das gorduras visceral, hepática e muscular, além de elevar os triglicerídeos.

Fonte: Popkin et al. (2006); Popkin e Hawkes (2016).

RECOMENDAÇÕES ATUAIS

As recomendações de açúcares estão associadas às dos carboidratos. As *Dietary Reference Intakes* (DRI), publicadas pela Food and Nutrition Board (IOM, 2005), recomendam a quantidade de glicose suficiente para atender às necessidades de indivíduos saudáveis de determinado grupo de mesmo gênero e estágio de vida. A *Estimated Average Recommended* (EAR) para carboidratos baseia-se na quantidade que atende às necessidades do cérebro, recomendadas em quantidades mínimas de glicose por dia, por exemplo, 100 g/dia de carboidratos para homens e mulheres com mais de 19 anos. O valor diário de referência (*Recommended Dietary Allowances* [RDA]) é de 130 g/dia.

Considerando que os açúcares são apenas fonte de energia e participam no valor energético total da dieta em conjunto com os amidos, a *Acceptable Macronutrient Distribution Range* (AMDR) para macronutrientes, sugere intervalos percentuais que estariam associados à prevenção ou à redução do risco de doenças crônicas, que para carboidratos é de 45 a 65%, sendo que o consumo de açúcares não deveria ultrapassar 25% do total da dieta (IOM, 2005).

Esse nível de recomendação é facilmente ultrapassado pelo consumo habitual de alimentos-fonte de carboidratos totais pela população brasileira. Segundo a Organização Mundial da Saúde (OMS) (WHO/FAO, 2003), os percentuais de carboidratos totais consumidos diariamente podem variar entre 55 e 75%, sendo que, deste total, menos de 10% devem ser provenientes de açúcares (açúcar, mel, xaropes, sucos de fruta e sucos de fruta concentrados). Em 2015, por meio do guia sobre o consumo de açúcar por adultos e crianças, a recomendação de redução para menos de 5% do total energético consumido para controle do peso corporal e prevenção de cáries dentárias foi sugerida pela OMS (WHO, 2015).

Como os açúcares e doces devem ser ingeridos com moderação, a recomendação na Pirâmide Alimentar Brasileira para uma dieta de 2.000 kcal é de apenas uma porção/dia, o que corresponde a 110 kcal, pode variar conforme o valor energético total da dieta ou mesmo se optar por nenhuma porção/dia.

O *Guia alimentar para a população brasileira*, publicado pelo Ministério da Saúde em 2005, estabeleceu diretrizes com o objetivo de incentivar práticas alimentares saudáveis. A Diretriz 6 contém recomendações relacionadas ao consumo de açúcares e doces e está transcrita no quadro "Guia alimentar para a população brasileira". Tais recomendações são semelhantes ao exposto na edição de 2014 do Guia (Brasil, 2014), que apesar de trazê-las em um formato diferente, reforça a necessidade de usar o açúcar com moderação em preparações culinárias como forma de diversificar e tornar a alimentação mais saborosa (juntamente com óleos, gorduras e sal), sem deixá-la nutricionalmente desbalanceada. Traz ainda, que a adição de açúcar em bebidas como sucos, chás ou cafés, deve ser evitada ou reduzida ao mínimo e que se deve evitar alimentos prontos para o consumo que contenham excesso de açúcar como biscoitos, doces, bolos e bebidas adoçadas.

CONSUMO DE AÇÚCARES E DOCES

Reduzir o consumo de alimentos e bebidas com alta concentração de açúcar.

Consultar a tabela de informação nutricional dos rótulos dos alimentos e compará-la para ajudar na escolha de alimentos mais saudáveis. Escolher aqueles com menores percentuais de açúcar.

Consumir uma porção do grupo dos açúcares e doces por dia.

Valorizar o sabor natural dos alimentos, reduzindo o açúcar adicionado.

Evitar comer mais de uma porção de bolos, biscoitos doces, sobremesas e doces.

Refrigerantes, bebidas industrializadas, doces e produtos de confeitaria contêm muito açúcar e favorecem o aparecimento de cáries, além de excesso de peso e obesidade, e não são nutritivos. Evitar o consumo diário desses produtos e explicar às crianças e aos adolescentes que esses alimentos não são saudáveis, podendo ser consumidos apenas eventualmente, em ocasiões especiais.

Quando consumir qualquer tipo de alimento com açúcar, escovar os dentes imediatamente depois. Esta prática é particularmente importante para as crianças, para a prevenção da cárie dental.

Procurar não adicionar ou fazer redução progressiva de açúcar ao café ou a outras bebidas. Com o passar do tempo o paladar se adaptará e as bebidas em geral terão um gosto melhor.

Diminuir progressivamente o consumo de refrigerantes; a maioria contém corantes, aromatizantes, açúcar ou edulcorantes. Sucos industrializados também são ricos em açúcar. Consumi-los moderadamente, diluídos com água ou escolher os *diet* ou *light*.

PAPEL DOS AÇÚCARES E DOCES NA EPIDEMIOLOGIA DAS DCNT

O consumo excessivo de açúcares na dieta e o potencial para causar doenças cardiometabólicas têm emergido como importante problema de saúde pública e o açúcar adicionado à dieta tem sido alegado como importante fator de risco para o desenvolvimento de obesidade, síndrome metabólica e diabete. No entanto, o conteúdo de açúcar na dieta não é o único determinante para a saúde, sendo necessário considerar todo o estilo de vida do indivíduo, pois aparentemente aquele que consome mais bebidas adoçadas, por exemplo, consome mais calorias totais, se exercita menos, fuma mais e tem um pior padrão dietético (Khan e Sievenpiper, 2016).

Outro fator a se considerar, é que uma ingestão elevada de açúcares diminui a qualidade nutritiva da dieta, pois aporta uma quantidade considerável de energia e inadequada em nutrientes. Além disso, a restrição de açúcares provavelmente contribuiria para a redução do risco de aumento de peso prejudicial à saúde, pois os açúcares contribuem para a densidade energética global da dieta, que pode promover um balanço energético positivo.

Os alimentos-fonte desse grupo possuem alto índice glicêmico (IG) e alta carga glicêmica (CG), pois são rapidamente digeridos, provocando rápido aumento nos níveis de glicemia (Tabela 8.5).

Segundo a OMS (WHO/FAO, 2003), existe possível evidência de que o consumo de alimentos com baixo IG diminua o risco de excesso de peso e obesidade, ao passo que provavelmente uma dieta rica em açúcares aumentaria esse risco. Quase todos os países estão vivendo uma epidemia de obesidade, embora existam diferenças entre eles. Em países em desenvolvimento, a obesidade é mais comum em mulheres de meia-idade, pessoas de alto padrão socioeconômico e que moram na zona urbana. Em países desenvolvidos, a obesidade não é comum apenas na meia-idade e a prevalência também está aumentando entre crianças, jovens e adultos.

Com o objetivo de reduzir a carga de doenças não comunicáveis, a OMS lançou em 2013 o Plano de Ação Global para prevenção e controle de doenças não comunicáveis (2013-2020) que, entre outros objetivos, visa a reduzir em 25% a prevalência de pressão arterial elevada e que pelo menos 50% da população elegível receba terapia medicamentosa e aconselhamento (incluindo controle glicêmico) para prevenir ataques cardíacos e acidente vascular cerebral (WHO, 2013).

O diabete tipo 2 resulta da interação entre fatores genéticos e ambientais. Rápidas mudanças nas taxas de incidência desta doença, no entanto, sugerem um papel particularmente importante da dieta, assim como um potencial para provir à epidemia global da doença. Segundo o Global Report on Diabetes (WHO, 2016), o diabete tipo 2 é amplamente prevenível. Ações intersetoriais e abordagens a nível populacional são necessárias para reduzir a prevalência dos fatores de risco modificáveis para o diabete, como sobrepeso, obesidade, inatividade física e dieta não saudável.

Neste sentido, a taxação de bebidas adoçadas (refrigerantes, bebidas esportivas e energéticas, sucos de frutas que não são 100% fruta, cafés e chás adoçados), que têm sido relacionadas a obesidade, diabete, doenças cardiovasculares, cárie dentária entre outros, é uma medida proposta e adotada por mais de 20 países para prevenção de obesidade e diabete, semelhante ao realizado com o tabaco, que levou à redução da prevalência de fumantes (Silver et al., 2017; Dilk e Savaiano, 2017).

TABELA 8.5 – Valores de IG e CG de alimentos contendo açúcares e doces.

Alimentos	IG		CG			
	Glicose (= 100)	Pão (= 100)	Tamanho da porção		Carboidrato por porção (g)	CG por porção
			Medida usual	(g)		
Sacarose	65 ± 9	93	*	50	ND	ND
Glicose	96	137	*	50	ND	ND
Frutose	20 ± 5	29	*	50	ND	ND
Lactose	48	68 ± 8	*	25	ND	ND
Mel	58 ± 6	83	2 colheres de sobremesa	25	21	12
Suco de laranja	46 ± 6	66	1 copo de requeijão	250	26	12
Bolo de banana com açúcar	47 ± 8	67	1 fatia	80	38	18
Sorvete	57	82 ± 40	2 bolas	100	ND	ND

* Informações não disponíveis em medidas usuais.

ND: não determinado.

Fonte: Foster-Powel et al. (2002).

Estudos têm mostrado que mudanças no preço das bebidas adoçadas podem promover melhoras na dieta e consequentemente no peso corporal, principalmente entre os jovens, populações de menor renda e naqueles com risco para obesidade. Uma taxação modesta já reduz significativamente o consumo de bebidas adoçadas, que pode ajudar a reduzir a obesidade, principalmente se a arrecadação desta taxa for revertida para programas de prevenção da obesidade (Andreyeva et al., 2011). No entanto, alguns cuidados são recomendados ao adotar políticas de taxação de alimentos e bebidas não saudáveis, entre eles o potencial regressivo das taxas, que atingiriam principalmente a população de menor renda, sendo necessário considerar o uso do valor arrecadado com estas taxas para subsidiar outros alimentos saudáveis como frutas, verduras e legumes. Outro fator apontado é a possibilidade de o consumidor substituir o produto taxado por outro similar, revelando a necessidade de avaliar mudanças comportamentais em resposta à taxação, que deverá ser revisada ou expandida (Wright et al., 2017).

Açúcares também são os fatores dietéticos mais importantes no desenvolvimento da cárie dentária. Evidências indicam que indivíduos com alta exposição aos açúcares têm níveis de cáries maiores que a média da população, por exemplo, crianças com doenças crônicas que requerem longo tratamento com medicamentos contendo açúcar e confeitos. Para prevenir o aparecimento de cáries, devem-se diminuir a frequência e a quantidade de alimentos-fonte de açúcares, tais como doces em geral e bebidas adoçadas.

ESCOLHAS ALIMENTARES INTELIGENTES

Os açúcares devem ser consumidos com moderação, pois são geralmente alimentos de alta densidade energética e alto IG. Segundo a Pirâmide dos Alimentos, recomenda-se uma porção deste grupo/dia.

As principais escolhas inteligentes relacionadas ao grupo de açúcares e doces seriam evitar o consumo excessivo de açúcar e os doces, assim como as bebidas adoçadas, e escolher aqueles alimentos com açúcares naturais. Exemplos de alimentos-fonte de açúcares considerados escolhas inteligentes: doces de frutas da época (mais doces e mais saborosas); frutas secas que concentram a sacarose da própria fruta (ameixas, damascos, peras, figos, uvas-passas, bananas-passas); frutas com iogurte natural; frutas cozidas (maçã, pera, banana assadas); gelatina; barras de cereais; picolés de frutas no lugar de sorvetes cremosos.

Doces de frutas preparados em casa, como doce de abóbora, bananada, goiabada, caju, cupuaçu entre outros podem conter menos quantidades de açúcar se comparados aos industrializados, como chocolates, tortas, musses.

Uma alimentação saudável depende de escolhas alimentares adequadas. Os açúcares podem ser consumidos moderadamente com o consumo de alimentos de todos os grupos da Pirâmide dos Alimentos, em associação a hábitos de vida saudáveis e à prática de atividade física.

Em relação aos chocolates, de acordo com a RDC 264/2005, chocolate é o produto obtido a partir da mistura de derivados de cacau (*Theobroma cacao* L.), massa (pasta ou liquor) de cacau, cacau em pó e ou manteiga de cacau, com outros ingredientes, contendo, no mínimo, 25% (g/100 g) de sólidos totais de cacau. O produto pode apresentar recheio, cobertura, formato e consistência variados.

Já o chocolate branco é definido como o produto obtido a partir da mistura de manteiga de cacau com outros ingredientes, contendo, no mínimo, 20% (g/100 g) de sólidos totais de manteiga de cacau. A massa (pasta ou liquor) de cacau é o produto obtido das amêndoas de cacau (*Theobroma cacao* L.) por processo tecnológico considerado seguro para a produção de alimentos. A manteiga de cacau e o cacau em pó são os produtos obtidos da massa (pasta ou liquor) de amêndoas de cacau (*Theobroma cacao* L.). E finalmente, o cacau solúvel é o produto obtido a partir do cacau em pó adicionado de outro(s) ingrediente(s) que promova(m) a solubilidade em líquidos.

É importante observar a composição e o tipo de produto obtido do cacau, pois atualmente, é possível encontrar uma grande variedade de chocolates em relação à porcentagem de cacau e ao valor nutricional. Isso porque, o número de estudos sobre os polifenóis presentes no cacau tem aumentado consideravelmente nos últimos anos, apontando benefícios à saúde, tais como, a prevenção de doenças do coração, devido à capacidade antioxidante desses compostos bioativos.

Os teores de polifenóis em cacau podem variar de acordo com a origem geográfica, a variedade da planta, o clima, o tipo de solo e a região de plantio (fatores agronômicos e ambientais). As diferentes etapas da transformação do cacau em chocolate também podem influenciar no teor de polifenóis dos produtos finais (Efraim et al, 2011).

De maneira geral, é possível verificar que conforme a porcentagem de cacau aumenta, a quantidade de carboidratos é reduzida e a de proteína e lipídios aumentada (Tabela 8.6).

TABELA 8.6 – Distribuição de energia e macronutrientes de diferentes chocolates e produtos de cacau.

Alimento	Medida usual	Peso (g)	Calorias		Carboidrato (g)	Proteína (g)	Lipídio (g)	Nº porções do grupo
			Kcal	kJ				
Chocolate ao leite (Lacta)	4 quadradinhos	25	102	427	13	0,7	5,3	1
Chocolate branco (Lacta)	1 unidade pequena	20	106	445	12	1,3	5,7	1
Chocolate meio amargo 40% cacau (Lacta)	4 quadradinhos	25	125	525	14	1,5	6,8	1
Chocolate 60% cacau (AMMA)	4 quadradinhos	20	105	440	11,9	1,6	5,7	1
Chocolate 75% cacau (AMMA)	4 quadradinhos	20	111	463	10	2	7	1
Chocolate 85% cacau (AMMA)	4 quadradinhos	20	116	484	8	2,4	8,3	1
Chocolate 100% cacau (AMMA)	4 quadradinhos	20	117	488	7,1	2,9	8,6	1
Bombom (Sonho de valsa)	1 unidade	21	112	471	14	0,9	6	1
Cacau em pó (Mãe Terra)	2 colheres de sopa	20	46	192	3,5	3,2	2,2	1
Nibs de cacau (Monama)	1 colher de sopa	15	92	372	6,4	1,4	6,7	1

Fonte: Informações obtidas dos respectivos fabricantes.

REFERÊNCIAS

ADA REPORTS. Position of the American Dietetic Association: Use of Nutritive and Nonnutritive sweeteners. *J Am Diet Assoc*, Chicago, v. 104, n. 2, p. 255-275, 2004.

______. Position of the Academy of Nutrition and Dietetics: Use of Nutritive and Nonnutritive sweeteners. *Journal of the Academy of Nutrition and Dietetics*, 2012.

[ABIAD] ASSOCIAÇÃO BRASILEIRA DA INDÚSTRIA DE ALIMENTOS PARA FINS ESPECIAIS E CONGÊNERES. Cartilha Adoçantes, 2017. Disponível em <http://abiad.org.br/wp-content/uploads/2017/02/cartilha-adocantes-abiad.pdf>. Acesso em: abril de 2018.

ANDREYEVA T.; CHALOUPKA F. J.; BROWNELL K. D. Estimating the potential of taxes on sugar-sweetened beverages to reduce consumption and generate revenue. *Prev Med*, v. 52, n. 6, p. 413-416, 2011.

BELITZ, H. D.; GROSH, W. *Química de los alimentos*. 2. ed. Zaragoza: Acribia, 1997.

BRASIL. Ministério da Saúde. Agência Nacional de Vigilância Sanitária. Portaria n. 38/98. Regulamento técnico para a fixação de identidade e qualidade de adoçantes de mesa. *Diário Oficial da União*. Brasília, 13 de março de 1998a.

______. Ministério da Saúde. Agência Nacional de Vigilância Sanitária. Portaria n. 29/98. Aprova o Regulamento Técnico referente a Alimentos para Fins Especiais. *Diário Oficial da União*. Brasília, 30 de março de 1998b.

______. Ministério da Saúde. *Guia alimentar para a população brasileira*. Brasília, 2005.

______. Ministério da Saúde. *Guia alimentar para a população brasileira*. 2. ed. Brasília: Ministério da Saúde, 2014.

______. Ministério da Saúde. Agência Nacional de Vigilância Sanitária. RDC n. 54/12. Regulamento técnico sobre Informação Nutricional Complementar (INC). *Diário Oficial da União*. Brasília, 12 de novembro de 2012.

______. Ministério da Saúde. Agência Nacional de Vigilância Sanitária. RDC n. 271/05. Regulamento técnico para açúcares e produtos para adoçar. *Diário Oficial da União*. Brasília, 23 de setembro de 2005.

______. Ministério da Saúde. Agência Nacional de Vigilância Sanitária. RDC n. 18/08. Regulamento técnico que autoriza o uso de aditivos edulcorantes em alimentos, com seus respectivos limites máximos. *Diário Oficial da União*. Brasília, 24 de março de 2008.

______. Ministério da Saúde. Agência Nacional de Vigilância Sanitária. RDC n.264/05. Aprova o Regulamento técnico para chocolate e produtos de cacau. Diário Oficial da União. Brasília, 22 de setembro de 2005.

DILK A.; SAVAIANO D. A. Sugar price supports and taxation: a public health policy paradox. *Nutrition Today*, v. 52, n. 3, maio/jun 2017.

EFRAIM, P.; ALVES, A. B.; JARDIM, D. C. P. Polifenóis em cacau e derivados: teores, fatores de variação e efeitos na saúde. *Braz. J. Food Technol.*, Campinas, v. 14, n. 3, p. 181-201, jul/set 2011.

FOSTER-POWEL, K.; HOLT, S. H. A.; BRAND-MILLER, J. C. International table of glycemic index and glycemic load values. *Am J Clin Nut*. Bethesda, v. 76, p. 5-56, 2002.

[IOM] INSTITUTE OF MEDICINE. *Dietary Reference Intakes for energy, carbohydrate, fiber, fat, fatty acids, cholesterol, protein, and amino acids*. Washington: National Academy Press, 2002.

______. *Dietary Reference Intakes for energy, carbohydrate, fiber, fat, fatty acids, cholesterol, protein, and amino acids*. Washington: National Academy Press, 2005.

KHAN, T. A.; SIEVENPIPER, J. L. Controversies about sugars: results from systematic reviews and meta-analyses on obesity, cardiometabolic disease and diabetes. *Eur J Nutr*, 55 (Suppl 2), p. S25-S43, 2016.

LAJOLO, F. M.; MENEZES, E. W. *Carbohidratos en alimentos regionales iberoamericanos*. São Paulo: Edusp, 2006.

PHILIPPI, S. T. *Tabela de composição de alimentos: suporte para decisão nutricional*. Brasília: Coronário, 2002.

______. *Nutrição e técnica dietética*. 2.ed. Barueri: Manole, 2005.

______. *A dieta do bom humor*. São Paulo: Panda Books, 2006.

PHILIPPI, S. T.; SZARFARC, S. C.; LATTERZA, A. R. Virtual Nutri (Programa de Computador). Versão 1.0 para Windows. São Paulo, Departamento de Nutrição da Faculdade de Saúde Pública/USP, 1996.

PHILIPPI, S. T. et al. Pirâmide alimentar adaptada: guia para escolha dos alimentos. *Rev Nutr.*, Campinas, v. 12, n. 1, p. 65-80, 1999.

POPKIN, B. M. et al. A new proposed guidance system for beverage consumption in the United States. *Am J Clin Nutr.*, Bethesda, v. 83, p. 529-542, 2006.

POPKIN, B. M.; HAWKES, C. The sweetening of the global diet, particularly beverages: patterns, trends and policy responses for diabetes prevention. *Lancet Diabetes Endocrinol.*, v. 4, n. 2, p. 174-186, fev 2016.

SILVER, L. D. et al. Changes in prices, sales, consumer spending, and beverage consumption one year after a tax on sugar-sweetened beverages in Berkeley, California, 2017. Disponível em: <https://doi.org/10.1371/journal.pmed.1002283>. Acesso em: abril de 2018.

[WHO] WORLD HEALTH ORGANIZATION. *Guideline*: sugars intake for adults and children. Genebra: WHO, 2015.

______. *Cardiovascular diseases* (CVD), 2017. Disponível em: <http://www.who.int/cardiovascular_diseases/en/>. Acesso em: abril de 2018.

______. *Global report on diabetes*. Genebra: WHO, 2016.

______. *Global action plan for the prevention and control of non communicable diseases* 2013-2020. Genebra: WHO, 2013.

[WHO/FAO] WORLD HEALTH ORGANIZATION/FOOD AND AGRICULTURE ORGANIZATION. *Diet, nutrition and the prevention of chronic diseases*. Genebra, 2003. Report of the joint WHO/FAO expert consultation. Technical Report Series, n. 916.

______. Combined compendium of food additive specifications. Disponível em: <http://www.fao.org/food/food-safety-quality/scientific-advice/jecfa/jecfa-additives/en/>. Acesso em: abril de 2018.

______. Specifications for food additives evaluated by JECFA, 2017. Disponível em: <http://www.fao.org/food/food-safety-quality/scientific-advice/jecfa/jecfa-additives/en/>. Acesso em: abril 2018.

WRIGHT A.; SMITH K. E.; HELLOWELL M. Policy lessons from health taxes: a systematic review of empirical studies. *BMC Public Health.*, v. 17, p. 583, 2017.

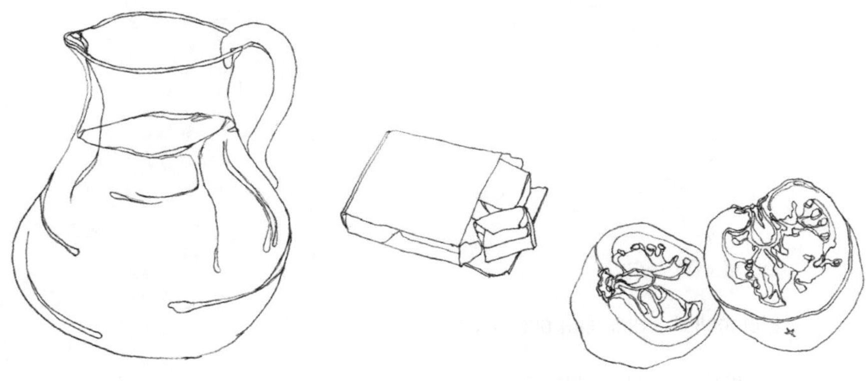

ÁGUA E ELETRÓLITOS

Nutrientes descritos no capítulo
Água, flúor, cloro, sódio (sal) e iodo

Ana Carolina Almada Colucci
Rita de Cássia de Aquino

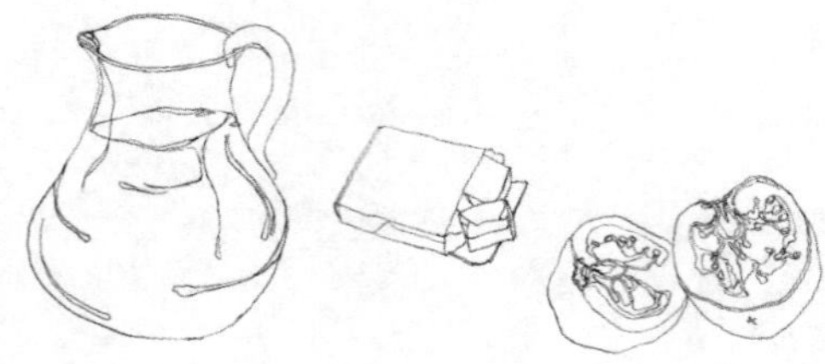

SUMÁRIO

INTRODUÇÃO

A água é o constituinte mais abundante do corpo humano. Apesar de ser um composto simples, formado por duas moléculas de hidrogênio e uma de oxigênio (H_2O), é um nutriente fundamental à vida e desempenha diversas funções orgânicas, sendo a ingestão diária essencial à saúde. Desempenha papel fundamental na manutenção do volume plasmático, atua no controle da temperatura corporal, age no transporte de nutrientes e na eliminação de substâncias não utilizadas pelo organismo, e ainda participa dos processos digestório, respiratório, cardiovascular e renal.

A água também é composta por vários minerais naturalmente presentes ou acrescidos, que variam segundo a origem da água, uma vez que águas subterrâneas retiram minerais das rochas e sedimentos por onde passam. Minerais como cálcio, cloro, enxofre, ferro, magnésio, manganês, potássio e sódio podem ser encontrados na água, além daqueles que, apesar de presentes, têm limites máximos permitidos em mg/L, como antimônio, arsênio, cádmio, cromo, cobre, chumbo, mercúrio, níquel e selênio.

O equilíbrio hídrico do organismo é determinado pelos eletrólitos, que são substâncias ou compostos que, quando dissolvidos em água, apresentam-se na forma de íons carregados positivamente (cátions) ou negativamente (ânions). Os eletrólitos relacionam-se entre si como íons dos fluidos corporais (extra e intracelular) e podem ser sais inorgânicos simples de sódio, potássio ou magnésio ou moléculas orgânicas de maior complexidade.

O sódio (Na^+) é o principal cátion e o cloro (Cl^-) o principal ânion do fluido extracelular, e o sal, ou cloreto de sódio (NaCl), é a principal fonte alimentar de ambos. O sódio representa cerca de 90% dos íons extracelulares. É essencial para a manutenção do equilíbrio hídrico e eletrolítico do organismo porque responde por quase metade da osmolaridade do líquido extracelular. É também importante para a transmissão dos impulsos nervosos, contração muscular e o transporte ativo das moléculas através das membranas celulares. O cloreto, em associação com o sódio, é o principal ânion osmoticamente ativo no líquido extracelular e é também importante para a manutenção do equilíbrio hídrico e eletrolítico, agindo como um importante componente do suco gástrico, na forma de ácido clorídrico.

ÁGUA MINERAL

Segundo a Resolução n. 274, de 22 de setembro de 2005, da Agência Nacional de Vigilância Sanitária do Ministério da Saúde (Anvisa/MS), água mineral é aquela obtida diretamente de fontes naturais ou por extração de águas subterrâneas, caracterizada pelo conteúdo definido e constante de determinados sais minerais, oligoelementos e outros constituintes considerando as flutuações naturais. Águas minerais são aquelas que, pela composição química ou características físico-químicas, são consideradas benéficas à saúde.

Atualmente, a China é o maior mercado de consumo de água mineral. O Brasil, segundo dados da consultoria internacional Beverage Marketing Corporation (BMC), é o 5º maior mercado consumidor de água engarrafada do mundo, tendo consumido 20,8 bilhões de litros em 2016. Segundo a Associação Brasileira da Indústria de Águas Minerais, o consumo no Brasil gira em torno de 55 litros por habitante por ano.

Geralmente, os consumidores de água mineral buscam uma água saudável, de melhor palatabilidade, menor quantidade de impurezas e impossibilidade de contaminação por doenças de veiculação hídrica. Sua utilização vai desde o consumo *in natura*, até o emprego no preparo de alimentos (inclusive para a reconstituição de fórmulas infantis em pó), gelo, sucos e bebidas. Atualmente, estão disponíveis no mercado brasileiro as "águas com sabor", que têm como características principais: o sabor de frutas, a adição de vitaminas e a ausência de açúcar. Segundo a Anvisa, a nomenclatura correta para estes produtos seria "preparado líquido aromatizado", porém, em virtude da inexistência de legislação específica, alguns são classificados como refrigerantes (quando gaseificados). Apesar das divergências, a "água com sabor" é uma tendência mundial e a aceitação vem crescendo entre os consumidores.

METABOLISMO HIDROELETROLÍTICO

A água é essencial a todos os tecidos corporais por ser um meio necessário às reações químicas, além de ser o principal componente estrutural celular do organismo (50 a 60%). A porcentagem de água no peso varia entre os indivíduos, dependendo da proporção de músculo e tecido adiposo. A quantidade de água é maior no tecido muscular, em crianças e atletas, e diminui com a idade.

A água corporal é distribuída em água extra e intracelular. A extracelular inclui principalmente água do plasma, linfa e secreções; e a intracelular é a água contida dentro das células. Além dessas, há a água intercelular presente ao redor das células.

Os volumes de água nos compartimentos não são estáticos, mas resultado do intercâmbio dinâmico entre os diferentes líquidos do organismo. Dessa forma, situações como exercícios físicos, exposição ao calor, febre, diarreia, trauma e queimaduras podem modificar os volumes de cada compartimento.

O fator determinante da movimentação da água entre os compartimentos líquidos é o gradiente osmótico. As membranas celulares são livremente permeáveis à água, porém seletivamente permeáveis aos solutos. Por isso, a água desloca-se ativa e continuamente entre os diferentes compartimentos do organismo, tendendo a equilibrar as diferenças de concentração de solutos e, assim, determinar o equilíbrio osmótico.

No compartimento extracelular, os íons mais abundantes são sódio, cloreto e bicarbonato, que representam 90 a 95% dos componentes osmoticamente ativos do compartimento extracelular, e mudanças na concentração alteram o volume extracelular. No compartimento intracelular, os principais componentes são os íons potássio e magnésio e as proteínas.

Como a osmose é o meio primário de movimento da água entre o líquido intracelular e intersticial, a concentração de solutos nesses líquidos determina a direção do movimento da água. A maioria dos solutos nos líquidos corporais é composta de eletrólitos. Assim, o balanço hídrico depende dos eletrolíticos e, como a ingestão de água e eletrólitos raramente ocorre na mesma proporção que a presença nos líquidos corporais, a capacidade de os rins eliminarem excesso de água (produzindo urina diluída) ou eletrólitos (produzindo urina concentrada) é extremamente importante.

Em indivíduos saudáveis, a ingestão de água é controlada pela sede, e o mecanismo renal de regulação do equilíbrio hídrico ocorre da seguinte maneira: osmorreceptores no hipotálamo detectam alterações na pressão osmótica dos fluidos corporais, estimulando ou inibindo a secreção do ADH (hormônio antidiurético) que atua na função renal provocando maior ou menor absorção de água. Muitos fatores, incluindo alguns processos patológicos, têm importante influência no balanço de líquidos e eletrólitos.

PAPEL DA ÁGUA NA ALIMENTAÇÃO

A água pode ser ingerida como fluido e na forma de alimentos e bebidas e, independentemente da origem, é absorvida por difusão pelo trato gastrointestinal e atua fisiologicamente da mesma forma. A ingestão de líquidos por indivíduos saudáveis pode variar dependendo do nível de atividade, do ambiente e da dieta.

As necessidades hídricas para adultos estão bem comentadas na literatura, mas existem menos informações sobre essas necessidades para crianças. Estas possuem termorregulação menos eficiente do que os adultos, provavelmente decorrente da menor taxa de sudorese, maior superfície corporal (que leva à maior troca de calor com o ambiente) e maior produção de calor metabólico. Essas características enfatizam a necessidade de garantir a ingestão de fluidos por crianças e adolescentes, principalmente durante o exercício. Além das crianças, especial atenção deve ser dada ao consumo de água por idosos, pois o mecanismo de controle da sede geralmente é menos eficiente.

O organismo não armazena água, e a quantidade perdida a cada 24 horas deve ser reposta. É consenso na literatura a recomendação para adultos de 1 mL/kcal ou 35 mL/kg e 1,5 mL/kcal ou 50 a 60 mL/kg para bebês. Durante a lactação, deve ocorrer o adicional de 600 mL/dia para viabilizar a produção de leite materno. Para uma pessoa que necessita de aproximadamente 2.000 kcal, recomenda-se a ingestão de água em 2.000 mL/dia.

ALIMENTOS-FONTE DE ÁGUA NA ALIMENTAÇÃO

A água pode ser obtida de diversas fontes. Cerca de 60% são provenientes dos líquidos, incluindo água e sucos de frutas frescas ou polpa congelada sem a adição de açúcar, preferivelmente.

Os alimentos também contêm água na composição, em proporções variadas (Tabela 9.1). O peso das frutas e legumes é cerca de 80% ou mais de água, e da carne, até 50% ou mais, enquanto açúcar e óleos não contêm água. A densidade energética dos alimentos é, em grande parte, uma função do conteúdo de água: quanto maior o percentual de água no alimento, menor será a densidade energética; portanto, alimentos cujo conteúdo de água for elevado têm menor probabilidade de levar ao excesso de peso e obesidade.

Se um indivíduo consome uma dieta com as porções recomendadas de frutas, legumes e verduras, que contêm muita água, pode não ingerir tanto líquido quanto a recomendação de 8 copos/dia. Mas as necessidades podem ser maiores do que 1 mL/kcal em ambientes com temperaturas mais quentes ou quando a umidade relativa do ar for baixa, o que pode ocorrer em locais muito frios ou mesmo no inverno. Outro fator que determina o aumento das necessidades é a atividade física, que eleva a produção de calor corporal e leva à perda de água pela produção de suor para regular a temperatura corporal.

TABELA 9.1 – Teor de água na composição centesimal de alguns alimentos.

Alimento	Água (% peso)	Alimento	Água (% peso)
Abacaxi	86	Frango, peito, sem pele, grelhado	64
Abobrinha cozida	95	Iogurte natural desnatado	89
Alface lisa	95	Laranja-pera	90
Arroz cozido	69	Leite integral	87,5
Banana-nanica	74	Linguiça de porco grelhada	50
Batata cozida	86	Mamão papaia	89
Biscoito doce de maisena	3	Margarina com sal (65% de lipídio)	32
Biscoito doce recheado	2	Melão	91
Biscoito *cream cracker*	4	Ovo de galinha cozido	76
Brócolis cozido	93	Pão francês	28
Carne bovina, contrafilé, com gordura, grelhada	52	Pão de forma integral	35
Carne bovina, coxão mole, sem gordura, cozida	58	Cação cozido	76
Cenoura crua	90	Pescada frita	67
Chocolate ao leite	1	Queijo minas/frescal	56
Chuchu cozido	95	Tomate	95
Feijão-carioca cozido	80	Uva Itália	85

Fonte: Nepa/Unicamp (2011).

FLUORETAÇÃO DA ÁGUA POTÁVEL E A FLUOROSE DENTAL

Fluoretação é um tratamento que consiste na adição de pequenas quantidades de flúor à água e mais de 50% do consumo diário de flúor é derivado da água ingerida. O flúor é um mineral essencial para a formação do esmalte dentário e a proteção à cárie dentária, e o acréscimo à água potável tem sido relacionado à redução da prevalência de cárie em diversas comunidades no mundo.

Porém, quando ingerido em excesso, pode levar à fluorose dental, que consiste na hipomineralização do esmalte dentário, durante o período de desenvolvimento dos dentes e se manifesta na forma de manchas na superfície dos dentes, atingindo principalmente crianças em idade escolar.

A Portaria n. 2.914, de 12 de dezembro de 2011, do Ministério da Saúde, que estabelece a norma de qualidade da água para consumo humano, estipulou que, no caso de adição de flúor (fluoretação), os valores recomendados para concentração de íon fluoreto devem observar a Portaria n. 635/GM/MS, de 30 de janeiro de 1976. Esta portaria estabelece os limites recomendados para a concentração do fluoreto em razão da média das temperaturas máximas diárias, sendo que o valor máximo permissível é de 1,7 mg/L. Valores acima desses classificariam a água como não potável.

Alguns estudos nacionais têm identificado elevadas concentrações de flúor em diversas marcas de água mineral, embora os produtores não façam referência no rótulo. Além disso, muitos alimentos industrializados têm sido produzidos com água fluoretada, o que pode acarretar a ingestão diária que exceda o nível ótimo de ingestão (0,05 mg/kg/dia a 0,07 mg/kg/dia). Assim, é de extrema importância que se avalie o consumo diário de flúor, em especial por crianças em idade escolar, de modo a prevenir a ocorrência de fluorose dental. É importante destacar que o leite em pó, se diluído com água fluoretada e fornecido em alta frequência nos primeiros anos de vida, pode contribuir significativamente para o aumento do risco de fluorose dentária.

RECOMENDAÇÕES DE ÁGUA

Estabelecer a necessidade diária exata para consumo de água é difícil, pois essa necessidade depende de taxas metabólicas, do gasto energético, da eliminação hídrica e das condições ambientais. As crianças de baixo peso necessitam de mais água do que os adultos em virtude do metabolismo mais acelerado. De um modo geral, as necessidades de água de um indivíduo podem ser estimadas com base na energia metabolizada e na superfície ou no peso corporal.

Apesar da importância de uma ingestão adequada de água, ainda não há consenso entre os especialistas qual seria a quantidade diária de água a ser consumida pelos indivíduos, e as recomendações de ingestão variam de acordo com diferentes órgãos de saúde.

O *Guia alimentar para a população brasileira* (Brasil, 2014) aponta que, como qualquer alimento, a quantidade diária necessária de água é muito variável e depende de vários fatores. Entre eles estão a idade e o peso da pessoa, a atividade física que realiza e, ainda, o clima e a temperatura do ambiente onde vive. Para alguns, a ingestão de dois litros de água por dia pode ser suficiente; outros precisarão de três ou quatro litros ou mesmo mais, como no caso dos esportistas. Esse documento traz ainda recomendações para a população brasileira, transcritas no quadro sobre recomendações de água.

RECOMENDAÇÕES DE ÁGUA

- A água ingerida deve vir predominantemente do consumo de água como tal e da água contida nos alimentos e preparações culinárias.
- A água pura (ou, como preferido por algumas pessoas, "temperada" com rodelas de limão ou folhas de hortelã) é a melhor opção para a ingestão de líquidos.
- É essencial que tanto a água bebida quanto a água utilizada nas preparações culinárias seja potável para o consumo humano, ou seja, esteja isenta de microrganismos e substâncias químicas que possam constituir potencial de perigo para a saúde humana.
- A água fornecida pela rede pública de abastecimento deve atender a esses critérios, mas, na dúvida, filtrá-la e fervê-la antes do consumo garante a qualidade.
- Para proteger o ambiente, utensílios não descartáveis, como copos de vidro ou canecas de louça, devem ser usados para tomar água, café ou chá.

As DRI (*Dietary Reference Intakes*) para água, potássio, sódio, cloreto e sulfato, publicadas pela Food and Nutrition Board (IOM, 2005), evidenciam que, ao se considerar a ingestão total de água, deve-se incluir a água para beber pura, a presente em bebidas diversas e a constituinte dos alimentos. Com o objetivo de prevenir os efeitos deletérios e agudos da desidratação, as DRI apresentaram valores de ingestão adequada/*Adequate Intake* (AI) para água total (água + bebidas + alimentos), obtidos com base na ingestão mediana de água total observada em indivíduos norte-americanos saudáveis (Tabela 9.2).

Deve-se atentar para o fato de que as AI apresentam valores de água total (o que inclui o teor de água dos alimentos) e água proveniente de líquidos (bebidas como a própria água, sucos e leite). Entre as bebidas, também podem ser considerados café e álcool, apesar de estes componentes apresentarem algum efeito diurético.

A única exceção de não recomendação de consumo de água é para bebês amamentados exclusivamente ao peito, porque o leite materno contém a quantidade necessária de que o bebê, nessa fase da vida, necessita para adequada hidratação. Assim, para bebês de até 6 meses, o valor de AI para água total considera apenas o teor de água presente no leite materno e, para crianças de 7 a 12 meses, além do leite humano, soma-se a água utilizada para reconstituição de fórmulas lácteas, sucos e água.

A AI de água total para homens e mulheres (com idade entre 19 e 30 anos) é de 3,7 L e 2,7 L por dia, respectivamente. Fluidos (água + bebidas) fornecem 3,0 L e 2,2 L por dia para homens e mulheres, respectivamente, de 19 a 30 anos, representando cerca de 80% do total de água ingerida. A água presente nos alimentos fornece aproximadamente 20% do total de água ingerida.

Assim como as AI para outros nutrientes, para indivíduos saudáveis o consumo diário abaixo da AI pode não conferir risco adicional porque a grande variabilidade da ingestão é compatível com a hidratação normal. Por isso, a AI não deve ser interpretada como uma necessidade específica. Ingestão mais elevada de água total será necessária àqueles indivíduos fisicamente ativos ou expostos a ambientes com temperaturas mais elevadas.

Após um período de reduzida ingestão ou excessivas perdas decorrentes de atividade física ou temperatura ambiente elevada, pode ocorrer déficit de hidratação corporal, porém a ingestão diária de fluidos e alimentos com adequado teor de água permite a manutenção da hidratação e o balanço hídrico corporal sob níveis normais.

Níveis máximos toleráveis de ingestão/*Tolerable Upper Intake Level* (UL) não foram estabelecidos, pelo fato de os indivíduos saudáveis apresentarem considerável capacidade para excretar o excesso de água e, portanto, manter o balanço hídrico. No entanto, é necessário considerar o risco de intoxicação hídrica relacionado ao consumo rápido de grandes quantidades de líquido, as quais excedem a capacidade máxima de excreção renal – aproximadamente 0,7 a 1,0 L/hora.

TABELA 9.2 – DRI: AI de água segundo estágio de vida.

Estágio de vida	Água total* (L/dia) AI	Água proveniente de líquidos (L/dia) AI	Água total (L/dia) UL
	1º ano		
0 a 6 meses	0,7**	–	ND
7 a 12 meses	0,8	0,6***	ND
	Crianças		
1 a 3 anos	1,3	0,9	ND
4 a 8 anos	1,7	1,2	ND
	Homens		
9 a 13 anos	2,4	1,8	ND
14 a 18 anos	3,3	2,6	ND
19 a 30 anos	3,7	3,0	ND
31 a 50 anos	3,7	3,0	ND
51 a 70 anos	3,7	3,0	ND
> 70 anos	3,7	3,0	ND
	Mulheres		
9 a 13 anos	2,1	1,6	ND
14 a 18 anos	2,3	1,8	ND
19 a 30 anos	2,7	2,2	ND

(continua)

TABELA 9.2 – DRI: AI de água segundo estágio de vida. *(continuação)*

Estágio de vida	Água total* (L/dia) AI	Água proveniente de líquidos (L/dia) AI	Água total (L/dia) UL
31 a 50 anos	2,7	2,2	ND
51 a 70 anos	2,7	2,2	ND
> 70 anos	2,7	2,2	ND
Gestação			
14 a 18 anos	3,0	2,3	ND
19 a 30 anos	3,0	2,3	ND
31 a 50 anos	3,0	2,3	ND
Lactação			
14 a 18 anos	3,8	3,1	ND
19 a 30 anos	3,8	3,1	ND
31 a 50 anos	3,8	3,1	ND

* Água total = água pura + bebidas + água presente nos alimentos.
** Proveniente do leite humano.
*** Leite humano e/ou fórmulas lácteas, sucos e água.
ND: não determinado.
Fonte: IOM (2005).

PAPEL DA ÁGUA NA EPIDEMIOLOGIA DAS DCNT

O teor de água dos alimentos está diretamente relacionado à densidade energética. Os alimentos com baixa densidade energética, como as frutas, as verduras, os legumes e os cereais integrais, apresentam alto teor de água, enquanto os alimentos com elevada densidade energética tendem a ser ricos em gordura, açúcares e amido. Uma dieta com consumo elevado de vegetais, frutas e alimentos-fontes de fibras contribui para a redução do consumo energético, o aumento da ingestão de micronutrientes e também diminui o risco de DCNT. Assim, quanto maior a quantidade de água presente no alimento, menor a densidade energética e maior o papel na prevenção da obesidade.

A água também é muito importante para evitar a constipação intestinal, sobretudo de idosos. Juntamente do consumo adequado de fibras, o aumento do volume fecal e a melhora na consistência das fezes promovem frequência de evacuação adequada e pode prevenir doenças como diverticulose e câncer colorretal, além de reduzir o risco de formação de cálculos renais.

ESCOLHAS ALIMENTARES INTELIGENTES

Tendo em vista a importância da ingestão de água em quantidade suficiente para o funcionamento adequado do organismo, as escolhas inteligentes seriam consumir água e líquidos nas quantidades recomendadas para cada idade, preferindo o consumo de água pura, água de coco, sucos de frutas naturais ou industrializados (em embalagens Tetra Pak ou concentrados engarrafados, porém também naturais, não diluídos e misturados, e sem açúcar e aditivos) ou sucos preparados com polpas de frutas congeladas, preferivelmente não adoçados. Deve-se evitar o consumo de refrigerantes e sucos artificiais em pó, pelo elevado conteúdo de açúcar e reduzido valor nutritivo.

A água é, sem dúvida alguma, a escolha mais inteligente. É composta por 100% de água, não tem energia e não é acrescida de aditivo alimentar, além do custo ser baixo ou menor do que o de outras fontes. É verdade que o suco de fruta corresponde a um copo de água mais carboidrato, vitaminas, minerais e fibras, mas contém energia, e o consumo exagerado pode contribuir com a ingestão calórica elevada e passar de forma despercebida. Um copo de suco de frutas pode conter de 35 a 140 kcal, o que corresponde a cerca de metade a 2 porções de frutas, porém geralmente sem ou com menos fibras alimentares. O consumo de suco de frutas deve ser adequadamente planejado em uma dieta e não apenas substituir a água.

CLORETO DE SÓDIO

Do ponto de vista nutricional, o cloreto de sódio (sal) pode desempenhar importante papel para a saúde humana, não apenas por ser utilizado de maneira universal no preparo, na industrialização e na conservação dos alimentos, mas também em virtude de ser ingerido diariamente, como "sal de mesa", o que o torna fonte principal de sódio e cloro e um veículo ideal de outros nutrientes acrescidos, como o iodo. Na alimentação brasileira, na qual o enriquecimento é obrigatório, o sal é a principal fonte de iodo. Esse mineral é essencial para o desenvolvimento e o crescimento e está presente no sal com a finalidade de prevenir os distúrbios por deficiência.

SAL IODADO

O enriquecimento do sal com iodo é obrigatório. A RDC n. 23, de 24 de abril de 2013, estabeleceu que somente será considerado próprio para consumo humano o sal que contiver teor igual ou superior a 15 mg, até o limite máximo de 45 mg de iodo/kg do produto. Também é disposto nessa resolução que somente produtos industrializados podem utilizar sal sem adição de iodo como ingrediente desde que seja comprovado que o iodo cause interferência nas características organolépticas do produto.

A deficiência de iodo é considerada pela Organização Mundial da Saúde (OMS) um dos grandes problemas de saúde pública relacionados à nutrição humana. Há no mundo grande número de regiões de risco, aumentando a prevalência de doenças associadas à deficiência, como o bócio e o cretinismo, assim como dano cerebral e retardo de desenvolvimento psicomotor em crianças. O bócio é a desordem mais conhecida. A tireoide produz hormônios dependentes de iodo e, quando a ingestão é insuficiente, ocorre a hipertrofia da glândula para aumentar a captação. O conteúdo de iodo no organismo é de cerca de 20 mg e 80% encontram-se acumulados na tireoide. Desde a década de 1920, a estratégia empregada para a suplementação de iodo tem sido a iodação do sal.

Os alimentos naturalmente fontes de iodo (pescados, algas marinhas e hortaliças cultivadas em solos ricos em iodo, principalmente em regiões próximas ao mar) são de difícil acesso e o sal é diariamente ingerido pela maioria da população, além de ser barato e acessível.

As recomendações de iodo atualmente utilizadas são as DRI, que estabelecem recomendações entre 100 a 150 mcg/dia, mais altas para gestantes e lactantes (220 e 290 mcg/dia, respectivamente) e o limite máximo de ingestão em torno de 1 mg/dia.

Considerando-se a atual resolução de enriquecimento, a ingestão diária de 5 g de sal iodado representa a ingestão de iodo que pode variar de 100 a 300 mcg/dia.

O consumo excessivo de sal pode acarretar também o consumo inadequado de iodo e atingir facilmente o UL estabelecido.

O cátion sódio (Na^+) e o ânion cloro (Cl^-) são encontrados separadamente em muitos alimentos e juntos no sal (cloreto de sódio). São necessários para manter o volume extracelular e a osmolaridade do plasma. A absorção ocorre no intestino delgado para a manutenção das concentrações constantes no plasma (140 mmol de sódio e 104 mmol de cloro por litro).

A principal fonte de sódio na alimentação é o cloreto de sódio (sal de cozinha), utilizado no processamento de alimentos, adicionado durante o preparo das refeições e também usado como sal de mesa. Apenas cerca de 10% do total de sódio ingerido está naturalmente presente nos alimentos.

As principais fontes de sódio na alimentação são os alimentos de origem animal, principalmente carnes, leite e ovos, e aqueles ricos em sal: temperos industrializados (caldos concentrados em pó ou tabletes), molhos prontos (*ketchup*, mostarda, maionese, molho tártaro, molho de soja ou *shoyu*), pasta de soja (*missô*), molho inglês, molhos para saladas industrializados, sopas prontas, salgadinhos de pacote tipo *snacks*, carnes, aves e peixes processados, salgados e/ou defumados (carne seca, toucinho, bacon, *nuggets* de frango, bacalhau, salmão defumado, peixes em salmoura, sardinha enlatada, atum enlatado, patês), embutidos (linguiça, salsicha, mortadela, bacon, paio, salame, chouriço) e enlatados (ervilha, milho, picles, molho de tomate, azeitona, palmito) (Tabela 9.3).

Além disso, diversos compostos, como o glutamato monossódico, e aditivos alimentares, como benzoato de sódio, nitrito de sódio e pirofosfato de sódio, são frequentemente utilizados pela indústria de alimentos no processamento de inúmeros produtos. Em geral, esses aditivos são adicionados para melhora das características sensoriais e desempenham efeitos tecnológicos importantes, como controle do crescimento de pães, inibição do crescimento de microrganismos patogênicos, preservação de textura, redução da atividade de água e prolongamento do prazo de validade.

O bicarbonato e o citrato de sódio, além de serem ingeridos como aditivos, podem ainda ser consumidos em quantidades elevadas como antiácidos ou medicamentos. Também ocorre o uso de sacarina sódica e ciclamato de sódio como edulcorantes dietéticos, porém a quantidade presente é insignificante (cerca de 1 mg de sódio em cada mL do edulcorante).

A ingestão de sódio exerce grande influência na perda óssea. Pelo fato de o cálcio e o sódio compartilharem do mesmo sistema de transporte no túbulo renal proximal, a elevada ingestão de sal resulta em maior absorção de sódio, com aumento do sódio urinário e obrigatoriamente maior perda de cálcio. Como a perda de cálcio urinário é responsável por 50% na variabilidade de retenção de cálcio, a ingestão de sódio tem influência considerável na perda óssea.

TABELA 9.3 – Quantidade de sódio presente em alguns alimentos, segundo composição na porção usual.

Alimento	Porção usual	Sódio (mg)
Leite integral	1 xícara de chá (182 g)	116,5
Carne bovina (crua)	1 fatia de carne assada (75 g)	37,5
Linguiça (crua)	1 gomo (50 g)	588
Ovo	1 ovo (50 g)	83
Azeitona	3 unidades (10 g)	156,7
Biscoito salgado *cream craker*	5 unidades (32 g)	273,3
Pão de trigo francês	1 unidade (50 g)	253
Pão de queijo	1 unidade (40 g)	309,2
Queijo minas frescal (sem sal)	1 ½ fatia (50 g)	15,5
Queijo parmesão	3 colheres de sopa (30 g)	553,2
Manteiga com sal	1 colher de sopa (10 g)	57,9
Ultraprocessados		
Maionese Hellmann's®*	1 colher de sopa (12 g)	125
Macarrão instantâneo Nissin® sabor Galinha*	1 pacote (85 g)	1.607
Sopa instantânea Maggi® sabor Cebola*	1 porção (17 g)	820
Ajinomoto®*	1 colher de café (1 g)	123
Sazon®*	½ sachê (4,5 g)	1.213
Caldo de carne Knorr®*	½ cubo (4,75 g)	1.014
Shoyu Sakura®*	1 colher de sopa (15 g)	818

* Rótulo do alimento.

Fonte: Nepa/Unicamp (2011).

TIPOS DE SAL

Existem diversos tipos de sal disponíveis ao consumidor. É importante conhecer as propriedades de alguns para que o consumo possa ser orientado corretamente.

Sal *light*: ao contrário do que o nome sugere, o sal *light* não é indicado para quem precisa perder peso. Na verdade, trata-se de um produto composto de 50% de cloreto de sódio e 50% de cloreto de potássio. O uso do sal *light* pode ser recomendado como forma de redução do consumo de sódio ou suplementação de potássio, porém é contraindicado para indivíduos com risco de hiperpotassemia. O consumidor deve ser alertado que o produto também possui sódio e deve utilizar com moderação.

Sal marinho: o sal pode ser obtido de duas fontes distintas – de rochas extraídas de minas subterrâneas ou de regiões litorâneas, por meio da evaporação de água salgada de lagoas e do mar. Do ponto de vista químico, entretanto, esses tipos de sal não diferem, pois ambos são compostos de mais de 99% de cloreto de sódio. A diferença está na forma dos grãos. Os grãos de sal refinado ou comum são processados em forma de pequenos cubos, projetados para passar facilmente pelos buracos dos saleiros. Os grãos de sal marinho passam por um processo menor de refinamento e, dependendo de como foram colhidos e processados, possuem formato irregular de pirâmide ou flocos e por isso dissolvem-se muito mais rapidamente que os cristais de sal comum. Em contato com a língua, podem dar a sensação de pequenas "explosões de sabor salgado". Isso é possível somente quando salpicados em alimentos secos, pois, ao serem usados para cozinhar, dissolvem-se mais rapididamente, da mesma forma que os cristais de sal comum, não resultando em distinção de sabor.

O modismo da gastronomia despertou o interesse por tipos raros de sal, dentre eles a flor de sal, fina camada que se forma, por evaporação, na superfície de águas do litoral mediterrâneo da França. Por ser colhido manualmente e em quantidades limitadas, esse produto é muito valorizado no mercado. O cristal em forma piramidal permite maior aderência a alimentos secos, porém não confere sabor diferenciado quando adicionado durante a etapa de cozimento. O sal rosa do Himalaia, um tipo de sal que também não passa pelo processo de refinamento e é rico em minerais, ganhou grande popularidade, sendo-lhe atribuídos diversos benefícios à saúde. No entanto, ainda não há evidências científicas que comprovem esses benefícios.

Substitutos do sal: muitos produtos são vendidos como "realçadores de sabor" que substituem o sal ou estão associados em condimentos preparados que agregam diversos temperos. O mais utilizado é o glutamato monossódico, um sal produzido a partir da fermentação do melaço da cana-de-açúcar, utilizado com a finalidade de realçar o sabor dos alimentos. Em geral, esses produtos apresentam elevado teor de sódio, apesar de em menor quantidade que o sal (cerca de 15%).

O sal também é a principal fonte de cloro na alimentação. Cerca de 60% do sal é composto por cloro, sendo este o principal ânion dos fluidos extracelulares, contribuindo também com o equilíbrio hídrico e a pressão osmótica. Além disso, o cloreto, junto dos sulfatos e fosfatos, é responsável pelo equilíbrio ácido-base nos fluidos corporais.

Recomendações nutricionais

A necessidade mínima estimada de sódio para reposição de perdas em adultos foi determinada pela recomendação para norte-americanos em cerca de 500 mg/dia (NRC, 1989), e as atuais recomendações norte-americanas e canadenses estabeleceram AI entre 1,2 e 1,5 g/dia para adultos (Tabela 9.4). A AI foi estabelecida para cobrir perdas fisiológicas, mas indivíduos submetidos a altas temperaturas e intensas atividades físicas devem ter as perdas avaliadas individualmente.

A maioria das pessoas ingere muito mais sódio do que necessita para repor as perdas, mas em situações de ingestão insuficiente, perdas excessivas (pelo suor ou trato gastrointestinal) e uso de diuréticos, pode ocorrer deficiência de sódio, que se manifesta na forma de sintomas como fadiga, diarreia, anorexia e hipotensão.

Com relação ao cloro, a AI foi baseada na ingestão de sal e estabelecida em 2,3 mg/dia para adultos jovens, 2 mg para adultos e 1,8 mg para idosos (Tabela 9.5).

Com relação ao sal, a maior preocupação refere-se ao consumo excessivo, observado não apenas em adultos, mas também em crianças e adolescentes. A quantidade de sal consumida habitualmente por diferentes populações varia entre 10 e 12 g/dia. No Brasil, dados da Pesquisa de Orçamentos Familiares (POF 2008-2009) mostraram disponibilidade domiciliar de 4,7 g de sódio/pessoa/dia (ajustado para consumo de 2.000 kcal), excedendo em mais de duas vezes o consumo máximo recomendado (2 g/dia), menor na área urbana da região Sudeste, e maior nos domicílios rurais da região Norte (IBGE, 2011).

O consumo mais alto que 6 g diários (2,4 g ou 2.400 mg de sódio) é uma causa importante da hipertensão arterial e estima-se que atinja cerca de 20% da população adulta brasileira. Nesse sentido, as recomendações norte-americanas e canadenses estabeleceram UL que, à primeira vista, podem parecer impossíveis de ser atendido, mas representam um alerta ao alto consumo habitual.

A maior parte das recomendações atuais refere-se ao consumo de sal (cloreto de sódio). O *Guia alimentar para a população brasileira* (Brasil, 2014) recomenda a utilização de sal em pequenas quantidades ao temperar e cozinhar alimentos e criar preparações culinárias.

A meta de ingestão de 5 g de sal/dia foi estipulada pela OMS, em documento que estabelece recomendações dietéticas para a prevenção de doenças crônicas não transmissíveis (WHO, 2003). Também deve ser destacada a 7ª Diretriz Brasileira de Hipertensão Arterial (Sociedade Brasileira de Cardiologia/Sociedade Brasileira de Hipertensão/Sociedade Brasileira de Nefrologia, 2016), que recomenda a restrição do consumo diário de sódio para 2 g, ou seja, 5 g de cloreto de sódio.

A recomendação de ingestão de sal no documento das DRI está disponível apenas para adultos e idosos, sendo que os valores estabelecidos de AI para o sal (cloreto de sódio) são de 3,8, 3,2 e 2,9 g de sal/dia para adultos de 19 a 50 anos, 51 a 70 anos e > 70 anos, respectivamente. Esses valores não são aplicáveis a indivíduos com atividade física intensa ou sob temperatura ambiente elevada. Ainda, considerando-se os efeitos adversos à saúde, resultantes do consumo excessivo de sal, foi definido o UL de 5,8 g de sal/dia para adultos.

A ingestão de sódio e cloreto de sódio excede, e muito, as recomendações atuais. Dentro desse contexto, é preciso unir esforços no sentido de orientar a população com relação à redução na ingestão de sal, diminuindo o acréscimo a alimentos e preparações e selecionando os alimentos industrializados com teores mais baixo de sódio. Além disso,

TABELA 9.4 – DRI: AI de sódio segundo estágio de vida.

Estágio de vida	AI		UL	
	g/dia	mmol/dia	g/dia	mmol/dia
1º ano				
0 a 6 meses	0,12	5	ND	ND
7 a 12 meses	0,37	16	ND	ND
Crianças				
1 a 3 anos	1,0	42	1,5	65
4 a 8 anos	1,2	53	1,9	83
Homens				
9 a 13 anos	1,5	65	2,2	95
14 a 18 anos	1,5	65	2,3	100
19 a 30 anos	1,5	65	2,3	100
31 a 50 anos	1,5	65	2,3	100
51 a 70 anos	1,3	55	2,3	100
> 70 anos	1,2	50	2,3	100
Mulheres				
9 a 13 anos	1,5	65	2,2	95
14 a 18 anos	1,5	65	2,3	100
19 a 30 anos	1,5	65	2,3	100
31 a 50 anos	1,5	65	2,3	100
51 a 70 anos	1,3	55	2,3	100
> 70 anos	1,2	50	2,3	100
Gestação				
14 a 18 anos	1,5	65	2,3	100
19 a 30 anos	1,5	65	2,3	100
31 a 50 anos	1,5	65	2,3	100
Lactação				
14 a 18 anos	1,5	65	2,3	100
19 a 30 anos	1,5	65	2,3	100
31 a 50 anos	1,5	65	2,3	100

ND: não determinado.
Fonte: IOM (2005).

TABELA 9.5 – DRI: AI de cloreto segundo estágio de vida.

Estágio de vida	AI		UL	
	g/dia	mmol/dia	g/dia	mmol/dia
1º ano*				
0 a 6 meses	0,18	5	ND	ND
7 a 12 meses	0,57	16	ND	ND
Crianças				
1 a 3 anos	1,5	42	2,3	65
4 a 8 anos	1,9	53	2,9	83
Homens				
9 a 13 anos	2,3	65	3,4	95
14 a 18 anos	2,3	65	3,6	100
19 a 30 anos	2,3	65	3,6	100
31 a 50 anos	2,3	65	3,6	100
51 a 70 anos	2,0	55	3,6	100
> 70 anos	1,8	50	3,6	100
Mulheres				
9 a 13 anos	2,3	65	3,4	95
14 a 18 anos	2,3	65	3,6	100
19 a 30 anos	2,3	65	3,6	100
31 a 50 anos	2,3	65	3,6	100
51 a 70 anos	2,0	55	3,6	100
> 70 anos	1,8	50	3,6	100
Gestação				
14 a 18 anos	2,3	65	3,6	100
19 a 30 anos	2,3	65	3,6	100
31 a 50 anos	2,3	65	3,6	100

(continua)

TABELA 9.5 – DRI: AI de cloreto segundo estágio de vida. *(continuação)*

Estágio de vida	AI		UL	
	g/dia	mmol/dia	g/dia	mmol/dia
Lactação				
14 a 18 anos	2,3	65	3,6	100
19 a 30 anos	2,3	65	3,6	100
31 a 50 anos	2,3	65	3,6	100

* Em crianças de 0 a 12 meses não foram estabelecidos níveis máximos de ingestão tolerável em razão do número insuficiente de dados sobre os efeitos adversos do consumo excessivo. Dessa forma, recomenda-se que as únicas fontes de cloreto na dieta sejam o leite humano (ou fórmula láctea) e os alimentos sem adição de sal.

ND: não determinado.

Fonte: IOM (2005).

a indústria alimentícia tem um papel importante, desenvolvendo e disponibilizando produtos com teores reduzidos, mantendo textura, custo e aceitação.

MEDIDAS EQUIVALENTES DE SÓDIO, CLORETO E SAL

- 1 g de sal (cloreto de sódio) = 40% de sódio = 400 mg de sódio e 60% de cloro = 600 mg.
- O sódio também pode ser quantificado em mmol ou miliequivalente (mEq): 1 mmol = 1 mEq.
- O mmol ou mEq equivale ao peso atômico ou molecular.
- Para converter mg para mEq deve-se dividir a quantidade em mg pelo peso atômico ou molecular. Sódio: 1 mEq equivale a 23 mg; cloreto: 1 mEq equivale a 35,5 mg.
- 1 g de sal = 400 mg de Na = 17 mmol Na = 17 mEq de Na.

Considerando que o consumo excessivo de alimentos com alto teor de sal possa acarretar elevação da pressão arterial e efeitos prejudiciais ao sistema cardiovascular, as principais escolhas alimentares inteligentes seriam evitar os alimentos de "risco", fontes de sódio e também de gorduras saturadas e aumentar o consumo dos alimentos "protetores", fontes de fibras e potássio, como frutas, legumes e verduras.

As principais escolhas dietéticas para redução da ingestão de sal são:

- Redução da quantidade de sal no preparo dos alimentos.
- Retirada do saleiro da mesa.
- Preferência por temperos naturais como limão, alho, cebola, salsa e cebolinha e ervas em geral em substituição aos temperos industrializados e molhos prontos, como caldos concentrados em pó ou tabletes, *ketchup*, mostarda, maionese, molho tártaro, molho de soja (*shoyu*), pasta de soja (*missô*), molho inglês, molhos para saladas industrializados, glutamato monossódico, sopas prontas.
- Restrição do consumo de salgadinhos de pacote tipo *snacks*.
- Restrição do consumo de carnes, aves e peixes salgados e/ou defumados, como: carne seca, toucinho, bacon, *nuggets*, bacalhau, salmão defumado, peixes em salmoura, sardinha enlatada, atum enlatado, patês.
- Restrição do consumo de embutidos: linguiça, salsicha, mortadela, presunto, bacon, paio, salame, chouriço.
- Restrição do consumo de enlatados: ervilha, milho, picles, molho de tomate, azeitona, palmito.

O Ministério da Saúde publicou um manual, em 2005, de orientação aos consumidores sobre rotulagem nutricional obrigatória, com o objetivo de esclarecer a população sobre as informações veiculadas no rótulo dos produtos alimentícios e também despertar o interesse pela escolha de alimentos mais saudáveis. Com relação ao sódio, o documento traz orientações para que o consumidor leia atentamente as informações nutricionais dos alimentos e prefira produtos com baixos percentuais de sódio (%) dos valores diários de referência (VD), procurando consumir menos de 2.400 mg de sódio por dia para não ultrapassar os 100% do VD para esse mineral.

É importante lembrar que, além da ingestão reduzida de sal, uma alimentação saudável deve incluir alimentos dos demais grupos, preparados de forma palatável e considerando sempre as preferências pessoais, de acordo com o poder aquisitivo do indivíduo ou da família.

Consumo de sal na população

O consumo elevado de sódio na dieta tem sido identificado como um dos principais fatores de risco para o desenvolvimento de hipertensão arterial na população, definida como o aumento permanente da pressão arterial sistêmica em níveis sistólicos e/ou diastólicos iguais ou maiores do que 140 x 90 mmHg. A hipertensão arterial apresenta custos médicos e socioeconômicos elevados, decorrentes principalmente das complicações, tais como: doença cerebrovascular, doença arterial coronariana, insuficiência cardíaca, insuficiência renal e doença vascular de extremidades.

No Brasil, a hipertensão arterial é uma doença altamente prevalente, sendo que dados da Pesquisa Nacional de Saúde, realizada em 2013, apontam que a prevalência geral de PA ≥ 140 x 90 mmHg foi 22,3%, com predomínio entre homens (25,3 *versus* 19,5%), variando de 26,7% no Rio de Janeiro a 13,2% no Amazonas, e predomínio na área urbana em relação à rural (21,7 *versus* 19,8%) (IBGE, 2016; SBC/SBH/SBN, 2016).

Entre os fatores de risco para mortalidade, a hipertensão arterial é responsável por 45% das mortes cardíacas, e 51% das mortes decorrentes de acidente vascular encefálico. No Brasil, atinge 32,5% (36 milhões) de indivíduos adultos, mais de 60% dos idosos, contribuindo direta ou indiretamente para 50% das mortes por doença cardiovascular (DCV) (SBC/SBH/SBN, 2016).

Ao contrário das inúmeras evidências científicas que fundamentam a relação entre o consumo de sal e a hipertensão arterial, ainda permanece controversa a associação entre a ingestão excessiva de sal e o aumento do risco de desenvolvimento de câncer de estômago. Alguns pesquisadores advertem que não há evidência suficiente que demonstre que o cloreto de sódio seja um potencial carcinogênico para qualquer tecido do organismo, e argumentam que os dados epidemiológicos são escassos para afirmar que afete a incidência de câncer gástrico. Apesar desse panorama, o Instituto Americano para a Pesquisa em Câncer (American Institute for Cancer Research [AICR]) sugere que o consumo de alimentos salgados e o uso de sal para cozinhar sejam limitados (AICR, 1997).

HIPERTENSÃO ARTERIAL E CONSUMO DE SAL

A adoção de um estilo de vida saudável é fundamental no tratamento de indivíduos com hipertensão arterial. As principais modificações do estilo de vida (MEV) no controle da hipertensão arterial são: controle do peso corporal, melhora do padrão alimentar (diminuição da ingestão de sal, aumento do consumo de frutas, legumes e verduras e de alimentos de baixa densidade calórica e redução do consumo de alimentos com alto teor de gorduras, especialmente saturadas), prática regular de atividade física e moderação no consumo de álcool. Quando se trata de indivíduos com hipertensão arterial, a dieta preconizada pelo estudo DASH (*Dietary Approachs to Stop Hypertension*) mostrou benefícios no controle da pressão arterial. Essa dieta enfatiza a redução do consumo de sal, aumento do consumo de frutas, legumes e verduras, alimentos integrais, leite e derivados desnatados, carnes magras e quantidade reduzida de gorduras saturadas e colesterol e maior quantidade de alimentos-fonte de fibras, potássio, cálcio e magnésio. É composta por quatro a cinco porções de frutas, quatro a cinco porções de vegetais e duas a três porções de produtos lácteos desnatados por dia.

Iniciativas governamentais

A OMS, por meio de uma ação global, tem como meta até 2020, reduzir a prevalência de DCNT, incluindo a hipertensão arterial. Entre as ações propostas para a promoção da alimentação saudável está a redução em 30% no consumo de sódio pela população. No Brasil, o consumo médio de sódio excede em mais de duas vezes a ingestão recomendada pela OMS (2.000 mg de sódio ao dia).

Um importante informe técnico (n. 42) publicado pela Anvisa em 2010 (Brasil, 2010) identificou a composição nutricional de alimentos processados consumidos pela população brasileira (Cadernos IDEC, 2014). Os alimentos foram selecionados por apresentar alta quantidade de sódio, gordura saturada e açúcares. Os resultados demonstraram grande variação no teor de sódio em alimentos como salgadinhos, salsichas, macarrão instantâneo, biscoitos, indicando que é possível reduzir a quantidade de sal nestes e em outros alimentos processados.

Em 2011, o Ministério da Saúde e a Associação Brasileira das Indústrias de Alimentação (ABIA) firmaram termos de compromissos com a finalidade de estabelecer metas para a redução do teor de sódio em alimentos e acordaram reduzir 10% de sal adicionado ao pão francês, sem prejudicar a aceitação por parte do consumidor, uma vez que o pão é uma das principais fontes de sódio na dieta, pois uma unidade de pão francês apresenta aproximadamente 320 mg de sódio provindos do sal acrescidos em proporções em torno de 2% da receita, o que representa quase 1 g de sal/unidade.

Entre 2011 e 2013, foram firmados cinco termos de compromisso relativos à redução de teores de sódio, e esses acordos representam importante esforço governamental. As principais categorias de alimentos foram massas instantâneas, pão de forma e bisnagas, bolos e misturas para bolos, cereais matinais, *snacks*, margarina, maionese, biscoitos, caldos e temperos, laticínios, produtos cárneos e refeições prontas. Em 2017, foi estabelecido um novo acordo que durará cinco anos e a primeira categoria a entrar são as massas instantâneas, pão de forma e bisnaguinhas. Os acordos referem-se a importante iniciativa de política pública na área de saúde dentro de um plano estratégico de enfrentamento às doenças crônicas não transmissíveis.

REFERÊNCIAS

[AICR] AMERICAN INSTITUTE FOR CANCER RESEARCH. *Food Nutrition and the prevention of cancer: a global perspective*. World Cancer Research Foundation, 1997.

APPEL, L. J. et al. A clinical trial of the effects of dietary patterns on blood pressure. *N Engl J Med*, Boston, v. 336, p. 1.117-124, 1997.

BRANDÃO, I. M. G. VALSECKI Jr., A. Análise da concentração de flúor em águas minerais na região de Araraquara, Brasil. *Rev. Panam. Salud. Pública*, Washington, v. 4, p. 238-242, 1998.

BRASIL. Ministério da Saúde. Portaria n. 2.914/2011. Dispõe sobre os procedimentos de controle e de vigilância da qualidade da água para consumo humano e seu padrão de potabilidade. *Diário Oficial da União*. Brasília, Seção 1:39, 14 de dezembro de 2011.

______. Ministério da Saúde. Agência Nacional de Vigilância Sanitária. Rotulagem nutricional obrigatória: manual de orientação aos consumidores. Brasília: Ministério da Saúde/Agência Nacional de Vigilância Sanitária/Universidade de Brasília, 2005.

______. Ministério da Saúde. Secretaria de Atenção à Saúde/Departamento de Atenção Básica. *Guia alimentar para a população brasileira: promovendo a alimentação saudável*. 2. ed. Brasília, 2014.

______. Ministério da Saúde. Agência Nacional de Vigilância Sanitária. Informe Técnico n. 42. *Perfil Nutricional dos alimentos processados*. Brasília, 2010.

CADERNOS IDEC. *Redução de sódio em alimentos*: uma análise dos acordos voluntários no Brasil, 2014. Série Alimentos.

FERRARI, C. C.; SOARES, L. M. V. Concentrações de sódio em bebidas carbonatadas. *Ciênc. Tecnol. Aliment.*, Campinas, v. 23, p. 414-417, 2003.

[IBGE] INSTITUTO BRASILEIRO DE GEOGRAFIA E ESTATÍSTICA. *Pesquisa de Orçamentos Familiares 2008-2009*: análise do consumo alimentar pessoal no Brasil. Rio de Janeiro: IBGE, 2011.

______. *Pesquisa Nacional de Saúde: indicadores de saúde e mercado de trabalho*. Rio de Janeiro, 2016.

[INMETRO] INSTITUTO NACIONAL DE METROLOGIA, NORMALIZAÇÃO E QUALIDADE INDUSTRIAL. Rio de Janeiro, 2004. Disponível em: <http://www.inmetro.gov.br/consumidor/produtos/sal2.asp> Acesso em: abril de 2018.

[IOM] INSTITUTE OF MEDICINE. Food and Nutrition Board. *Dietary Reference Intakes for water, potassium, sodium, chloride and sulfate*. Washington: National Academy Press, 2005.

______. Food and Nutrition Board. *Dietary Reference Intakes for vitamin A, vitamin K, arsenic, boron, chromium, copper, iodine, iron, manganese, molybdenum, nickel, silicon, vanadium, and zinc*. Washington: National Academy Press, 2001.

MORGANO, M. A. et al. Avaliação físico-química de águas minerais comercializadas na região de Campinas, SP. *Ciênc. Tecnol. Aliment.*, Campinas, v. 22, p. 239-243, 2002.

[NEPA/UNICAMP] NÚCLEO DE ESTUDOS E PESQUISAS EM ALIMENTAÇÃO/ UNIVERSIDADE ESTADUAL DE CAMPINAS. *Tabela brasileira de composição dos alimentos (Taco)*. 4. ed. Campinas, 2011.

[NRC] NATIONAL RESEARCH COUNCIL. FOOD AND NUTRITION BOARD. *Recommended Dietary Allowances (RDA)*. 10. ed. Washigton, DC: National Academy Press, 1989.

RAMIRES, I. et al. Avaliação da concentração de flúor e do consumo de água mineral. *Rev. Saúde Pública*, São Paulo, v. 38, p. 459-465, 2004.

SILVA, A. G. H.; COZZOLINO, S. M. F. Cálcio. In: COZZOLLINO, S. M. F. (org.). *Biodisponibilidade de nutrientes*. Barueri: Manole, 2005.

[SBC/SBH/SBN] SOCIEDADE BRASILEIRA DE CARDIOLOGIA/SOCIEDADE BRASILEIRA DE HIPERTENSÃO/SOCIEDADE BRASILEIRA DE NEFROLOGIA. *7ª Diretriz Brasileira de Hipertensão Arterial*, São Paulo, 2016.

SOUZA, M. H. L.; ELIAS, D. O. *Fundamentos da circulação extracorpórea*. Rio de Janeiro: Centro Editorial Alfa Rio, 1995.

TORTORA, G. J.; GRABOWSKI, S.R . *Princípios de anatomia e fisiologia*. 2. ed. Rio de Janeiro: Guanabara Koogan, 2002.

[USDA] UNITED STATE DEPARTMENT OF AGRICULTURE. US Department of Health and Human Services. *Dietary guidelines for americans*. 2005.

VILLENA, R. S.; BORGES, D. G.; CURY, J. A. Avaliação da concentração de flúor em águas minerais comercializadas no Brasil. *Rev. Saúde Pública*, São Paulo, v. 30, p. 512-518, 1996.

[WHO] WORLD HEALTH ORGANIZATION. *Guidelines for drinking-water quality*: Recommendations. v. 1. Genebra: WHO, 1984.

______. *Diet, nutrition and the prevention of chronic diseases*. Geneve, 2003. Report of the joint WHO/FAO expert consultation. Technical Report Series, 916.

10

FIBRA ALIMENTAR

Nutrientes descritos no capítulo
Fibra alimentar

Elizabete Wenzel de Menezes
Eliana Bistriche Giuntini

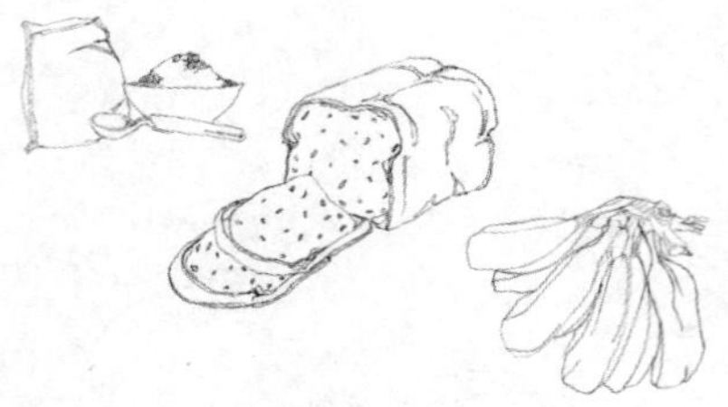

▸ SUMÁRIO

INTRODUÇÃO

Ainda hoje alguns profissionais de saúde utilizam a terminologia carboidratos simples e complexos, com a intenção de incluir a fibra alimentar neste contexto. O termo "complexo" foi utilizado pela primeira vez em 1977 para distinguir os carboidratos presentes em vegetais em geral, principalmente cereais integrais, dos açúcares (glicose, frutose e sacarose), e passou a ser associado ao amido e outros polissacarídeos não amido (FAO/WHO, 1998). No entanto, as frutas e hortaliças apresentam baixo conteúdo de amido. Paralelamente, descobriu-se que há diferentes tipos de amido, sendo que parte deles é digerido e absorvido rapidamente, produzindo elevada resposta glicêmica, assim como os açúcares, enquanto outra parte pode ser resistente à digestão. Dessa forma, o termo "complexo" pode não refletir a digestibilidade do carboidrato e não deve ser utilizado (FAO/WHO, 1998). Em 2003, a FAO recomendou a denominação de carboidrato disponível para aquele que pode ser digerido pelas enzimas humanas, absorvido no intestino e que participa do metabolismo energético, o que inclui não somente os açúcares solúveis, mas também o amido disponível. Os carboidratos que não sofrem essas ações são chamados não disponíveis e compõem a fibra alimentar (FA) (FAO, 2003).

Em virtude dos efeitos positivos da FA no funcionamento intestinal, na resposta glicêmica pós-prandial, no colesterol plasmático, na saciedade, na absorção de minerais e na modulação da microbiota intestinal e do papel na redução de risco e no tratamento das doenças crônicas não transmissíveis (DCNT), este componente é apresentado separadamente neste capítulo.

A FA está presente em diferentes quantidades e em vários grupos da Pirâmide dos Alimentos, principalmente em frutas, legumes e verduras (Capítulo 3), feijões e oleaginosas (Capítulo 6), além dos cereais integrais.

DEFINIÇÃO

Embora os carboidratos sejam de extrema importância para a nutrição humana, a definição e a terminologia continuam sendo amplamente discutidas. A definição de FA, entre os carboidratos, vem sendo modificada desde a década de 1970. A FA pode ser definida tanto pelos atributos fisiológicos como químicos. Em 1976, Trowell criou uma definição de natureza essencialmente nutricional, utilizada por um longo tempo: "A fibra alimentar é constituída, principalmente, de polissacarídeos não amido e lignina que são resistentes à hidrólise pelas enzimas digestivas humanas". Essa definição passou a incluir outros componentes além da celulose, hemicelulose e lignina, conhecidos por fibra bruta.

As pesquisas sobre as propriedades dos diversos componentes da FA e dos efeitos fisiológicos desencadearam mudanças tanto conceituais como na metodologia analítica; dessa forma, definições mais amplas relacionadas com os efeitos fisiológicos foram sendo propostas. Entretanto, após longo periodo de discussão, a Codex Alimentarius Commission (CAC, 2008; 2009) recomendou uma definição de caráter químico, em função da interdependência entre definição e métodos analíticos que quantifiquem todos os componentes da FA. "FA é constituída de polímeros de carboidratos[1] com dez ou mais unidades monoméricas[2], que não são hidrolisados pelas enzimas endógenas no intestino delgado e que podem pertencer a três categorias:

1. Polímeros de carboidratos comestíveis que ocorrem naturalmente nos alimentos na forma como são consumidos.
2. Polímeros de carboidratos obtidos de material cru por meio físico, químico ou enzimático e que tenham efeito fisiológico benéfico comprovado sobre a saúde humana, de acordo com evidências científicas propostas e aceitas por autoridades competentes.
3. Polímeros de carboidratos sintéticos que tenham efeito fisiológico benéfico comprovado sobre a saúde humana, de acordo com evidências científicas propostas e aceitas por autoridades competentes."

---

[1] Quando derivada de plantas, a FA pode incluir frações de lignina e/ou outros compostos associados aos polissacarídeos na parede celular. Esses compostos também podem ser quantificados por método(s) específico(s) para FA. Entretanto, tais compostos não estão incluídos na definição de FA se forem extraídos e reintroduzidos nos alimentos.

[2] A decisão sobre a inclusão de carboidratos com 3 a 9 unidades monoméricas na definição de FA deve ser tomada pelas autoridades nacionais.

Devido à possibilidade de se ter duas definições para FA e o impacto negativo que isto poderia causar na harmonização global da informação nutricional, Menezes et al. (2013) elaboraram uma revisão de publicações, de 2009 a 2011, que embasa cientificamente a inclusão de carboidratos com 3 a 9 unidades monoméricas na definição. Esse documento pode auxiliar na decisão das agências regulatórias de alimentos, considerando que a principal meta é auxiliar o consumidor na seleção de alimentos saudáveis.

A FA engloba grande número de componentes, com características distintas: celulose; pectinas; hemicelulose; betaglicanos; gomas, *psyllium*; inulina; fruto-oligossacarídeos (FOS); amido resistente (AR); oligossacarídeos resistentes; lignina; compostos bioativos associados à FA entre outros.

Com a evolução do conceito de FA novos componentes foram incorporados, tanto pelos efeitos positivos à saúde como atributos tecnológicos. Os métodos analíticos, para determinação desses compostos de forma isolada (frutanos, AR, entre outros), também tiveram significativo avanço. Entretanto, os métodos para determinação da FA total, para fins de rotulagem nutricional, ficaram defasados uma vez que muitos não quantificam todos os componentes.

Para a análise de FA total, existem pelo menos 15 métodos diferentes utilizados em tabelas e bancos de dados de composição de alimentos (métodos enzímico-químicos, gravimétricos e enzímico-gravimétricos), o que dificulta bastante a comparação de resultados entre os diferentes bancos de dados por inúmeras razões (quantificação de diferentes componentes, obtenção de diferentes valores, problemas com determinadas metodologias, alguns métodos não englobam todos os componentes da FA ou superestimam alguns. Para o cálculo da energia de alimentos, o fator de conversão de energia utilizado para a FA é 8 kJ/g (2 kcal/g) (FAO, 2003).

Na Tabela 10.1, estão apresentados os métodos que a Codex Alimentarius Commission (CAC, 2009) recomendou como métodos analíticos aceitáveis para quantificação de FA como um todo e dos componentes específicos analisados de forma individual, devendo ser consideradas as particularidades de cada método.

TABELA 10.1 – Resumo dos métodos de análise de fibra alimentar (FA) recomendados pela Codex Alimentrius Commission.

Descrição	Métodos
Métodos gerais que quantificam a FA sem incluir a fração de baixo peso molecular (unidades monoméricas ≤ 9)[a]	AOAC 985.29; AOAC 991.43; AOAC 992.16; AOAC 993.21; AOAC 994.13
Métodos gerais que quantificam tanto a fração de alto (unidades monoméricas > 9) e baixo pesos moleculares (unidades monoméricas ≤ 9)	AOAC 2001.03[b]; AOAC 2009.01[c]
Métodos que quantificam individualmente os diferentes componentes da FA	AOAC 991.42; AOAC 992.28; AOAC 993.19; AOAC 995.16; AOAC 997.08; AOAC 999.03; AOAC 2000.11; AOAC 2001.02; AOAC 2002.02

[a] Quantificação com perda de inulina, AR, polidextrose e maltodextrinas resistentes.

[b] O método inclui polissacarídeos solúveis e insolúveis resistentes, maltodextrinas resistentes, lignina e parede celular de plantas e ocorre perda de amido resistente.

[c] O método inclui polissacarídeos solúveis e insolúveis, lignina, amido resistente e oligossacarídeos.

Obs.: Cada usuário deve consultar a descrição das matrizes utilizadas no estudo colaborativo de cada método analítico oficial da AOAC internacional para garantir a correta escolha do método a ser empregado. Na publicação da Codex Alimentarius Commission (2009) há indicação de 3 outros métodos disponíveis, que não são da AOAC.

Fonte: Menezes et al. (2013).

Os FOS não são quantificados pelos métodos enzímicos-gravimétricos, AOAC 985.29 e 991.43 para FA total, embora sejam de uso generalizado; assim estes devem ser analisados separadamente por outros métodos (AOAC 997.08 e 999.03). O AR deve ser analisado por metodologia específica (AOAC 2002.02), pois o método AOAC 991.43 quantifica somente AR tipo 3; o mesmo ocorre para polidextrose, devendo ser analisada por metodologia específica (AOAC 2000.11) e outros. Dessa forma, os métodos mais utilizados na rotulagem nutricional para FA total quantificam parcialmente os componentes. Os métodos AOAC 2009.01 e AOAC 2011.25 estão de acordo com a definição de FA proposta pela Codex Alimentarius Commission (2008) e quantificam as frações solúveis e insolúveis, de alto e baixo pesos moleculares da FA, incluindo AR e oligossacarídeos não disponíveis com umidades monoméricas ≥ 3.

Os métodos para análise de FA estão em contínuo aperfeiçoamento, dessa forma, em 2014, McCleary publicou uma modificação dos métodos AOAC 2009.01 e 2011.25 para permitir uma reduzida sobre-estimação de FA solúvel de baixo PM em amostras contendo amido (McCleary et al., 2014).

EVOLUÇÃO DO CONCEITO DE PREBIÓTICOS E FA COMO INGREDIENTE FUNCIONAL

A FA tem a propriedade de atuar de forma benéfica em uma ou mais funções no corpo humano, assim está incluída na categoria dos alimentos funcionais, com propriedades funcionais ou de saúde. Segundo Roberfroid (2002), um alimento pode ser considerado funcional se for demonstrado de maneira satisfatória que pode agir de forma benéfica em uma ou mais funções do corpo, além de se adequar à nutrição e, de certo modo, melhorar a saúde e o bem-estar ou reduzir o risco de doenças.

Quando determinados componentes da FA são capazes de modular a microbiota intestinal, são considerados prebióticos, caso dos frutanos. Segundo Gibson e Roberfroid (1995), prebióticos são ingredientes alimentares que não são digeridos e que afetariam de maneira "benéfica" o hospedeiro por estimularem seletivamente o crescimento e/ou a atividade de uma ou de um número limitado de bactérias do cólon. Durante muitos anos considerava-se que esses componentes estimulariam o crescimento de bactérias "benéficas", especialmente as bifidobactérias e lactobacilos.

O conceito de prebiótico vem sendo atualizado desde a criação. Na Tabela 10.2 estão apresentadas as diferentes definições propostas e os compostos considerados prebióticos de acordo com cada definição. A proposta de seletividade específica da microbiota e do crescimento, composição e/ou atividade de bactérias eram condições recorrentes até 2007, e o substrato ideal se restringia a alguns tipos de carboidratos.

Em 2008, a FAO divulgou uma nova definição, mais abrangente, excluindo tanto a seletividade das bactérias quanto a necessidade de fermentação de compostos pela microbiota do intestino. Bindels et al. (2015) apresentaram uma revisão para justificar a exclusão das exigências de fermentabilidade do substrato e seletividade das bactérias, apresentando uma definição ampla que permite a inclusão de inúmeros compostos além dos prebióticos tradicionais.

A definição proposta, pela International Scientific Association for Probiotics and Prebiotics (ISAPP) (Gibson et al., 2017), envolve a utilização seletiva de microrganismos vivos do hospedeiro (não sendo suficiente a presença de enzimas ou bioativos) e depende do metabolismo microbiano para a manutenção, melhora ou restauração da saúde do hospedeiro. A modificação seletiva da microbiota do hospedeiro vai além da modulação de bifidobactérias e lactobacilos, sendo reconhecido que os benefícios para a saúde podem ser provenientes de outros microrganismos.

Além dos carboidratos não disponíveis, outros compostos podem ser considerados prebióticos e estes podem ser administrados por via oral ou diretamente em outros locais do corpo, desde que estes sejam colonizados por microrganismos, como trato vaginal e pele. Essa definição pode ser aplicada tanto para humanos como para animais.

Dessa forma, o conceito de prebiótico ainda não está totalmente estabelecido em bases internacionais. Devendo ser amplamente discutido uma vez que os prebióticos têm potencial para melhorar a saúde humana e reduzir o risco de doenças mediadas pela aberração da microbiota.

Agência Nacional de Vigilância Sanitária (Anvisa) (Brasil, 2016) atualizou as exigências para Alimentos com Alegações de Propriedades Funcionais e/ou de Saúde. O início do texto publicado que segue relatado na íntegra afirma: "Representações que afirmem ou sugiram a existência de uma relação entre o consumo de determinado alimento ou seu constituinte e a saúde podem ser veiculadas quando forem atendidas as diretrizes básicas para comprovação de propriedades funcionais ou de saúde estabelecidas na Resolução n. 18, de 30 de abril de 1999. Além da segurança do alimento, essas diretrizes visam que as alegações sejam comprovadas cientificamente e não induzam o consumidor ao engano. As alegações podem descrever o papel fisiológico do nutriente ou não nutriente no crescimento, desenvolvimento e nas funções normais do organismo. As alegações podem, ainda, fazer referência à manutenção geral da saúde e à redução do risco de doenças".

TABELA 10.2 – Evolução do conceito de prebiótico.

Autor/ano	Características principais	Definição	Ingredientes considerados prebióticos
Gibson e Roberfroid, 1995	Seletividade da microbiota Crescimento e/ou atividade de bactérias Ação no cólon Ação na saúde do hospedeiro	Ingrediente não digerível que afeta a saúde do hospedeiro pela estimulação seletiva do crescimento e/ou da atividade de uma ou um número limitado de bactérias do cólon	FOS
Reid et al., 2003	Seletividade da microbiota Crescimento ou atividade de bactérias Inclui outros locais de ação Efeitos fisiológicos benéficos	Substâncias não digeríveis que proporcionam efeitos fisiológicos benéficos no hospedeiro pela estimulação seletiva do crescimento ou atividade de um limitado número de bactérias nativas	FOS GOS Lactulose
Gibson et al., 2004	Seletividade da microbiota Composição e/ou atividade de bactérias Ação em todo trato gastrointestinal Ação na saúde e bem-estar do hospedeiro	Ingrediente seletivamente fermentado que permite específicas mudanças na composição e/ou na atividade da microbiota intestinal, o que confere bem-estar e saúde ao hospedeiro	Inulina FOS GOS Lactulose
Roberfroid, 2007	Igual ao anterior, mas apenas dois oligossacarídeos cumprem os critérios de classificação de prebióticos	Ingredientes seletivamente fermentados que permitem específicas mudanças na composição e/ou na atividade da microbiota intestinal, o que confere bem-estar e saúde ao hospedeiro	Inulina GOS

(continua)

TABELA 10.2 – Evolução do conceito de prebiótico. *(continuação)*

Autor/ano	Características principais	Definição	Ingredientes considerados prebióticos
FAO, 2008	Exclui seletividade da microbiota Exclui limite de ação, não restringindo ao trato gastrointestinal Substitui a casualidade pela associação Exclui a necessidade de fermentação ou metabolização pela microbiota do intestino, não fazendo distinção de compostos que modulam a microbiota intestinal unicamente por ação inibitória	Composto não disponível do alimento que confere benefício para a saúde do hospedeiro associado com a modulação da microbiota	Inulina FOS GOS SOS XOS IMO Lactulose Pirodextrinas Fibra alimentar Amido resistente Outros oligossacarídeos não disponíveis
Gibson et al., 2010	Especifica que é do alimento Seletividade da microbiota Composição e/ou atividade da microbiota intestinal Ação na saúde do hospedeiro	Ingrediente alimentar seletivamente fermentado que altera a composição e/ou a atividade da microbiota gastrointestinal, conferindo benefícios para a saúde do hospedeiro	Inulina FOS GOS Lactulose Inclui lista de candidatos
Bindels et al., 2015	Exclui seletividade da microbiota Exclui necessidade de fermentação Inclui a metabolização pela microbiota Não se restringe aos carboidratos Modulação e/ou atividade da microbiota gastrointestinal Efeitos fisiológicos benéficos	Composto não digerível que, pela metabolização pelos microrganismos do intestino, modula a composição e/ou a atividade da microbiota intestinal, conferindo assim um efeito fisiológico benéfico sobre o hospedeiro	FOS GOS Oligossacarídeos do leite humano Candidatos: Amido resistente Pectina Arabinoxilano Grãos integrais Outras FA Não carboidratos capazes de modular a microbiota

(continua)

TABELA 10.2 – Evolução do conceito de prebiótico. *(continuação)*

Autor/ano	Características principais	Definição	Ingredientes considerados prebióticos
Gibson et al., 2017	Mantém a seletividade da microbiota (mas não se restringe aos lactobacilos e bifidobactérias) Considera a metabolização pela microbiota Modulação e/ou atividade da microbiota gastrointestinal Não se restringe aos carboidratos Efeitos fisiológicos benéficos Não se restringe ao uso oral Pode ser usada para animais	Substrato que é seletivamente utilizado pelos microrganismos do hospedeiro, proporcionando benefícios para a saúde	FOS GOS Oligossacarídeos do leite humano Candidatos: MOS XOS Polifenóis Ác. linoleico conjugado Ác. graxos poli--insaturados

FOS: fruto-oligossacarídeos; GOS: galacto-oligossacarídeos; SOS: oligossacarídeos da soja; XOS: xilo-oligossacarídeos; IMO: isomato-oligossacarídeos; MOS: manano-oligissacarídeos.
Fonte: adaptada de Bindels et al. (2015).

Para FA e nove de seus componentes (betaglicanos [em farelo de aveia, aveia em flocos e farinha de aveia], dextrina resistente, FOS, goma guar parcialmente hidrolisada, inulina, lactulose, polidextrose, *psyllium* e quitosanas) existem alegações de propriedades funcionais padronizadas e os respectivos requisitos específicos. Por exemplo, para FA a alegação padronizada é a seguinte: "As fibras alimentares auxiliam o funcionamento do intestino. O consumo deve estar associado a uma alimentação equilibrada e hábitos de vida saudáveis".

No entanto, as alegações de propriedade funcional das fibras estão condicionadas a outras exigências que variam conforme o tipo de FA. Por exemplo, para FA, dextrina resistente, goma guar e polidextrose: a porção do produto pronto para consumo deve fornecer no mínimo 2,5 g de FA ou do composto e na tabela de informação nutricional (logo abaixo da FA) deve conter o nome e a quantidade (g) de FA ou do componente. Para dextrina resistente há também exigência de consumo diário: o uso do ingrediente não deve ultrapassar 30 g na recomendação diária do produto pronto para consumo, conforme indicação do fabricante.

COMPONENTES DA FA

De acordo com as características dos diferentes tipos de FA podem ocorrer respostas fisiológicas locais, como os efeitos no trato gastrointestinal, e respostas sistêmicas, por meio de efeitos metabólicos. Entre as principais características da FA estão a retenção de água, adsorção de componentes, viscosidade e fermentação. As fibras viscosas são as que têm a propriedade de formar géis no trato digestório e as fermentáveis são as que podem ser metabolizadas pela microbiota intestinal. Em geral, as fibras solúveis são mais completamente fermentadas e têm maior viscosidade que as insolúveis. Entretanto, nem todas FA solúveis são viscosas e algumas fibras insolúveis podem ser bem fermentadas.

Distribuição da FA de acordo com algumas de suas características (Slavin, 2013):

- Solubilidade: insolúveis – celulose, lignina, algumas pectinas, algumas hemiceluloses e amido resistente; solúveis – betaglicanos, gomas, dextrinas do trigo, *psyllium*, pectina e inulina.
- Fermentabilidade: fermentáveis – AR, pectina, betaglicanos, goma guar, inulina e dextrina do trigo; não fermentáveis – celulose e lignina.
- Viscosidade: viscosas – pectinas, betaglicanos, algumas gomas (p. ex., goma guar) e *psyllium* e não viscosas – polidextrose e lignina.

Os principais componentes da FA, que é composta de polissacarídeos não amido, oligossacarídeos resistentes, carboidratos análogos, lignina, compostos associados à FA e fibras de origem animal, são apresentados na Tabela 10.3. As características de alguns desses componentes estão descritas a seguir.

Amido resistente

O AR é a soma de amido e produtos da degradação de amido não absorvidos no intestino delgado de indivíduos saudáveis. O AR pode ser encontrado sob vários tipos: AR1 – amido fisiologicamente inacessível, presente em grãos e sementes parcialmente triturados; AR2 – grânulos

TABELA 10.3 – Componentes da fibra alimentar e suas principais fontes.

Classes	Principais grupos	Componentes/principais fontes
Polissacarídeos não amido	Celulose	Parede celular de plantas: vegetais; farelos e resíduos de beterraba obtido na produção de açúcar
	Hemicelulose	Arabinogalactanos, betaglicanos, arabinoxilanos, glicuronoxilanos, xiloglicanos, galactomananos: parede celular de vegetais; aveia; cevada
	Gomas e mucilagens	Galactomananos, goma guar e goma locusta: extratos de sementes. Goma acácia, goma karaya, goma tragacante: exsudatos de plantas. Alginatos, agar, carragenanas, goma *psyllium*: polissacarídeos de algas
	Betaglicanos	Aveia, farelo de aveia, cevada, *psyllium*, levedo de cerveja
	Pectinas	Frutas, vegetais, leguminosas, batata, resíduo de beterraba obtido na produção de açúcar
Oligossacarídeos resistentes	Frutanos	Inulina, fruto-oligossacarídeos (FOS): chicória; yacón; alho; cebola
Carboidratos análogos	Amido resistente e maltodextrinas resistentes	Várias plantas: leguminosas; milho; batata crua; banana verde. Fontes de amido gelatinizado e resfriado/congelado
	Sínteses químicas	Polidextrose, lactulose, derivativos de celulose (metilcelulose, hidroxipropilmetilcelulose)
	Sínteses enzimáticas	FOS, levano, goma xantana, galacto-oligossacarídeos, xilo-oligossacarídeos, goma guar hidrolisada
Lignina	Lignina	Plantas lenhosas
Substâncias associadas aos polissacarídeos não amido	Compostos fenólicos, proteína de parede celular, oxalatos, fitatos, ceras, cutina, suberina	Fibras de plantas
Fibras de origem animal	Quitina, quitosana, colágeno e condroítina	Fungos, leveduras, invertebrados

Fonte: adaptada de Tungland e Mayer (2002); Fuller et al. (2016).

de AR nativo, presentes na batata crua e na banana verde; AR3 – amilose e amilopectina retrogradadas, formadas nos alimentos processados (pão e cereais matinais à base de milho) e alimentos cozidos e resfriados (batata cozida); AR4 – amido quimicamente modificado, incluindo éteres e ésteres de amido, amidos com ligação cruzada e amidos pirodextrinizados. Mais recentemente foi identificado o complexo amilose-lipídio, que foi chamado AR5, em que tanto a amilose quanto as longas cadeias de amilopectina formam complexos helicoidais com os ácidos graxos, o que dificultaria a ação da alfa-amilase. Outra proposta seria que as maltodextrinas resistentes fossem classificadas como AR5 (Lockyer e Nugent, 2017).

O AR3, retrogradado, está relacionado com o processamento e/ou com o armazenamento do alimento. O amido é insolúvel em água fria, porém se gelatiniza em presença de água e calor; durante o resfriamento, ocorre a retrogradação do amido, ou seja, a recristalização na cadeia de amilose principalmente, tornando-o resistente à ação da alfa-amilase. Tanto o processamento industrial como o doméstico de alimentos-fonte de amido, que incluem aquecimento e resfriamento ou congelamento, afetam sensivelmente o teor de AR, como é o caso do feijão, do grão-de-bico, do pão, das massas, do arroz.

A farinha de banana verde, fonte de AR2, adicionada a refeições (5 g), consumidas 3 vezes/semana por 6 semanas pode aumentar a saciedade, promover redução no aporte energético de refeições subsequentes, melhorar o funcionamento intestinal além de proporcionar maior sensibilidade à insulina (Hoffmann-Sardá et al., 2016). O AR apresenta alta fermentabilidade e efeitos positivos sobre a saciedade, o funcionamento intestinal e a resposta glicêmica (Lockyer e Nugent, 2017).

Frutanos

Os frutanos são constituídos de FOS e inulina e são classificados como prebióticos. Os FOS ou oligofrutose são formados por monômeros de frutose unidos por ligações beta-2,1 e apresentam de três a nove unidades monoméricas (UM). No caso do número de UM ser maior que 10, trata-se da inulina; dessa forma, os frutanos podem apresentar de 2 a 70 UM. São carboidratos de reserva, naturalmente presentes em inúmeras espécies vegetais como cereais (trigo, centeio, cevada e aveia), raízes tuberosas (*yacón* e chicória), bulbos (alho, alho-poró e cebola), frutas (banana, maçã, pera e ameixa) e hortaliças (tomate, almeirão, aspargos, alcachofra e cebolinha). A inulina é extraída industrialmente da raiz da chicória (*Cichorium intybus*) e, por meio de hidrólise enzimática parcial, os FOS são produzidos.

Os frutanos resistem à digestão no intestino delgado e são completamente fermentados no intestino grosso. É importante ressaltar que os frutanos de reduzido número de UM têm o dobro da velocidade de fermentação que os de elevado número de UM.

Os ácidos graxos de cadeia curta (AGCC), produtos da fermentação dos frutanos, provocam a redução do pH local, o qual favorece o aumento de absorção de minerais. Estudos em ratos e humanos comprovam que a suplementação diária de inulina e FOS favorece a absorção de cálcio e a mineralização óssea, o que pode auxiliar na redução de risco de osteoporose. Os produtos da fermentação modulam a microbiota intestinal favorecendo o crescimento de determinados microrganismos, inibindo, ao mesmo tempo, o desenvolvimento das bactérias patogênicas. Todos esses fatores levam à diminuição da síntese de carcinógenos, do risco de câncer de cólon e infecções bacterianas, além de prevenir e tratar diarreias. Os frutanos aumentam também o bolo fecal, estimulam o peristaltismo e o trânsito intestinal.

Os efeitos dos frutanos sobre a glicemia e a insulinemia são contraditórios, indicando que são dependentes das condições fisiológicas do indivíduo ou da doença, mas favorecem o aumento da relação HDL-colesterol/LDL-colesterol e redução do colesterol sérico.

Os frutanos podem também contribuir para a redução de ingestão de energia. A adição de inulina (8 g) a refeições, 3 vezes/semana por 6 semanas, alterou parâmetros relacionados à saciedade/fome, com consequente redução de ingestão de energia em duas refeições subsequentes. Essas observações foram acompanhadas de alterações positivas de hormônios relacionados com a fome/saciedade (grelina, insulina e peptídeo YY) (Giuntini et al., 2015). A viscosidade reduz a taxa de absorção de nutrientes, aumentando a interação entre nutrientes e mucosa intestinal para estimular a liberação de peptídios envolvidos na regulação do apetite.

Estudos indicam que a ingestão de até 20 g de frutanos/dia pode ser bem tolerada, mas enfatizam que os sintomas gastrointestinais (dor ou desconforto abdominal, flatulência e diarreia) são dose-dependentes e variam segundo a tolerância individual. Entretanto, é bem documentada a ocorrência de diarreia com ingestão acima de 30 g de frutanos por dia. A ingestão média recomendada, para não obter os sintomas gastrointestinais citados, deve ser de 15 g/dia de frutanos.

Betaglicanos

Os betaglicanos são componentes estruturais da parede celular de fungos, leveduras, alguns cereais e gramíneas. As características estruturais, o tamanho molecular e a distribuição afetam as propriedades físicas, solubilidade e viscosidade, e também a resposta fisiológica. Esse composto tende a formar soluções viscosas e géis, sendo solúveis em água e bases diluídas. O aquecimento diminui a viscosidade, que se reverte com o resfriamento.

São encontrados principalmente na aveia e na cevada e derivados, sendo que o farelo de aveia é o alimento com a maior concentração no mercado brasileiro. Podem ser utilizados na indústria de alimentos como espessantes em bebidas lácteas, sopas, molhos, sorvetes e também como substituto de gorduras; dessa forma, tem grande aplicação do ponto de vista industrial. Dos produtos elaborados com aveia no Brasil, o farelo de aveia apresenta maior concentração de betaglicanos.

O consumo de betaglicanos propicia vários benefícios fisiológicos, especialmente ação hipocolesterolêmica, possivelmente decorrente da alteração do metabolismo e da secreção de ácidos biliares, aumentando a excreção e dificultando a reabsorção; alteração na concentração de ácidos graxos de cadeia curta, resultado da fermentação; diminuição na digestão de lipídios, provocada pela viscosidade do conteúdo gástrico; alteração nos níveis de hormônios pancreáticos e gastrointestinais, aumentando a sensibilidade à insulina e a tolerância à glicose e reduzindo a síntese hepática do colesterol.

Além disso, pode contribuir para a diminuição da absorção da glicose e para evitar o desenvolvimento de câncer de cólon. Estudos recentes sugerem que podem também produzir efeitos imunorregulatórios, protegendo contra infecções bacterianas, virais, fúngicas e parasitárias; acelerar processos de cicatrização; aumentar a regressão de tumores e favorecer a imunidade das mucosas.

Celulose, helicelulose e lignina

Esses três componentes estão interligados na parede celular, sendo que a lignina é a única fibra estrutural que não é um polissacarídeo. Trata-se de um polímero de fenilpropano, sintetizado a partir de alguns alcoóis, insolúvel em meio ácido e alcalino, não sendo digerido ou absorvido no intestino, da mesma forma que a celulose e hemicelulose. Essas fibras presentes em cereais, hortaliças e frutas contribuem para tornar o bolo fecal mais pastoso, facilitando a evacuação. A celulose modificada e os derivados da celulose (pó, cristalina, hidroxipropilmetilcelulose, metil ou carboximetil celulose) são utilizados como ingrediente pela indústria de alimentos como agentes de textura, estabilização, aumento de viscosidade, entre outros. A hemicelulose também é utilizada como espessante, emulsificante, estabilizante em alimentos industrializados.

A lignina pode reter sais biliares e outros materiais orgânicos, bem como retardar ou reduzir a absorção de nutrientes. A celulose tem capacidade de retenção de água; cada grama de celulose pode reter 0,4 g de água no intestino grosso. Embora essa quantidade seja considerada modesta em relação a outros componentes mais viscosos, contribui para tornar o bolo fecal mais pastoso, facilitando a evacuação.

Compostos bioativos associados à FA

Os componentes dos alimentos vegetais que não são digeridos ou absorvidos no intestino delgado e que chegam ao cólon, em que são utilizados como substrato de fermentação pela microbiota são denominados fração indigerível, que engloba: carboidratos (fibras, AR, açúcares, álcool e oligossacarídeos); compostos nitrogenados (proteínas resistentes, enzimas e ureia) e FA associada a compostos antioxidantes e de importância nutricional, como vitaminas (C, E e A), polifenóis (PP) (flavonoides, ácido fenólico, estilbenos e taninos) e carotenoides (carotenos e xantofilas). As propriedades biológicas dos compostos antioxidantes dependem da solubilização no intestino delgado (sendo solubilizados: vitaminas; polifenóis de baixo PM e carotenoides) e os antioxidantes inacessíveis e/ou associados à FA (principalmente, PP poliméricos e PP de baixo PM ligados à fibra, pequenas quantidades de carotenoides e outros) passam para o colón, em que ocorre a liberação da FA por ação das bactérias da microbiota, produzindo metabólitos e proporcionando um ambiente antioxidante. Cerca de 50% do total de antioxidantes da dieta, principalmente os polifenóis, passam pelo intestino delgado, associados à FA. Assim, a FA tem a função essencial de transportar compostos antioxidantes até o intestino grosso (Saura-Calixto, 2011). Os estudos epidemiológicos mostram claramente que o consumo diário de cereais integrais estão relacionados com a diminuição do risco de desenvolvimento de DCNT, e muitos dos efeitos são decorrentes da presença da FA e em particular, dos polifenóis associados à FA, que os transporta até o cólon (Fardet, 2013).

MODULAÇÃO DA MICROBIOTA INTESTINAL

A degradação anaeróbia provocada por bactérias microbianas de componentes da dieta, que não são digeridos por enzimas intestinais nem absorvidos no trato gastrointestinal superior, é chamada fermentação colônica. Esse processo fermentativo é modulado pela quantidade de substrato disponível e pela estrutura, pela quantidade e espécies de microrganismos da microbiota intestinal e também, pelo tempo de contato entre estes microrganismos e o substrato.

O substrato para a fermentação é constituído da chamada fração indigerível e também de uma porção considerável de mucina, células epiteliais, enzimas e outros produtos de origem endógena. A fermentação colônica pode ser sacarolítica ou proteolítica. A fermentação proteolítica produz ácidos graxos de cadeia ramificada, especialmente isobutírico, 2-metil-butírico e isovalérico. Os produtos finais da fermentação sacarolítica são os ácidos graxos de cadeia curta (AGCC), principalmente acetato, propionato e butirato; gases (hidrogênio, dióxido de carbono, oxigênio, amônia, metano) e ácido láctico.

A microbiota intestinal é composta de microrganismos considerados benéficos, patogênicos e neutros, dos quais 90% são anaeróbios, bacteroides e bifidobactérias. As bifidobactérias produzem vitaminas B1, B2, B6, B12, ácido nicotínico, folato e biotina. Além disso, têm efeito protetor sobre o fígado ao evitar o predomínio de organismos patogênicos, produtores de substâncias tóxicas. Com isso, diminuem o trabalho do fígado de purificar as substâncias absorvidas pelo intestino delgado.

O pH normal do cólon humano varia de 5,5 a 7,5, e 50% dos AGCC encontram-se na forma dissociada. Alguns efeitos dos AGCC são decorrentes da diminuição do pH intracolorretal, em pH 6,0, os ácidos biliares encontram-se protonados e insolúveis, não sendo, assim, absorvidos pelos colonócitos. Em pH mais baixo ainda, diminui a conversão de ácidos biliares primários em secundários, por meio de bactérias, reduzindo assim o potencial carcinogênico.

A microbiota intestinal pode variar conforme diversas condições do hospedeiro desde o nascimento. No adulto, é influenciada pela alimentação, pelo código genético, meio em que a pessoa vive, uso de antibióticos, estresse, por infecções, pela idade, pelo clima, pelo trânsito intestinal e por doenças em outros órgãos como o fígado ou o rim.

Os microrganismos proporcionam ao hospedeiro uma série de processos, como digestão de macronutrientes da dieta de estrutura complexa, produção de nutrientes e vitaminas, defesa contra patógenos, e manutenção do sistema imune. Há dados demonstrando que a desbiose – desequilíbrio da microbiota – está associada a diferentes doenças, incluindo doenças metabólicas e inflamatórias do intestino. Um dos mecanismos pelo qual a microbiota afeta a saúde humana é pela capacidade de produzir tanto metabólitos associados com o desenvolvimento de doenças como benéficos, que protegem contra elas.

Os AGCC, a principal classe de metabólitos produzidos pela fermentação, atuam como moléculas sinalizadoras (ativando diretamente receptores acoplados à proteína G e alterando o padrão de acetilação de histonas) e fornecedoras de energia. Os AGCC afetam vários processos fisiológicos e podem contribuir para a saúde e para a doença (Koh et al., 2016).

O acetato ou o propionato no lúmen são reconhecidos pelos receptores GPR41 e GPR43, proporcionando a liberação de peptídio YY (PYY) e *Glucagon Like Peptide* (GLP-1), os quais afetam a saciedade e o trânsito intestinal. O butirato pode atuar como ativador de histona acetiltransferases (HAT) nas células normais e inibidor de histona deacetilases (HDAC) nas células cancerígenas. O butirato luminal exerce efeitos anti-inflamatórios via GPR109A e inibição de HDAC. O propionato pode ser convertido em glicose pela gliconeogênese intestinal, proporcionando saciedade e diminuição da produção de glicose hepática. Os AGCC também podem atuar em outros locais do intestino, como sistema nervoso entérico, estimulando a motilidade e a atividade secretora, ou nas células imunes na lâmina própria, reduzindo a inflamação e a tumorgênese (Koh et al., 2016). Wallace et al. (2017) ressaltam a importância da modulação da microbiota pelas fibras prebióticas; a produção dos AGCC promove aumento da absorção e da retenção de cálcio e melhora dos indicadores de saúde óssea em diferentes idades. Os autores sinalizam que estes carboidratos podem ser uma alternativa para o controle da osteoporose, que está se tornando um problema de saúde pública pelo aumento da longevidade.

Estudos têm avaliado o tipo de dieta consumida e a prevalência de determinados gêneros e filos de microrganismos, os filos Actinobacterias e Bacteroidetes (principalmente gênero Prevotella) têm sido associados ao consumo de FA, enquanto o gênero Bacteroides está mais associado às dietas ricas em proteína e gordura animal.

Populações com dieta rica em carboidratos e FA, como caçadores de determinadas regiões da África, têm elevada biodiversidade da microbiota intestinal em comparação com italianos de centros urbanos. Em contraste, consumidores de dieta rica em gordura e sacarose, por longo período, têm grande redução na biodiversidade da microbiota. Sonnenburg et al. (2016) alertam sobre o efeito deletério das dietas sem FA sobre a microbiota intestinal, incluindo a possibilidade de extinção de componentes da microbiota nas gerações futuras. Como muitas doenças são associadas à dieta ocidental, que contém pouca FA, já foi levantada a hipótese de se fazer uma reprogramação da microbiota, o que envolve tanto o consumo de dieta rica em FA como a reposição dos gêneros, os quais não estão presentes em pessoas com dieta ocidental.

PAPEL DA FA NA EPIDEMIOLOGIA DAS DCNT

Contextualizando o conceito atual de FA, cabe comentar alguns aspectos fisiológicos dos componentes.

A FA produz inúmeros efeitos fisiológicos, sendo classificada como prebióticos ou não. Esses efeitos podem contribuir de forma significativa para a diminuição do risco das DCNT e auxiliar no tratamento. De modo geral, a FA está relacionada com a redução de risco de diabete tipo 2 (DT2), doenças cardiovasculares (DCV), síndrome do cólon irritável, obesidade, diverticulose e câncer colorretal, uma vez que tem propriedades para atuar na retenção de água no cólon distal e adsorver compostos carcinogênicos e ácidos biliares. Também contribui para reduzir o pH do ceco, contribui para a perda de peso, aumenta a saciedade, reduz a resposta glicêmica pós-prandial, promove a redução de colesterol e triacilglicerol plasmáticos, evita constipação intestinal, modula a microbiota intestinal entre outras (Fuller et al., 2016).

As metas de ingestão alimentar propostas para a redução de risco de DCNT enfatizam de forma acentuada a ingestão adequada de FA (WHO/FAO, 2003). Com relação aos carboidratos e FA, os carboidratos totais devem corresponder a 55 a 75% da energia total, e a ingestão de FA total deve ser maior que 25 g/dia ou mais de 20 g no caso de polissacarídeos não amido. Uma alimentação saudável deve conter: frutas; vegetais; leguminosas (p. ex., feijões, lentilhas); nozes e castanhas; cereais integrais (p. ex., milho não processado, aveia, trigo, arroz); pelo menos 400 g (5 porções) de frutas e vegetais por dia (batata, batata-doce, mandioca e outras raízes com alto conteúdo de amido não devem ser considerados nestes grupos de alimentos). No caso do Brasil, as leguminosas (feijão, grão-de-bico, lentilha, ervilha) são uma importante fonte de FA.

Há estudos que comprovam que a adequada ingestão de FA diminui o risco de obesidade quando aliada à atividade física. Recentes publicações evidenciaram que a inclusão desse componente, acompanhada de uma alimentação saudável e em quantidades adequadas, estimula a perda de peso. Ao mesmo tempo, alimentos com elevada concentração de carboidratos não disponíveis, os quais proporcionam reduzido aumento da resposta glicêmica pós-prandial (alimentos de baixo índice glicêmico [IG] ou baixa carga glicêmica [CG]), geralmente estão presentes nas fontes de FA, sendo o consumo recomendado, pois possivelmente diminuem o risco de obesidade. O consumo de alimentos com elevado conteúdo de FA e baixo IG beneficia a perda de peso da seguinte forma: agindo sobre a saciedade, regulando a ingestão energética da refeição seguinte e/ou promovendo a oxidação lipídica.

O consumo de FA pode reduzir o risco de DT2, principalmente pelo maior controle na liberação de insulina. Em estudo prospectivo, que durou mais de seis anos, com a participação de 65 mil enfermeiras saudáveis norte-americanas, concluiu-se que dietas com alta CG e restrita em FA aumentam em 2,5 vezes o risco de desenvolver DT2. Estudo de metanálise avaliando 37 estudos observacionais confirmou a hipótese de que a hiperglicemia pós-prandial, de pessoas não diabéticas, é um mecanismo universal para a progressão de DCNT (Barclay et al., 2008). Outra metanálise, com 15.573 casos de DT2 entre 316.051 participantes, avaliando 7 estudos observacionais e 1 prospectivo, evidenciou que a ingestão de 45 g/dia de cereal integral (CI) pode induzir a redução relativa de 20% no risco de DT2, em uma população que consome apenas 7,5 g/dia de CI (Chanson-Rolle et al., 2015).

A diminuição do risco de DCNT decorrente do consumo de CI têm sido evidenciada em diferentes estudos. Os CI geralmente representam uma rica fonte de FA (por exemplo, o grão de trigo integral contém de 9 a 17% de FA de alta fermentabilidade), vitaminas, minerais e uma série de outras substâncias bioativas protetoras (por exemplo, o trigo integral contém pelo menos 2% de compostos bioativos). Essa quantidade de determinados bioativos parece pequena para proporcionar efeito significativo, entretanto acredita-se que a combinação destas substâncias bioativas e a FA é que resulta em efeitos positivos na saúde (Fardet, 2013).

Metanálise dose-resposta envolvendo 10 estudos prospectivos tipo coorte, por período de 5,5 a 26 anos, com 92.647 mortes entre 782.751 participantes, indicou redução de risco de mortalidade pelo aumento de

30 g/dia na ingestão de CI de 8% para doença cardíaca coronariana, 5% para DCV e 7% para todas as causas (Li et al., 2016).

A alta ingestão de FA está associada à redução de risco de desenvolvimento de DCV, quando aliada a outros fatores, como atividade física regular, consumo de frutas e vegetais e controle de ingestão lipídica. No entanto ainda é difícil estabelecer quais componentes exatamente exercem tais efeitos protetores, uma vez que fibras isoladas apresentam efeitos controversos.

No caso do câncer, provavelmente o consumo de frutas e vegetais e, possivelmente, o consumo de FA estão envolvidos na redução de risco de desenvolvimento da doença. Nesse caso, a dificuldade de estabelecer essa relação está no longo período de latência da doença. Esses efeitos parecem estar mais relacionados aos AGCC produzidos pela fermentação de alguns tipos de fibra. O butirato é a principal fonte de energia para os colonócitos e pode estar envolvido na diminuição do risco de câncer colorretal e colite.

Resultados de metanálises (prospectivos tipo coorte e/ou observacionais) envolvendo o efeito dose-resposta de cereal integral (CI) e risco de DCNT, justificam a recomendação de aumento da ingestão de CI nas guias alimentares para população em geral. De forma resumida, a ingestão de uma porção de 30 g/dia de CI é suficiente para reduzir o risco de mortalidade por todas as causas e, de maneira específica, por DCV e doença cardíaca coronariana. Com ingestão de 48 a 50 g/dia de CI ocorre redução de risco de desenvolvimento de DT2 e DCV; e diminuição de risco de mortalidade por todas as causas, bem como por DCV e câncer total especificamente.

Com ingestão de 90 g/dia (3 porções) de CI pode ocorrer (Aune et al., 2016): (i) redução de risco, tanto de incidência como de mortalidade, de doença cardíaca coronariana, DCV, câncer total, e também por todas as causas; (ii) redução de risco de câncer colorretal; (iii) redução de risco de mortalidade por doenças respiratórias, diabete, doenças infecciosas e todas as causas não DCV e não cancerígena. A ingestão de até 210 a 225 g/dia de CI promove reduções ainda maiores para risco de desenvolvimento de doença cardíaca coronariana, além do menor risco de mortalidade por câncer total, doenças respiratórias e também por todas as causas não cardiovasculares e não cancerígenas. Entretanto, o consumo maior que 90 g de CI não proporciona maior diminuição de risco para DT2.

A seguir, estão exemplificadas concentrações de FA e carboidratos (totais e disponíveis) em alimentos brasileiros (Tabela 10.4).

INGESTÃO DE FA E AR PELA POPULAÇÃO BRASILEIRA

O Brasil é um país extenso, com características regionais acentuadas, principalmente no que se refere aos hábitos alimentares. Apesar da necessidade de informações sobre consumo alimentar, elas são bastante escassas, e os dados existentes talvez não reflitam o real perfil de ingestão de FA da população brasileira e, consequentemente, de AR.

A estimativa de ingestão atual de FA e AR foi projetada sobre os dados de aquisição de alimentos da Pesquisa sobre Consumo Alimentar de 1978 e da Pesquisas de Orçamento Familiar (POF) de 1987/1988 a 2008/2009, pesquisa e publicações da Fundação Instituto Brasileiro de Geografia e Estatística (IBGE), baseando-se na concentração de FA e AR de alimentos brasileiros disponíveis na Tabela Brasileira de Composição de Alimentos – USP (www.fcf.usp.br/tbca) (USP, 2017). Na Tabela 10.4, estão apresentados dados de alguns alimentos-fontes de FA mais consumidos no Brasil.

Em 2008/2009 (Brasil, 2010), foi estimado que a ingestão média *per capita* de FA pela população brasileira foi da ordem de 12,5 g/dia, sendo 5,1 g/dia provenientes de cereais e tubérculos, 5,5 g/dia de leguminosas, 0,8 g/dia de hortaliças e 1,16 g/dia de frutas (Figura 10.1).

É possível observar que as leguminosas, principalmente o feijão, é o alimento que apresenta maior disponibilidade de FA dentro do domicílio, em todos os estados. No Pará, a farinha de mandioca, alta fonte de FA, também é bastante consumida, fazendo que essa capital apresente uma ingestão de FA bem superior à média das capitais. Pode-se observar que há reduzida aquisição e, consequente, baixo consumo de frutas, legumes e verduras, alimentos tradicionalmente considerados fonte de FA, fato que foi reforçado pela pesquisa sobre consumo alimentar realizada também em 2008/2009 (Brasil, 2011). Assim sendo, a ingestão de FA pela população brasileira pode ser indiretamente avaliada por meio do consumo de feijão, arroz polido e pão francês. Embora estes dois últimos não sejam fontes expressivas, são consumidos em todos os estados em quantidades significativas, fato que é observado em todos os períodos

TABELA 10.4 – Concentração de fibra alimentar, carboidrato total e carboidrato disponível em alimentos consumidos pela população brasileira (em medida usual).

Alimento	Medida usual	Peso (g)	Carboidrato total (g)	Carboidrato disponível (g)	Fibra alimentar total (g)
Alface crua, *Lactuca sativa* L.	1 xícara de chá	40	0,85	0,17	0,68
Almeirão refogado, *Chichorium intybus*	2 colheres de sopa	40	2,48	0,44	2,03
Arroz polido, cozido, *Orysa sativa* L.	6 colheres de sopa	80	23,97	23,04	0,96
Aveia, fibras, *oat bran*, *Avena sativa*	2 ½ colheres de sopa	30	17,22	12,43	4,79
Aveia, flocos grossos, *Avena sativa*	2 colheres de sopa	25	16,40	13,95	2,46
Banana-nanica, *Musa* ssp.	1 unidade média	110	24,00	22,13	1,87
Biscoito doce, maisena, Tostines®	6 unidades	30	22,87	22,05	0,82
Brócolis cozidos/10 minutos, *Brassica oleracea* L., *Hamanore*	4 colheres de sopa (picado)	50	2,22	0,59	1,64
Cenoura crua, *Daucus carota* L., beta 3	4 colheres de sopa (ralada)	28	2,11	1,28	0,83
Feijão-carioca cozido/45 minutos, *Phaseolus vulgaris* L.	3 colheres de sopa (sem caldo)	50	7,63	4,10	3,53
Feijão-preto cozido, *Phaseolus vulgaris* L.	3 colheres de sopa (sem caldo)	50	7,00	2,80	4,20
Goiaba branca c/ casca e caroço, *Psidium guajava*	1 unidade grande	189	25,38	14,46	10,92

(continua)

TABELA 10.4 – Concentração de fibra alimentar, carboidrato total e carboidrato disponível em alimentos consumidos pela população brasileira (em medida usual). *(continuação)*

Alimento	Medida usual	Peso (g)	Carboidrato total (g)	Carboidrato disponível (g)	Fibra alimentar total (g)
Grão-de-bico cozido/30 minutos, *Cicer arietinum* L.	3 colheres de sopa (sem caldo)	42	8,93	5,97	2,96
Laranja-lima, c/ bagaço, *Citrus aurantium* L.	1 unidade média	109	11,28	9,13	2,16
Laranja-pera, c/ bagaço, *Citrus aurantium* L.	1 unidade média	137	11,82	9,95	1,86
Maçã-fuji, c/ casca, *Malus sylvestris Mill*	1 unidade grande	130	19,70	17,94	1,76
Pão de trigo, fôrma, integral	2 fatias	50	24,62	22,25	2,37
Pão de trigo, pão francês	1 unidade	50	31,10	30,00	1,09
Repolho cru, *Brassica oleracea* L.	4 colheres de sopa (picado)	25	1,11	0,63	0,48
Tomate cru, *Lycopersicum esculentum* M.	1 unidade	109	4,16	2,42	1,74

Fonte: USP (2017).

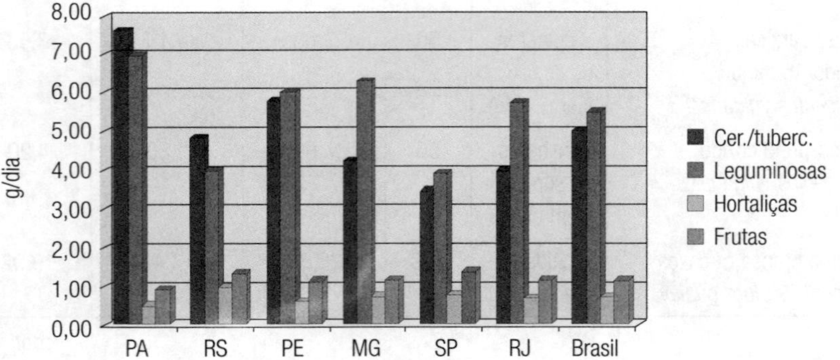

FIGURA 10.1 – Ingestão estimada de FA, de acordo com a participação dos grupos de alimentos, em seis capitais de estados brasileiros (2008/2009).

avaliados. A aquisição desses alimentos tem declinado com o passar do tempo e, com isso, a ingestão estimada no domicílio de FA, que era de 19,3 g/dia aproximadamente na década de 1970, passou para 16 g/dia na década de 1980, para 12,4 g/dia na de 1990. Em 2003, subiu para 15,3 g/dia e voltou a cair para 12,5 em 2009 (Tabela 10.5). Esses resultados refletem significativa queda global na ingestão de FA durante 40 anos, decorrente da mudança de hábitos alimentares da população, das mudanças no estilo de vida e de alterações no perfil socioeconômico do país.

Cabe lembrar que esses valores são estimados sobre a disponibilidade da FA presente nos alimentos comprados pelas famílias nessas capitais. Porém, a ingestão de FA fora do domicílio, por parte de membros da família, não deve apresentar impacto significativo na média, uma vez que os alimentos-fontes de FA consumidos fora do domicílio, não representam mais do que 20% do total de alimentos consumidos.

No Brasil, a ingestão estimada de AR, de 3,2 g/dia em 2008/2009, vem sofrendo redução ao longo do tempo, tendo sido por volta de 5 g/dia na década de 1970. Essa evolução acompanhou a redução de disponibilidade de carboidratos totais no domicílio/*per capita*, que foi ao redor de 37% no período (Tabela 10.5).

Vale ressaltar que a ingestão estimada de carboidratos apresentadas na Tabela 10.5 representa os carboidratos presentes nos alimentos-fontes de FA, e não inclui outras fontes de carboidratos, como açúcares, doces, refrigerantes, biscoitos e outros.

Avaliando a disponibilidade intrafamiliar pode-se observar que, durante a década de 1970, a ingestão estimada de FA representava 77% da meta de ingestão mínima recomendada pela WHO/FAO (2003) de 25 g/dia, passando para 64% nos anos de 1980, 50% nos de 1990 e 61% em 2003 e voltando a 50% em 2009 (Tabela 10.5). Para o AR não existem recomendações específicas. O consumo reduzido de alimentos considerados fontes de FA e AR, observado junto à população brasileira, é relevante, considerando os efeitos fisiológicos benéficos decorrentes da ingestão adequada desses componentes que podem auxiliar na diminuição do risco de inúmeras DCNT, mas dificilmente será modificado de forma positiva em curto prazo. Com relação ao consumo de cereais integrais pela população, o arroz integral corresponde a 5% do consumo de arroz polido

TABELA 10.5 – Ingestão estimada de carboidratos, FA e AR em seis estados brasileiros, de 1970 a 2000 (g/dia).

	Carboidratos*					Fibra alimentar (FA)					Amido resistente (AR)				
	1978	1988	1996	2003	2009	1978	1988	1996	2003	2009	1978	1988	1996	2003	2009
PA	273	234	225	259	219	18,7	16,9	15,7	17,9	16,1	4,1	3,7	3,4	3,9	3,3
RS	301	228	183	194	166	17,9	13,4	8,5	14,4	11,6	5,9	3,6	2,7	3,1	2,9
PE	286	228	250	191	189	21,7	17,7	15,3	17,9	13,7	5,2	4,4	4,3	4,2	3,9
MG	284	277	210	251	197	17,8	15,9	10,3	18,2	12,4	4,8	4,4	3,5	4,6	3,5
SP	276	235	158	170	141	18,8	15,3	9,3	11,2	9,5	4,8	4,0	2,8	3,1	2,7
RJ	285	234	238	154	155	20,8	16,7	15,0	12,1	11,7	5,3	4,2	3,5	3,0	3,0
Média	284	239	211	203	178	19,3	16,0	12,4	15,3	12,5	5,0	4,1	3,4	3,7	3,2

* Soma dos carboidratos dos alimentos-fontes de FA mais consumidos pela população de cada capital.

Fonte: adaptada de Lajolo et al. (2001); POF 2002/2003 (Brasil, 2004); POF 2008/2009 (Brasil, 2010).

(160 g/dia) e o pão integral menos de 2% do consumo de pão de sal (53 g/dia) (Brasil, 2011). Essas informações mostram claramente que apenas pequena parte da população consome esses produtos regularmente.

Programas de orientação nutricional e reeducação alimentar voltados para a população brasileira são necessários e devem estimular a manutenção de certos hábitos alimentares praticados pela população em décadas anteriores, como o consumo de arroz e feijão e de alimentos que contenham carboidratos não disponíveis, frutas e vegetais. Esses alimentos contribuem tanto para ingerir quantidades adequadas de FA, AR e de outros nutrientes como para diversificar o tipo de FA adquirida, a qual pode estar associada com compostos bioativos, como os fenólicos e outros. Alternativamente, a produção de alimentos funcionais para necessidades específicas pode também ser interessante.

A população brasileira, de modo geral, está consumindo cada vez menos alimentos-fontes de FA, exatamente quando as diretrizes para a diminuição do risco de DCNT preconizam ingestão significativa desse componente (> 25 g/dia). Deve haver maior esforço para divulgar e estimular o consumo de alimentos-fonte de FA, como leguminosas, cereais integrais, frutas, legumes e verduras, enfatizando os produtos sazonais e locais.

REFERÊNCIAS

AUNE, D.; KEUM, N.; GIOVANNUCCI, E. et al. Nut consumption and risk of cardiovascular disease, total cancer, all cause and cause-specific mortality: a systematic review and dose response meta-analysis of prospective studies. *BMC Med*, v. 14, art. 207, 2016.

BARCLAY, A. W.; PETOCZ, P.; MCMILLAN-PRICE, J. et al. Glycemic index, glycemic load, and chronic disease risk – a meta-analysis of observational studies. *Am J Clin Nutr*, v. 87, p. 627-637, 2008.

BINDELS, L. B., DELZENNE, N. M., CANI, P. D., WALTER, J. Towards a more comprehensive concept for prebiotics. *Nat Rev Gastroenterol Hepatol*, v. 12, n. 5, p. 303-310, 2015.

BRASIL. Agência Nacional de Vigilância Sanitária (Anvisa). *Alimentos com alegações de propriedades funcionais e ou de saúde*. Disponível em: <http://portal.anvisa.gov.br/alimentos/alegacoes.>. Acesso em: abril de 2018.

______. Pesquisa de Orçamentos Familiares (POF) 2002/2003. *Aquisição alimentar domiciliar per capita, Brasil e grandes regiões.* Instituto Brasileiro de Geografia e Estatística – IBGE. Rio de Janeiro, 2004.

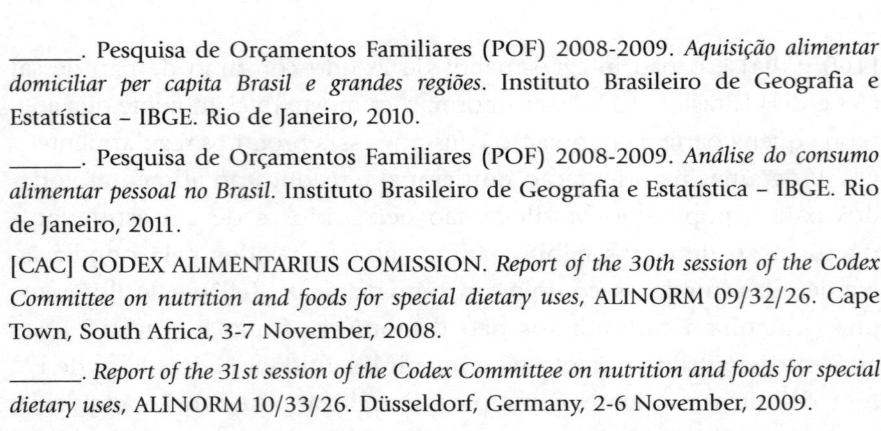

______. Pesquisa de Orçamentos Familiares (POF) 2008-2009. *Aquisição alimentar domiciliar per capita Brasil e grandes regiões*. Instituto Brasileiro de Geografia e Estatística – IBGE. Rio de Janeiro, 2010.

______. Pesquisa de Orçamentos Familiares (POF) 2008-2009. *Análise do consumo alimentar pessoal no Brasil*. Instituto Brasileiro de Geografia e Estatística – IBGE. Rio de Janeiro, 2011.

[CAC] CODEX ALIMENTARIUS COMISSION. *Report of the 30th session of the Codex Committee on nutrition and foods for special dietary uses*, ALINORM 09/32/26. Cape Town, South Africa, 3-7 November, 2008.

______. *Report of the 31st session of the Codex Committee on nutrition and foods for special dietary uses*, ALINORM 10/33/26. Düsseldorf, Germany, 2-6 November, 2009.

CHANSON-ROLLE A.; MEYNIER A.; AUBIN F. et al. Systematic review and meta--analysis of human studies to support a quantitative recommendation for whole grain intake in relation to type 2 diabetes. *PLoS One*, v. 10, n. 6, art. e0131377, 2015.

[FAO/WHO] FOOD AND AGRICULTURE ORGANIZATION/WORLD HEALTH ORGANIZATION. *Carbohydrates in human nutrition: report of a joint FAO/WHO expert consultation*, April 14-18, 1997. Food and Nutrition Paper, 66, Roma, 1998.

[FAO] FOOD AND AGRICULTURE ORGANIZATION. *Food Energy – methods of analysis and conversion factors: report of a technical workshop*. Food and Nutrition Paper, 77, 87p., 2003.

______. *FAO Technical Meeting on Prebiotics, Rome. Advance Analytical Technologies*. Disponível em: <http://www.aat-taa.eu/index/en/company/download/1262610500>. Acesso em: abril de 2018.

FARDET, A. Wholegrains from a mechanistic view. *CFW Plexus*. 2013. Disponível em: <http://dx.doi.org/10.1094/CPLEX-2013-1001-01B>. Acesso em: abril de 2018.

FULLER, S. et al. New horizons for the study of dietaryfiber and health: A review. *Plant Foods Hum Nutr*, v. 71, p. 1-12, 2016.

GIBSON, G. R.; ROBERFROID, M. B. Dietary modulation of the human colonic microbiota. Introducing the concept of prebiotics. *J Nutr*, v. 125, n. 6, p. 1401-1412, 1995.

GIBSON, G. R. et al. The International Scientific Association for Probiotics and Prebiotics (ISAPP) consensus statement on the definition and scope of prebiotics. Expert Consensus Document. *Nat Rev Gastroenterol Hepatol*, v. 14, p. 491-502, 2017.

GIUNTINI E. B. et al. Gastrointestinal hormones modulation after a double-blind interventional study with unavailable carbohydrates. *Food Res Int*, v. 77, p. 17-23, 2015.

HOFFMANN-SARDÁ, F. A. et al. Impact of resistant starch from unripe banana flour on hunger, satiety, and glucose homeostasis in healthy volunteers. *J Func Foods*, v. 24, p. 63-74, 2016.

KOH, A. et al. From dietary fiber to host physiology: short-chain fatty acids as key bacterial metabolites. *Cell*, v. 165, n. 2, p. 1332-1345, 2016.

LAJOLO, F.M.; SAURA-CALIXTO, F.; PENNA, E. W.; MENEZES, E. W. (Eds.). *Fibra dietética em Iberoamérica*: tecnología y salud. São Paulo: Varela, 2001. p. 311-338.

LI, B. et al. Consumption of whole grains in relation to mortality from all causes, cardiovascular disease, and diabetes. Dose-response meta-analysis of prospective cohort studies. *Medicine*, v. 95, art. 33(e4229), 2016.

LOCKYER, S.; NUGENT, A. P. Health effects of resistant starch. *Nutr Bull*. v. 42, p. 10-41, 2017.

MCCLEARY, B. V. Modification to AOAC official methods 2009.01 and 2011.25 to allow for minor overestimation of low molecular weight soluble dietary fiber in samples containing starch. *J AOAC Int*, v. 97, n. 3, p. 896-901, 2014.

MENEZES, E. W. et al. Codex dietary fibre definition – Justification for inclusion of carbohydrates from 3 to 9 degrees of polymerization. *Food Chem*, v. 140, p. 581-585, 2013.

ROBERFROID, M. B. Functional foods: concepts and applications to inulin and oligofructose. *Brit J Nutr*, v. 87 (Supl. 2), p.139-143, 2002.

SAURA-CALIXTO, F. Dietary fiber as a carrier of dietary antioxidants: an essential physiological function. *J Agric Food Chem*, v. 59, n. 1, p. 43-49, 2011.

SLAVIN J. Fiber and prebiotics: Mechanisms and health benefits. *Nutrients*, v. 5, p. 1417-1435, 2013.

TROWELL, H. Definition of dietary and hypotheses that is a protector factor in certain diseases. *Am J Clin Nutr*, v. 29, p. 417-427, 1976.

TUNGLAND, B. C.; MEYER, D. Nondigestible oligo- and polysaccharides (Dietary Fiber): Their physiology and role in human health and food. *Comp Rev Food Sci Food Saf*. v. 1, n. 3, p. 90-109, 2002.

[USP] UNIVERSIDADE DE SÃO PAULO. Tabela brasileira de composição de alimentos. Food Research Center (FoRC). Versão 6.0. São Paulo. Disponível em: <http://fcf.usp.br/tbca/>. Acesso em: abril de 2018.

WALLACE, T. C. et al. New frontiers in fibers: Innovative and emerging research on the gut microbiome and bone health. *J Am Coll Nut*, v. 36, n. 3, p. 218-222, 2017.

[WHO/FAO] WORLD HEALTH ORGANIZATION/FOOD AND AGRICULTURE ORGANIZATION. *Diet, Nutrition and Prevention of Chronic Diseases*. Genebra. WHO/FAO expert consultation. WHO Technical Report Series, 916, 2003.

ANEXOS

ANEXO 1
EQUIVALENTES CALÓRICOS (KCAL) DE PORÇÕES DOS GRUPOS DE ALIMENTOS – VALORES APROXIMADOS PARA PESOS (G) E MEDIDAS USUAIS DE CONSUMO

ARROZ, PÃO, MASSA, BATATA E MANDIOCA
1 PORÇÃO = 150 KCAL

Alimentos	Peso (g)	Medidas usuais de consumo
Amido de milho	40	2 ½ colheres de sopa
Angu	105	3 colheres de sopa
Arroz branco cozido	125	4 colheres de sopa
Arroz integral cozido	140	6 colheres de sopa
Aveia em flocos	37	2 ½ colheres de sopa
Batata cozida	200	1 ½ unidade
Batata-doce cozida	150	1 ½ colheres de servir
Batata frita (palito)	110	2 ½ colheres de servir
Batata frita tipo *chips*	27	½ pacote
Batata frita tipo palha	27	1 colher de servir
Batata inglesa corada picada	90	3 colheres de sopa
Batata *sauteé*	125	2 ½ colheres de servir
Biscoito tipo *cookies* chocolate	30	2 unidades
Biscoito tipo água e sal	33	6 unidades
Biscoito tipo *cream cracker*	33	6 unidades
Biscoito tipo Club Social	26	1 pacote
Biscoito tipo Club Social integral	26	1 pacote
Biscoito de leite	30	6 unidades
Biscoito tipo maisena	35	7 unidades
Biscoito tipo Maria	35	7 unidades

(continua)

ARROZ, PÃO, MASSA, BATATA E MANDIOCA *(CONTINUAÇÃO)*
1 PORÇÃO = 150 KCAL

Alimentos	Peso (g)	Medidas usuais de consumo
Biscoito recheado chocolate/doce de leite/ morango	30	2 unidades
Biscoito tipo *waffer* chocolate/morango/ baunilha	30	4 unidades
Bolo de banana	50	1 fatia
Bolo de cenoura com cobertura de chocolate	40	1 fatia
Bolo de chocolate	35	1 fatia
Bolo de milho	50	1 fatia
Bolo simples	50	1 fatia
Cará cozido/amassado	126	3 ½ colheres de sopa
Cereal matinal	43	1 xícara de chá
Chia (semente)	30	2 colheres de sopa
Farinha de aveia	37	2 ½ colheres de sopa
Farinha de mandioca	40	2 ½ colheres de sopa
Farinha de milho	42	3 ½ colheres de sopa
Farofa de farinha de mandioca	37	½ colher de servir
Gergelim integral	27	2 ½ colheres de sopa
Granola	40	2 ½ colheres de sopa
Inhame cozido/amassado	126	3 ½ colheres de sopa
Linhaça dourada (grãos)	30	2 colheres de sopa
Macarrão cozido	105	4 colheres de sopa
Mandioca cozida	128	4 colheres de sopa
Milho-verde em espiga	100	1 unidade
Milho-verde (em lata)	142	7 colheres de sopa
Pamonha	100	1 unidade

(continua)

ARROZ, PÃO, MASSA, BATATA E MANDIOCA *(CONTINUAÇÃO)*
1 PORÇÃO = 150 KCAL

Alimentos	Peso (g)	Medidas usuais de consumo
Pão de batata	50	1 unidade
Pãozinho caseiro	55	½ unidade
Pão de centeio	60	2 fatias
Pão de forma integral	50	2 fatias
Pão de forma tradicional	50	2 fatias
Pão de queijo	60	1 unidade
Pão de queijo mini	60	6 unidades
Pão francês	50	1 unidade
Pão tipo *hot dog*	50	1 unidade
Pão tipo bisnaguinha	60	3 unidades
Pipoca com sal	30	3 xícaras de chá
Polenta cozida	250	3 fatias
Purê de batata	130	2 colheres de servir
Quinoa (crua)	45	¼ xícara de chá
Torrada salgada	40	4 unidades
Torrada fibras	40	4 unidades
Torrada glúten	40	4 unidades
Torrada (pão francês)	33	6 fatias

VERDURAS E LEGUMES
1 PORÇÃO = 15 KCAL

Alimentos	Peso (g)	Medidas usuais de consumo
Abóbora cozida (menina, japonesa, moranga)	70	2 colheres de sopa
Abobrinha cozida	80	3 colheres de sopa
Acelga cozida	85	2 ½ colheres de sopa
Acelga crua (picada)	90	9 colheres de sopa
Agrião	132	22 ramos
Aipo cru	80	2 unidades
Alcachofra cozida	35	¼ unidade
Alface lisa	120	11 folhas
Alface-americana	120	6 folhas
Almeirão	60	5 folhas
Aspargo em conserva	80	8 unidades
Aspargo fresco cozido	73	6 ½ unidades
Berinjela cozida	60	2 colheres de sopa
Beterraba cozida	43	3 fatias
Beterraba crua ralada	42	2 colheres de sopa
Brócolis cozido	60	4 ½ colheres de sopa
Broto de alfafa cru	50	1 ½ xícara
Broto de bambu cru	60	1 unidade
Broto de feijão cozido	80	1 ½ colher de servir
Cenoura cozida (fatias)	35	7 fatias
Cenoura cozida (picada)	35	1 ½ colher de sopa
Cenoura crua (picada)	40	1 colher de servir
Chuchu cozido	57	2 ½ colheres de sopa
Cogumelo em conserva	63	9 unidades
Couve-de-bruxelas	40	2 ½ unidades
Couve-flor cozida	69	3 ramos

(continua)

VERDURAS E LEGUMES *(CONTINUAÇÃO)*
1 PORÇÃO = 15 KCAL

Alimentos	Peso (g)	Medidas usuais de consumo
Couve-manteiga cozida	42	1 colher de servir
Ervilha (em lata)	13	1 colher de sopa
Ervilha fresca	20	1 ½ colher de sopa
Ervilha-torta (vagem)	11	2 unidades
Escarola	85	10 folhas
Espinafre cozido	67	2 ½ colheres de sopa
Jiló cozido	40	1 ½ colher de sopa
Mostarda	60	6 folhas
Palmito em conserva	100	2 unidades
Pepino japonês	130	1 unidade
Pepino picado	116	4 colheres de sopa
Picles em conserva	108	5 colheres de sopa
Pimentão cru fatiado (vermelho/verde)	56	8 fatias
Pimentão cru picado (vermelho/verde)	60	2 ½ colheres de sopa
Quiabo cozido	52	2 colheres de sopa
Rabanete	90	3 unidades
Repolho-branco cru (picado)	72	6 colheres de sopa
Repolho cozido	75	5 colheres de sopa
Repolho-roxo cru (picado)	60	5 colheres de sopa
Rúcula	90	15 ramos
Salsão cru	95	5 colheres de sopa
Tomate caqui	75	2 ½ fatias
Tomate cereja	70	7 unidades
Tomate comum	80	4 fatias
Vagem cozida	44	2 colheres de sopa

FRUTAS
1 PORÇÃO = 70 KCAL

Alimentos	Peso (g)	Medidas usuais de consumo
Abacate (amassado)	45	2 colheres de sopa
Abacaxi havaí	145	1 fatia
Abacaxi pérola	145	1 fatia
Açaí (polpa)	68	6 ½ colheres de sopa
Acerola	220	32 unidades
Ameixa-preta desidratada	30	3 unidades
Ameixa-vermelha	130	2 unidades
Atemoia	74	¼ unidade
Banana-nanica	120	¾ unidade
Banana-prata	75	1 unidade
Caju	142	1 ½ unidade
Caqui chocolate	100	²/₃ unidade
Caqui rama forte	100	1 unidade
Carambola	215	2 unidades
Cranberry desidratada	23	1 colher de sopa
Coco fresco (ralado)	20	2 colheres de sopa
Cereja	96	24 unidades
Damasco desidratado	30	4 unidades
Figo	86	1 ½ unidade
Fruta-do-conde	75	½ unidade
Goiaba branca	138	1 unidade
Goiaba vermelha	138	1 unidade
Jabuticaba	140	20 unidades
Jaca	75	5 bagos
Kiwi	115	1 ½ unidade

(continua)

FRUTAS *(CONTINUAÇÃO)*
1 PORÇÃO = 70 KCAL

Alimentos	Peso (g)	Medidas usuais de consumo
Laranja-baía	144	1 unidade
Laranja *kinkan*	156	12 unidades
Laranja-lima	153	1 ½ unidade
Laranja-pera	137	1 unidade
Lichia	106	10 unidades
Limão-cravo/siciliano/taiti	252	3 unidades
Maçã argentina/fuji/gala/verde	120	1 unidade
Mamão formosa	220	1 fatia
Mamão papaia	180	½ unidade
Manga bordon	110	1 unidade
Manga haden	110	½ unidade
Manga polpa batida	95	½ xícara de chá
Maracujá polpa	72	3 colheres de sopa
Maracujá (suco puro)	94	½ xícara de chá
Melancia	220	2 fatias
Melão amarelo	200	2 fatias
Melão orange	200	¼ unidade
Mexerica-cravo/murkote/ponkan	160	1 unidade
Mexerica (suco)	164	¾ copo de requeijão (*)
Morango	235	10 unidades
Nectarina	184	2 unidades
Pera abate/asiática	120	½ unidade
Pera Williams	120	1 unidade
Pêssego	165	1 ½ unidade
Pinhão cozido	25	5 unidades

(continua)

FRUTAS *(CONTINUAÇÃO)*
1 PORÇÃO = 70 KCAL

Alimentos	Peso (g)	Medidas usuais de consumo
Salada de frutas (banana, maçã, mamão, laranja)	125	½ xícara de chá
Suco de abacaxi	125	½ copo de requeijão (*)
Suco de laranja puro	187	¾ copo de requeijão (*)
Suco de melão	170	¾ copo de requeijão (*)
Tamarindo	30	10 unidades
Uva niágara	100	25 bagos
Uva Itália	100	8 bagos
Uva rubi	100	8 bagos
Uva Thompson	100	32 bagos
Uva-passa	17	1 colher de sopa

(*) Copo de requeijão = 200 mL

FEIJÕES E OLEAGINOSAS
1 PORÇÃO = 55 KCAL

Alimentos	Peso (g)	Medidas usuais de consumo
Ervilha seca cozida	72	2 ½ colheres de sopa
Feijão-branco cozido	48	1 ½ colher de sopa
Feijão cozido (50% de caldo)	86	1 concha
Feijão cozido (somente grãos)	50	2 colheres de sopa
Grão-de-bico cozido	36	1 ½ colher de sopa
Lentilha cozida	48	2 colheres de sopa
Soja cozida (somente grãos)	43	1 ½ colher de servir
Amêndoa	10	9 unidades
Amêndoa triturada	10	1 colher de sopa
Amendoim torrado	9	22 unidades
Avelã	9	10 unidades
Castanha-de-caju	10	4 unidades
Castanha-de-caju triturada	10	1 colher de sopa
Castanha-do-brasil	8	2 unidades
Macadâmia	9	3 unidades
Nozes	8	4 unidades
Nozes trituradas	10	1 colher de sopa
Bebida Ades® Original	134	¾ copo de requeijão (*)

(*) Copo de requeijão = 200 mL

CARNES E OVOS
1 PORÇÃO = 190 KCAL

Alimentos	Peso (g)	Medidas usuais de consumo
Atum em lata	112	2 ½ colheres de sopa
Bacalhoada	75	1 colher de servir
Bife de fígado frito	100	1 unidade
Bife enrolado	110	1 unidade
Bife grelhado	100	1 unidade
Camarão cozido	190	20 unidades
Camarão frito	104	13 unidades
Carne assada	75	1 fatia
Carne cozida de peru tipo *blanquet*	150	10 fatias
Carne moída refogada	100	5 colheres de sopa
Espetinho de carne	92	2 unidades
Frango assado inteiro	100	1 pedaço de peito
1 coxa ou 1 sobrecoxa	100	1 unidade
Filé de frango à milanesa	80	1 unidade
Filé de frango grelhado	100	1 unidade
Frango sobrecoxa cozida (sem pele)	100	1 unidade
Hambúrguer de frango	84	1 ½ unidade
Hambúrguer de peru	100	1 unidade
Hambúrguer grelhado	100	1 unidade
Linguiça de porco frita	50	1 gomo
Manjuba frita	106	10 unidades
Merluza cozida	200	2 filés
Mortadela	45	3 fatias
Omelete simples	110	1 ½ unidade
Ovo cozido	90	2 unidades

(continua)

CARNES E OVOS *(CONTINUAÇÃO)*
1 PORÇÃO = 190 KCAL

Alimentos	Peso (g)	Medidas usuais de consumo
Ovo frito	45	1 unidade
Ovo de codorna	120	15 unidades
Peito de peru defumado	150	5 fatias
Peixe-espada cozido	100	1 filé
Peixe frito (pescada)	75	½ filé
Porco lombo assado	95	½ fatia
Presunto	100	5 fatias
Salame	75	11 fatias
Salmão	100	1 filé
Salsicha	60	1 ½ unidade
Salsicha de frango	80	2 unidades
Salsicha de peru	80	2 unidades
Salsicha de frango (*light*)	120	3 unidades
Sardinha em conserva	40	1 unidade
Sardinha escabeche	50	1 unidade

LEITE, QUEIJO E IOGURTE
1 PORÇÃO = 120 KCAL

Alimentos	Peso (g)	Medidas usuais de consumo
Coalhada	100	½ copo de requeijão (*)
Cream cheese	75	2 ½ colheres de sopa
Iogurte desnatado de frutas	250	1 ½ copo de requeijão (*)
Iogurte desnatado natural	250	1 ½ copo de requeijão (*)
Iogurte integral natural	200	1 copo de requeijão (*)
Iogurte integral de frutas	200	1 copo de requeijão (*)
Iogurte grego	100	1 pote (½ copo de requeijão) (*)
Leite de cabra integral	182	1 xícara de chá
Leite em pó integral	26	2 colheres de sopa
Leite em pó desnatado	30	3 colheres de sopa
Leite desnatado UHT	380	1 ¾ copo de requeijão (*)
Leite integral UHT	206	1 copo de requeijão (*)
Leite semidesnatado UHT	240	1 ¼ copo de requeijão (*)
Queijo tipo minas	50	1 ½ fatia
Queijo tipo muçarela	45	3 fatias
Queijo tipo parmesão ralado	30	3 colheres de sopa
Queijo pasteurizado	40	2 unidades
Queijo prato	30	1 ½ fatia
Queijo provolone	35	1 fatia
Queijo tipo burrata	45	⅓ unidade
Queijo tipo Quark	82	2 ½ colheres de sopa
Queijo tipo mascarpone	28	1 ½ colher de sopa
Queijo minas tipo frescal	53	2 fatias
Queijo muçarela tipo bolinha	49	6 unidades
Requeijão cremoso	45	1 ½ colher de sopa
Ricota	100	2 fatias
Vitamina de leite com frutas	180	1 copo de requeijão (*)
Yakult®	160	2 unidades

(*) Copo de requeijão = 200 mL

ÓLEOS E GORDURAS
1 PORÇÃO = 73 KCAL

Alimentos	Peso (g)	Medidas usuais de consumo
Azeite de dendê	9	¾ colher de sopa
Azeite de oliva	8	1 colher de sopa
Azeitona preta Azapa	35	5 unidades
Azeitona verde	42	8 unidades
Bacon (gordura)	7,5	½ fatia
Banha de porco	7	½ colher de sopa
Maionese	22	1 ¾ colher de sopa
Manteiga	10	½ colher de sopa
Margarina culinária	10	½ colher de sopa
Margarina *light*	21,5	2 colheres de sopa
Margarina líquida	9	1 colher de sopa
Margarina vegetal	10	½ colher de sopa
Óleo vegetal composto de soja e oliva	8	1 colher de sopa
Óleo de canola	8	1 colher de sopa
Óleo de girasol	8	1 colher de sopa
Óleo de milho	8	1 colher de sopa
Óleo de soja	8	1 colher de sopa

AÇÚCARES E DOCES
1 PORÇÃO = 110 KCAL

Alimentos	Peso (g)	Medidas usuais de consumo
Achocolatado em pó	29	3 colheres de sopa
Açúcar cristal	28	1 colher de sopa
Açúcar mascavo fino	25	1 colher de sopa
Açúcar mascavo grosso	27	1 ½ colher de sopa
Açúcar refinado	28	1 colher de sopa
Biscoito recheado	22,9	2 biscoitos
Bombom	21	1 unidade
Brigadeiro	30	2 unidades
Chocolate ao leite (tablete)	20	2 ½ quadradinhos
Cocada	30	1 unidade
Doce de leite cremoso	40	2 colheres de sopa
Geleia	45	3 colheres de sobremesa
Goiabada em pasta	45	½ fatia
Mel	37	2 ½ colheres de sopa
Melado	32	2 colheres de sopa
Picolé de chocolate	66	1 picolé
Picolé de fruta	106	1 ½ picolé
Petit gateau	25	½ unidade
Pudim de leite condensado	50	1 fatia
Sorvete de creme	61	1 bola
Sorvete de fruta	61	1 bola

ANEXO 2
EQUIVALENTES CALÓRICOS (KCAL) DE PORÇÕES DOS GRUPOS DE ALIMENTOS – VALORES APROXIMADOS PARA PESOS (G) E MEDIDAS USUAIS DE CONSUMO, DA PIRÂMIDE INFANTIL – 6 A 23 MESES (BRASIL, 2002)

GRUPO DO ARROZ, PÃO, MASSA, BATATA E MANDIOCA
1 PORÇÃO = 75 KCAL

Alimentos	Peso (g)	Medida caseira
Aipim/mandioca cozido(a)	48,0	2 colheres de sopa
Amido de milho	20,0	1 colher de sopa
Arroz branco cozido	62,0	2 colheres de sopa
Arroz integral cozido	70,0	2 colheres de sopa
Aveia (em flocos)	18,0	2 colheres de sopa
Batata cozida	88,0	1 unidade
Batata-doce cozida	75,0	1 colher de servir
Biscoito de leite	16,0	3 unidades
Biscoito tipo *cream craker*	16,0	3 unidades
Biscoito tipo maisena	20,0	4 unidades
Biscoito tipo maria	20,0	4 unidades
Bolo de chocolate sem recheio	15,0	½ fatia
Cará/inhame amassado	63,0	2 colheres de sopa
Cereal matinal	21,0	½ xícara de chá
Creme de arroz	23,0	2 colheres de sopa
Farinha de mandioca	24,0	2 colheres de sopa
Farinha láctea	19,0	2 colheres de sopa
Fubá	22,0	1 colher de sopa
Macarrão cozido	53,0	2 colheres de sopa

(continua)

GRUPO DO ARROZ, PÃO, MASSA, BATATA E MANDIOCA *(CONTINUAÇÃO)*
1 PORÇÃO = 75 KCAL

Alimentos	Peso (g)	Medida caseira
Mandioquinha/batata-baroa cozida	70,0	1 colher de servir
Pão de forma tradicional	21,0	1 fatia
Pão de queijo	20,0	½ unidade
Pão francês	25,0	½ unidade
Pão tipo bisnaguinha	40,0	2 unidades
Pipoca com sal	11,0	1 xícara de chá
Polenta sem molho/angu	100,0	1 fatia
Purê de batata	67,0	1 colher de servir
Torrada de pão francês	16,0	3 fatias

Fonte: Philippi, S. T.; Aquino, R. C. (Orgs.) *Dietética*: princípios para o planejamento de uma alimentação saudável. Barueri: Manole, 2015. p. 256-263.

GRUPO DAS VERDURAS E LEGUMES
1 PORÇÃO = 8 KCAL

Alimentos	Peso (g)	Medida caseira
Abóbora/jerimum cozida	26,0	1 colher de sobremesa
Abobrinha cozida	40,0	2 colheres de sopa
Acelga cozida	51,0	2 colheres de sopa
Alface	64,0	8 folhas
Almeirão	36,0	3 folhas
Berinjela cozida	30,0	1 colher de sopa
Beterraba cozida	15,0	2 fatias
Beterraba crua ralada	21,0	1 colher de sopa
Brócolis cozido	27,0	2 colheres de sopa

(continua)

GRUPO DAS VERDURAS E LEGUMES *(CONTINUAÇÃO)*
1 PORÇÃO = 8 KCAL

Alimentos	Peso (g)	Medida caseira
Cenoura cozida (fatias)	21,0	4 fatias
Cenoura crua (picada)	20,0	1 colher de sopa
Chuchu cozido	28,0	1 colher de sopa
Couve-flor cozida	34,0	2 ramos
Couve-manteiga cozida	21,0	1 colher de sopa
Ervilha fresca	10,0	1 colher de sopa
Ervilha-torta/vagem	5,0	1 unidade
Escarola	45,0	8 folhas
Espinafre cozido	30,0	1 colher de sopa
Jiló cozido	20,0	1 colher de sopa
Mostarda	30,0	3 folhas
Pepino japonês	65,0	½ unidade
Pepino picado	58,0	2 colheres de sopa
Pimentão cru fatiado	35,0	4 fatias
Quiabo cozido	26,0	1 colher de sopa
Rabanete	51,0	2 unidades
Repolho-branco/roxo	36,0	3 colheres de sopa
Repolho cozido	38,0	2 colheres de sopa
Tomate caqui	38,0	2 fatias
Tomate comum	40,0	2 fatias
Vagem cozida	22,0	1 colher de sopa

Fonte: Philippi, S. T.; Aquino, R. C. (Orgs.) *Dietética*: princípios para o planejamento de uma alimentação saudável. Barueri: Manole, 2015. p. 256-263.

GRUPO DAS FRUTAS
1 PORÇÃO = 35 KCAL

Alimentos	Peso (g)	Medida caseira
Abacate	24,0	1 colher de sopa
Abacaxi	65,0	½ fatia
Acerola	128,0	1 xícara de chá
Ameixa-preta	15,0	2 unidades
Ameixa-vermelha	70,0	2 unidades
Banana-nanica	43,0	½ unidade
Caju	40,0	1 unidade
Caqui	50,0	½ unidade
Carambola	110,0	1 unidade
Fruta-do-conde/ata/pinha	35,0	½ unidade
Goiaba	50,0	½ unidade
Jabuticaba	68,0	17 unidades
Jaca	66,0	2 bagos
Kiwi	60,0	1 unidade
Laranja-baía/seleta	80,0	4 gomos
Laranja-pera/lima	75,0	1 unidade
Limão	126,0	2 unidades
Maçã	60,0	½ unidade
Mamão formosa	110,0	1 fatia
Mamão papaia	93,0	½ unidade
Manga	55,0	½ unidade
Melancia	115,0	1 fatia
Melão	108,0	1 fatia
Morango	115,0	9 unidades
Nectarina	69,0	1 unidade

(continua)

GRUPO DAS FRUTAS *(CONTINUAÇÃO)*
1 PORÇÃO = 35 KCAL

Alimentos	Peso (g)	Medida caseira
Pera	66,0	½ unidade
Pêssego	85,0	1 unidade
Suco de abacaxi	80,0	½ copo de requeijão
Suco de laranja	85,0	½ copo de requeijão
Suco de melão	85,0	½ copo de requeijão
Suco de tangerina	82,0	½ copo de requeijão
Tamarindo	12,0	6 unidades
Tangerina/mexerica	84,0	6 gomos
Uva comum	50,0	11 bagos
Uva Itália	50,0	4 bagos
Uva rubi	50,0	4 bagos

Fonte: Philippi, S. T.; Aquino, R. C. (Orgs.) *Dietética*: princípios para o planejamento de uma alimentação saudável. Barueri: Manole, 2015. p. 256-263.

GRUPO DOS FEIJÕES
1 PORÇÃO = 20 KCAL

Alimentos	Peso (g)	Medida caseira
Ervilha seca cozida	24,0	1 colher de sopa
Feijão-branco cozido	16,0	½ colher de sopa
Feijão cozido (50% grão/50% caldo)	26,0	1 colher de sopa
Feijão cozido (só grãos)	16,0	½ colher de sopa
Grão-de-bico cozido	12,0	1 colher de sopa
Lentilha cozida	18,0	½ colher de sopa
Soja cozida	18,0	½ colher de sopa

Fonte: Philippi, S. T.; Aquino, R. C. (Orgs.) *Dietética*: princípios para o planejamento de uma alimentação saudável. Barueri: Manole, 2015. p. 256-263.

GRUPO DO LEITE, QUEIJO E IOGURTE
1 PORÇÃO = 120 KCAL

Alimentos	Peso (g)	Medida caseira
Bebida láctea	150,0	1 pote
Iogurte de frutas	140,0	1 pote
Iogurte polpa de frutas	120,0	1 pote
Iogurte polpa de frutas com geleia	130,0	1 pote
Leite em pó integral	30,0	2 colheres de sopa
Leite esterilizado (longa vida)	182,0	1 xícara de chá
Leite fermentado	160,0	2 potes
Leite tipo B (3,5% gordura)	182,0	1 xícara de chá
Leite tipo C (3,0% gordura)	182,0	1 xícara de chá
Queijinho pasteurizado fundido	35,0	2 unidades
Queijo *petit suisse*	90,0	2 potes
Queijo minas	50,0	2 fatias
Queijo muçarela	45,0	3 fatias
Queijo parmesão	30,0	3 colheres de sopa
Queijo pasteurizado	40,0	2 fatias
Queijo prato	40,0	2 fatias
Queijo provolone	35,0	1 fatia
Requeijão cremoso	45,0	2 colheres de sopa
Sobremesa láctea tipo pudim de leite	90,0	1 pote
Vitamina de leite com frutas	171,0	1 copo de requeijão

Fonte: Philippi, S. T.; Aquino, R. C. (Orgs.) *Dietética*: princípios para o planejamento de uma alimentação saudável. Barueri: Manole, 2015. p. 256-263.

GRUPO DAS CARNES E OVOS
1 PORÇÃO = 65 KCAL

Alimentos	Peso (g)	Medida caseira
Bife enrolado	36,0	½ unidade
Bife bovino grelhado	21,0	½ unidade
Bife de fígado bovino	34,0	½ unidade
Carne bovina assada/cozida	26,0	½ fatia
Carne bovina moída refogada	30,0	2 colheres de sopa
Coração de frango	40,0	2 unidades
Espetinho de carne	31,0	1 unidade
Fígado de frango	45,0	3 unidades
Filé de frango à milanesa	26,0	½ unidade
Filé de frango grelhado	33,0	½ unidade
Frango assado inteiro	33,0	½ peito ou ½ coxa ou ½ sobrecoxa
Hambúrguer	45,0	½ unidade
Lombo de porco assado	26,0	½ fatia
Manjuba frita	35,0	3 unidades
Merluza/pescada cozida	66,0	1 filé
Moela	27,0	1 unidade
Nugget de frango	24,0	1 unidade
Omelete simples	25,0	½ unidade
Ovo cozido	50,0	1 unidade
Ovo frito	25,0	½ unidade
Presunto	40,0	2 fatias
Sardinha frita	51,0	½ unidade
Sobrecoxa de frango cozida c/ molho	37,0	½ unidade

Fonte: Philippi, S. T.; Aquino, R. C. (Orgs.) *Dietética*: princípios para o planejamento de uma alimentação saudável. Barueri: Manole, 2015. p. 256-263.

GRUPO DOS ÓLEOS E GORDURAS
1 PORÇÃO = 37 KCAL

Alimentos	Peso (g)	Medida caseira
Azeite de oliva	4,0	1 colher de sobremesa
Creme vegetal	7,0	1 colher de sobremesa
Manteiga	5,0	1 colher de sobremesa
Margarina líquida	4,5	1 colher de sobremesa
Margarina vegetal	5,0	1 colher de sobremesa
Óleo de soja e oliva	4,0	1 colher de sobremesa
Óleo (girassol, milho, soja)	4,0	1 colher de sobremesa

Fonte: Philippi, S. T.; Aquino, R. C. (Orgs.) *Dietética*: princípios para o planejamento de uma alimentação saudável. Barueri: Manole, 2015. p. 256-263.

GRUPO DOS AÇÚCARES E DOCES
1 PORÇÃO = 55 KCAL

Alimentos	Peso (g)	Medida caseira
Açúcar cristal	15,0	3 colheres de chá
Açúcar mascavo grosso	18,0	1 colher de sopa
Açúcar refinado	14,0	½ colher de sopa
Doce de leite cremoso	20,0	1 colher de sopa
Geleia	23,0	2 colheres de sobremesa
Glucose de milho	20,0	1 colher de sopa
Goiabada	23,0	½ fatia

Fonte: Philippi, S. T.; Aquino, R. C. (Orgs.) *Dietética*: princípios para o planejamento de uma alimentação saudável. Barueri: Manole, 2015. p. 256-263.

ÍNDICE REMISSIVO

PIRÂMIDE

Guia para es

Dieta

Pratique atividade física

Faça 6 refeições no dia (café da manhã